구속사의 관점에서 본

갈라디아서, 골로새서, 빌레몬서 파노라마

구속사의 관점에서 본

갈라디아서, 골로새서, 빌레몬서 파노라마

개정 1쇄 발행 2012년 3월 20일

지은이 유도순
펴낸이 유도순
펴낸곳 도서출판 머릿돌
등록번호 제17-240호
등록일자 1997년 5월 20일
주소 서울 동작구 노량진 1동 205-7
전화: 02-888-0012
http://edendongsan.onmam.com
E-mail: yoodosun@hanmail.net

총판 도서출판 솔로몬
주소 서울시 동작구 사당3동 207-3 신주빌딩 1층
전화: 02-599-1482, 팩스: 02-592-2104
직영서점 솔로몬: 02-596-5225
ISBN 978-89-87600-62-8

구속사의 관점에서 본

갈라디아서, 골로새서, 빌레몬서 파노라마

유도순 지음

머릿돌

차례

갈라디아서

갈라디아서는 우리 앞에 두 길을 제시합니다.
"믿음으로 의롭게 되는 길과,
행함으로 의롭게 되는 길"(3:11-12)이 놓여 있습니다.
어느 길이 우리들에게 의롭다 함을 줄 수가 있는가에
관건이 있는 것입니다.
왜냐하면 의롭다함을 얻어야만
의로우신 하나님 앞에 나아갈 수가 있기 때문입니다.

머리말

갈라디아서는 복음의 변증서(辨證書)다. 왜 복음을 변증해야만 했는가? 다른 복음을 가르치는 자들이 있었기 때문이다. 그렇다면 참 복음이란 무엇인가? 갈라디아서의 요절은 2:16절이라 할 수가 있다. "사람이 의롭게 되는 것은", 하고 문제를 제기(提起)한다. 그리고 이것이 어떻게 가능하여질 수가 있는가 해답을 제시(提示)하고 있다. 이것이 어찌하여 복음이란 말인가? 모든 사람은 하나님과 분리된 상태에서 태어나고 살아가고 있기 때문이다. 어찌하여 긴급한 문제인가? 만일 그대로 죽는다면 영원한 분리를 면치 못하게 될 것이기 때문이다.

그런데 인간의, "행위로서는 의롭다 함을 얻을 육체가 없느니라" 하고 불가능성을 말씀한다. 그러므로, "오직 예수 그리스도를 믿음으로서 의롭다 함을 얻으려 함이라"(2:16) 하고, 하나님께서 자기 아들을 통해서 해결해주셨음을 말씀한다. 어떻게 가능하여졌는가?

"나를 사랑하사,
나를 위하여,
자기 몸을 버리신 하나님의 아들"(2:20)이라고 말씀한다.

"우리를 위하여 저주를 받은 바 되사,

율법의 저주에서 우리를 속량하셨기"(3:13) 때문에 가능하여졌다고 말씀한다.

그러므로, "내게는 우리 주 예수 그리스도의 십자가 외에 결코 자랑할 것이 없다"(6:14)고 단언한다. 그런데 우리는 어떻게 하고 있는가?

"사람이 의롭게 되는 것은",

이를 절박하고, 긴급한 문제로 인식하고 있는가?

이것이 어떻게 해서 가능하여졌는지

이 복음진리를 증거하는 일에 열정을 쏟고 있는가?

그리하여 십자가만을 자랑하고 있는가? 대답해야만 한다.

이것보다 더 절박한 문제가 있단 말인가?

이보다 더 기쁜 소식이 있단 말인가?

이보다 더 감격스럽고 감동적인 말씀이 있단 말인가?

그럼에도 불구하고 강단에서 복음의 핵심인 칭의교리가 살아지고 있다면, 이는 변명의 여지없이 복음을 옆으로 밀어놓고 있다는 증거이다. 라오디게아 교회처럼, 주님을 밖으로 추방하고 있는 것이다. 그러면서도 복음을 전하고 있노라고 우긴다면, "다른 복음"을 가르치고 있는 것이라고 말할 수밖에 없다.

그래서 갈라디아서는 현대교회를 향해서도 복음의 진리를 변증하고 있는 것이다.

갈라디아서 파노라마

갈라디아서는 첫 부분에서, "저주를 받을지어다, 저주를 받을지어다"(1:8, 9) 하는 매우 격앙된 어조로 시작하고 있습니다. 사도 바울을 누가 이토록 격분하게 만들었는가? "가만히 들어온 거짓 형제"(2:4)들 때문입니다. 이들이 바울과 바나바가 1차 선교를 통해서 복음의 씨를 뿌린 갈라디아 지방(비시디아 안디옥, 이고니온, 루스드라, 더베, 행 13-14장)에 들어와 "다른 복음"을 전하여 바울의 수고를 헛되게(4:11) 만들려 하고 있기 때문입니다. "다른 복음은 없나니"(1:7상) 합니다. 그러니까 그들은 다른 복음을 전한 것이 아니라 "거짓 복음"을 전했던 것입니다. "그리스도의 은혜로 너희를 부르신 이를 이같이 속히 떠나 다른 복음 좇는 것을 내가 이상히 여기노라 다른 복음은 없나니 다만 어떤 사람들이 너희를 요란케 하여 그리스도의 복음을 변하려 함이라 그러나 우리나 혹 하늘로부터 온 천사라도 우리가 너희에게 전한 복음 외에 다른 복음을 전하면 저주를 받을지어다"(1:6-8) 하고 격분해 합니다.

오늘의 그리스도인들이 상실한 것 가운데 하나가 대적자(사탄, 비진리)에 대한 적개심이 아닌가 싶습니다. 적개심이 없으면 실상은 사랑도 없는 것입니다. 생각해보십시오. 이리가 당신의 닭을 물어갔다면 어떻게 하시겠습니까? 닭이 아니고 당신의 사랑하는 자식을 물어갔다면 당신은 어떻게 반응하시겠습니까? 바울은 지금 그런 분한 마음으로 갈라디아서를 쓰고 있는 것입니다.

저주를 받을지어다

갈라디아 성도들은 바울이 전하여준 십자가의 도를 속히 떠나 다른 복음을 좇아가고 있었습니다. "어리석도다 갈라디아 사람들아 예수 그리스도께서 십자가에 못 박히신 것이 너희 눈 앞에 밝히 보이거늘 누가 너희를 꾀더냐"(3:1) 하고 책망합니다. 그렇다면 거짓 교사들은 복음을 어떻게 변질시켰으며 그들이 전한 다른 복음이란 무엇인가? 거짓 형제들은 크게 두 가지를 들어 바울을 공격했습니다. 첫째는, 바울은 참 사도가 아니며 자신들이야말로 예루살렘에서 파송 된 참 교사로 자처했습니다. 둘째는, 바울이 전해준 복음을 믿는 것만으로는 부족하며 할례를 받아야 하고 율법에 명시된 절기들(4:10)을 지켜야 한다고 가르쳤던 것입니다.

그리하여 바울은, "사람들에게서 난 것도 아니요 사람으로 말미암은 것도 아니요 오직 예수 그리스도와 및 죽은 자 가운데서 그리스도를 살리신 하나님 아버지로 말미암아 사도 된 바울은"(1:1) 하고 자신의 사도권을 옹호합니다. 이점에서 유의해야할 점은 바울은 자신을 옹호하기 위해서 이렇게 말씀하고 있는 것이 아니라는 점입니다. 거짓 교사들이 바울의 사도권을 공격한 것은 바울이 전한 복음을 헛되게 만들기 위한 술책이었던 것입니다. 그러므로 바울이 사도권을 옹호하고 있는 것은 자신이 전한 복음의 권위를 수호하기 위해서임을 잊어서는 아니 됩니다. 이점은 말씀을 맡은 모든 설교자들에게도 적용이 됩니다. 설교자가 어떤 이유에서건 권위를 상실하게 되면 그가 전하는 말씀의 권위도 설 수가 없게 되는 것입니다. 그러므로 바울은 디모데에게, "네가 이것들을 명하고 가르치라" 한 다음에, "누구든지 네 연소함을 업신여기지 못하게 하라"(딤전 4:11-12) 하고 전도자의 권위에 도전하지 못하도록 하라고 명하고 있는 것입니다.

현대교회가 취하고 있는 반응대로라면, "저들이 예수를 부인하는 것도 아닌데, 할례를 받아야 한다는 주장을 다른 복음으로 규정하고 저주를 받을지어다 하고 정죄한단 말인가? 너무나 편협한 것이 아닌가?" 여길 법도 합니다. 그렇지가 않습니다. "모든 것이 하나님께로 났나니"(고후 5:18) 하신 말씀대로, 구원은 전적으로 하나님께서 그의 아들 예수 그리스도의 대속을 통하여 이루어주신 것입니다. 거기다가 무엇인가 첨부시키려 한다면 이는, "그리스도의 복음을 변하게"(7) 하는, "다른 복음"이 되고 마는 것입니다. 그렇게 한다면, "너희는 그리스도에게서 끊어지고 은혜에서 떨어진 자로다"(5:4)라고 말씀합니다.

그리스도의 복음을 변하려함

형제 여러분, "구원은 전적으로 하나님께서 다 마련해주신 것입니다. 값없이 거저 주시는 것입니다" 하고 말해주면 사람들이 환영하고 기뻐할 것 같지만 사실은 그렇지가 않습니다. 타락한 인간은 자기 중심적이 되어서 자신이 무엇인가 해야 한다고 생각을 합니다. 말하자면 하나님이 90%를 해주시고 자신도 10% 정도는 보태야 된다고 생각한다는 말씀입니다. 왜냐하면 자랑거리를 갖기를 원하고 있기 때문입니다. 6:13절을 보면 "할례 받은 저희라도 스스로 율법은 지키지 아니하고 너희로 할례 받게 하려 하는 것은 너희의 육체로 자랑하려 함이니라" 말씀합니다. 이 "자랑"이라는 문제가 하나님 앞에서는 치명적인 병임을 인식해야만 합니다. 유대인들이 그리스도를 배척한 원인이 자기 중심적인 자랑, 즉 "하나님의 의를 모르고 자기 의를 세우려고 힘써 하나님의 의를 복종치 아니한"(롬 10:2-3) 데 있었던 것입니다. 이것이 깨어지고 부서지기까지는 그는 진정 복음을 이해한 것이 못됩니다. "율법의 의로는 흠이 없는 자로라"고 자고(自高)하던 바울은 복음의 빛에 비췸을 받은 후로는, "내게는 우리 주 예수 그리스도의 십자가 외에 결코 자랑할 것이 없다"(6:14)고 선언합니다.

그렇다면 사도 바울이 전파한 복음의 핵심이 무엇인가? 사람이 하나님 앞에 의롭다함을 얻는 길은 오직 믿음으로만이 가능하여진다는 이신칭의(以信稱義) 교리입니다. 이것이 어찌하여 복음의 핵심이 되는가? 이를 알려면 타락의 현장(창 3장)으로 소급해 올라가야만 합니다. 인류의 시조는 범죄 함으로 하나님 존전에서 추방을 당했습니다. 왜냐하면, "의와 불법이 함께 할 수 없고, 빛과 어두움이 사귈 수"(고후 6:14)가 없었기 때문입니다.

복음의 핵심

하나님과 단절된 인류의 절박한 숙원이 무엇이겠습니까? 하나님께 돌아가는 일입니다. 그러나 "율법의 행위로 그(하나님)의 앞에 의롭다 하심을 얻을 육체가 없나니"(롬 3:20) 합니다. 그러므로 죄인이 구원함을 얻는데 있어서 가장 큰 난제는 인간이 하나님 앞에 어떻게 의롭다함을 얻을 수가 있는가 하는 문제입니다. 이 문제만 해결되면 다음은 자연히 풀려나가게 됩니다. 한 번 이렇게 말해 보십시오. "하나님은 의로우시다. 그런데 나는 의롭지 못하다". 이 말에 동의하십니까? 그렇다면 의로우신 하나님과 의롭지 못한 나와의 관계는 어떤 상태에 놓이게 되는가? "오직 너희 죄악이 너희와 너희 하나님 사이를 내었다"(사 59:2)고 말씀합니다.

갈라디아서는 우리 앞에 두 길을 제시합니다. "믿음으로 의롭게 되는 길과, 행함으로 의롭게 되는 길"(3:11-12)이 놓여 있습니다. 어느 길이 우리들에게 의롭다 함을 줄 수가 있는가에 관건이 있는 것입니다. 왜냐하면 의롭다함을 얻어야만 의로우신 하나님 앞에 나아갈 수가 있기 때문입니다. 행함으로 의롭게 되려는 시도는 실패로 끝났습니다. 이점을 2:16절이 명백하게 말씀해주고 있습니다. "사람이 의롭게 되는 것은 율법의 행위에서 난 것이 아니요 오직 예수 그리스도를 믿음으로 말미암는 줄 아는 고로 우리도 그리스도 예수를 믿나니 이는 우리가 율법의 행위에서 아니고 그리스도를 믿음으로서 의롭다 함을 얻으려 함이라 율법의 행위로서는 의롭다 함을 얻을 육체가 없느니라". 오직 "믿음"으로만이 가능하다고 말씀합니다.

2:16절 한 절 속에서, "의롭다 함, 율법의 행위, 믿음"이라는 말을 각각 세 번이나 말씀함으로, 의롭다함을 얻는 길이 율법의 행위로 가능한가? 오직 믿음으로만이 가능한가를 강력하게 증거하고 있는 것입니다. 그리고 결론은, "율법의 행위로서는 의롭다함을 얻을 육체가 없다"고 단언합니다. 그러하기 때문에, "우리도 그리스도 예수를 믿는다"고 말씀합니다. 이것이 바울이 전한 복음의 핵심입니다. 그런데

거짓 형제들은 복음+율법=구원을 전했고, 믿음+할례=구원을 주장함으로 복음을 변하려 했던 것입니다.

유일한 구원의 방도

이 복음 진리는 신약의 성도들에게만 해당되는 구원의 방도가 아니라 구약의 성도들에게도 유일한 구원의 길이라고 말씀합니다. 갈라디아서는, "먼저 아브라함에게 복음을 전했다"(3:8)고 말씀합니다. 그리하여 아브라함도 믿음으로 의롭다함을 얻었다(3:6)고 말씀합니다. 그러므로 아브라함은 믿음으로 의롭다함을 얻는 자의 조상, 곧 "믿음의 조상"이 된 것입니다. 그렇다면 율법은 왜 주셨는가? "그런즉 율법은 무엇이냐 범법함을 인하여 <더한 것>"(3:19)이라고 말씀합니다. 3장의 구도를 도식(圖式)으로 나타내면, 먼저 아브라함에게 복음을 전함(3:8)→모세를 통하여 율법을 주심(더한 것, 3:19)→예수 그리스도께서 오심(3:22)이 됩니다. 그렇다면 복음(아브라함에게 전한)과 복음 사이에 율법이 가입되어 있는데 율법의 기능은 무엇인가? 죄를 깨닫게 하여, "우리를 그리스도에게로 인도하는 몽학선생"(3:24)이라고 말씀합니다.

형제여, "나는 의롭지 못하다"는 것은 주님을 만나기 이전 상태만을 가리키는 말이 아닙니다. 주님을 만난 이제도 나의 행위로는 하나님 보시기에 계속적으로 의롭지가 못한 것입니다. 그러므로 정죄감에서 헤어나지 못하게 되고 탄식의 연속일 수밖에 없는 것입니다. 그렇다면 이것이 복음이란 말인가? 아닙니다. 복음은 "의롭다 하신 이는 하나님이시니 누가 정죄하리요, 그러므로 이제 그리스도 예수 안에 있는 자에게는 결코 정죄함이 없느니라"(롬 8:1, 33) 하고 선언합니다. 어떻게 이것이 가능하여질 수가 있단 말인가? 하나님께서 우리를 의롭다고 여겨주신 것은 그냥 하신 것이 아니었습니다. "그리스도께서, 우리 죄를 위하여 자기 몸을 드리심"(1:4)으로, "그리스도께서 우리를 위하여 저주를 받은 바 되사"(3:13) 가능하여 졌다고 말씀합니다. 즉 우리를 위하여 대신 정죄를 받으셨기 때문입니다.

오직 믿음

그렇다면 인간이 해야할 일이 무엇이 남았습니까? 없습니다. 오직 이 대속의 은총을 "듣고 믿기만"(3:2, 5) 하면 된다고 말씀합니다. 오직 이 한 길만이 하나님께 의롭다함을 얻을 수 있는 길이요, 하나님 앞에 나아갈 수 있는 길이요, 하나님과의 관계를 회복할 수 있는 길이라고 말씀합니다. 만일, "십자가의 도" 외에 다른 길, 다른 방도가 있다면, "그리스도께서 헛되이 죽으셨느니라"(2:21)고 말씀합니다.

그렇다면 행함은 필요 없단 말인가? 하는 문제가 대두되게 됩니다. 여기에 "자유 자와, 종"이라는 상반된 개념이 도입이 됩니다. 그리스도인이란 자유 자이면서 동시에 사랑의 종이라고 말씀합니다. "그리스도께서 우리로 자유케 하려고 자유를 주셨으니 그러므로 굳게 서서 다시는 종의 멍에를 메지 말라"(5:1) 합니다. 또한 "형제들아 너희가 자유를 위하여 부르심을 입었으나 그러나 그 자유로 육체의 기회를 삼지 말고 오직 사랑으로 서로 종노릇하라"(5:13) 하십니다. 어떻게 자유하면서도 종노릇하는 것이 가능하게 되는가? "내가 이르노니 너희는 성령을 좇아 행하라 그리하면 육체의 욕심을 이루지 아니하리라"(5:16) 하고, "성령"으로만이 가능하여진다고 말씀함으로, "믿음과 행함"의 조화와 균형을 잡아주고 있습니다. 다시 말하면 의롭다함을 얻음으로 그 몸이 성령이 거하시는 전이 된 자들만이 의로운 삶을 살아갈 수가 있다는 말씀인 것입니다.

기록된 갈라디아서가 이 시대에 어찌하여 선포되는 갈라디아서가 되어야만 하는가? 현대교회 안에는 할례를 받아야 구원을 얻는다고 주장하는 자들은 더 이상 없습니다. 그러나 하나님께서 예수 그리스도를 통하여 이루어주신 복음, 그리하여 값없이 거저 주시는 복음을 변케 하려는 시도는 더욱 기승을 부리고 있기 때문입니다. 그 배후에는 사탄이 도사리고 있음을 망각해서는 아니 됩니다. 사탄은 거짓의 아비입니다. 그러므로 정신을 차리지 않으면 누구라도 거짓의 아비에게 악용될 수가 있는 것입니다.

갈라디아서와 현대교회

그 대표적인 증상의 하나로, 현대교회의 강단에서는 칭의교리에 대한 설교가 점점 살아져가고 있습니다. 이는 복음이 살아지고 있다는 변명할 수 없는 증거입니다. 그들은 말합니다. "우리는 복음을 받아드렸다, 거듭났다, 이제는 성장이요, 성화다". 이것은 복음을 일탈하여 율법으로 돌아가고 있는 현대판, "다른 복음"일 수가 있는 것입니다. 복음은 한 번 통과하고 마는 그런 것이 아닙니다. 복음으로 구원 얻고, 복음으로 자라고, 승리의 삶을 살아갈 수 있게 해주는 것도 오직 복음만이 가능하게 해주는 것입니다. 율법은 칭의만을 주지 못한 것이 아니라 우리에게 성화(聖化)도 주지 못했음을 유념해야만 합니다.

강단에서 칭의교리가 사라지게 되면 성도들에게서는 기쁨도 사라지게 됩니다. 왜냐하면 복음만이, "큰 기쁨의 좋은 소식"(눅 2:10)이기 때문입니다. 복음이 살아지게 되면 성도들은, "다른 복음"이라는 멍에 하에서 신음하게 되는 것입니다. 이 속박으로부터 성도들을 자유케 하기 위해서 갈라디아서는 기록이 되었고, 또한 선포되어야만 하는 것입니다. 갈라디아서가 선포되는 현장에는 기쁨이 있습니다. 감사가 있습니다. 찬양이 있습니다. "오직 사랑으로 서로 종노릇" 하는 섬김이 있습니다.

갈라디아서 1장 개관 도표

예수 그리스도로 말미암은 사도와 복음

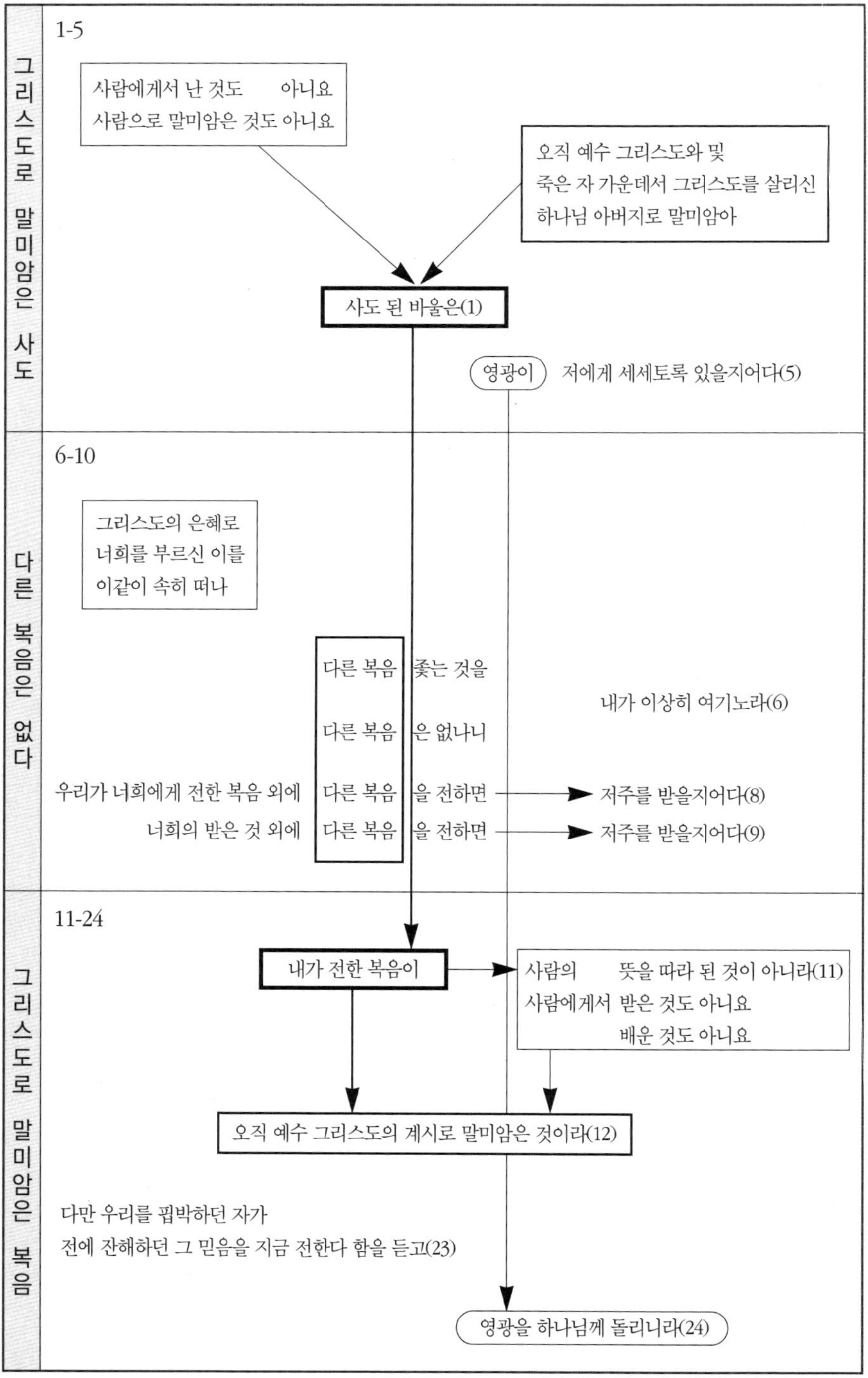

1장
예수 그리스도로 말미암은 사도와 복음

[1] 사람에게서 난 것도 아니요 사람으로 말미암은 것도 아니요 오직 예수 그리스도와 및 죽은 자 가운데서 그리스도를 살리신 하나님 아버지로 말미암아 사도 된 바울은

갈라디아교회는 바울의 선교에 의하여 세워진 교회입니다. 그런데 유대에서 내려온 어떤 거짓 형제들에게 미혹되어 순수한 복음에서 떠났습니다. 거짓 교사들은 주로 두 가지를 공격했는데 바울이 전한 복음과, 그의 사도권입니다. 바울은 사도가 아니며 그가 전한 복음도 온전한 것이 아니라고 공격했던 것입니다. 그러므로 1장의 중심점은 도표에서 보시는 바대로 "사도 된 바울"과, "내가 전한 복음"을 옹호함에 있습니다. 바울은 매우 격앙된 어조로, 자신은 죽은 자 가운데서 다시 살아나신 예수 그리스도로 말미암은 사도(첫째 단원) 된 자임을 주장함으로 사도권을 옹호합니다. "다른 복음은 없나니"(둘째 단원), 우리가 너희에게 전한 복음 외에 다른 복음을 전하면 저주를 받을지어다" 하고 복음을 옹호합니다. 그리고 자신이 전한 복음이 사람에게서 난 것이 아니라, "예수 그리스도의 계시로 말미암은 복음"(셋째 단원)임을 증거함으로 자신이 전한 복음의 정당성을 옹호합니다. 이것이 1장의 대의입니다. 거짓의 아비는 사탄입니다. 에덴동산에 침투하

여 거짓으로 미혹한 사탄은 어느 시대를 막론하고 거짓말로 백성들을 미혹하고 있는 것입니다. 이에 대항하여 교회는 결사적으로 복음을 보수(保守)해야할 책임이 있으며, 그 어느 시대보다도 현대교회가 더욱 그러합니다. 이를 세 단원으로 나누어 상고하겠습니다.

첫째 단원(1-5) 그리스도로 말미암은 사도
둘째 단원(6-10) 다른 복음은 없다
셋째 단원(11-24) 그리스도로 말미암은 복음

첫째 단원(1-5) 그리스도로 말미암은 사도

"사람에게서 난 것도 아니요 사람으로 말미암은 것도 아니요 오직 예수 그리스도와 및 죽은 자 가운데서 그리스도를 살리신 하나님 아버지로 말미암아 사도 된 바울은"(1).

① 바울은 자신이 사도가 된 것이, ㉠ "사람에게서 난 것도 아니요 사람으로 말미암은 것도 아니요"(1상) 하고, 우선적으로 자신의 사도권을 옹호하는 것으로 서신을 시작합니다. 왜냐하면 사도권이 세워지지 않는다면 그가 전한 복음의 권위도 세워질 수가 없을 것이기 때문입니다. 그러므로 1장의 중심점은 1절과, 11-12절, 두 곳에 있습니다. 자신이 사도가 된 것도, "예수 그리스도로 말미암아" 된 것이요, 자신이 전한 복음도, "예수 그리스도로 말미암은" 것이라고 말씀합니다. ㉡ 바울이 사도가 된 것은 예루살렘 교회나, 먼저 사도 된 자들에 의하여 임명받은 것이 아니었습니다.

② "오직 예수 그리스도와 및 죽은 자 가운데서 그리스도를 살리신 하나님 아버지로 말미암아 사도 된 바울은"(1하) 합니다. 바울은 자신

이 사도가 된 것은, "예수 그리스도와, 하나님 아버지", 두 분에 의해서라고 주장합니다. ㉠ 베드로나 요한을 사도로 부르심과 같이 바울 자신도 예수 그리스도로 말미암아 부르심을 받았다고 말씀합니다. 물론 주님께서 지상에 계실 때에 부름을 받은 열 두 사도의 명단에 바울의 이름이 들어있지 않은 것은 사실입니다. 그래서 다른 점이 있다면, 저들이 지상에 계신 주님에 의하여 부름을 받은 반면 자신은, ㉡ 부활하신 주님에 의하여 하늘로부터 해보다 더 밝은 빛 가운데서, "사울아 사울아" 하고 친히 부르시고 그의 사명을, "이 사람은 내 이름을 이방인과 임금들과 이스라엘 자손들 앞에 전하기 위하여 택한 나의 그릇이라"(행 9:15)고 말씀하신 점이 다를 뿐이라는 말씀입니다.

③ 그러므로 바울은 주님에 의하여 사도로 부르심을 받았다는데 멈추지 않고, ㉠ "죽은 자 가운데서 그리스도를 살리신 하나님 아버지로 말미암아 사도 된 바울은" 하고, 그 권위를 "하나님"까지 결부시키고 있는 것입니다. 왜냐하면, 자신을 사도로 부르신 분은 부활하신 주님이시오, 주님을 죽은 자 가운데서 다시 살리신 분은 하나님이시기 때문입니다.

④ 바울이 "죽은 자 가운데서 그리스도를 살리신 하나님 아버지"라고 말씀하고 있는 대는 중요한 의미가 있는 것입니다. 만일 주님의 다시 사심이 없다면 자신만이 아니라 다른 사도들의 권위도 설 수가 없는 것이요, 복음의 권위도 세워질 수 없기 때문입니다. 그렇습니다. "그리스도께서 만일 다시 살지 못하셨으면 우리의 전파하는 것도 헛것이요 또 너희 믿음도 헛것이며 또 우리가 하나님의 거짓 증인으로 발견되리니 우리가 하나님이 그리스도를 다시 살리셨다고 증거하였음이라"(고전 15:15) 하고 말씀합니다.

⑤ 그렇다면 "사도"란 누구인가? 이들은 교회의 터(엡 2:20)를 놓

기 위한 특별한 사명을 위해서 세우심을 받은 자들입니다. ㉠ 이점이 "함께 있는 모든 형제로 더불어"(2) 라는 인사 말씀을 통해서도 분명히 나타나고 있습니다. 바울은, "모든 사도"라고 말씀하고 있지 아니합니다. 그들은 "형제들"이었으나 "사도"는 아니었던 것입니다. 이점을 얼마나 조심성 있게 말씀하고 있는가를 보십시오. 골로새교회에 보낸 서신의 인사에서, "하나님의 뜻으로 말미암아 그리스도 예수의 사도 된 바울과 형제 디모데는"(골 1:1), 이렇게 말씀합니다. 바울은 사도였고 디모데는 사도가 아니라 형제였을 뿐입니다. ㉡ 그러므로 사도는 반복되거나 계승되는 것이 아닙니다.

은혜와 평강

① "우리 하나님 아버지와 주 예수 그리스도로 좇아 은혜와 평강이 있기를 원하노라"(3) 합니다. 바울은 교회들에게 보낸 모든 서신에서, "은혜와 평강이 있기를 원하노라"(롬 1:7; 고전 1:3; 고후 1:2; 빌 1:2; 골 1:2; 살전 1:1; 살후 1:2; 딤전 1:2; 딤후 1:2; 딛 1:4; 몬 1:3) 하고 축복을 하고 있습니다. 이를 일상적인 인사쯤으로 여겨서는 너무나 부족합니다. ㉠ "은혜와 평강"이라는 말씀은 복음을 한마디로 압축한 표현이라 할 수가 있기 때문입니다. "은혜"는 하나님께서 예수 그리스도를 통해서 해주신 것입니다. 이 은혜를 받게 될 때에 비로소 "평강"이 있게 되는 것입니다. 그러므로 "은혜와 평강"은 나눌 수가 없습니다. 은혜가 아니면 평강은 있을 수가 없고, 평강은 은혜의 산물이기 때문입니다. 은혜가 샘의 원천이라면 평강은 잔잔한 호수와도 같은 것입니다. 시편에서, "하나님의 강에 물이 가득하게 하시고" 한 이것이 은혜의 저수지라면, "주께서 밭고랑에 물을 넉넉히 대사"(시 65:9) 한 이것이 평강인 것입니다. ㉡ 그러므로 "은혜와 평강"은

"우리 하나님 아버지와 주 예수 그리스도를 좇아" 임하게 되는 것입니다. 그냥 하나님이라고 말씀하고 있지 아니합니다. "우리 아버지!", 그냥 예수 그리스도라고 말씀하지 않습니다. "우리 주" 예수 그리스도이십니다. 하나님이 우리의 "아버지"가 되시고, 예수 그리스도께서 우리의 "주"가 되신다는 데 은혜의 원천이 있고, 이를 받아 마음으로 믿을 때에 평강이 찾아옵니다. 그럼에도 불구하고 우리들은 은혜는 받았노라고 말하면서도 평강은 누리지 못하고 있는 가엾은 그리스도인들은 아닙니까?

② "그리스도께서 하나님 곧 우리 아버지의 뜻을 따라"(4상) 합니다. 이는 3절에서 말씀한 바 우리에게 주어진 "은혜"가 어떻게 해서 가능하게 되었는가를 설명하는 말씀입니다. 예수 그리스도께서 이 땅에 오시고, 십자가를 담당하신 것은, ㉠ "하나님 곧 우리 아버지의 뜻을 따라"(4상), 이것이 최우선인 것입니다. "우리"를 위한 것은 그 다음입니다. 현대교회가 직면한 긴급한 문제는, "하나님 곧 우리 아버지의 뜻"을 구하는 하나님중심으로 돌아가는 일이라 할 것입니다. 오늘날의 성도들은, "하나님의 뜻을 따라"를 최우선시 하는 것이 아니라, ㉡ "내 뜻"을 내세우고 이를 관철시키기 위해서 떼를 쓰고 있습니다. 여기에 오용(誤用)되고 있는 것이 기도입니다. 하나님의 뜻을 구하는 통로가 아니라 자신의 뜻을 관철시키려는 도구로 이용하고 있기 때문입니다.

③ 그런 다음에, "이 악한 세대에서 우리를 건지시려고 우리 죄를 위하여 자기 몸을 드리셨으니"(4하) 합니다. ㉠ "우리를 건지시려고 우리 죄를 위하여 자기 몸을 드리셨다", 그렇습니다. 주님께서 십자가를 담당하심은 힘이 부족해서가 아니었습니다. 이는, "그가 하나님의 정하신 뜻과 미리 아신 대로 내어준 바"(행 2:23) 된 것입니다. 왜 그

래야만 하셨습니까? "우리 죄를 위하여"입니다. 주님은 죽으시고 다시 사심을 통해서, "이 악한 세대에서 우리를 건져"주셨던 것입니다. 곧바로 사도권을 변명하는 것으로 시작한 서신은, "은혜와 평강"이라는 말씀에 이르게 되자 그만 은혜에 감격하여 복음을 증거하는데 몰입하고 있는 것입니다.

④ 그리하여 "영광이 저에게 세세토록 있을지어다"(5) 하고 영광을 돌립니다. 그리고 1장은, "나로 말미암아 영광을 하나님께 돌리니라"(24) 하고 "하나님의 영광"으로 끝맺고 있습니다. ㉠ "영광 받으십시오" 말한다고 해서 영광이 돌려지는 것은 아닙니다. "하나님 곧 우리 아버지의 뜻을 따라" 살아가는 것이 영광을 돌리는 길입니다.

⑤ 첫째 단원을 이렇게 요약할 수가 있겠습니다. ㉠ "그리스도께서 하나님의 뜻을 따라 이 악한 세대에서 우리를 건지시려고 우리 죄를 위하여 자기 몸을 드리셨다"(4). ㉡ 이 복음을 증거케 하기 위해서 바울을 사도로 부르셨다. ㉢ 이 복음을 받는 자에게는 "은혜와 평강"이 임하게 된다. ㉣ "영광이 저에게 세세토록 있을지어다" 아멘.

둘째 단원(6-10) 다른 복음은 없다

"다른 복음은 없나니 다만 어떤 사람들이 너희를 요란케 하여 그리스도의 복음을 변하려 함이라"(7).

본 단원에는 모두 여섯 절 속에, "다른 복음"이라는 말이 네 번(6, 7, 8, 9)이나 등장합니다. 그러므로 본 단원의 중심점은, "다른 복음은 없다"는 데 있습니다.

① "그리스도의 은혜로 너희를 부르신 이를 이같이 속히 떠나"(6상) 합니다. 예루살렘으로부터 어떤 사람들이 바울이 복음의 씨를 뿌

린 갈라디아 지방에 내려와, "다른 복음"의 씨를 뿌렸던 것입니다. 그런데 갈라디아 성도들이 이를 받아드린 것입니다. 갈라디아서를 기록하고 있는 바울의 심정은 참담했으리라고 여겨집니다. 자신이 직접 복음을 전하여 세운 교회가 이토록 복음을 속히 떠날 수가 있단 말인가! 그래서 "다른 복음을 좇는 것을 내가 이상히 여기노라"(6하) 합니다.

② 바울은 저들의 주장을 "다른 복음"이라고 규정합니다. 어떤 점이 다른가? ㉠ 예수 그리스도를 믿을 뿐만이 아니라 거기에다가 할례를 행하고, 율법을 첨부해야 한다고 주장했던 것입니다. 이점에서 주의를 환기하게 되는 것은, 그들은 결코 예수 그리스도를 부인하고 있지 않다는 점입니다. 오늘의 표현대로 하면 그들은 사도신경으로 신앙을 고백하는 사람들이라는 말씀입니다. 그렇다면 그들의 주장이 어째서 틀린 것인가? 이를 2장 이하에서 논박하고 있습니다만, 이를 한마디로 요약하고 있는 것이, ㉡ "그리스도의 은혜를 떠났다"(6)는 말씀인 것입니다. 복음은 "그리스도의 은혜"입니다. 은혜란 받을 공로나 자격이 없는 무가치한 자들에게 값없이 거저 주시는 것이 은혜입니다. 그런데 거짓 교사들은, "행해야 된다"고 말했던 것입니다. 할례를 행하고, 율법을 행해야 구원을 얻을 수 있다고 주장했던 것입니다. 저들은 "은혜를, 은혜 되지 못하게"(참고, 롬 11:6) 만들었던 것입니다.

③ 그렇다면 그리스도의 은혜란 무엇인가? 이를 4절에서 요약해서 말씀했습니다.

그리스도께서,
하나님 곧 우리 아버지의 뜻을 따라,
이 악한 세대에서 우리를 건지시려고,
우리 죄를 위하여 자기 몸을 드리셨으니"(4), ㉠ 즉 우리 죄를 위하여 대신 죽어주셨다, 이것이 "그리스도의 은혜"인 것입니다. 이를 믿음으로 받기만 하면 되는 것입니다. 이것이 복음입니다. 그런데 전적인 "그리스도의 은혜"에 무엇인가 첨부시키려 한다면 이는, ㉡ "그리스도의 복음을 변하게"(7) 하는 "다른 복음"이 되고 마는 것입니다. <십자가+할례=복음>이 되어버리기 때문입니다. 다시 말하면 그리스도께서 행해주신 대속에다가 인간이 할례를 보태야 구원이 온전해진다면, 그리스도의 은혜에만 돌려야할 전적인 "영광"의 일부를 자신들의 공로로 돌리게 되는 결과를 낳게 되는 것입니다.

④ 사도 바울이, "그러나 우리나 혹 하늘로부터 온 천사라도 우리가 너희에게 전한 복음 외에 다른 복음을 전하면 저주를 받을지어다"(8) 하고 격앙되고 분개하는 이유가 여기에 있는 것입니다. ㉠ "다른 복음"이란 그리스도께서 성취하신 복음을 불완전하고 불충분한 것으로 여겨서 궁극적으로는 그리스도의 대속적인 죽으심을 "헛된 것"(2:21)으로 만들기 때문입니다. ㉡ 또한 "다른 복음"은, "우리 주 예수 그리스도의 십자가만"을 자랑하고, 감사하고, 기뻐하는 것이 아니라, 자신의 "육체를 자랑하려는"(6:13) 교만이 도사리고 있기 때문입니다. 갈라디아 형제들도, "육체로 자랑"하려는 유혹 때문에, "이같이 속히 떠나 다른 복음을 좇게" 되었다고 볼 수가 있습니다. 다시 말하면 볼 수 없는 "믿음"보다는 볼 수 있는 "증거"(할례)를 몸에 지니기를 원하는 심리가 미혹에 빠지게 했다는 말씀입니다.

⑤ "우리가 너희에게 전한 복음 외에 다른 복음을 전하면 저주를 받을지어다 우리가 전에 말하였거니와 내가 지금 다시 말하노니 만일 누구든지 너희의 받은 것 외에 다른 복음을 전하면 저주를 받을지어다"(8-9) 합니다. 여기서 주목하게 되는 것은 숨돌릴 겨를도 주지 않고 거듭 퍼붓고 있는, "저주를 받을지어다" 하는 말씀입니다. 오늘날 이같이 말하는 사람이 있다면 어떤 취급을 받게 될 것인가? 너무나

편협하고 독선적이고 교회의 일치를 해하는 자로 따돌림을 받게 될 것입니다. 그러므로 이점을 예의(銳意) 관찰해보아야만 합니다. 먼저 바울은, ㉠ "어떤 사람들"을 저주하고 있는 것이 아니라는 점입니다. 그러하기는커녕, "그러나 우리나 혹 하늘로부터 온 천사라도"(8상) 하고, "우리", 즉 자신을 제일 먼저 꼽고 있습니다. ㉡ 다음으로, "하늘로부터 온 천사라도" 하고 그의 출신이나 신분을 불문하고, ㉢ 맨 마지막으로, "만일 누구든지"(9중) 하고 일반적으로 말씀하고 있는 것입니다. 그러므로, "만일 누구든지"라는 말씀은 오늘의 설교자들도 예외일 수는 없다는 말씀이 됩니다. 그러므로 바울의 분개는 사사로운 감정의 발로가 아니라 그리스도에 대한 감사와 감격, 복음에 대한 열정, 영혼 사랑에서 우러나온 의분이었던 것입니다. 로마서 9:3절을 보십시오. "나의 형제 곧 골육의 친척을 위하여 내 자신이 저주를 받아 그리스도에게서 끊어질지라도 원하는 바로다" 하고 동족의 구원을 위해서라면 자신이 저주를 받아도 원하는 바로라 고 말씀하고 있는 바울이 사감(私感)에 의한 저주를 했겠습니까?

복음을 보수하려는 열정

① 그러므로 바울의 의분은 반감을 일으키게 되기는커녕 우리를 부끄럽게 만듭니다. 현대교회의 치명적인 병폐 중 하나가 사탄에 대한 적개심의 상실이라 할 수가 있습니다. 적개심은커녕 마귀라는 말을 하면 듣기 싫어하고 비웃고 조롱합니다. 존재 자체를 부인하고 있습니다. 악령(惡靈)을 부인하게 되면 종래는 성령(聖靈)도 부정하게 되고 마는 것입니다. 하나님께서는, "너(뱀)의 후손도 여자의 후손과 원수가 되게 하리니"(창 3:15) 하셨습니다. 주님께서도, "심령에 통분이 여기셨다"(요 11:33)고 말씀합니다. 바울은 아테네에, "우상이 가

득한 것을 보고 마음에 분하여"(행 17:16) 했습니다. 우리에게 이러한 적개심이 있습니까? 비진리를 전파하는 자에 대한 의분이 있습니까? 분히 여기는 마음이 없다면 결국 사랑의 열정도 없다는 증거입니다.

② 복음에는 여러 길이 있다던가, 다른 복음이 있는 것이 아니라 유일한 것이라는 점, ㉠ 이는 신약시대에만 그러한 것이 아니라 신구약을 통틀어서도 다른 복음, 다른 길은 없다는 점을 깨닫는다는 것은 중요한 요점이 됩니다. 바울은 "또 하나님이 이방을 믿음으로 말미암아 의로 정하실 것을 성경이 미리알고 먼저 아브라함에게 <복음을전했다>"(3:8)고 말씀합니다. 성경은 놀랍게도 아브라함에게 "복음"을 전했다고 말씀하고 있는 것입니다. 바울이 말씀하고 있는 복음이란 하나님께서 아브라함에게, "또 네 씨로 말미암아 천하만민이 복을 얻으리라"(창 22:18) 하고 세워주신 메시아언약을 의미합니다. ㉡ 그러므로 모세도 유훈하기를, "유월절 제사를 네 하나님 여호와께서 네게 주신 각 성에서 드리지 말고 <오직 네 하나님 여호와께서 그 이름을 두시려고 택하신 곳>(예루살렘)에서 네가 애굽에서 나오던 시각 곧 초저녁 해질 때에 드리라"(신 16:5-6)고 명했던 것입니다. 이는 구원의 근거가 오직, "유월절 양 곧 그리스도께서 희생을 당하신"(고전 5:7) 십자가에만 있음을 강력히 시사하는 말씀인 것입니다.

③ 하나님이 계시하여 주신 복음을 변개하려는 시도는 구약시대에도 있었음을 주목해야만 합니다. 유다 왕 아하스때에 하나님이 정해주신 번제단의 식양을 이방 앗수르의 우상 제단의 식양대로 바꾼 것과, 물두멍의 위치를 제자리에서 옮긴(왕하 16:10-18) 것이 그 한 예입니다.

복음을 변개하려는 시도

① 그렇다면 다른 복음을 전한, "어떤 사람들"은 도대체 누구들이란 말인가? 이점을 살펴보아야 함은 현대교회에 다른 복음을 전하는, "어떤 사람들"은 없는가를 생각하게 하는 중요한 경계가 되기 때문입니다. 여기에는 부정적인 면과 긍정적인 면 두 방면이 있습니다. 먼저 부정적인 면을 생각해보겠습니다. 사도 바울은 ㉠ "저런 사람들은 거짓 사도요 궤휼의 역군이니 자기를 그리스도의 사도로 가장하는 자들이니라 이것이 이상한 일이 아니라 사탄도 자기를 광명의 천사로 가장하나니 그러므로 사탄의 일꾼들도 자기를 의의 일꾼으로 가장하는 것"(고후 11:13-15)이라고 말씀합니다. "어떤 사람들"이란, "의의 일꾼으로 가장한 사탄의 일꾼"이라고 말씀합니다. 이것이 부정적인 면입니다.

② 그런데 이에 못지 않게 경각심을 가져야할 점은 긍정적인 면입니다. 바울은 안디옥에서 있었던 일(2:11-14)을 진술합니다. ㉠ "야고보(예루살렘 교회 초대 감독)에게서 온 어떤 이들이 이르기 전에 게바(베드로)가 이방인과 함께 먹다가 저희가 오매 그가 할례자들을 두려워하여 떠나 물러가는" 일이 있었다고 전해줍니다. 베드로가 이방인들과 식사교제를 하지 않은 척 어찌하여 물러갔는가? 예루살렘에서 내려온 어떤 이들이 무할례자들과 교제함을 불법으로 여겼기 때문입니다. 그들은, "너희가 모세의 법대로 할례를 받지 아니하면 능히 구원을 얻지 못하리라"(행 15:1) 하고 주장하는 할례당이었던 것입니다. 베드로 사도는 이들의 잘못을 교정해주었어야 마땅합니다. 그런데 도리어 이들을 "두려워하여 물러갔다"는 것은, 베드로가 말로는 "다른 복음"을 전한 것은 아니었지만 행동으로는, "복음의 진리를 따라 바로 행한"(2:14) 것이 아니었던 것입니다. 놀라운 것은 바울의 동

역자인, ㉡ "바나바도 저희의 외식에 유혹되었다"(2:13)고 말씀하고 있다는 점입니다. 그래서 바울이 "모든 자 앞에서" 면책했다고 말씀하고 있는 것입니다. 이들을 몽땅 "사탄의 일꾼"이라 말 할 수는 없을 것입니다. 이것이 긍정적인 면입니다. 그런데 분명한 것은, 이 사건이 우리에게 "다른 복음"에 대한 심각성과, 다른 복음을 전하는 어떤 사람들이 누구일 수 있는가 하는 점을 일깨워주고 있다 하겠습니다.

③ 이 문제가 얼마나 심각했느냐 하면, "다른 복음을 전하는 어떤 사람들"로 인하여 예루살렘 교회가 공의회로 모이게 되었습니다. ㉠ "바리새파 중에 <믿는 어떤 사람들>이 일어나 말하되 이방인에게 할례 주고 모세의 율법을 지키라 명하는 것이 마땅하다"고 주장하여 "많은 변론"(행 15:5-6)이 있었다고 사도행전은 전해주고 있습니다. 그러나 주 성령께서는 일치 가결하여 여러 이방인 교회에 편지하기를, "들은즉 우리 가운데서 <어떤 사람들>이 우리의 시킨 것도 없이 나가서 말로 너희를 괴롭게 하고 마음을 미혹하게 한다 하기로"(행 15:24), 이렇게 결정하도록 역사해 주셨던 것입니다. ㉡ 이상의 정황으로 볼 때 갈라디아 교회에 와서 다른 복음을 전한 "어떤 사람들"이란 밖에서 들어온 불신자들이 아니라, 예루살렘 교회에서 내려온, 바리새파 중에 믿는 "어떤 사람들"임을 알게 됩니다. 그리고 "어떤 사람들"이란 베드로가 "두려워하여 물러갈" 정도로 대단한 비중이 있는 사람들로 볼 수가 있습니다. 이런 권위가 있었기 때문에 갈라디아 성도들이 바울이 전하여준 복음을 속히 떠나 그들이 전해주는 다른 복음(6)을 좇아가게 되었던 것입니다. 왜 이 점을 강조하고 있느냐 하면, 어느 시대나 복음을 변하려는 사람들은 교회 밖에 있는 것이 아니라 안에서 일어나는 것이고, 많은 사람들에게 영향력을 행사할 수 있는 위치에 있는 사람들이라는 주의를 환기시키기 위해서인 것입니다. 그

러므로 바나바같은 신실한 사람들까지 유혹될 수 있다는 위험성을 지적하기 위해서입니다.

"어떤 사람들"은 누구인가?

① 그렇다면 예수가 그리스도이심을 믿는 예루살렘 교회의 어떤 사람들이 어찌하여 다른 복음을 전하게 되었을까? 하는 물음을 갖게 합니다. 이에 대한 답을 고린도후서 3:12-18절에서 구할 수가 있습니다. 바울은 모세가 수건을 얼굴에 씀으로 발하는 광채를 가리웠던 이 사실을 들어서 그리스도를 믿으면서도, "그리스도의 영광의 복음의 광채"(고후 4:4)를 보지 못하는 자들의 상태를 설명하고 있습니다. ㉠ "우리는 모세가 이스라엘 자손들로 장차 없어질 것의 결국을 주목치 못하게 하려고 수건을 그 얼굴에 쓴 것같이 아니하노라 그러나 저희 마음이 완고하여 오늘까지라도 구약을 읽을 때에 그 수건이 오히려 벗어지지 아니하고 있으니 그 수건은 그리스도 안에서 없어질 것이라" 하고 말씀합니다. 구약시대에도 복음은 있었습니다. 다만 의문(儀文)이라는 수건에 가리워 있었을 뿐입니다. 우리는 실체가 오심으로, "이제는 그의 성도들에게"(골 1:26) 밝히 나타난 시대에 살고 있습니다. 그런데, ㉡ "오늘까지도 모세의 글을 읽을 때에 수건이 오히려 그 마음을 덮었도다" 하고 탄식합니다. 그렇다면 우리 중에, "오늘까지" 마음의 수건이 벗어지지 않고 있는 어떤 자는 없는가를 생각하게 합니다. 만일 구약성경에서 교훈이나 축복은 보면서도 그리스도를 증거하지 못하고 있다면 그것은 수건이 벗어지지 않았다는 변명의 여지가 없는 증거입니다.

② 그렇다면 "어떤 사람들"이란 "그리스도인인가? 아닌가?, "형제인가? 아닌가?", 하는 물음을 갖게 합니다. ㉠ 이들은 자신들을 신령

한 자로 자처했을지라도 바울이 지적한 바, "형제들아 내가 신령한 자들을 대함과 같이 너희에게 말할 수 없어서 육신에 속한 자 곧 그리스도 안에서 어린 아이들을 대함과 같이 하노라"(고전 3:1) 한, "육신에 속한 자"로 볼 수밖에 없는 것입니다. 바울은 증거합니다. ㉡ "주는 영이시니 주의 영이 계신 곳에는 자유함이 있느니라 우리가 다 수건을 벗은 얼굴로 거울을 보는 것같이 주의 영광을 보매 저와 같은 형상으로 화하여 영광으로 영광에 이르니 곧 주의 영으로 말미암음이니라"(고후 3:17-18).

③ 이들이야말로, "때가 오래므로 너희가 마땅히 선생이 될 터인데 너희가 다시 하나님의 말씀의 초보가 무엇인지 누구에게 가르침을 받아야 할 것이니 젖이나 먹고 단단한 식물을 못 먹을 자들"(히 5:12)인 어린 아이들인 것입니다. 이제 분명한 것은 이들은, ㉠ "가르침을 받아야 할 자들"이지 가르칠 수 있는 "교사"는 아니라는 결론에 이르게 됩니다. ㉡ 그런데 예루살렘 교회의 공회원들 중에 이러한 육신에 속한 자, 즉 영적으로 어린 아이와 같은 자들이 있었을 뿐만이 아니라, 바울이 선교한 각 지방에 내려와서, "다른 복음"을 가르쳤다는데서 문제가 발생하게 된 것입니다. 그렇습니다. 교회에, 총회에 문제가 발생하게 되는 원인이 이와 같은 육신에 속한 자들이 있기 때문인 것입니다.

④ "이제 내가 사람들에게 좋게 하랴 하나님께 좋게 하랴 사람들에게 기쁨을 구하랴 내가 지금까지 사람의 기쁨을 구하는 것이었더면 그리스도의 종이 아니니라"(10)고 말씀합니다. ㉠ 여기에 거짓 교사들(거짓 선지자)과 참 종의 특성이 드러나고 있습니다. 거짓 교사들은 사람들에게 영합하여 듣기에 좋은 말만하고 그리하여 사람들을 기쁘게 해줍니다. 그래서 사람들이 혹하게 되고 인기가 있었던 것입니다.

바울은, "누가 너희를 꾀더냐"(3:1) 하고 이것이 미혹임을 말씀합니다. ㉡ 그러므로 주님께서도, "모든 사람이 너희를 칭찬하면 화가 있도다 저희 조상들이 거짓 선지자들에게 이와 같이 하였느니라"(눅 6:26) 하고 경계하셨던 것입니다. "이 땅에 기괴하고 놀라운 일이 있도다 선지자들은 거짓을 예언하며 제사장들은 자기 권력으로 다스리며 내 백성은 그것을 좋게 여기니 그 결국에는 너희가 어찌 하려느냐"(렘 5:30-31).

⑤ 그렇다면 현대교회를 향해서도 두 가지 질문을 던지게 됩니다. 첫째는, ㉠ "다른 복음"을 전하고 있는 "어떤 사람들"은 없는가 하는 점입니다. 그리고 우리는 그에 대하여 분개하고 있는가 대답해야만 합니다. 그 "어떤 사람들"이 교계에 인기 있고 영향력을 행사하는 사람들일 수도 있습니다. 둘째는, ㉡ 이 시대에 "다른 복음"은 없는가 하는 점입니다. 이점을 갈라디아서에 의하여 계속적으로 검증해 보게 될 것입니다만, 초대교회 당시에 이처럼, "어떤 사람과, 다른 복음"이 위협적이었다면 그로부터 2000년이나 지난 현대교회 내에는, "어떤 사람과, 다른 복음"이 더욱 만연되고 있을 것이라는 경각심을 갖게 합니다. 그 중에 대표적인 것으로 다른 종교에도 구원이 있다는 "종교다원주의" 사상을 들 수가 있습니다. 이런 주장을 하는 사람들은 교회 밖에 있는 것이 아닙니다. 신학자들이 이를 주장합니다. 그리고 신학생들은 이에 분개하고 있는 것이 아니라 옹호하고 있다는 점입니다. ㉢ 그럼에도 불구하고 우려해야할 만한 사실은 현대교회의 주도적인 관심이, "복음 진리"에 있는 것이 아니라, "교회 성장"에 있다는 점입니다. 만일 이것이 사실이라면 설사, "다른 복음"을 전하는 자가 있다 하여도 바울처럼 분개하여 복음을 변명하려는 사람을 찾아보기란 쉽지가 않을 것입니다. 왜냐하면 꿩 잡는 것이 매라는 성장위주의 사고

에 사로잡혀 있기 때문입니다. 그리하여 그 교회가 몇 명이 모이느냐? 어떤 설교, 무슨 프로그램으로 단 기간에 그토록 많은 꿩을 잡을 수가 있었는가 하고 그 비법을 전수 받기 위해서 그를 추종하게 될 것이기 때문입니다. ㉣ 갈라디아서는 현대교회를 향해서도, "그러나 우리나 혹 하늘로부터 온 천사라도 우리가 너희에게 전한 복음 외에 다른 복음을 전하면 저주를 받을지어다, 다시 말하노니 만일 누구든지 너희의 받은 것 외에 다른 복음을 전하면 저주를 받을지어다"(8-9) 말씀하고 있음을 명심해야만 할 것입니다.

셋째 단원(11-24) 그리스도로 말미암은 복음

"형제들아 내가 너희에게 알게 하노니 내가 전한 복음이 사람의 뜻을 따라 된 것이 아니라 이는 내가 사람에게서 받은 것도 아니요 배운 것도 아니요 오직 예수 그리스도의 계시로 말미암은 것이라(11-12).

① 첫째 단원에서 자신이 사도 된 것은, "사람들에게서 난 것도 아니요 사람으로 말미암은 것도 아니요 오직 예수 그리스도와 및 죽은 자 가운데서 그리스도를 살리신 하나님 아버지로 말미암아"(1) 된 것임을 증거한 바울은, 본 단원에서는 자신이 전한 복음이, ㉠ "사람에게서 받은 것도 아니요 배운 것도 아니요 오직 예수 그리스도의 계시로 말미암은"(12) 것임을 증거하고 있습니다. 이는 둘째 단원에서 말씀한 바, ㉡ "우리가 너희에게 전한 복음 외에 다른 복음을 전하면 저주를 받을지어다"(8) 한 것이 어찌하여 정당한가 하는, 그 권위의 근거를 말씀하고 있는 것입니다.

② 내가 전한 복음이, ㉠ "사람의 뜻을 따라 된 것이 아니라" 합니다. 즉 인간이 창안해 낸 것이 아니라는 말씀입니다. ㉡ "내가 사람에

게서 받은 것도 아니요 배운 것도 아니라"고 말씀합니다. 16절에서는, "혈육과 의논하지 않았다"고 말씀합니다. ㉢ "오직 예수 그리스도의 계시로 말미암은 것이라" 합니다.

③ 이렇게 한 후에 13절 이하에서는, 박해자였던 자신이 다메섹 도상에서 주님께 부름을 받은 그 이후의 행적을 진술합니다. 왜냐하면 이를 들어서 자신이 전한 복음이 사람에게서 받은 것도 아니요, 배운 것도 아니요, 그리스도의 계시로 말미암음임을 입증하기 위해서인 것입니다. ㉠ 먼저 자신이 "유대교에 있을 때에 행한 일", 즉 "하나님의 교회를 심히 핍박하여 잔해"(13) 했던 일을 상기시킵니다. 왜 자신이 박해자였음을 말씀하고 있는가? ㉡ 자신도 전에는 다른 복음을 전하는 율법주의자들처럼, "하나님의 의를 모르고 자기 의를 세우려고 힘써 하나님의 의를 복종치 아니하던"(롬 10:3) 자요, 이 일에, "내가 내 동족 중 여러 연갑(年甲)자보다 더욱 열심이 있었던"(14) 자였음을 말해주기 위해서입니다.

④ 이렇게 함으로, "내가 전한 복음"(11상), 즉 "사람이 의롭게 되는 것은 율법의 행위에서 난 것이 아니요 오직 예수 그리스도를 믿음으로 말미암는다"(2:16상)는 복음이 사람의 뜻을 따라 된 것이 아니라 전적으로 예수 그리스도의 계시로 말미암은 것임을 입증하고 있는 것입니다.

교회를 심히 핍박한 바울

① 15-16절에서는 교회를 잔해하던 자가 복음 전도자로 변화 된 것은 전적으로 하나님의 주권에 기인함을 말씀합니다. ㉠ "내 어머니의 태로부터 나를 택정하셨다"(15상)고 말씀합니다. 이는 자신이 사도가 된 것이 자원(自願)해서 된 것이 아니라 하나님의 주권적인 선택에 의

해서임을 말씀함입니다. ㉡ "은혜로 나를 부르셨다"(15하)고 말씀합니다. 이는, "내가 하나님의 교회를 핍박하였으므로 사도라 칭함을 받기에 감당치 못할 자"(고전 15:9)임을 염두에 두고 하는 말씀입니다. 그렇다면 박해자였던 자신을 사도로 부르신 의도가 무엇인가? ㉢ "그 아들을 이방에 전하기 위하여"(16상)라고 말씀합니다. 즉 "사람(유대인이나 이방인)이 의롭게 되는 것은 율법의 행위에서 난 것이 아니요 오직 예수 그리스도를 믿음으로 말미암는다"는 "그리스도의 복음"(7)을 "이방에 전하기 위해서" 자신을 부르셨다는 말씀입니다.

② 이처럼 소명(召命)과, 사명(使命)을 받았을 때에, ㉠ "내가 곧 혈육(사람)과 의논하지 아니하고"(16), ㉡ "또 나보다 먼저 사도 된 자들을 만나려고 예루살렘으로 가지 아니했다"(17상)고 말씀합니다.

③ "오직 아라비아로 갔다가(17하), 그 후 삼 년 만에 예루살렘에 올라가서" 불과 십 오 일을 유했고, 그때, "주의 형제 야고보 외에 다른 사도들을 보지 못하였노라"(18-19) 합니다. "그 후에 내가 수리아와 길리기아 지방에 이르렀다"(21)고 말씀합니다. 이처럼 자신이 먼저 사도 된 자들과 접촉할 기회가 없었음을 변명하는 이유가 무엇일까요? "내가 전한 복음이 사람에게서 받은 것도 아니요 배운 것도 아니요 오직 예수 그리스도의 계시로 말미암은 것"임을 입증하기 위해서인 것입니다. 그래서, "내가 너희에게 쓰는 것이 하나님 앞에서 거짓말이 아니로라"(20) 하고 말씀하고 있는 것입니다.

④ 바울이 왜 "아라비아로 갔으며", 거기서 무슨 일이 있었는지는 베일에 가려져 있을 뿐입니다. 다만, "자기와 함께 있게 하시고 또 보내사 전도도 하며 귀신을 내어쫓는 권세도 있게 하려 하사"(막 3:14-15) 열 두 사도를 세우신 그분께서, 바울을 한적한 아라비아로 데리고 가셔서 사도로서의 개인 수업을 받게 하신 것이라는 그럴법한 추측을

할 뿐입니다.

⑤ 이제 우리는, "교회를 심히 핍박하고 잔해하던"(13)자가 180도로 바뀌어 그리스도 복음의 사도가 될 수 있었던 것은, ㉠ "사람에게서 난 것도 아니요 사람으로 말미암은 것도 아니요 오직 예수 그리스도와 및 죽은 자 가운데서 그리스도를 살리신 하나님 아버지로 말미암아"(1) 된 것이라는 것과, "율법의 의로는 흠이 없는 자"로 자부하던 자가, "죄인 중에 내가 괴수니라"(딤전 1:15)고 고백하면서, "사람이 의롭게 되는 것은 율법의 행위에서 난 것이 아니요 오직 예수 그리스도를 믿음으로 말미암는다"고 생명을 내걸고 증거하고 있는 그 복음은, ㉡ "사람의 뜻을 따라 된 것이 아니라 이는 내가 사람에게서 받은 것도 아니요 배운 것도 아니요 오직 예수 그리스도의 계시로 말미암은 것"(11-12)임을 확신하게 되었다는 것입니다. ㉢ 그렇다면 필연적으로, "우리가 너희에게 전한 복음 외에 다른 복음을 전하면 저주를 받을지어다"(8) 한 말씀도 정당하다는 결론에 도달하게 되는 것입니다. 왜냐하면 이는 바울을 배척하는 것이 아니라 그를 세우신 그리스도를 대적하는 것이 되기 때문입니다.

기록하였으되

① 그렇다면 오늘날도, "이는 내가 사람에게서 받은 것도 아니요 배운 것도 아니요 오직 예수 그리스도의 계시로 말미암은 것"이라고 말할 수가 있단 말인가? 다시 말하면, "내가 보았다, 내게 말씀했다"고 말하는 특별계시를 인정해주어야만 하는가 하는 점입니다. 아닙니다. 만일 교회가 이(특별계시)를 허용한다면 기독교는 중대한 위기에 봉착하게 될 것입니다. 왜냐하면 이 사람은 이렇게 받았다 하고, 저 사람은 저렇게 받았다고 주장함으로, 언어가 혼잡 되어 쌓다가 중단

한 바벨탑처럼 와해되고 말 것이기 때문입니다.

② 그러면 우리가 증거하는 말씀의 권위는 어디에 있는가? ㉠ "기록되었으되" 한, 오직 성경인 것입니다. 주님께서 사탄의 세 가지 시험을 물리치실 때에 "기록되었으되"(마 4:4, 7, 10)하고 기록된 성경의 권위로 물리치셨다면 그의 제자 된 우리들은 더욱 그러한 것입니다. ㉡ 성경은 말씀하기를 "너희는 사도들과 선지자들의 터 위에 세우심을 입은 자"(엡 2:20)라고 하십니다. 다시 말하면 사도들과 선지자들을 통하여 기록케 하신 성경의 토대 위에 세워졌다는 말씀입니다. 그러면 성경이 완성된 오늘날은 "성경이 말씀하시기를 기록하였으되" 하고 말할 수 있어야만 하는 것입니다. 참과 거짓을 분별하는 유일한 척도는 성경이라는 말씀입니다. 여기에 설교자의 권위가 있는 것입니다.

갈라디아서 2장 분석 도표

복음의 진리

동일한 복음의 진리

1-10

14년 후에, 다시 예루살렘에 올라갔노니(1)

내가 이방 가운데서 전파하는 복음을
저희에게 제출하되,
내가 달음질하는 것이
헛되지 않게 하려함이라(2)

가만히 들어온 거짓 형제,
우리를 종으로 삼고자 함이로되(4),
일시라도 복종치 아니하였으니

이는 복음의 진리로 너희 가운데
항상 있게 하려 함이라(5)

내가 무할례자에게 복음 전함을 맡기를 → 베드로가 할례자에게 맡음과 같이 한 것을 보고(7)

베드로에게 역사하사
그를 할례자의 사도로 삼으신 이가

또한 내게 역사하사 나를
이방인에게 사도로 삼으셨느니라(8)

이는 우리는 이방인에게로
저희는 할례자에게로 가게 하려 함이라(9)

또 내게 주신 은혜를 알므로
기둥같이 여기는 야고보와 게바와 요한도
나와 바나바에게 교제의 악수를 하였으니

복음의 진리를 보수함

11-14

게바가 안디옥에 이르렀을 때에,
면책하였노라(11)

→ 그가 할례자들을 두려워 떠나 물러 가매(12)
바나바도 저희의 외식에 유혹되었느니라(13)

그러므로 나는 저희가 복음의 진리를 따라
바로 행하지 아니함을 보고 모든 자 앞에서

게바에게 이르되 유대인 답게 살지 아니 하면서
이방인을 유대인답게 살게 하려느냐 하였노라(14)

복음 진리의 핵심

15-16

사람이 의롭게 되는 것은

율법의 행위에서 난 것이 아니요

이는 우리가 율법의 행위에서 아니고

오직 예수 그리스도를 믿음으로 말미암는 줄
아는 고로 우리도 그리스도 예수를 믿나니

그리스도를 믿음으로서 의롭다 함을 얻으려 함이라

율법의 행위로서는 → 의롭다 함을 얻을 육체가 없느니라(16)

내 안에 그리스도

17-21

내가, 율법을 향하여 죽었나니
하나님을 향하여 살려 함이니라(19)

내가 그리스도와 함께 십자가에 못박혔나니
하나님의 아들을 믿는 믿음 안에서 사는 것이라(20)

내가 하나님의 은혜를 폐하지 아니하노니 만일 의롭게 되는 것이
율법으로 말미암으면 그리스도께서 헛되이 죽으셨느니라 (21)

2장
복음의 진리

[16] 사람이 의롭게 되는 것은 율법의 행위에서 난 것이 아니요 오직 예수 그리스도를 믿음으로 말미암는 줄 아는 고로 우리도 그리스도 예수를 믿나니 이는 우리가 율법의 행위에서 아니고 그리스도를 믿음으로서 의롭다 함을 얻으려 함이라 율법의 행위로서는 의롭다 함을 얻을 육체가 없느니라

2장의 중심점은 도표에서 보시는 바대로, "복음의 진리"에 있습니다. 복음의 진리라는 말이 두 번(5, 14) 등장하는데, 그렇다면 "복음의 진리"란 무엇인가? "사람이 의롭게 되는 것은", 어떻게 가능하여지는가에 있는 것입니다. 이 문제만 해결이 되면 하나님께로 돌아갈 수가 있기 때문입니다. 바울은 이를 네 가지로 변증하고 있습니다.

첫째로 예루살렘의 사도들과 자신이 전하는 복음이 "동일한 복음의 진리"(첫째 단원)임을 역설합니다. 둘째로 "복음의 진리를 보수"(둘째 단원)하기 위해서 거짓 형제들의 압력에 일시라도 복종치 아니하였음을 역설합니다. 셋째로 그렇다면, "복음 진리의 핵심"(셋째 단원)이 무엇인가를 증거합니다. 넷째로 결론적으로 "복음의 진리"를 받은 자는 어떠한 삶을 살게 되는가(넷째 단원)를 말씀합니다. 이것이 2장의 대의입니다.

첫째 단원(1-10) 동일한 복음의 진리

둘째 단원(11-14) 복음의 진리를 보수함

셋째 단원(15-16) 복음 진리의 핵심

넷째 단원(17-21) 내 안에 그리스도가 사신 것이라

첫째 단원(1-10) 동일한 복음의 진리

"베드로에게 역사하사 그를 할례자의 사도로 삼으신 이가 또한 내게 역사하사 나를 이방인에게 사도로 삼으셨느니라"(8).

① "거짓 형제"(4)들은 주장하기를 바울은 사도가 아니며, 그러므로 바울이 전한 복음과 예루살렘에 있는 사도들이 전하는 복음이 다른 것인 양 가르쳤음이 분명합니다. 이는 결국 바울과 다른 사도들을 이간 붙이려는 것입니다.

② 그러므로 바울은 자신이 전한 복음이, "사람에게서 받은 것도 아니요 배운 것도 아니요 오직 그리스도의 계시로 말미암은 것"(1:12)임을 역설하면서도, ㉠ 다른 사도들과 전적으로 동일한 복음임을 강조하고 있는 것입니다. 먼저 사람에게 배운 것이 아닌 증거로, ㉡ "14년 후에 내가 바나바와 디도를 데리고 다시 예루살렘으로 올라갔다"(1)고 말씀합니다. 이렇게 연대를 밝히고 있는 것은 14년 동안 다른 사도들과의 접촉도 없었고, 그들에게서 복음을 전수 받은 일도 없었음을 나타내기 위해서인 것입니다.

③ 또한 예루살렘에 올라가서, "내가 이방 가운데서 전파하는 복음을 저희에게 제출"(2상)했다고 말씀합니다. 이는 자신이 전파하고 있는 복음의 내용을 예루살렘 사도들 앞에서 설명했다는 말씀인데, 그리하여 자신이 전하고 있는 복음과 사도들이 전하는 복음이 동일함이 확인이 되었다는 뜻입니다. 이렇게 말씀하면서 바울은 예루살렘에 올

라갈 때에 매우 대담한 행동(3-5)을 취하였음을 밝혀주고 있습니다.

④ 그것은 첫째로, ㉠ "그러나 나와 함께 있는 헬라인 디도라도 억지로 할례를 받게 아니 하였다"(3)는 말씀에서 드러납니다. 할례를 받지 아니한 헬라인 디도를 데리고 예루살렘으로 올라간다는 것은 당시의 상황으로는 매우 위험한 행위였음이 분명합니다. 이는 유대인들에게는 물론 예루살렘 교회에 대해서도 도전적으로 받아드려질 만한 당돌한 행동이었던 것입니다. 그러니까 바울은 이렇게 말씀하고 있는 셈입니다. ㉡ "나는 내가 전하고 있는 복음을 부끄러워하거나 숨기려 하지 않았습니다. 당당하게 행동을 통해서 보여주었던 것입니다".

⑤ 둘째로는, ㉠ "우리가 일시라도 복종치 아니하였으니"(5)라는 말씀에서 드러납니다. "복종치 아니하였다"는 말은 디도에게 할례를 주어야 한다는 주위의 권유와 압력이 있었음을 나타냅니다. ㉡ "이는 가만히 들어온 거짓 형제 까닭이라 저희가 가만히 들어온 것은 그리스도 예수 안에서 우리의 가진 자유를 엿보고 우리를 종으로 삼고자 함이로되"(4), 그러나 우리가 일시(一時)라도 복종치 아니하였다고 말씀합니다. 얼마나 대담하고 당당하게 행동한 것입니까?

일시라도 복종치 아니함

① 그렇다면 무엇 때문에, "일시라도 복종하지" 않았는가? 바울 자신의 명예나 자존심을 세우기 위해서가 아니었습니다. 만일 바울이 그들의 압력에 복종하여 디도에게 할례를 행하였다면 어떻게 되는가? ㉠ 오직 예수 그리스도를 믿음으로 말미암아 구원을 얻는다고, 자신이 전파한 복음을 뒤집는 결과가 되었을 것이요, 이방인들에게는 율법의 멍에를 메우게 되는 결과를 가져왔을 것입니다. ㉡ 바울은 자신이 이방인의 대표자격이기 때문에 자신이 복종한다면 모든 이방인

들이 자유인이 아니라 종이 됨을 알았기에, "일시라도 복종치 않았다"는 말씀인 것입니다.

② 그러므로 바울은, "이는 복음의 진리로 너희(이방인) 가운데 항상 있게 하려 함"(5하)이라고 말씀하는 것입니다. 바울은 위협을 무릅쓰고, 이방인들을 위해서 비진리와 단호하게 싸웠다는 말씀인 것입니다. 이것이 바울이 예루살렘에 올라갈 때에 행동으로 보여주고, 말씀으로 "제출한 복음"의 내용입니다.

③ 바울이 제출한 복음을 듣고 예루살렘 교회는 어떤 반응을 보였는가? ㉠ "또 내게 주신 은혜를 알므로"(9상) 합니다. 그리스도께서 바울에게 주신 "은혜"를 인정했다는 말씀입니다. ㉡ "기둥같이 여기는 야고보와 게바와 요한도 나와 바나바에게 교제의 악수를 하였다"(9하)고 말씀합니다. 이는 바울이라는 개인을 받아준 것에 끝이는 것이 아니라, 그가 제출한 복음의 내용과, 그를 통하여 그리스도인이 된 모든 이방인 그리스도인들을 형제로 받아주었음을 의미하는 것입니다. 후에 베드로는, "우리 사랑하는 형제 바울도 그 받은 지혜대로 너희에게 이같이 썼고 또 그 모든 편지에도 이런 일에 관하여 말하였으되 그 중에 알기 어려운 것이 더러 있으니 무식한 자들과 굳세지 못한 자들이 다른 성경과 같이 그것도 억지로 풀다가 스스로 멸망에 이르느니라"(벧후 3:15-16) 하고 바울이 받은 은혜와, 사도로써의 권위를 인정해주고 있는 것을 보게 됩니다. ㉢ 결론은 바울이 제출한 복음과, 예루살렘에 있는 사도들이 전한 복음의 내용이, "동일한 복음의 진리"라는 점이 입증되었다는 데 있습니다.

④ 이방인들을 형제로 인정해준 또 다른 증거로, "다만 우리에게 가난한 자들(예루살렘 교회의 성도들) 생각하는 것을 부탁하였다"(10)고 말씀합니다. 바울은 로마 성도들에게, "만일 이방인들이 그들

의 신령한 것을 나눠 가졌으면 육신의 것으로 그들을 섬기는 것이 마땅하다"(롬 15:27)고 말씀하면서 구제 헌금을 가지고 예루살렘으로 올라가는 것을 보게 됩니다.

⑤ 그런데 주께로부터 동일한 복음을 부탁 받았으나 역할은 달랐습니다. ㉠ "베드로에게 역사하사 그를 할례자의 사도로 삼으신 이가 또한 내게 역사하사 나를 이방인에게 사도로 삼으셨느니라"(8) 하고 말씀합니다. ㉡ 7절에서도, "도리어 내가 무할례자에게 복음 전함을 맡기를 베드로가 할례자에게 맡음과 같다"고 말씀합니다.

주님은 이렇게 쓰시려고 로마 시민권자인 박해자 바울을 사로잡으셨던 것입니다.

둘째 단원(11-14) 복음의 진리를 보수(保守)함

"야고보에게서 온 어떤 이들이 이르기 전에 게바가 이방인과 함께 먹다가 저희가 오매 그가 할례자들을 두려워하여 떠나 물러가매 남은 유대인들도 저와 같이 외식하므로 바나바도 저희의 외식에 유혹되었느니라(12-13).

① 바울은 안디옥에서 일어났던 일을 진술하고 있습니다. ㉠ 그것은 "게바가 이방인과 함께 먹다가" 야고보에게서 온 어떤 이들을 두려워하여 물러간 일입니다. ㉡ 베드로도 전에는 이방인과 교제하는 것을 "위법"(違法)으로 여긴(행 10:28) 때가 있었습니다. 그런데 이제 이방인들과 함께 식탁교제를 나누게 되었다는 것은 그의 신앙의 성숙을 보여줍니다. ㉢ 그런데 왜 물러갔는가? 이를 위법으로 여기고 있는 야고보에게서 온 어떤 할례자들을 두려워했기 때문입니다. 베드로의 믿음은 위법이 아닌 줄로 믿으면서도, 행동은 위법인 것처럼 행동

했던 것입니다. 이방인들과 식탁 교제를 나눌 때는 자유하였으나, 할례자를 두려워하여 물러가는 순간 의문의 종이 되고 만 것입니다.

② "그러므로 나는 저희가 복음의 진리를 따라 바로 행하지 아니함을 보고 모든 자 앞에서"(14) 게바를 면책했다고 말씀합니다. 바울이 보인 반응은 과연 옳은 일이었는가? 왜 이렇게까지 하지 않으면 아니 되었는가?

③ 바울은 베드로가, ㉠ "먼저 사도 된 자"(1:17)요, ㉡ 초대교회의 "기둥과 같은 존재"(9)요, ㉢ 주께서 "그를 할례자의 사도로 삼으신"(8) 것을 부정하거나 책망한 것이 아닙니다. 그럼에도 불구하고, "기둥 같은" 베드로를 모든 사람 앞에서 "면책"(面責)할 수밖에 없었던 것은, 베드로의 체면보다 더 중요한 오직, "복음의 진리를 보수"하기 위한 불타는 일념(一念)에서였던 것입니다.

베드로를 면책한 바울

① 이 때 상황의 심각성을 보십시오. ㉠ 베드로가 물러가자, ㉡ "남은 유대인들도" 저와 함께 물러갔고, ㉢ 심지어 "바나바도 저희의 외식에 유혹되었다"(13), 즉 물러갔다고 말씀합니다. 그 당시, 그 자리에 동석하여 "함께 먹고 있던" 이방인들은 얼마나 큰 충격과 허탈감에 빠졌을 것인가! 안디옥에 있어서 바나바의 위치(位置)가 무엇인가를 생각해보십시오.

② 안디옥에도 복음이 전파되었다는 보고를 받은 "예루살렘 교회가 이 사람들의 소문을 듣고 바나바를 안디옥까지 보낸"(행 11:22), 즉 선교사로 파송을 받은 자입니다. 그가 물러갔다는 것은 참으로 심각한 사태라 아니할 수가 없는 것입니다. 왜냐하면 바나바 자신이, "복음의 진리"를 전하여 세웠던 안디옥교회를 스스로 허무는 결과를

낳게 되기 때문입니다.

③ 이 때 바울 마저 묵인(침묵)을 했다면 주님께서 십자가를 통하여, ㉠ "둘(유대인과 이방인)로 하나를 만드사 중간에 막힌 담을 허신"(엡 2:14) 담을 다시 쌓게 되었을 것이요, ㉡ "그리스도께서 우리로 자유케 하려고 자유를 주신" 자유를 빼앗기고, "다시 종의 멍에를 메는"(5:1) 결과를 가져오게 되었을 것입니다.

④ 그렇다면 바울이 베드로를 면책함으로 얻은 것이 무엇인가? ㉠ "복음의 진리를 보수"한 일입니다. 바울이 이 사실을 편지를 통해서 공개하고 있는 목적도 베드로를 헐뜯기 위해서가 아니라, 갈라디아 지방에 침투한 "다른 복음"을 물리치고, "복음의 진리를 보수"하기 위한 일념에서였던 것입니다. ㉡ 또한 바울이 베드로를 면책한 것은 인간의 생각처럼 교회의 화평을 해치는 결과를 가져온 것이 아니라 도리어, "그는 우리의 화평이신지라 둘(유대인과 이방인)로 하나를 만드사 중간에 막힌 담을 허시고 원수 된 것 곧 의문에 속한 계명의 율법을 자기 육체로 폐하셨으니 이는 이 둘로 자기의 안에서 한 새 사람을 지어 화평하게 하시고 또 십자가로 이 둘을 한 몸으로 하나님과 화목하게 하려 하심이라"(엡 2:14-16), 즉 하나님과의 관계를 "화목"하게 하고, 유대인과 이방인의 관계를 "화평"케 하는 결과를 낳았던 것입니다.

⑤ 이 사건을 통해서 "복음의 진리"는 어떻게 보수되었는가? 이점을 사도행전 15장에서 보게 됩니다. 이방인의 구원문제를 다루기 위해서 예루살렘 공의회는 열리게 되었는데, "사도와 장로들이 이 일을 의논하러 모여 많은 변론"이 있었다고 전합니다. 그때 베드로가 일어나 말하되, ㉠ "또 마음을 아시는 하나님이 우리에게와 같이 저희에게도 성령을 주어 증거 하시고", ㉡ "믿음으로 저희 마음을 깨끗이 하사

저희나 우리나 분간치 아니하셨느니라", ㉢ "그런데 지금 너희가 어찌하여 하나님을 시험하여 우리 조상과 우리도 능히 메지 못하던 멍에를 제자들의 목에 두려느냐", ㉣ "우리가 저희와 동일하게 주 예수의 은혜로 구원받는 줄을 믿노라"(행 15:7-11) 하고 담대하게 복음 진리를 선포하게 만들었던 것입니다.

⑥ 그리하여 일치 가결하기를, "성령과 우리는 이 요긴한 것들 외에 아무 짐도 너희에게 지우지 아니하는 것이 가한 줄 아노니"(행 15:28) 하고, ㉠ 이방인의 목에 할례의 멍에를 메우려던 거짓 형제들의 궤계를 분쇄해버렸던 것입니다. 복음의 진리는 보수되었고, 복음은 승리를 얻었던 것입니다. ㉡ 안디옥에서 있었던 면책 사건은 기독교사에 있어서 하나의 긴장이요 위기가 아닐 수 없었습니다. 그러나 하나님은 이를 합력하여 복음의 진리를 보수케 하시는 선을 이루셨던 것입니다.

⑦ 본 단원은 현대교회를 향하여, ㉠ 너는 복음의 진리를 보수하기 위하여 어떤 경우 그 누구 앞에서라도 "일시라도 복종치 아니하고" 있느냐? ㉡ 너는 복음의 진리를 따라 바로 행하고 있느냐? 묻고 있는 것입니다.

셋째 단원(15-16) 복음 진리의 핵심

"사람이 의롭게 되는 것은 율법의 행위에서 난 것이 아니요 오직 예수 그리스도를 믿음으로 말미암는 줄 아는 고로 우리도 그리스도 예수를 믿나니 이는 우리가 율법의 행위에서 아니고 그리스도를 믿음으로서 의롭다 함을 얻으려 함이라 율법의 행위로서는 의롭다 함을 얻을 육체가 없느니라"(16).

① 16절에는 성경 전체로 보아도 가장 중요한 명제 중 하나가 등장합니다. ㉠ 그것은 "사람이 의롭게 되는 것은" 이라는 화두(話頭)입니다. 신구약성경은 이에 대한 해답이라 하여도 과언이 아닐 만큼 중요한 주제입니다. ㉡ 여기에 "복음 진리의 핵심"이 있는 것입니다. 문맥적으로 볼 때 더욱 그러합니다. 바울은 1장에서, "그러나 우리나 혹 하늘로부터 온 천사라도 <우리가 너희에게 전한 복음> 외에 다른 복음을 전하면 저주를 받을지어다"(1:8) 했습니다. 그렇다면 도대체 바울이 전한 복음이 무엇이란 말인가? 그 내용이 바로 본 단원인 것입니다. 그러므로 시간이 걸리더라도 바울이, "너희에게 같은 말을 쓰는 것이 내게는 수고로움이 없고 너희에게는 안전하니라"(빌 3:1) 함같이, "안전(安全)하다" 할 만큼 말씀드리려고 합니다.

② 그렇다면 "사람이 의롭게 되는 것은" 이라는 명제가 어찌하여 복음의 핵심이라 할 수가 있는가? 이는 하나님과의 관계성(關係性) 때문입니다. 나와 하나님과의 관계는 어떤 상태에 있는가? 이보다 중요하고 우선하는 것은 달리는 없는 것입니다. ㉠ "오직 너희 죄악이 너희와 너희 하나님 사이를 내었다"(사 59:2)고 말씀합니다. ㉡ "모든 사람이 죄를 범하였으매 하나님의 영광에 이르지 못하게"(롬 3:23) 되었다고 말씀합니다. 이것이 하나님과 우리의 관계였습니다. 즉 하나님은 의로우신 데, 인간은 죄인이기 때문에 분리되고, 추방당할 수밖에 없었던 것입니다. ㉢ 성경은 말씀합니다. "의와 불법이 어찌 함께 하며 빛과 어두움이 어찌 사귀며"(고후 6:14). 즉 죄로 말미암아 불법이 되고, 어두움이 된 인간은 의로우시고 빛 되신 하나님과 <함께> 할 수 없고, <사귐>을 가질 수가 없게 되었다는 것입니다. ㉣ 그렇다면 하나님과 분리되고 추방당한 인간이 해결하여야할 가장 긴급한 문제가 무엇이겠습니까? "사람이 의롭게 되는 것" 일 수밖에 없는 것입

니다. 의롭게되어야만 하나님 앞에 나아갈 수가 있고, 하나님과의 교제가 회복될 수 있기 때문입니다. 이를 해결하지 못한다면 영원한 분리만이 있을 뿐입니다.

③ 그러므로 본 단원에는 "의롭게 되는, 의롭다 함을 얻음"이라는 말이 다섯 번(16, 16, 16, 17, 21)이나 등장합니다. 그런데 ㉠ "율법의 행위로서는 의롭다함을 얻을 육체가 없느니라"(16하) 하고 단언합니다. 즉 인간의 자력으로는 불가능하다는 말씀입니다. 사도 바울은 로마서에서도, "율법의 행위로 그의 앞에 의롭다 하심을 얻을 육체가 없나니"(롬 3:20) 하고 선언하고 있습니다. ㉡ 여기 유의해야할 점이 있는데, "그의 앞에" 라는 말씀입니다. 즉 "하나님 앞에" 의롭다 하심을 얻을 사람이 없다는 것입니다. 사람 앞에서가 아닙니다. 사람 보기에는 선한 사람, 의롭다 할 사람이 있을 수가 있을 것입니다. 그러나 하나님 앞에서는 없다는 것입니다. 그렇다면 자력(自力)으로는 아무도, 누구도 하나님 앞에 나아갈 자, 구원 얻을 자란 없다는 결론에 이르게 됩니다. 여기에 인간의 전적 타락, 전적 무능에서 오는 절망이 있는 것입니다. 신앙이란 이를 깨닫고 고백하는데서 비로소 출발하게 되는 것입니다.

사람이 의롭게 되는 것은

① 그럼에도 불구하고 심각한 문제는 설교자나 성도들이, ㉠ "사람이 의롭게 되는 것은" 이라는 명제의 긴급성과 중요성을 인식하지 못하고 있다는데 있습니다. 이를 인식하지 못하는 원인은 두 가지에 기인한다고 여겨집니다. 첫째는 하나님의 심판과 내세를 믿지 않거나, 둘째는 자신이 절망적인 죄인임을 깨닫지 못하기 때문입니다. 그러므로 주님은, "건강한 자에게는 의원이 쓸데없고 병든 자에게 라야 쓸데

있나니, 내가 의인을 부르러 온 것이 아니요 죄인을 부르러 왔노라"(마 9:12-13)고 말씀하셨던 것입니다. 그러므로 결론은, ㉢ 칭의교리의 중요성을 깨닫지 못한다는 것은 십자가의 절대성을 모르기 때문이라고 말할 수밖에 없는 것입니다. 두 인물을 예로 들어 생각해보겠습니다.

② 다윗은 고백합니다. "주의 종에게 심판을 행치 마소서 주의 목전에는 의로운 인생이 하나도 없나이다"(시 143:2). 바울은 고백합니다. "미쁘다 모든 사람이 받을만한 이 말이여 그리스도 예수께서 죄인을 구원하시려고 세상에 임하셨다 하였도다 죄인 중에 내가 괴수니라"(딤전 1:15). ㉠ 그러므로 구약성경에서, "사람이 의롭게 되는 것", 즉 칭의교리를 가장 절실하게 깨달은 사람은 다윗이라고 말할 수가 있습니다. 그는 밧세바 사건 이후에, "내가 죄악 중에 출생하였음이여 모친이 죄 중에 나를 잉태하였나이다"(시 51:5) 하고 깨어지고, 부서지고, 지옥 아랫목까지 떨어졌던 사람입니다. 그랬던 다윗이 칭의교리를 깨닫고는, "허물의 사함을 얻고 그 죄의 가리움을 받은 자는 복이 있도다 마음에 간사가 없고 여호와께 정죄를 당치 않는 자는 복이 있도다"(시 32:1-2) 하고 찬양했던 것입니다. ㉡ 신약성경에서는 말할 것도 없이 바울입니다. 바울은, "내가 전에는 훼방자요 핍박자요 포행자이었다"(딤전 1:13)고 자백합니다. 그러했던 바울이, "내가 가진 의는 율법에서 난 것이 아니요 오직 그리스도를 믿음으로 말미암은 것이니 곧 믿음으로 하나님께로서 난 의라"(빌 3:9) 하고 증거하기에 이른 것입니다.

③ 그렇다면 어떻게 자신이 절망적인 죄인임을 깨달을 수가 있는가? ㉠ "율법으로는 죄를 깨달음이니라"(롬 3:20하) 합니다. "율법이 없을 때에는 죄를 죄로 여기지 아니하느니라"(롬 5:13) 합니다. 그러

므로 하나님께서 죄를 깨닫게 하기 위해서 율법을 "가입"(加入)하셨다(롬 5:20)고 말씀합니다. ㉡ "율법을 주시고→그리스도를 주시기까지"의 역사, 즉 출애굽기로부터 말라기까지의 역사와, 등장하는 인물들을 보십시오. 그 역사의 종말은 예루살렘은 멸망하고 성전은 불타고 백성들은 포로가 되는 파멸의 역사로 끝남을 성경은 보여주고 있습니다. 그 기간에 등장하는 출중한 인물들 모세, 다윗, 솔로몬과 역대 왕들은 어떠합니까? 다윗이 고백한 대로, "주의 목전(目前)에는 의로운 인생이 하나도 없나이다"(시 143:2) 하고 말할 수밖에 없는 것입니다. 이는 한마디로, "율법의 행위로서는 의롭다 함을 얻을 육체가 없음"(16하)을 입증해주고 있는 것입니다. 주 성령께서 이를 기록케 하심은 구약의 역사와 등장하는 인물들을 통해서, "다윗이나 솔로몬"의 죄가 아니라 바로 나 자신의 죄를 깨닫게 하기 위해서인 것입니다.

다윗과 바울에게 칭의교리를 계시하심

① 그럼에도 불구하고 하나님은 그 기간동안 구원계획을 중단하시거나 포기하시지 않고 이루어 오신 것입니다. 여기에 구약의 두 줄기가 있는 것입니다. 성경은 말씀합니다. ㉠ "어떤 자들이 믿지 아니하였으면 어찌하리요 그 믿지 아니함이 하나님의 미쁘심을 폐하겠느뇨 그럴 수 없느니라 <사람은 다 거짓되되 하나님은 참되시다 할지어다>"(롬 3:3-4). 설교자란 성경을 들어서 이 두 가지 흐름, ㉡ 즉 인간의 거짓됨과, 하나님의 참되심을 증거하라고 세움을 입은 자들인 것입니다. 그래야만 회중들이 하나님 앞에 겸손히 무릎을 꿇고, "하나님이여 불쌍히 여기옵소서 나는 죄인이로소이다"(눅 18:13) 하고 고백하게 되는 것입니다. 이것이 "율법(넓은 의미로는 구약성경)으로는 죄를 깨달음이니라"는 말씀입니다.

② 한 걸음 더 나아가야만 합니다. 어떻게 율법으로 죄를 깨닫게 되는가? 이를 바울의 경우를 통해서 볼 수가 있습니다. 바울은 ㉠ "율법의 의로는 흠이 없는 자"로 자부하던 자였습니다. 우리 중에 바울만한 사람이 있을까싶습니다. 그러했던 바울이 "계명이 이르매 죄는 살아나고 나는 죽었도다"(롬 7:9) 하고 말씀합니다. 그렇다면 그에게 이르게 된 "계명"은 무슨 계명인가? ㉡ "곧 율법이 탐내지 말라 하지 아니하였더면 내가 탐심을 알지 못하였으리라"(롬 7:7) 한 십계명 중 맨 마지막 계명입니다. 전에는 무심히 여겼던 이 계명이 그에게 이르게 되자 바울은 "탐심", 즉 모든 죄가 마음의 문제임을 깨닫게 된 것입니다. ㉢ 그리하여 그는 마음을 지키려고 무진 애를 썼습니다. 그러나 허사였습니다. "내가 원하는 바 선은 하지 아니하고 도리어 원치 아니하는 바 악은 행하는도다, 오호라 나는 곤고한 사람이로다 이 사망의 몸에서 누가 나를 건져내랴"(롬 7:19, 24) 하고 절규하게 이른 것입니다. 문제는 여기에 있는 것입니다. 죄가 없어서 죄를 모르고 있는 것이 아니라, 계명이 이르지 않았기 때문에, 달리 말하면 빛이 없기 때문에 이를 보지를 못하고 있다는 것입니다. 이것은 비극이라고 말할 수밖에 없습니다.

③ "이 사망의 몸에서 누가 나를 건져내랴" 하고 "누군가"를 찾고 있는 바울에게, "복음에는 하나님의 의가 나타나서, 오직 의인은 믿음으로 말미암아 살리라"(롬 1:17) 한 칭의교리가 계시된 것입니다. 바울이, "형제들아 내가 너희에게 알게 하노니 내가 전한 복음이 사람의 뜻을 따라 된 것이 아니라 이는 내가 사람에게서 받은 것도 아니요 배운 것도 아니요 오직 예수 그리스도의 계시로 말미암은 것이라"(1:11-12) 한 것이 이를 가리킵니다. 이 때부터 바울은, "하나님의 의가 나타났습니다. 오직 믿음으로 받을 수가 있습니다"(롬 3:21-22).

"일하는 자에게는 그 삯을 은혜로 여기지 아니하고 빚으로 여기거니와 일을 아니할지라도 경건치 아니한 자를 의롭다 하시는 이를 믿는 자에게는 그의 믿음을 의로 여기시나니"(롬 4:4-5) 하고 외쳤습니다. 그 이후로 바울은 이 칭의교리를, "내가 전한 복음"(1:8), 나의 복음"(롬 2:16; 16:25)이라 부르며 복음에 미친 사람이 되었던 것입니다.

④ 그러므로 바울은, "사람이 의롭게 되는 것은 율법의 행위에서 난 것이 아니요 오직 예수 그리스도를 믿음으로 말미암는 줄 아는 고로 <우리도> 그리스도 예수를 믿나니"(16중) 합니다. ㉠ 여기서 말하는 "우리"란 유대인을 가리키는 말입니다. ㉡ 그런데 문맥적으로 보면 이 "우리"는 바울이 베드로를 면책할 때 한 말입니다. 바울은 베드로를 향해, "우리는 본래 유대인이요 이방 죄인(유대인이 말하는 바)이 아니지만(15), 그러나 사람이 의롭게 되는 것은 율법을 지킴으로, 또는 할례를 행함으로 되는 것이 아니요 오직 예수 그리스도를 믿음으로 말미암는 줄 아는 고로 우리(바울과 베드로)도 그리스도 예수를 믿는 것이 아니요?" 하고 면책했다는 말씀입니다.

⑤ 이를 달리 표현하면, "하나님은 홀로 유대인의 하나님뿐이시뇨 또 이방인의 하나님은 아니시뇨 진실로 이방인의 하나님도 되시느니라 할례자도 믿음으로 말미암아 또는 무할례자도 믿음으로 말미암아 의롭다 하실 하나님은 한 분이시니라"(롬 3:29-30) 하고 책망한 셈입니다. 하나님이 이방인들을 믿음으로 의롭다 여겨주시고 받아주셨다면 우리가 하나님보다 더 의롭단 말이냐? 하나님은 할례를 요구하시지 않고 오직 "믿음"만을 요구하셨는데 "내가 누구관대 하나님을 능히 막겠느냐"(행 11:17).

예수 그리스도의 구속으로 말미암아

① 그렇다면 의로우신 하나님께서 의롭지 못한 우리를 의롭다고 여겨주시는 것이 어떻게 가능하게 되었는가? 이점을 로마서 8:3절은 설명해주고 있는데, ㉠ "율법이 할 수 없는 그것을 하나님은 하시나니"하고 말씀합니다. ㉡ 율법이 할 수 없는 것이 있다고 말씀합니다. 그것이 무엇인가? 죄인을 의롭다고 여겨주는 일입니다. 율법은 법대로 정죄하는 일밖에는 못합니다. 그러니까 율법은 죽이는 일은 해도 살리는 일은 할 수가 없었던 것입니다. ㉢ "그것을 하나님은 하시나니" 합니다. 어떻게 하셨는가? "곧 죄를 인하여 자기 아들을 죄 있는 육신의 모양으로 보내어 육신에 죄를 정하사"(롬 8:3하) 해주셨다고 말씀합니다. 즉 우리가 받아야할 정죄를 자기 아들에게 대신 정죄하시고 해주셨다는 말씀입니다. 이것이, "그리스도 예수 안에 있는 구속으로 말미암아 하나님의 은혜로 값없이 의롭다 하심을 얻은 자 되었느니라"(롬 3:24)는 뜻입니다. 여기에 복음의 진수가 있는 것입니다.

② 한 가지만 더 말씀드려야만 하겠습니다. 로마서 5:21절에는 두 왕이 등장합니다. 그것은 죄라는 왕과, 은혜라는 왕입니다. 왕이란 다스리는 자인데, 다스리려면 권세가 있어야만 합니다. ㉠ 죄라는 왕은 "사망 안에서 왕 노릇"한다고 말씀합니다. 사탄은 사망 권세를 가진 자입니다. 그래서 죽기를 무서워하므로 모든 자가 그에게 굴복하는 것입니다. 죄에게 "사망"이라는 권세가 없다면 두려울 것이 없는 것입니다. ㉡ 그렇다면 은혜라는 왕은 무슨 권세로 왕 노릇 하는가? "의로 말미암아 왕 노릇"한다고 말씀합니다. 그를 믿기만 하면 "의롭다"고 여겨줄 수 있는 권세가 은혜의 왕에게는 있다는 것입니다. 구속으로 말미암아 말입니다. 만일 은혜에게 이 권세가 없다면 죄인들에게는 은혜도 별 도움이 되지 못할 것입니다. 이제 분명합니까? 안전합

니까? 구약시대에 있어서도 이 칭의교리를 깨달은 자의 간증을 들어 보십시오.

나는 항상 소망을 품고
주를 더욱 더욱 찬송하리이다
내가 측량할 수 없는 주의 의와 구원을
내 입으로 종일 전하리이다
내가 주 여호와의 능하신 행적을 가지고 오겠사오며
주의 의 곧 주의 의만 진술하겠나이다
하나님이여 주의 의가 또한 지극히 높으시니이다
하나님이여 주께서 대사를 행하셨사오니 누가 주와 같으리이까
(시 71:14-19).

③ "하나님의 의가 나타났다"고 말씀했을 때, 이 "의"가 하나님의 "공의냐, 칭의냐" 구분하려는 것은 무의미한 일입니다. ㉠ 하나님의 한 손에는 공의가 있고, 다른 손에는 칭의가 있는 그런 것이 아닙니다. 하나님에게는 언제나 "의로우심" 하나뿐입니다. 이 의가 죄인에게 직접 나타나게 되면 죄를 심판하게 되는 "공의"가 되지만, "그리스도 예수 안에 있는 구속"을 통하여 임하게 되면 "칭의"가 되는 것입니다. 왜냐하면 주님께서 대신 정죄를 받으셨기 때문입니다. ㉡ 성경은 "곧 이 때에 자기의 의로우심을 나타내사"(롬 3:26상) 합니다. "이 때"란 어느 때인가? 자기 아들을 "화목 제물로 세우신"(롬 3:25) 때를 가리킵니다. 십자가 사건은 우리에게 나타내셔야할 하나님의 의로우심(심판)을 대신 자기 아들에게 나타내신 사건이었던 것입니다. 그러므로 십자가에는 죄를 "참아 보지 못하시는"(합 1:13) 하나님의 의가 나타

나 있습니다. 또한 십자가에는 우리를 거기까지 사랑하셨다는 하나님의 사랑이 나타난 곳입니다. ㉢ "자기도 의로우시며 또한 예수 믿는 자를 의롭다 하려 하심이라"(롬 3:26하). 궁극적으로 십자가는 "하나님은 의로우시다" 하고 증언하고 있는 것입니다.

④ 이를 알았기에 사도 바울은 ㉠ "내가 너희 중에서 예수 그리스도와 그의 십자가에 못 박히신 것 외에는 아무것도 알지 아니하기로 작정하였음이라"(고전 2:2), 그러나 내게는 우리 주 예수 그리스도의 십자가 외에 결코 자랑할 것이 없으니"(갈 6:14) 하고 말씀했던 것입니다. 그렇다면 그의 설교에 잘못이 없고, 교훈적인 말만 한다하여도 만일, ㉡ "하나님의 의가 나타났다"는 이 엄청난 복음을 하찮은 것인 양 제쳐놓고 전하지 않고 있다면 감히 말씀드립니다. 그 설교자는 "다른 복음"을 전하고 있는 것이라고 말해도 과언이 아닌 것입니다. 형제가 칭의 설교를 들은 가장 최근의 기억은 언제입니까? 목사님이 칭의 설교를 한 가장 최근의 일은 언제입니까?

⑤ 루터는 말합니다. "사람이 의롭게 되는 것은 율법의 행위에서 난 것이 아니요 오직 예수 그리스도를 믿음으로 말미암는다"는 이 칭의교리를, "뇌리에 박히도록" 자주 자주 말해주어야만 한다 그 교회가 서 있는 교회인가 넘어지는 교회인가를 알아볼 여면 칭의교리에 서 있는 여부를 보면 안다. 형제의 교회는 서 있습니까?

⑥ 이제 질문을 드려야만 하겠습니다. 누군가가 형제에게 "복음이 무엇이요?" 하고 묻는다면 무엇이라 대답하겠습니까? 이제 형제에게도 대답할 말이 예비 되어 있을 줄 믿습니다. "하나님의 의가 나타났습니다. 믿음으로 받을 수가 있습니다. 예수 그리스도의 구속으로 말미암아 가능해졌습니다. 이 의를 받아 입고 의로우신 하나님과 화목하십시오" 하고 증거해주시기 바랍니다. 이것이 복음입니다. 이 말씀

은 종교개혁을 일으키게 한 도화선이 된 말씀이기도 합니다. 현대교회도 개혁이 필요합니다.

넷째 단원(17-21) 내 안에 그리스도께서 사신 것이라

"내가 그리스도와 함께 십자가에 못 박혔나니 그런즉 이제는 내가 산 것이 아니요 오직 내 안에 그리스도께서 사신 것이라 이제 내가 육체 가운데 사는 것은 나를 사랑하사 나를 위하여 자기 몸을 버리신 하나님의 아들을 믿는 믿음 안에서 사는 것이라"(20).

① 내용을 상고하기 전에 먼저 문맥에 유의하시기를 바랍니다. 본 단원에는 네 절(18-21) 속에, "내가 또는 나"라는 말이 무려 11번이나 등장합니다. 그렇다면 이 "나"는 누구인가? 16절을 통해서 의롭다함을 얻은 사람을 가리킵니다. 16절은 전적으로 하나님께서 해주신 일입니다. 그런데 본 단원은, "내가 육체 가운데 사는 것은"(20중) 하고 인간의 책임을 말씀합니다. 다시 말하면 하나님께 의롭다함을 얻은 사람들은 어떤 삶을 살아야만 하는가? 그 사람은 삶의 목적이 어떻게 바뀌었는가를 말씀하고 있는 것입니다.

② "만일 우리가 그리스도 안에서 의롭게 되려 하다가 죄인으로 나타나면"(17상) 합니다. "칭의교리"를 전하게 되면 어떤 곡해(曲解)와 반대에 부딪치게 되는가? 17절은 이를 예상하고 하는 말씀입니다. ㉠ "죄인으로 나타나면" 합니다. 즉 의롭다함을 얻은 후에도 실수하고 넘어질 수가 있다는 그런 뜻입니다. 그럴 경우 ㉡ "그리스도께서 죄를 짓게 하는 자냐"(17중) 합니다. 이는 복음을 반대하는 자들이 들고 나오는 비난입니다. 이러한 가상적인 비난에 대한 논박은 로마서 6장에도 나옵니다. "그런즉 우리가 무슨 말하리요 은혜를 더하게 하려고 죄

에 거하겠느뇨”(롬 6:1) 합니다. 바울은 로마서에서도, “복음의 핵심”인 칭의교리를 증거 했습니다. 그러면 어떤 오해를 예상하게 되느냐 하면, “당신은 지금 율법의 행위는 필요 없다. 오직 믿기만 하면 된다고 말하고 있는데 그렇다면 죄를 지어도 괜찮다는 말이냐?” 하고 비난하게 되는 것입니다. 갈라디아서에서도, “사람이 의롭게 되는 것은 율법의 행위에서 난 것이 아니요 오직 예수 그리스도를 믿음으로 말미암는다”고 증거했습니다. 그러면 율법주의자들은, “지금 당신은 죄를 조장(助長)하고 있소. 당신은 도덕폐기론 자요” 하고 비난할 것을 예상하고, “그리스도께서 죄를 짓게 하는 자냐”, 하고 묻고 있는 것입니다.

③ “결코 그럴 수 없느니라”(17하) 합니다. 로마서에서도, “그럴 수 없느니라”(롬 6:2) 하고 단호히 거부합니다. ㉠ “만일 내가 헐었던 것을 다시 세우면 내가 나를 범법한 자로 만드는 것이라”(18) 합니다. 17-18절이 무엇을 말씀함인지 깨닫기가 쉽지 않습니다. 이를 문맥적으로 볼 수밖에 없는데, 우리는 의롭다 함을 얻은 후에도 “의인”으로서 행동하는 것이 아니라 여전히 실수하고 넘어지게 됩니다. 그럴 경우 내가 실수하는 것은 나를 의롭다고 여겨주신 분의 책임이 아니라 전적으로 나 자신의 책임이라는 뜻입니다. ㉡ 또한 매를 맞아도 은혜 아래서 맞는 것이지 다시 율법 아래로 들어가게 되는 것은 아니라는 뜻으로 여겨집니다. 이점이 다음절에서 분명히 드러나고 있습니다.

④ “내가 율법으로 말미암아 율법을 향하여 죽었나니 이는 하나님을 향하여 살려 함이니라”(19) 합니다. 이 말씀의 뜻을 깨닫기만 한다면 자유 함과 환희(歡喜)를 동시에 맛보게 될 것을 확신합니다. 제 자신이 그런 경험을 했기 때문입니다. 이를 이해하기 위해서는 같은 의미인 로마서 6:11절을 먼저 상고하는 것이 도움이 될 것입니다. ㉠ “이

와 같이 너희도 너희 자신을 죄에 대하여는 죽은 자요 그리스도 예수 안에서 하나님을 대하여는 산 자로 여길지어다" 합니다. 이 한 절 속에는 "죽었다"는 말과, "살았다"는 말이 들어있는데, 나무를 예로 들면 "죽었다"는 말은 끊어짐(分離)을 의미하고, "살았다"는 말은 접붙임(소속)이 되었다는 뜻입니다. 그러니까 죄의 진영(陣營)에 소속이 되어 있던 내가 거기서는 분리(죽었고)가 되어 이제는 하나님이 다스리시는 진영에 속하게(살았다) 되었다는 말입니다. 이점을 주님은 ㉡ "사망(의 진영)에서 생명(의 진영)으로 옮겼느니라"(요 5:24) 하고 말씀하십니다. 그러면 구원 얻기 전에는 어떤 상태에 있었다고 말할 수가 있을까요? "하나님께 대하여는 죽은(끊어진) 자요 죄에 대하여는 산(붙어있는) 자"였던 것입니다.

⑤ 이를 출애굽을 들어서 설명을 하는 것이 도움이 될 것입니다. 바로의 군사는 홍해까지는 추격을 해왔습니다. 다시 노예로 삼기 위해서였습니다. 그러나 홍해를 건넌 하나님의 백성들을 다시 사로잡을 수는 없었습니다. ㉠ 성경은 홍해도하를 옛 사람이 죽고 새 사람이 되었다는 표, 즉 세례라고 말씀합니다. 전에 바로의 진영에 속해있던 이스라엘 백성들은 이제 하나님의 진영으로 옮겨진 것입니다. 즉 "죄의 왕국에서 은혜의 왕국"으로 옮겨진 것입니다. 우리는 이미 홍해를 건넌 사람들입니다. 그러므로 "죄가 너희를 주관치 못하리니 이는 너희가 법 아래 있지 아니하고 은혜 아래 있음이니라"(롬 6:14) 하고 선언합니다. 이것이 ㉡ "내가 율법으로 말미암아 율법을 향하여 죽었나니 이는 하나님을 향하여 살려 함이니라"(19) 하신 의미입니다. 전에는 간악한 사탄이 하나님께서 주신 율법을 악용(고전 15:56)하여 나를 정죄하고 결박하여 가두었으나, 이제는 율법의 지배 아래서는 죽었고, 은혜로 다스리시는 하나님의 지배 하에서 살게 되었다는 말씀입니다.

⑥ 어떻게 우리의 옛 사람이 죽었다는 말인가? ㉠ "내가 그리스도와 함께 십자가에 못 박혔나니"(20상) 합니다. 앞에서도 잠시 언급했습니다만, 여기에 성경 상 가장 큰 신비라 할 수 있는 연합교리가 등장합니다. "내가 그리스도와 함께 십자가에 못 박혔다"는 것은 주님께서 십자가에 못 박히셨을 때에 우리가, "그 안에" 있었기 때문이라는 것입니다. 하나님께서는 우리를 창세 전에, ㉡ "그리스도 안에서" 택하시고(엡 1:4), "그리스도 예수 안에 있게"(고전 1:30) 해주셨다고 말씀합니다.

⑦ 그러므로 로마서 6장에서는 우리 옛 사람이, ㉠ 예수와 함께 십자가에 못 박히고(6), ㉡ 함께 죽고(8상), ㉢ 함께 장사되었다가(4), ㉣ 함께 살게(8하) 되었다고 말씀합니다. ㉤ 이런 논리에서 "그리스도 예수 안에서 함께 하늘에 앉히셨다"(엡 2:6)는 말씀이 성립이 되는 것입니다.

내 안에 그리스도가 사신 것이라

① 본문 19-20절을 통해서도 죽었다는 말을 두 번, 살았다는 말을 두 번 강조하고 있습니다. ㉠ "율법을 향하여 죽었다"(19), "그리스도와 함께 십자가에 못 박혔다"(20)고 말씀합니다. ㉡ 그런가 하면, "하나님을 향하여 살려 함이라"(19), "오직 내 안에 그리스도께서 사신 것이라"(20) 합니다. ㉢ 이점에서 유념해야할 점은 연합교리란 어떤 체험으로 받는 것이 아니라는 점입니다. 하나님의 말씀에 의지하여 믿음으로 받아드리는 것입니다. 이를 로마서에서는, "이와 같이 너희도 너희 자신을 죄에 대하여는 죽은 자요 그리스도 예수 안에서 하나님을 대하여는 산 자로 여길지어다"(롬 6:11) 하고, "여기라"고 말씀합니다. 이것이 믿음입니다. 그리고, "나는 죄에 대하여 죽은 자요 하

나님께 대하여 산 자"로 여기게 될 때, 정죄에서 벗어나게 됩니다. 자유함이 있습니다. 기쁨이 있게 되는 것입니다.

② "그런즉 이제는 내가 산 것이 아니요 오직 내 안에 그리스도께서 사신 것이라"(20중) 합니다. 이것이 루터가 말한 바, ㉠ "누군가가 내 마음 문을 두드리면서 이 집에 누가 살고 있느냐고 묻는다면 나는 대답하리라 전에는 마틴 루터가 살고 있었는데 그 사람은 오래 전에 죽었고, 이제는 예수 그리스도께서 살고 계십니다 하고 대답하리라" 한 의미입니다. ㉡ 이러한 깨달음과 고백은 대단히 중요합니다. 신앙상 모든 어려움은 "나는 죽고 내 안에 그리스도께서 사신 것이라"는 이 한가지를 망각한데서 비롯되기 때문입니다.

③ 이를 깨달은 자는 필연적으로 어떠한 삶을 살게 되는가? ㉠ "이제 내가 육체 가운데 사는 것은 나를 사랑하사 나를 위하여 자기 몸을 버려주신 하나님의 아들을 믿는 믿음 안에서 사는 것이라"(20하) 하고 말씀합니다. ㉡ 이러한 사람은 한마디로 인생의 목적(目的)이 바뀐 사람인 것입니다. ㉢ 바울은 로마서에서, "우리 중에 누구든지 자기를 위하여 사는 자가 없고 자기를 위하여 죽는 자도 없도다 우리가 살아도 주를 위하여 살고 죽어도 주를 위하여 죽나니 그러므로 사나 죽으나 우리가 주의 것이로다"(롬 14:7-8) 하고 말씀했습니다. 바울은 "우리 중에는 자기를 위하여 살고 자기를 위하여 죽는, 자기 중심적인 사람은 없다"라고 단언합니다. 만일 있다면 그는 진정으로 "복음의 진리"를 깨달은 자가 아니요, 그러므로 진정한 그리스도인이라 말할 수는 없다는 의미가 내포되어 있는 것입니다.

④ 바울이 이렇게 말씀하고 있는 의도는, "믿음으로 의롭다함을 얻은 사람들"이란 이처럼 옛 사람이 죽고 그리하여 삶의 목적이 바뀐 사람들인데, 어찌 죄 가운데 거할 수가 있단 말이냐 하고 반박하기 위

해서인 것입니다.

㉠ 나를 사랑하사,

㉡ 나를 위하여,

㉢ 자기 몸을 버리신,

㉣ 하나님의 아들을 믿는 믿음 안에서 사는 것이라. 진정 이를 믿는 자라면 죄를 지어도 괜찮기는커녕 의로운 삶을 살아가기를 열망하게 된다는 말씀입니다. ㉤ 이것이 "믿음 안에서 사는 삶"(20하)이라는 말씀입니다.

⑤ 복음을 곡해하고 비난하는 자들의 가상적인 질문을 반박한 바울은, 마지막 절에서 본 장의 결론과 같은 말씀을 합니다. ㉠ "만일 의롭게 되는 것이"(21중) 하고 본 주제로 돌아갑니다. ㉡ "율법으로 말미암으면", 다시 말하면 "할례를 행하고 율법을 지킴으로 얻을 수 있는 것이라면" 하는 뜻입니다. ㉢ "그리스도께서 헛되이 죽으셨느니라"(21하)고 말씀합니다. 생각해보십시오. 의롭게 되는 방도가 달리 있는데도 죽으셨다면, 그것은 헛된 죽음을 죽은 것이라는 뜻입니다.

⑥ 그리스도의 죽으심만 헛된 데로 돌리는 것이 아닙니다. "내가 하나님의 은혜를 폐하지 아니하노니"(21상) 합니다. 결국 "하나님의 은혜"도 무용지물로 만드는 결과를 낳게 된다는 말씀입니다. 바울이 "우리나 혹 하늘로부터 온 천사라도 우리가 너희에게 전한 복음 외에 다른 복음을 전하면 저주를 받을지어다"(1:8) 하고 그토록 분개해했던 이유가 여기에 있었던 것입니다.

⑦ 현대교회의 치명적인 병폐 중 하나가, ㉠ "하나님이 해주신 일보다는 사람이 해야할 일"에 우선순위를 두고 이를 더 많이 말하고, 더 많이 강조하고 있는 데 있다 하겠습니다. 이것이 사실이라면 이는 분명, "다른 복음"이라 말할 수가 있습니다. 복음이란 전적으로 하나

님이 해주신 일입니다. 이를 듣고 믿을 때, "은혜"를 받게 되는 것입니다. 그러나 사람이 해야할 일은 윤리입니다. 이는 "교훈"을 받는 것이지 받을 자격이 없는 자에게 값없이 베푸시는 은혜가 아닙니다. 복음에 근거하지 않은 윤리는 율법이 될 수밖에 없는 것입니다. ㉡ 또 하나는, "복음"을 하나의 관문 처럼 여기는 풍조입니다. 이렇게 말하고 있는 셈입니다. "우리는 복음을 받았다. 복음을 통과했다. 이제는 성장이다. 성화다". 그리하여 행함을 강조하고, 순종을 요구합니다. 아닙니다. 복음의 핵심인 "의롭다 함"이란, 예배드릴 때 입고 있어야할 예복입니다. 기도할 때에 우선적으로 묵상해야할 말씀입니다. 실수하고 넘어졌을 때 일으켜주는 말씀입니다. 임종 머리에서도 붙들고 있어야할 진리입니다. 최후심판 날에 진노하심에서 구원(롬 5:9)을 얻을 수 있는 것은 오직 "칭의"뿐입니다.

그러므로 그리스도인의 삶의 근거는 "이제 내가 육체 가운데 사는 것은 나를 사랑하사 나를 위하여 자기 몸을 버리신 하나님의 아들을 믿는 믿음(복음) 안에서 사는 것이라"(20하)가 되어야만 하는 것입니다.

갈라디아서 3:1–14의 분석 도표

율법의 행위로냐, 듣고 믿음으로냐

믿음으로 거듭남

1-5

어리석도다 갈라디아 사람들아

예수 그리스도께서 십자가에 못 박히신 것이 너희 눈앞에 밝히 보이거늘

누가 너희를 꾀더냐(1)

너희가 성령을 받은 것은

율법의 행위로냐 듣고 믿음으로냐(2)

너희가 이같이 어리석으냐

성령으로 시작하였다가

이제는 육체로 마치겠느냐(3)

너희에게 성령을 주시고

능력을 행하시는 이의 일이

율법의 행위로서냐 듣고 믿음으로서냐(5)

믿음으로 의롭다 함

6-9

아브라함이 하나님을 믿으매

이것을 그에게

의로 정하셨다 함과 같으니라(6)

그런즉 믿음으로 말미암은 자들은

아브라함의 아들인줄 알지어다(7)

하나님이 이방을 믿음으로 말미암아

의로 정하실 것을

성경이 미리 알고 먼저 아브라함에게

복음을 전하되 모든 이방이 너를

인하여 복을 받으리라 하였으니(8)

그러므로 믿음으로 말미암는 자는

믿음이 있는 아브라함과 함께

복을 받느니라(9)

저주의 길과 축복의 길

10-14

하나님 앞에서 아무나 율법으로 말미암아

의롭게 되지 못할 것이 분명하니 이는

의인이 믿음으로 살리라 하였음이니라(11)

율법은

믿음에서 난 것이 아니라

이를 행하는 자는, 살리라 하였느니라(12)

율법 행위에 속한 자들은

저주 아래 있나니

누구든지 율법책에 기록된 대로

온갖 일을 항상 행하지 아니하는 자는

저주 아래 있는 자라 하였음이라(10)

그리스도께서 우리를 위하여

저주를 받은 바 되사 율법의 저주에서

우리를 속량하셨으니(13)

이는 그리스도 예수 안에서 아브라함의 복이

이방인에게 미치게 하고 또 우리로 하여금

믿음으로 말미암아 성령의 약속을 받게 하려 함이니라(14)

3:1-14
율법의 행위로냐, 듣고 믿음으로냐

[11] 또 하나님 앞에서 아무나 율법으로 말미암아 의롭게 되지 못할 것이 분명하니 이는 의인이 믿음으로 살리라 하였음이니라

3장은 크게 두 문단(1-14, 15-29)으로 나누어 도표를 작성해서 상고하고자 합니다. 그만큼 중요하고 중량이 있는 내용이기 때문입니다. 사도 바울이, "내 복음"이라 말한 복음 진리의 핵심은 앞에서 이미 말씀한 바입니다. 3-4장에서는 이것이 어째서 참 복음인가를 정교하게 논증(論證)해나갑니다. 본 문단(3:1-14)에서는 최우선으로 믿는 자에게 주어지는 두 가지 은사, 즉 칭의(稱義)와 중생(重生)을 얻은 것이, "율법의 행위로냐, 듣고 믿음으로냐" 하고 묻고 있습니다. 한 걸음 더 나아가 만일 율법의 행위로 이루려한다면 어떤 결과에 이르게 되는가를 말씀합니다. 그것은 "저주 아래"(10) 있게 된다고 말씀합니다. 왜 그렇게 될까요? 이를 세 단원으로 나누어 상고하겠습니다.

첫째 단원(1-5) 믿음으로 거듭남

둘째 단원(6-9) 믿음으로 의롭다함

셋째 단원(10-14) 저주의 길과 축복의 길

첫째 단원(1-5) 믿음으로 거듭남

"내가 너희에게 다만 이것을 알려 하노니 너희가 성령을 받은 것은 율법의 행위로냐 듣고 믿음으로냐"(2).

본 단원의 중심점은, "성령"입니다. 모두 세 번(2, 3, 5) 등장합니다.

① "어리석도다 갈라디아 사람들아 예수 그리스도께서 십자가에 못 박히신 것이 너희 눈앞에 밝히 보이거늘 누가 너희를 꾀더냐"(1) 합니다. 바울은 1:6절에서, "그리스도의 은혜로 너희를 부르신 이를 이같이 속히 떠나 다른 복음 좇는 것을 내가 이상히 여기노라" 하고 말씀한 바 있습니다. 이 의분을 억누르면서 자신의 사도 됨과, 자신이 전파한 복음의 권위가 예수 그리스도로 말미암아서임을 변증해 나온 바울은 3장에 이르러, ㉠ "어리석도다 갈라디아 사람들아" 하고 비로소 저들의 어리석음을 책망하고 있는 것입니다. 바울은 그냥 "어리석다"고만 말씀하는 것이 아니라, ㉡ "예수 그리스도께서 십자가에 못 박히신 것이 너희 눈앞에 밝히 보이거늘" 하고 말씀합니다. 이렇게 말씀하는 바울의 마음은 슬펐으리라고 여겨집니다. 우선적으로 주님께 향한 죄송한 슬픔이요, 다음으로는 인간의 거짓됨을 슬퍼했을 것입니다.

② "내가 너희에게 다만 이것을 알려 하노니 너희가 성령을 받은 것은"(2상) 합니다. ㉠ 하나님은 "너희에게 성령을 주셨고"(5), 너희는, ㉡ "성령을 받았다"(2)고 말씀합니다. ㉢ 그런데 성령을 주시고 받은 것이, "율법의 행위로냐 듣고 믿음으로냐"(2하) 묻고 있는 것입니다. 다시 말하면, "너희가 할례를 행하고 율법을 지켰기 때문에 성령을 주셨단 말이냐?" 이에 대한 답변이 베드로가 이방인 고넬료의 집에 가서 복음을 전하고 돌아왔을 때 힐난하는 할례자들에게 대답한 말이 도움이 될 것입니다. "내가 말을 시작할 때에 성령이 저희에게

임하시기를 처음 우리에게 하신 것과 같이 하는지라 내가 주의 말씀에 요한은 물로 세례를 주었으나 너희는 성령으로 세례를 받으리라 하신 말씀이 생각났노라 그런즉 하나님이 우리가 주 예수 그리스도를 믿을 때에 주신 것과 같은 선물을 저희에게도 주셨으니 내가 누구관대 하나님을 능히 막겠느냐 하더라"(행 11:15-17). 하나님은 다만 "듣고 믿는" 이방인들에게 성령을 주셨고 저들은 받았던 것입니다.

③ "너희가 이같이 어리석으냐 성령으로 시작하였다가 이제는 육체로 마치겠느냐"(3) 하고 책망합니다. 복음이란 사람이 무엇인가 해야하는 것이 아닙니다. 예수 그리스도께서 십자가상에서, "다 이루었다" 하신 것을 값없이 거저 받기만 하면 되는 것이 복음입니다. 이것이, "듣고 믿음으로"입니다. 그런데 사람이, "율법의 행위"로 이루려 한다면 이것이 "육체로 마치겠느냐"는 뜻입니다.

④ "너희가 성령을 받았다"는 말씀은 믿는 자에게 이루어지는 "거듭남"을 가리킵니다. ㉠ 주님은 "사람이 물과 성령으로 나지 아니하면 하나님 나라에 들어갈 수 없느니라"(요 3:5) 하고 말씀하셨습니다. ㉡ 사도 바울은 "누구든지 그리스도의 영이 없으면 그리스도의 사람이 아니라"(롬 8:9)고 말씀합니다. 이점을 베드로는 ㉢ "너희가 거듭난 것이 썩어질 씨로 된 것이 아니요 썩지 아니할 씨(성령)로 된 것이니 하나님의 살아 있고 항상 있는 말씀으로 되었느니라"(벧전 1:23) 합니다.

거듭남

① 그러면 언제 "거듭남"이 이루어지는가? 에베소서 1:13절에서 그 답을 구할 수가 있습니다. 네 단계로 이루어지는데, ㉠ "너희도 진리의 말씀 곧 너희의 구원의 복음을"(13상), ㉡ "듣고"(13중), ㉢ "그

안에서 또한 믿어", ㉣ "약속의 성령으로 인치심을 받았으니"(13하) 합니다.

② 최우선적으로, ㉠ "진리의 말씀 곧 구원의 복음"을 전해주는 자가 있어야만 한다는 점입니다. 여기에 전도자의 거역할 수 없는 막중한 책임이 있는 것입니다. 바울은, "듣지도 못한 이를 어찌 믿으리요 전파하는 자가 없이 어찌 들으리요"(롬 10:14) 하고 말씀합니다. "믿음은 들음에서 나며"(롬 10:17) 한 대로 전해주는 자가 있어야 들을 수가 있고, 들어야 믿을 수가 있다는 것입니다. ㉡ 그러면 무엇을 전해주어야 합니까? "진리의 말씀 곧 구원의 복음"입니다. 교훈이 아닙니다. 축복은 더욱 아닙니다. "복음"을 전해주어야만 이를 "듣고, 믿어, 성령으로 인치심"을 받게 된다고 말씀합니다.

③ 그러면 복음이 무엇인가? ㉠ "구원의 복음"이라고 말씀하심을 유념하시기를 바랍니다. "구원"을 주는 말씀이 복음이라는 뜻입니다. 그러므로 모든 말씀이 다 복음은 아닌 것입니다. 심지어 "복음서"를 설교한다고 해서 반드시, "구원의 복음"을 증거하고 있다고 말할 수는 없는 것입니다. 왜냐하면 우리의 구원은, "오병이어"로 주어진 것이 아니기 때문입니다. 나사로의 무덤에서 가능하여진 것이 아닙니다. ㉡ 성경은 말씀합니다. "우리가 아직 연약할 때에 기약대로 그리스도께서 경건치 않은 자를 위하여 <죽으셨도다>. 우리가 아직 죄인되었을 때에 그리스도께서 우리를 위하여 <죽으심으로>, 곧 우리가 원수 되었을 때에 그 아들의 <죽으심으로> 말미암아 하나님으로 더불어 화목되었은즉"(롬 5:6-10). 구원의 복음이란 오직 예수 그리스도께서 십자가에 못 박혀 죽으신, "죽으심"을 통해서만 가능하여진 것임을 명심해야만 합니다.

④ 그러므로 바울은 첫 절에서, "어리석도다 갈라디아 사람들아 예

수 그리스도께서 십자가에 못 박히신 것이 너희 눈앞에 밝히 보이거늘 누가 너희를 꾀더냐" 하고 책망했던 것입니다. 어떻게 생각하십니까? 문자 그대로 갈라디아 사람들이 주님의 십자가를 육신의 눈으로 밝히 볼 수가 있었다는 말씀입니까? 아닙니다. 볼 수가 없었습니다. ㉠ "예수를 너희가 보지 못하였으나 사랑하는도다 이제도 보지 못하나 믿고 말할 수 없는 영광스러운 즐거움으로 기뻐하니 믿음의 결국 곧 영혼의 구원을 받음이라"(벧전 1:8-9) 하고 말씀합니다. 그러나 ㉡ 밝히 보았을 것입니다. 무슨 뜻이냐 하면 사도 바울이, "그러나 내게는 우리 주 예수 그리스도의 십자가 외에 결코 자랑할 것이 없으니"(6:14) 하고 말씀하고 있는 것으로 보아, 그들의 눈에는 밝히 보이도록, 귀에는 쟁쟁하도록, 가슴에는 못이 박히도록 증거해주었을 것이 분명하기 때문입니다. 고린도교회를 향해서도, "형제들아 내가 너희에게 나아가 하나님의 증거를 전할 때에 말과 지혜의 아름다운 것으로 아니 하였나니 내가 너희 중에서 예수 그리스도와 그의 십자가에 못 박히신 것 외에는 아무것도 알지 아니하기로 작정하였음이라"(고전 2:2) 하고 말씀하고 있습니다. ㉢ 그런 바울이 갈라디아 사람들에게, "예수 그리스도께서 십자가에 못 박히신 것"을 얼마나 강조하고, 자랑하고, 또 강조했을 것입니까? 그러므로 "너희 눈앞에 밝히 보이거늘" 이라고 말할 수가 있었던 것입니다.

⑤ 여기에 현대교회 설교자들과 다른 점이 있는 것입니다. ㉠ 모든 설교가 다, "진리의 말씀 곧 구원의 복음"은 아닌 것입니다. ㉡ 아무 설교나 듣기만 하면 거듭남을 줄 수가 있는 것은 아닙니다. ㉢ 오직 예수 그리스도께서 우리를 위하여, 우리를 대신하여 십자가에 못 박히셨다는, "십자가 복음"만이 "구원의 복음"이요, 거듭남을 줄 수가 있는 것입니다. ㉣ 그렇다고 설교자가 거듭남을 줄 수 있는 것은 아닙

니다. 설교자가, "구원의 복음"을 전할 때에 성령께서 깨닫게 하시고, 믿음을 주시고, 거듭남을 주시는 것입니다. 이를 알았기에 바울은 "우리는 하나님의 동역자들이요(고전 3:9), 하나님과 함께 일하는 자"(고후 6:1)라고 말씀했던 것입니다.

⑥ 사도 바울은, "너희가 성령을 받았는지 의심스럽다" 하고 말씀하고 있지 아니합니다. ㉠ 성령을 "주시고, 받았다"는 것을 기정사실로 인정을 하고 확신을 하고 있는 것입니다. ㉡ 고린도교회를 향해서도, "너희가 하나님의 성전인 것과 하나님의 성령이 너희 안에 거하시는 것을 알지 못하느냐(고전 3:16), 너희 몸은 너희가 하나님께로부터 받은바 너희 가운데 계신 성령의 전인 줄을 알지 못하느냐"(고전 6:19) 하고 이를 확신시켜주고 있습니다.

⑦ 여기 현대교회의 두 가지 극단이 있습니다. ㉠ 성령으로 거듭남을 무시하고 등한이 여기는 극단이 있습니다. 그들은 십자가 복음을 자랑하지 않습니다. "도살장의 신학"이라고 오히려 비웃습니다. ㉡ 그런가 하면, "주신 것이 없고, 받은 것이 없는" 양, 그래서 자신들은 빈털터리인 것처럼 처량한 모습으로, "내게도 성령을 주십시오, 주십시오" 하고 애걸하듯 하는 극단이 그것입니다. 그래서 자신들에게만 와야 성령을 받을 수 있는 양 미혹하는 자들도 생겨나게 된 것입니다. 물론 우리는 성령 충만을 계속적으로 사모해야 마땅합니다. 그러나 이미 "주셨고, 받았다"는 이 엄청난 은사를 감사하고 감격해하면서 이를 활용을 해야만, 있는 자에게 주시는 은혜 위에 은혜를 받을 수가 있는 것입니다. 찬송가 210장을 불러보십시오.

내게 성령임하고 그 크신 사랑
나의 맘에 가득 채우며

모든 공포 내게서 물리치시니
내 맘 항상 주 안에 있도다
나의 모든 것 변하고
그 피로 구속받았네
하나님은 나의 구원되시오니
내게 정죄함 없겠네

어떻습니까? 힘이 솟아나고 기쁨이 넘치지 않습니까? 사도 바울은 골로새 성도들에게, "너희도 그 안(그리스도)에서 충만하여 졌다"(골 2:10)고 말씀합니다. 이에 대한 아름다운 시(詩) 한 편을 소개하고자 합니다.

형제가 연합하여 동거함이
어찌 그리 선하고 아름다운고
머리에 있는 보배로운 기름이
수염 곧 아론의 수염에 흘러서
그 옷깃까지 내림 같고
헐몬의 이슬이 시온의 산들에 내림 같도다
거기서 여호와께서 복을 명하셨나니
곧 영생이로다(시 133).

"형제가 연합하여 동거함"이란 교회를 가리키는 묘사입니다. 교회를, "머리에 있는 보배로운 기름이 수염 곧 아론의 수염에 흘러서 그 옷깃까지 내림 같고" 합니다. 아론은 대제사장으로서 그리스도를 예표합니다. 대제사장의 머리에 기름을 붓습니다. 그러면 그 기름이 수염에 흘러서 옷깃까지 흘러내리는, 이것이 교회라는 말씀입니다. 무슨 뜻입니까? 그가 그리스도에게 속한 자, 곧 그리스도의 지체라면 머리(그리스도)에 있는 기름이 그에게까지 흘러내리고 있다는 말씀입니다. 형제가 비록 "그 옷깃"이라 해도 말입니다.

헐몬산은 팔레스타인에서 제일 높은 산으로 여기서는 그리스도의 모형으로 등장합니다. 헐몬산은 만년설을 이고 있어서 그로 인하여 내리는 이슬의 양이 풍부하다고 합니다. 주님이 헐몬산이라면 모든 지교회들은, "시온의 산들"입니다. 그 산들 위에 헐몬산으로부터 이슬은 소리 없이 촉촉이 임하고 있다는 말씀입니다. "거기서 여호와께서 복을 명하셨나니 곧 영생이로다".

⑧ 그러므로 바울은, "너희에게 성령을 주시고"(5상)라고 확신을 가지고 말할 수가 있었던 것입니다. ㉠ 갈라디아 사람들에게, "예수 그리스도께서 십자가에 못 박히셨다"는 구원의 복음을 전해주었고, 저들이 듣고 믿었다면 성령으로 거듭났음이 분명하기 때문입니다. 성경은 말씀합니다. "성령으로 아니하고는 누구든지 예수를 주시라 할 수 없느니라"(고전 12:3).

중생과 칭의의 역할

① 바울은 2장에서 "칭의"를 역설했는데, 3장에서 말씀하고 있는 거듭남과 이 의롭다함은 어떻게 다르고 왜 필요한가 하는 점입니다. ㉠ 의롭다함을 받는 것은 의로우신 하나님께 받아드려짐을 위해서 필요한 것입니다. 그러므로 칭의는 우리가 의롭게 된 것이 아니라 하나님께서 우리가 믿고 의지하고 있는 그리스도의 십자가를 통해서 보시기 때문에 의롭다고 "여겨주심"(롬 4:5-6)을 뜻합니다. ㉡ 그런데 중생은 믿는 자 안에 재창조가 일어난 변화인 것입니다. "그런즉 누구든

지 그리스도 안에 있으면 새로운 피조물이라 이전 것은 지나갔으니 보라 새 것이 되었도다"(고후 5:17) 하십니다. 베드로는 이를 설명하기를, "너희가 거듭난 것이 썩어질 씨로 된 것이 아니요 썩지 아니할 씨로 된 것"(벧전 1:23)이라고 "씨"에 비유하고 있습니다. 그러니까 거듭난 사람이 알곡과 같다면 거듭나지 못한 자는 쭉정이라 할 수가 있습니다.

② 그렇다면 거듭남은 왜 필요한가? ㉠ 지금 우리가 구원을 얻었으나 완성된 것은 아닙니다. "우리의 낮은 몸을 자기 영광의 몸의 형체와 같이 변케 하시리라"(빌 3:21)고 말씀합니다. 이것이 주님의 재림 때에 이루어질 "영화"입니다. 구원은 이 때 완성이 되는 것입니다. 그런데 거듭나지 못한 사람, 즉 그 안에 그리스도의 영이 없는 사람, 베드로의 묘사대로 "씨"가 없는 사람은 영화 될 수가 없다는 것입니다. ㉡ 성경은 말씀합니다. "예수를 죽은 자 가운데서 살리신 이의 영이 너희 안에 거하시면 그리스도 예수를 죽은 자 가운데서 살리신 이가 너희 안에 거하시는 그의 영으로 말미암아 너희 죽을 몸도 살리시리라"(롬 8:11). 말하자면 씨 없는 무정란에서는 병아리가 나올 수 없는 것과 같기 때문에 거듭남이 필요한 것입니다.

③ 그러면 칭의와 중생은 어떤 순서로 이루어지는가? 그것은 동시(同時)적으로 주어지는 것입니다. 칭의는 얻었는데 중생은 하지 못했다던가, 반대로 중생은 했는데 의롭다함은 얻지 못했다는 그런 일은 없다는 말씀입니다.

④ 이러한 성령으로의 거듭남이, "율법의 행위로냐 듣고 믿음으로냐(2), 율법의 행위에서냐 듣고 믿음에서냐"(5) 하고 거듭 묻고 있는 것입니다. ㉠ 그리고 너무나 큰 충격을 받은 나머지, "어리석도다, 누가 너희를 꾀더냐(1), 이같이 어리석으냐"(3) 하고 한탄하고 있는 것

입니다.

묻습니다. 형제도, "내게는 우리 주 예수 그리스도의 십자가 외에 결코 자랑할 것이 없다"고 말씀하게 되었습니까? 그리하여 형제가 섬기는 교회 성도들을 향해서, "예수 그리스도께서 십자가에 못 박히신 것이 너희 눈앞에 밝히 보이거늘"이라고 말할 수가 있습니까? 그리하여 하나님은 성령을 주셨고, 우리는 받았다는 확신 가운데 있습니까?

둘째 단원(6-9) 믿음으로 의롭다함

"아브라함이 하나님을 믿으매 이것을 그에게 의로 정하셨다 함과 같으니라"(6).

1-5절에서, "성령을 주시고, 받은" 중생이, "듣고 믿음"으로 된 것임을 역설한 바울은 다시 칭의로 돌아가 죄인이 하나님 앞에 의롭다 함을 얻는 것이 "율법의 행위"에서가 아니라 "듣고 믿음"으로 됨을 믿음의 조상 아브라함을 들어서 논증합니다.

① "아브라함이 하나님을 믿으매 이것을 그에게 의로 정하셨다 함과 같으니라"(6) 합니다. 아브라함도 믿음으로 의롭다함을 얻었다는 말씀입니다. ㉠ 이는 창세기 15:6절의 인용인데, ㉡ 하나님은 아브라함을 이끌고 밖으로 나가 하늘을 우러러 뭇 별을 셀 수 있나 보라 하시면서, "네 자손이 이와 같으리라"(창 15:5) 하고 약속하셨습니다. 이 약속이 1차 적으로는 육적 이스라엘을 통하여 성취되었습니다만, 궁극적으로는 아브라함의 자손으로 오실 그리스도를 통하여 성취될 언약이었던 것입니다. 그러므로 아브라함에게 세워주신 언약은 "복음"(8)이었던 것입니다. ㉢ 아브라함이 "하나님을 믿으매" 한 것은 하나님께서 세워주신 이 언약의 말씀을 믿었다는 뜻입니다. 하나님은

이것을 "그의 의로 여기셨다"고 말씀합니다.

② 다시 강조합니다만, 여기 결정적으로 중요한 요점이 대두됩니다. 죄인이 하나님 앞에 나아가기 위해서 해결해야할 긴급한 문제는 신구약 성도들을 막론하고, ㉠ "의롭다함"이요, "의롭다함"을 얻는 길은 신구약시대를 막론하고, ㉡ 오직 한 길 예수 그리스도를 통해서 뿐이라는 점입니다. 만일 다른 방도가 있다면 하나님께서는 그 길을 취하셨지 자기 아들을 아브라함의 자손으로 보내시어 십자가에 내어주시는 방도를 취하시지는 않았을 것입니다. 그러므로 다른 길이 있다고 주장한다면 그리스도의 죽으심을 "헛된 죽음"(2:21)으로 만드는 결과를 낳게 되는 것입니다. 그렇다고, "믿음" 자체가 우리에게 "의롭다함"을 주는 것도 아니라는 점입니다. 의롭다함을 가능케 함은 오직 예수 그리스도의 죽으시고 다시 사심에만 있음을 놓치지 말아야만 합니다. 믿음이란 이를 받는 통로에 불과한 것입니다. 성경은 말씀합니다. "예수는 우리 범죄함을 위하여 내어줌이 되고 또한 우리를 의롭다 하심을 위하여 살아나셨느니라"(롬 4:25).

③ 이를 알았다면 확신을 가지고 이렇게 말할 수가 있는 것입니다. "구약의 성도들도 오직 예수 그리스도를 믿고 의롭다함을 얻었노라". ㉠ 그러므로 성경은, "아브라함에게 복음을 전했다"(8중)고 말씀하는 것입니다. 주님께서도, ㉡ "너희 조상 아브라함은 나의 때 볼 것을 즐거워하다가 보고 기뻐하였느니라"(요 8:56) 하고 말씀하셨습니다. 구약시대의 구원의 방도는 다른 길이 있었던 것이 아닙니다. 신구약을 막론하고 오직 예수 그리스도를 믿음으로 의롭다함을 얻는다는 구원의 길은 오직 하나임을 명심해야만 합니다. 다만 차이가 있다면 구약의 성도들이 언약을 통해서, 또는 제사제도를 통해서, 오실 그리스도를 바라보면서 믿고 구원을 얻었다면, 신약의 성도들은 언약의 성취

로 이미 오신 그리스도를 믿음으로 구원에 참여하게 된다는 차이가 있을 뿐입니다.

④ 아브라함에게 복음을 전했다고 말씀했는데, 그렇다면 그에게 전한 "복음의 핵심"이 무엇인가를 다시 한 번 확인할 필요가 있습니다. ㉠ "또 하나님이 이방을 믿음으로 말미암아 <의로 정하실 것>을 성경이 미리 알고 먼저 아브라함에게 복음을 전하되"(8상) 하고, <의롭다함>에 있음을 말씀합니다. 신구약을 막론하고 칭의교리란 사활을 좌우하는 결정적인 복음 진리의 핵심임을 확인하게 되는 것입니다. 왜냐하면 의롭다함을 얻지 못하면 의로우신 하나님 앞에 나아갈 수가 없으며, 인간의 행위로는 그의 앞에 의롭다함을 얻을 육체가 없기 때문입니다. 너무나 당연한 진리를 이처럼 되풀이하여 강조하지 않을 수 없는 오늘의 실정이 안타깝기만 합니다.

⑤ 본 단원(6-9)의 네 절 속에는 "믿음"이라는 말이 다섯 번이나 등장합니다. ㉠ 이는 조상 아브라함도 믿음으로 의롭다함을 얻었다면, 의롭다함을 얻는 길은 오직 "듣고 믿음"에 있음을 강조하기 위해서인 것입니다. ㉡ 뒤에 가서 보게 될 것입니다만, 아브라함이 의롭다함을 얻은 것은 율법을 주시기 이전(17)에 이루어진 일임을 지적합니다. ㉢ 또한 아브라함이 의롭다함을 얻은 것은 할례 받기 이전이었다(롬 4:10)고 성경은 말씀합니다. 이는 할례를 받고 율법을 지켜야 구원을 얻는다는 주장이 거짓임을 드러내는 증거입니다. "그러므로 믿음으로 말미암은 자는 믿음이 있는 아브라함과 함께 복을 받느니라"(9) 하십니다. 그렇다면 구원을 율법의 행위로 얻으려하는 자는 어떻게 되는가?

셋째 단원(10-14) 저주의 길과 축복의 길

"무릇 율법 행위에 속한 자들은 저주 아래 있나니 기록된바 누구든지 율법 책에 기록된 대로 온갖 일을 항상 행하지 아니하는 자는 저주 아래 있는 자라 하였음이라"(10).

① 본 단원의 핵심적인 단어는 "저주"입니다. "저주 아래 있다"는 말이 다섯 절 속에 다섯 번이나 강조되어 있습니다. 도표에 표시된 대로 9절과 10절을 대조해 보십시오. 9절에서는 "복을 받느니라" 말씀하고, 10절에서는 "저주 아래 있나니" 하고 정반대로 말씀하고 있습니다. 그렇다면, "복을 받는 자와 저주 아래 있는 자"가 어떻게 갈리게 되는가?

② 본문에는 두 가지 길이 제시되어 있습니다. ㉠ "의인이 믿음으로 살리라"(11) 하고 "믿음"으로 사는 길과, ㉡ "이를 행하는 자는 그 가운데서 살리라"(12) 하고 "행함"으로 사는 길이 그것입니다. "믿음으로 살리라"는 말씀은 하박국 2:4절의 인용이고, "이를 행하는 자는 살리라"는 말씀은 레위기 18:5절의 인용으로 모두 다 성경이 제시(提示)한 길입니다.

③ 그런데 바울은 그 중에서, ㉠ "행함으로 살리라"는 길, 즉 "율법 행위에 속한 자들은 저주 아래 있나니"(10상) 합니다. 왜냐하면 성경에 기록되기를, "누구든지 율법 책에 기록된 대로 온갖 일을 항상 행하지 아니하는 자는 저주 아래 있는 자라 하였음이라"(10하) 합니다. ㉡ 이는 신명기 27:26절의 인용인데, "이 율법의 모든 말씀을 실행치 아니하는 자는 저주를 받을 것이라 할 것이요 모든 백성은 아멘 할지니라" 하고 말씀합니다.

④ 그런데 "또 하나님 앞에서 아무나 율법으로 말미암아 의롭게 되

지 못할 것이 분명하니"(11상) 합니다. 다시 강조합니다만 사람 앞에서가 아닙니다. "하나님 앞에서" 율법의 행위로 의롭다함을 얻을 사람은 단 한 사람도 없다는 것입니다. 그렇다면 "율법 행위에 속한 자들은 저주 아래 있나니" 하는 것이 분명해지는 것입니다.

⑤ 로마서 3장에는 세 가지, "아래"라는 말씀이 있습니다. 이는 의미심장한 말씀입니다. ㉠ "율법 아래 있는 자들"(롬 3:19상)이 있습니다. 이는 하나님께서 율법을 통해서(아래) 그들을 보신다는 뜻입니다. 그러면 어떻게 되겠습니까? ㉡ "다 죄 아래 있다"(9)고 말씀합니다. 그러면 죄 아래 있는 자는 어떻게 됩니까? ㉢ "하나님의 심판 아래 있다"(19하)고 말씀합니다. 이것이 "율법 행위에 속한 자들은 저주 아래 있나니" 라는 말씀이 의미하는 바입니다. 유대인들뿐만이 아니라 온 인류는 이, "세 가지 아래"에 놓여있었던 것입니다.

⑥ 그런 절망적인 상태에 놓여 있던 자들에게, "죄가 너희를 주관치 못하리니 이는 너희가 (율)법 아래 있지 아니하고 <은혜 아래> 있음이니라"(롬 6:14) 하고 "은혜아래, 십자가 아래" 있게 해주신 것입니다. "이제는 율법 외에 하나님의 한 의가 나타났다"(롬 3:21)는 기쁜 소식이 들려온 것입니다. "복음에는 하나님의 의가 나타나서 믿음으로 믿음에 이르게 하나니 기록된바 오직 의인은 믿음으로 말미암아 살리라 함과 같으니라"(롬 1:17) 하고 말씀하십니다. 이것이 어떻게 가능하여졌는가?

⑦ "그리스도께서 우리를 위하여 저주를 받은 바 되사"(13상) 합니다. 주님이 저주를 받으셨다는 뜻은 첫 절에서, ㉠ "예수 그리스도께서 십자가에 못 박히신 것이 너희 눈앞에 밝히 보이거늘" 한 십자가에 달리심을 의미합니다. 지금은 십자가를 자랑스럽게 목에 걸고 다닙니다만, 초대교회 당시는 십자가 복음이, "미련한 것, 거치는 것"(고

전 1:23)일 뿐만이 아니라, "부끄러운 것"(롬 1:16)이었을 것입니다. 왜냐하면 십자가는 사형 형틀이었기 때문입니다. ㉡ 뿐만 아니라 성경은 "나무에 달린 자는 하나님께 저주를 받았음이니라"(13하, 신 21:23) 하고 말씀하고 있는 것입니다. 이는 죽을죄를 범해 처형을 당한 자의 시체를 나무에 달아 모든 자 앞에 경고로 삼았기 때문입니다. 그리스도를 배척한 자들은 주님을 십자가(나무)에 못 박아 죽인 후에, "하나님께 저주를 받아 죽었다"고 말했음이 분명합니다.

우리 대신 저주를 받으신 그리스도

① 바울은 ㉠ "그래 예수 그리스도께서는 저주를 받아 죽으셨다. 그러나 분명히 알라, 주님은 <우리를 위하여, 바로 너를 위하여> 대신 저주를 받으셨다"고 말씀하고 있는 것입니다. ㉡ "율법의 저주에서 우리를 속량하셨다"(13하)는 말씀이 이를 의미합니다. "이 율법의 모든 말씀을 실행치 아니하는 자는 저주를 받을 것이라"(신 27:26)하고 율법을 제정하여 주신 그분이 우리를 위해서 대신 "저주"를 받으셨다니! 그렇다면 주님이 어찌하여 저주를 자청하셨는가?

② 14절은 "이는" 하고 시작이 되는데 그 이유를 말씀해주고 있는 것입니다. 두 가지 복을 주시기 위해서라고 말씀합니다. 첫째는, ㉠ "이는 그리스도 예수 안에서 아브라함의 복이 이방에게 미치게 하고"(14상) 합니다. "아브라함의 복"이란 하나님께서 "네 씨(자손)로 말미암아 천하 만민이 복을 얻으리라"(창 22:18) 하신 복인데, 그의 자손으로 오실 그리스도를 믿음으로 말미암아 "의롭다함"을 얻을 것을 가리킵니다. 둘째는, ㉡ "또 우리로 하여금" 하십니다. 칭의 외에 "또" 있다는 말씀입니다. "믿음으로 말미암아 성령의 약속을 받게 하려 함이니라"(14) 하십니다. 또 주실 복은 "성령을 받음", 즉 중생을 의미합

니다. "칭의와 중생"이 예수 그리스도를 믿는 자들에게 주어지는 두 가지 복인 것입니다. 형제는 이 두 가지 복을 다 받으셨음을 확신하는 데 거하시기를 바랍니다. 칭의와 중생이 어찌하여 절대적으로 필요한가에 대하여는 앞에서(1-9) 이미 말씀드린 바입니다. 이것이 성경이 말씀하는 복이요, 쇠하지도 않고, 썩지도 아니하는, 최고 최대의 영원한 축복인 것입니다.

③ 3장에는 "아브라함"이 여덟 번(6, 7, 8, 9, 14, 16, 18, 29)이나 등장하고 있는데, 어찌하여 이처럼 아브라함을 강조하고 있는가? 뒤에 가서 더욱 자세하게 보게 되겠습니다만, ㉠ 하나님께서 모세를 통하여 주신 "율법"보다, 아브라함에게 세워주신 "언약"이 우선함을 드러내기 위해서인 것입니다. ㉡ 율법의 조상이 모세라고 말한다면, 아브라함은 언약을 믿는 모든 "믿는 자의 조상"이 되었기 때문입니다. ㉢ 궁극적으로는 율법은 "저주 아래" 있게 하지만 언약은 "은혜 아래" 있게 하심을 깨닫기를 원해서입니다.

④ 그런즉 ㉠ "믿음으로 말미암는 자들은 아브라함의 아들인줄 알지어다"(7) 합니다. ㉡ "그러므로 믿음으로 말미암는 자는 믿음이 있는 아브라함과 함께 복을 받느니라"(9) 합니다. ㉢ "하나님이 약속으로 말미암아 아브라함에게 은혜로 주신 것이라"(18) 합니다. ㉣ "너희가 그리스도께 속한 자면 곧 아브라함의 자손이요 약속대로 유업을 이을 자니라"(29) 하십니다.

⑤ 14절 안에는 중요한 뜻을 함축하고 있는 단어가 몇 개 등장합니다. ㉠ "그리스도 예수 안에서"(14상)라고 말씀합니다. "그리스도 예수 안에서"란 바울 신학의 핵심 중 하나인데, "그리스도께서 우리를 위하여(대신하여) 저주"(13상)를 받으셨을 때, 저주를 받으신, "그리스도 예수 안에는" 우리가 있었다는 연합교리를 나타내는 묘사가 "그

리스도 예수 안에서"라는 말씀인 것입니다. ㉡ "믿음으로 말미암아" 라고 말씀합니다. 이는 전적으로 믿음으로 받는 은혜요 선물이라는 말씀입니다.

⑥ 또한 "복이 이방인에게 미치게 하고"(14중) 합니다. 이것이 중요한데, ㉠ 성경은 궁극적으로 하나님의 약속의 말씀입니다. ㉡ 이 약속의 말씀을 전해줍니다. ㉢ 듣고 아멘 하고 믿음으로 받습니다. ㉣ 믿는 순간 하나님의 약속이 그의 것이 된다는 말씀입니다. 이것이 "미치게 한다"는 의미입니다. 바울은 로마서에서, "이제는 율법 외에 하나님의 한 의가 나타났습니다" 하고 외친 후에, "곧 예수 그리스도를 믿음으로 말미암아 모든 믿는 자에게 미치는 하나님의 의니 차별이 없느니라"(롬 3:21-22) 하고 말씀합니다.

하나님께서 그 아들을 통하여 마련해주신, "하나님의 의"는 믿는 순간 그의 것, 즉 의롭다함을 얻는다는 말씀입니다. 또 중생이 이루어짐도 믿으시기를 바랍니다. 아무런 차별이 없다고 말씀합니다. 다만 믿느냐 믿지 않느냐의 차별이 있을 뿐이라는 것입니다. 이를 알았다면 설교자는 인간의 책임(교훈)보다 먼저, 그리고 더 많이 하나님의 약속(하나님이 해주시는)의 말씀을 전해주어야만 합니다. 그리하여 성도들에게 은혜가, "미치게" 해주어야만 하는 것입니다. 은혜를 받기만 한다면 행함은 수반이 되는 것입니다.

⑦ 그러므로 14절은 이제까지(1-14)의 작은 결론이라 할 수가 있습니다. 바울은 이렇게 말씀하고 있는 셈입니다. 그럼에도 불구하고 할례를 행하고 율법을 지킴으로 복을 받을 줄로 생각하느냐? 복을 받기는커녕 도리어 "저주"를 받게 될 것이다.

갈라디아서 3:15-29의 분석 도표

아브라함, 모세, 그리스도

아브라함의 언약

15-18 사람의 언약이라도 정한 후에는 아무나
폐하거나 더하거나 하지 못하느니라(15)

이 약속들은 아브라함과 그 자손에게 말씀하신 것인데

오직 하나를 가리켜 네 자손이라
하셨으니 곧 그리스도라(16)

하나님의 미리 정하신 언약을
사백 삼십 년 후에 생긴 율법이
없이 하지 못하여
헛되게 하지 못하리라(17)

그러나 하나님이 약속으로 말미암아
아브라함에게 은혜로 주신 것이라(18)

모세의 율법

19-24 그런즉 (모세)율법은 무엇이냐

범법함을 인하여 더한 것이라
약속하신 자손이 오시기까지
있을 것이라(19)

그러면 율법이 하나님의 약속들을 거스리느냐

결코 그럴 수 없느니라
만일 능히 살게 하는 율법을 주셨더면
의가 반드시 율법으로 말미암았으리라(21)

그러나 성경이 모든 것을 죄 아래 가두었으니
이는 예수 그리스도를 믿음으로 말미암은 약속을
믿는 자들에게 주려 함이니라(22)

믿음이 오기 전에

우리가 율법 아래 매인 바 되고
계시될 믿음의 때까지 갇혔느니라(23)

이같이 율법이 우리를
그리스도에게로 인도하는
몽학선생이 되어

우리로 하여금 믿음으로 말미암아
의롭다 함을 얻게 하려 함이니라(24)

그리스도의 은혜

25-29 믿음(그리스도)이 온 후로는

우리가 몽학선생 아래 있지 아니하도다(25)

너희가 다 믿음으로 말미암아
하나님의 아들이 되었으니(26)
그리스도로 옷 입었느니라(27)
그리스도 예수 안에서 하나이니라(28)

너희가 그리스도께 속한 자면,
약속대로 유업을 이을 자니라(29)

3:15-29
아브라함, 모세, 그리스도

[24] 이같이 율법이 우리를 그리스도에게로 인도하는 몽학선생이 되어 우리로 하여금 믿음으로 말미암아 의롭다 함을 얻게 하려 함이니라

도표에서 보시는 바대로, 바울은 본 문단에서 아브라함→모세→그리스도까지의 구약시대 2000년을 개관(槪觀)하고 있습니다. 하나님은 아브라함에게, "자손을 주리라" 약속하셨는데, 그 약속이 성취되어 그리스도가 오셨다(16)고 말씀합니다. 그런데 하나님께서는 아브라함의 언약과, 성취로 오신 그리스도 사이에 율법을 "더하셨다"(19), 즉 가입(加入)하셨다고 말씀합니다. 그렇다면 언약과 성취 사이에 어찌하여 율법을 더하셨으며, 가입 된 율법이 하는 기능은 무엇인가? 바울이 전개하고 있는 논리는 너무나 정교하여 주의를 집중하고 살펴보아야만 합니다. 이를 세 단원으로 나누어 상고하겠습니다.

첫째 단원(15-18) 아브라함의 언약

둘째 단원(19-24) 모세의 율법

셋째 단원(25-29) 그리스도의 은혜

첫째 단원(15-18) 아브라함의 언약

"이 약속들은 아브라함과 그 자손에게 말씀하신 것인데 여럿을 가리켜 그 자손들이라 하지 아니하시고 오직 하나를 가리켜 네 자손이라 하셨으니 곧 그리스도라(16).

바울은 계속해서 사람이 하나님 앞에 의롭다함을 얻는 것이, "율법의 행위로냐 듣고 믿음으로냐" 하는 쟁점을 구약에 나타난 구속사를 들어서 논증해나가고 있는 것입니다. 아브라함에게 세워주신 것은, "듣고 믿음"으로 의롭다함을 얻는 "언약"이고, 모세에게 주신 것은, "이를 행하는 자는 살리라" 하신 "율법"입니다. 그렇다면 하나님께서는 어찌하여 상반(相反)된 두 길을 제시하셨으며, 두 길 중 어느 길이 의롭다함을 얻는, 즉 하나님 앞에 나아갈 수 있는 길이란 말인가?

① 그러므로 본 단원에는, "언약 또는 약속"이라는 말이 네 절 안에 여섯 번(15, 16, 17, 17, 18, 18)이나 등장합니다. ㉠ 이처럼 반복하는 의도는 하나님께서 아브라함에게 세워주신 언약을 강조하기 위해서인데, 그 언약의 핵심은 "오직 하나를 가리켜 네 자손이라 하셨으니 곧 그리스도라"(16) 합니다. 그리고 그리스도를 보내주시려는 의도는 변함이 없이, "우리로 하여금 믿음으로 말미암아 의롭다 함을 얻게 하려 함이니라"(24) 합니다. ㉡ 그래서 "아브라함에게 복음을 전했다"(8)고 말씀하는 것이 가능한 것입니다.

② "형제들아 사람의 예대로 말하노니, ㉠ 사람의 언약이라도 정한 후에는 아무나 폐하거나 더하거나 하지 못하느니라"(15) 하고 인간의 언약도 폐할 수 없고, 변개(變改)할 수 없음을 말씀합니다. 사람의 언약도 폐할 수가 없다면 하물며, ㉡ "내가 이것을 말하노니 하나님의 미리 정하신 언약을 사백 삼십 년 후에 생긴 율법이 없이 하지 못하여

그 약속을 헛되게 하지 못하리라"(17) 하고, 아브라함에게 세워주신 언약이 모세를 통해서 주신 율법보다 우선함과, 불변함을 말씀합니다.

③ 하나님께서 아브라함에게 세워주신 언약은, 신구약성경의 통일성과, 일관성과, 점진성을 지탱해주고 연결해주고 있는, 성경의 척추(脊椎)와 같은 대단히 중요한 역할을 하고 있습니다. 그러므로 만일 이것이 폐하여진다면 성경의 통일성과 점진성 등이 무너지게 되는 것입니다. 보십시오. 모세에게 나타내신 하나님은, ㉠ "나는 네 조상의 하나님이니 아브라함의 하나님, 이삭의 하나님, 야곱의 하나님이니라"(출 3:6) 하십니다. 이는 아브라함과 이삭과 야곱에게 언약하신 "언약의 하나님"이시라는 뜻입니다. 그 언약의 하나님이 너를 보내셨다 하라고 말씀하십니다. 엘리야 선지자는 절체절명의 위기상황에서 하나님을, ㉡ "아브라함과 이삭과 이스라엘의 하나님 여호와"(왕상 18:36)로 고백하고 있습니다. 신약성경은 이를 받아서, ㉢ "아브라함과 다윗의 자손 예수 그리스도의 세계라"(마 1:1) 하고 시작하고 있습니다. 즉 아브라함과 다윗에게 언약하신 그리스도가, 예수로 오셨다, 그분의 족보가 이를 증명해주고 있다는 말씀입니다. 오순절 성령강림 후에 사도들은, ㉣ "또 하나님이 너희 조상으로 더불어 세우신 언약의 자손이라 아브라함에게 이르시기를 땅 위의 모든 족속이 너의 씨를 인하여 복을 받으리라 하셨으니", 약속하신 대로 그 자손을 보내주셨다(행 3:25-26)고 증거하고 있는 것입니다.

④ 그러면 아브라함에게 세워주신 언약과, 모세에게 주신 율법의 성격이 어떻게 다른가를 살펴볼 필요가 있습니다. ㉠ 율법은 쌍방간의 언약입니다. 십계명은 "우상을 만들지 말며 절하지 말며 섬기지 말라, 살인하지 말라, 간음하지 말라, 도적질하지 말지니라" 하고 인간이 지켜야할 의무와 책임을 규정하고 있습니다. 이를 범하게 되면 정

죄, 즉 저주 아래 놓이게 되는 것입니다. ㉡ 그러나 아브라함에게 세워주신 언약은 일방적인 언약입니다. "내가, 자손을 주리라. 내가, 심히 번성케 하리라"(창 17:2-8) 하고 너희는 어떠하든지 "내가 하리라" 하신 언약입니다. 그러므로 이 언약은 인간이 폐할 수도 없고, 혹시 죄를 범한다할지라도 징계하실 뿐 폐하여지지도 않는 것입니다. ㉢ 그러므로 성경은, "하나님이 약속으로 말미암아 아브라함에게 은혜로 주신 것이라"(18) 하고 무가치한 자들에게 베푸시는 <은혜>임을 말씀합니다.

⑤ 이처럼 하나님께서 아브라함에게 일방적이고도, 주권적으로 세워주신 언약을 모세의 율법이 폐하거나 더할 수가 있단 말이냐? "율법이 없이하지 못하여 그 약속을 헛되게 하지 못하리라"(17) 합니다. 그렇다면 어떤 결론에 이르게 되는가? ㉠ 바울이 논증하고자 하는 핵심은 아브라함의 언약이 모세의 율법보다 우월하고 우선함을 입증하려는 데 있는 것이 아닙니다. ㉡ 여기서 멈추지 않고 이를 통해서 사람이 의롭게 되는 것은 율법을 행함으로가 아니라 언약을 믿음으로 말미암아, 즉 아브라함에게 세워주신 언약의 성취자로 오신 예수 그리스도를 믿음으로 말미암아 의롭다함을 얻는다는 것을 확신케 하려는데 있는 것입니다.

⑥ 그러므로 "만일 그 유업이 율법에서 난 것이면 약속에서 난 것이 아니리라"(18상) 합니다. "유업"이란 성도들이 누리게 될 하나님 나라 축복을 의미하는데, 그러므로 마지막 절에서는 "약속대로 유업을 이을 자니라"(29) 말씀합니다. 이를 다른 말로 표현한다면, "유업"이 율법을 행함으로 얻게 되는 것이라고 주장한다면 하나님이 아브라함에게 하신 약속을 무효화시키는 것이나 다름이 없다, 아니다 그 유업은 아브라함에게, "은혜로 주신 것이다" 하고 반박하고 있는 것입

니다. 이것이 폐하여지지 않는, 또 폐하여질 수도 없는 "아브라함의 언약"의 절대성입니다.

둘째 단원(19-24) 모세의 율법

"그런즉 율법은 무엇이냐 범법함을 인하여 더한 것이라 천사들로 말미암아 중보의 손을 빌어 베푸신 것인데 약속하신 자손이 오시기까지 있을 것이라"(19).

그렇다면 아브라함의 언약으로 족한 것이 아닌가? 어찌하여 모세의 율법을 주셨단 말인가?

① 이제까지 바울은, "오직 믿음"하고, 의롭다함도 믿음으로 얻고, 성령도 믿음으로 받는다는 믿음을 강조했습니다. 이를 듣고 율법주의자들, 즉 갈라디아교회에 침투한 거짓 교사들이 제기할 법한 질문 중 첫째로 예상되는 것은, 그렇다면 율법은 필요 없단 말이냐? 필요 없는 율법을 하나님이 왜 주셨겠느냐 하는 질문입니다. 율법을 주신 데는 크게 두 가지 목적이 있다 하겠습니다. ㉠ "범법(犯法)함을 인하여"(19)라고 말씀합니다. 달리 표현하면 죄의 확산을 막기 위하여 라는 뜻입니다. 하나님은 그리스도를 보내시기 위해서 만민 중에 이스라엘을 선민으로 택하셨습니다. 그러므로 이스라엘 민족은 "언약"의 보존 자로서 "약속하신 자손"이 오시기까지, "내가 거룩하니 너희도 거룩할지니라" 하신 성별을 유지해야만 했던 것입니다. 만일 율법을 주시지 않았다면 그들이 어떠한 상태에 빠졌겠습니까? "범법함을 인하여" 율법을 주신 것입니다. 또 하나의 목적은, ㉡ "더한 것이라"(19상) 하십니다. 로마서 5:20절에서는 율법을, "가입(加入)한 것"이라고 표현하고 있습니다. 아브라함에게 세워주신 언약과, 언약의 성취로

오신 그리스도, 즉 복음과 복음 사이에 율법을 "끼어 넣으신 것"(加入)이라는 뜻입니다. 왜 가입한 것일까요? "율법으로는 죄를 깨달음이니라"(롬 3:20) 하신 대로 죄를 깨닫게 하기 위해서입니다. 이것이 율법의 기능이요, 주신 목적입니다.

② 두 번째로 예상되는 질문은, "그러면 율법이 하나님의 약속을 거스리느뇨"(21상) 하는 질문입니다. 당신은 "율법과 약속(복음)"을 적대관계로 생각하고 있단 말이요? 이점에 대해서 명백해야만 합니다. 언약만이 아니라 율법도 하나님이 주신 것입니다. 그런 "언약과 율법"을 싸움을 붙이듯 하는 사람들이 있기 때문입니다. ㉠ 율법은 정죄하는 것, 죽이는 것, 그래서 나쁜 것이라는 인식이 있습니다. 이에 대해 바울은, "율법도 거룩하며 계명도 거룩하며 의로우며 선하도다"(롬 7:12) 하고 답변합니다. ㉡ 왜냐하면 율법도 하나님이 주신 것이기 때문입니다. 율법을 보십시오. 그 자체에는 나쁜 것이란 한 마디도 없습니다. 책임은 육신의 연약으로 말미암아 이를 행할 수 없는 인간에게 있는 것입니다.

③ 그러므로 "율법이 하나님의 약속을 거스르기"는커녕, "약속하신 자손"의 필요성을 절감하게 하고, 고대하며 갈망하게 만든다는 것입니다. 달리 말하면 우리가 그리스도를 만나게 되는데는 율법의 역할이 절대적으로 필요하다는 말씀입니다. 그렇다면 율법이 어떻게 이런 역할을 하는가? 율법이 우리를 유죄 판결(정죄)하여, ㉠ "매인 바 되고", 즉 결박하여, ㉡ "갇혔느니라"(23), 즉 감옥에 가두는 역할을 했기 때문이라는 것입니다. 다시 말하면 율법이 우리를 결박하여 옥에 가두지 않았다면, "오호라 나는 곤고한 사람이로다 이 사망의 몸에서 누가 나를 건져내랴" 하고, 자신의 죄를 깨닫지도 못했을 것이요, "구원자"를 찾지도 않았을 것이요, 부르짖지도 않았을 것이라는 말씀

입니다. 이렇게 하도록 만들어주는 것이 율법의 기능이요 율법을 주신 목적이라는 말씀입니다.

④ 그러므로 "율법이 우리를 그리스도에게 인도하는 몽학선생"(24), 즉 가정교사라고 말씀합니다. 이점은 예표로 제시된 출애굽의 과정에서도 나타나고 있습니다. 율법의 대명사인 모세는 하나님의 백성들을 약속의 땅으로 직접 인도하지를 못하고, 여호수아(예수)에게로 인도하는 몽학선생 역할을 했던 것입니다.

⑤ 그렇다면 율법이 어찌하여 몽학선생 역할밖에는 할 수 없는가? 다시 말하면 율법이 할 수 없는 일이 무엇인가? 이를 눈을 크게 뜨고 확인하시기를 바랍니다. "만일 살게 하는 율법을 주셨더면 의가 반드시 율법으로 말미암았으리라"(21하) 합니다. 두 가지를 못한다고 말씀하고 있는데, 첫째는, ㉠ 율법은 "살게" 하지를 못한다고 말씀합니다. 둘째는, ㉡ 율법은 의롭다 함을 주지를 못한다고 말씀합니다. 살게 하지를 못한다는 말은 죄를 해결해줄 수 없다는 말이요, 의롭다 함을 주지를 못한다는 말은 하나님 앞으로 인도해주지를 못한다는 말이 됩니다. 만일 율법이 이 두 문제를 해결해줄 수 있었다면, "의가 반드시 율법으로 말미암았으리라"(21) 합니다. 이런 뜻입니다. 율법이 의를 줄 수 있었다면 그리스도는 오실 필요도 없고, 더욱이나 죽으셔야할 이유가 없었다는 것입니다.

⑥ 이를 생생하게 보여주는 기사가 있습니다. 요한복음 8장에 보면 간음하다가 현장에서 끌려온 여인이 등장합니다. 이 죄인을 가운데 세워놓고 한 쪽에는 모세가 율법을 들고 있고, 다른 한 쪽에는 주님이 복음을 가지고 계십니다. 모세의 율법은, "돌로 치라" 명합니다. "선생은 어떻게 말하겠나이까" 하고 재촉합니다. 주님은 말씀합니다. "나도 너를 정죄하지 아니하노니", 주님은 무죄석방을 하신 것입니다. 적

극적으로 말한다면, "의롭다"고 여겨주셨다는 뜻이 됩니다. 어떻게 이런 엄청난 일이 가능하단 말인가? 주님께서 대신 정죄를 받으러 오셨기 때문입니다.

율법이 줄 수 없는 두 가지

① 성경이 계속적으로 역설하고 있는 핵심이 어디에 있으며, 제가 무엇을 강력하게 증거 하고자하는지 아시겠습니까? 그것은 2:16절에서 제기한, "사람이 의롭게 되는 것은" 어떻게 가능하여 지는가 하는 죄인에게 있어서 절체절명(絶體絶命)의 숙원입니다. 여기에 사활이 걸려있는 것입니다. 그러므로 복음의 핵심이 여기에 있는 것입니다. ㉠ 율법은 이를 주지 못했다고 말씀합니다. ㉡ 그러므로 주님은 이를 가능케 하기 위해서 죽으셨다고 말씀합니다. ㉢ 그러므로 우리가 예수 그리스도를 믿는 것은 의롭다함을 얻기 위해서라고 말씀합니다. ㉣ 그럼에도 불구하고 현대교회 설교자들이 제일 등한히 여기는 것 중의 하나가 이 칭의교리라는 데 여러분도 동의하십니까? 그렇다면 홍수처럼 쏟아내는 설교들이, 유죄 판결을 받고, 결박당하여 갇혀있는 죄수들에게 무슨 도움이 되겠습니까? 칭의가 왜 필요하게 되었으며, 이것이 어떻게 해서 가능하여졌는가? 이를 어떻게 받을 수가 있는가하는 복음의 핵심이 빠져있다면, 다시 말하면 죄인이 하나님 앞에 나아갈 수 있는 유일한 길이 무엇인가 하는 복음과 무관한 설교들이 판을 치고 있다면 이는 분명 "다른 복음"을 전하고 있는 것이라 말해도 과언은 아닐 것입니다. 비진리를 전하는 것만이 잘못이 아닙니다. 주님께서 죽으심으로 이루어주신 복음진리를 전하지 않는 것도 잘못임을 유념해야만 합니다. 사도들은 이를 증거하는데 목숨을 걸었던 것입니다.

② 언제까지 "율법 아래 매인 바 되고, 갇혀있어야"만 합니까? "계시 될 믿음의 때까지"(23하)라고 말씀합니다. "믿음의 때까지" 라는 표현은 참으로 절묘한 묘사요, 성경이 얼마나 빈틈이 없는가를 보여주는 묘사입니다. ㉠ 그렇다면 "믿음의 때"란 어느 때를 가리키는가? 23절은 "믿음이 오기 전"이라 말씀하고, 25절에서는 "믿음이 온 후로는" 합니다. 십자가를 중심으로, "믿음이 오기 전과, 믿음이 온 후"를 구별하고 있는 것입니다. 중심주제와 결부시켜 말씀드린다면, 믿음으로 의롭다 함을 얻는 길이 열리기 전이 "믿음이 오기 전"이요, 믿음으로 의롭다함을 얻는 길이 열린 후가, "믿음이 온 후"라는 말씀입니다. ㉡ 그러므로 19절에서는 "약속하신 자손이 오시기까지 하신 것이라" 하고, 믿음과 약속의 자손을 동일시(믿음=약속하신 자손 그리스도)하고 있는 것입니다. ㉢ 어찌하여 바울은 "믿음의 때, 믿음이 오기 전, 믿음이 온 후" 하고, "믿음"을 강조하고 있는가? 구약시대란, "율법 아래"(23중) 있던 때요, "행함의 때"요, 행하지 못한 자들이 결박당해 갇혀있던 때요, 그래서 "저주 아래"(10) 있던 때임을 대조해서 보여주기 위해서인 것입니다.

③ 여기 "약속하신 자손"이 오셔서 구원해주시는 장면을 묘사해주고 있는 감동적인 시가 있습니다.

사람이 흑암과 사망의 그늘에 앉으며
곤고와 쇠사슬에 매임은
하나님의 말씀을 거역하며
지존자의 뜻을 멸시함이라
이에 저희가 그 근심 중에 여호와께 부르짖으매
그 고통에서 구원하시되

흑암과 사망의 그늘에서 인도하여 내시고
그 얽은 줄을 끊으셨도다
여호와의 인자하심과 인생에게 행하신
기이한 일을 인하여 그를 찬송할지로다
저가 놋문을 깨뜨리시며
쇠 빗장을 꺾으셨음이로다(시 107:10-16).

④ "약속하신 자손"이 오시면 시편에서 전망하고 있는 대로, "놋문을 깨뜨리시고 쇠 빗장을 꺾으시고" 우리를 구원하여주실 것이기 때문에, "계시될 믿음의 때까지 갇혔느니라"(23) 하는 것입니다. ㉠ 어찌하여 그때를, "믿음의 때"라고 말씀하는가? "얽은 줄을 끊으시고, 놋문을 깨뜨리시며, 쇠빗장을 꺾으셔서" 자유케 됨이 무슨 공로나 행함으로가 아니라 오직 믿음으로 가능하여지기 때문입니다. ㉡ 그러므로 율법은 우리에게 행하라 말하지만, 복음은 예수 그리스도께서 행해주신 것을 믿으라 하고 오직 믿음만을 요구하는 것입니다.

⑤ 한가지 부언해야할 말씀이 있습니다. 첫 언약도 파한 것은 인간편이지 하나님이 폐하신 것은 아니라는 점입니다. ㉠ 로마서 8:4절에서 율법은 "요구하고 있다"고 말씀합니다. 무엇을 요구(要求)하고 있는가? "죄 값은 사망이라" 하신 법대로 해주실 것을 요구하고 있는 것입니다. 하나님은 이 요구를 폐하신 것이 아닙니다. 이 요구에 응하여 나 같은 죄인 대신 자기 아들을 내어주신 것입니다. ㉡ 하나님은 율법을 폐하신 것이 아니라, "온전케"(롬 10:4; 13:10), "도리어 굳게"(롬 3:31) 하신 셈입니다. 그러므로 주님께서도, "내가 율법이나 선지자나 폐하러 온 줄로 생각지 말라 폐하러 온 것이 아니요 완전케 하려 함이로라"(마 5:17) 하신 것입니다. 그러므로 율법과 복음을 적대관계에

있는 양 싸움을 붙이듯 해서는 아니 되는 것입니다.

셋째 단원(25-29) 그리스도의 은혜

"믿음이 온 후로는 우리가 몽학선생 아래 있지 아니하도다"(25).

① 본 단원은 "믿음이 온 후", 즉 그리스도께서 오신 이후의 우리의 신분과 지위가 어떻게 달라졌는가를 말씀하는 내용입니다. 이는 "믿음이 오기 전", 즉 율법의 행위 아래 있을 때의 상태와 대조적으로 말씀하는 것임으로 간략하게나마 먼저 율법 아래 있을 당시의 상태를 요약해보아야만 합니다. "믿음이 오기 전"에 우리는 ㉠ "율법 아래 매인"(23상), 즉 결박당한 상태였다고 말씀합니다. ㉡ "갇혔느니라"(23하), 즉 감옥에다 비유합니다. ㉢ 10절에서는, "저주 아래" 있었다고 말씀하고, ㉣ 로마서 3:19절에서는, "심판 아래" 있었다고 말씀합니다. 그것은 한마디로 절망적인 상태였던 것입니다.

② 그렇다면 "믿음이 온 후"로는 어떻게 달라졌다고 말씀하고 있는가? ㉠ 첫 마디가 "하나님의 아들(자녀)이 되었으니"(26하) 합니다. ㉡ "그리스도로 옷입었느니라"(27하) 합니다. ㉢ "하나이니라"(28하) 합니다. ㉣ "유업을 이을 자니라"(29하) 합니다. 이 영광스러움을 좀 더 살펴보아야만 합니다. 그리하여 기뻐하며 감사하며 누리게 되시기를 바랍니다.

③ "하나님의 아들이 되었다"고 말씀합니다. ㉠ 16절에서는 "하나를 가리켜 네 자손이라 하셨으니 곧 그리스도라" 말씀했습니다. 그렇습니다. 하나님은 우리에게 독생자를 보내주신 것입니다. 그런데 "한 알의 밀이 땅에 떨어져 죽지 아니하면 한 알 그대로 있고 죽으면 많은 열매를 맺느니라"(요 12:24) 하심같이, ㉡ 주님의 죽으심을 통해서 많

은 자녀로 번성할 수가 있게 된 것입니다. 사탄의 종노릇하던 자들이 하나님의 자녀가 된 것입니다. 이것이 믿음이 온 후에 일어난 근본적인 변화입니다. 이는 무엇에다 비할 수 없는 경이로운 일이요, 무엇하고도 바꿀 수 없는 영광스러운 축복인 것입니다.

④ "그리스도로 옷입었다"고 말씀합니다. 이는 윤리적인 말씀이 아닙니다. ㉠ "그리스도와 합하여 세례를 받은 자"(27)란, 옛 사람은 죽고 새사람으로 태어났다는 연합됨을 의미합니다. 그런데 어찌하여 "옷입었느니라"고 말씀하는가? 이렇게 말씀하는 바울은 벌거벗은 노예를 염두에 두고 한 말씀일 것입니다. 더 나아가 인류의 시조가 범죄한 후에, "내가 벗었으므로 두려워하여 숨었나이다"(창 3:10) 한 말씀을 상기했기 때문일 것입니다. ㉡ 예수 그리스도로 말미암아 우리가 의의 옷을 입게 되기 전에는 모두 다 벌거벗은 자들이었습니다. 아버지는 돌아온 탕자에게, "제일 좋은 옷을 내어다가 입히고 손에 가락지를 끼우고 발에 신을 신기라"(눅 15:22) 하십니다. 이는 그를 종의 신분으로가 아니라 소중한 아들로 대우해주심을 나타냅니다. 탕자의 벌거벗은 수치를 가리워줄, "제일 좋은 옷"이 무엇이겠습니까? "여호와 하나님이 아담과 그 아내를 위하여 가죽옷을 지어 입히시니라"(창 3:21) 하십니다. 이것이 우리에게는 "의의 옷"으로 주어진 것입니다.

⑤ "하나이니라" 합니다. ㉠ 이는 개 취급을 당하던 이방인들의 설움을 염두에 두고 한 말씀일 것입니다. 이제도 할례를 행하지 않으면 형제가 될 수 없다고 부정(不淨)한 자 취급을 받고 있는 것이 이방인들입니다. 함께 식사를 하던 베드로와, 심지어 바나바까지 물러가지 않았던가! 그러므로 바울은, "유대인이나 헬라인이나 종이나 자주자나 남자나 여자 없이 다 그리스도 예수 안에서 하나이니라"(28) 하는 것입니다. ㉡ 이 "하나 됨"을 에베소서에서는 더욱 정교하게 말씀하

고 있습니다. "그는 우리의 화평이신지라 둘(유대인과 이방인)로 하나를 만드사 중간에 막힌 담을 허시고, 둘로 자기의 안에서 한 새 사람을 지어 화평하게 하셨다"(엡 2:14-15)고 말씀합니다. "둘로 하나"를 만드셨다면 그들은 유대인인가? 이방인인가? 아닙니다. 유대인도 이방인도 아닌 "새 사람", 즉 그리스도로 옷 입은 그리스도인이 되었다는 의미입니다. "그러므로 이제부터 너희가 외인(외국인)도 아니요 손(손님)도 아니요 오직 성도들과 동일한 시민이요 하나님의 권속(가족)이라"(엡 2:19) 하십니다. 이것이 하나 됨의 의미입니다.

⑥ "유업을 이을 자니라" 하십니다. ㉠ 이는 인간의 예대로 말씀함인데 상속자라는 뜻입니다. 우리가 하나님의 자녀가 되었다면 탕자의 비유에서 아버지가 맏아들에게 말했듯이 "내 것은 다 네 것이라"(눅 15:31)는 말씀입니다. ㉡ 자녀 됨이 전부도 끝도 아닙니다. "자녀이면 또한 후사 곧 하나님의 후사요 그리스도와 함께 한 후사니"(롬 8:17) 합니다. 이는 자녀들이 누리게 될 말로 다할 수 없는 영광스러움을 인간의 말로 표현한 것입니다. 믿음이 오기 전에, "율법 아래 매인 바 되고, 갇혀있던"(23) 자들이, 믿음이 온 후에는 이렇게 변화되었다고 말씀합니다.

믿음이 온 후의 변화

① 이 엄청난 축복들이 <누구>로 말미암아 가능하여졌다고 말씀하고 있는가? 26-29절의 네 절 속에서, "그리스도"라는 말을 다섯 번이나 반복적으로 강조하고 있습니다. ㉠ 저주 아래 있던 우리가 하나님의 자녀가 될 수 있었던 것은, "그리스도 예수 안에서"(26) 되어진 일이라고 말씀합니다. ㉡ 우리가 그리스도로 옷 입힘을 받은 것도, "그리스도와 합하여" 세례를 받았기 때문(27)이라고 말씀합니다. ㉢ 믿

족적인 차별도, 신분상의 차별도, 성별의 차별도 없이 하나 될 수 있었던 것도, "그리스도 예수 안에서"(28) 가능하여졌다고 말씀합니다. ㉣ 우리가 유업을 이을 자가 될 수 있었던 것도, "그리스도께 속한 자"(29)이기 때문이라는 것입니다. 한마디로 예수 그리스도로 말미암아서라는 말씀입니다.

② 다시 한 번 강조해야만 하겠습니다. 이 엄청난 축복들이 <어떻게 해서> 가능하여졌다고 말씀하고 있는가? 여기 바울 신학의 진수라 할 수 있는, ㉠ "그리스도 예수 안에서(26, 28), 그리스도와 합하여(27), 그리스도께 속한"(29)이라고 표현하고 있는 연합교리가 등장합니다. ㉡ 우리는 주님이 우리 대신 정죄를 받으시고, 대신 죽어주셨다고 말합니다. 이는 맞는 말이면서도 부족한 것입니다. 그때 너는 어디 있었느냐? 하는 물음을 연합교리는 제기하고 있는 것입니다. ㉢ 그때 우리의 옛 사람은 "그리스도 안에" 있었다고 성경은 말씀해줍니다. "그리스도 안에서 그리스도와 합하여 그리스도께 속한, 즉 지체로써" 그리스도와 "함께 못 박히고, 함께 죽고, 함께 장사되었다가, 함께 다시 살아났다"(2:20; 롬 6:4-8)고 말씀합니다. 이를 통해서 우리가, "하나님의 자녀가 될 수가 있었으며, 그리스도로 옷 입었으며, 하나가 될 수가 있었고, 유업을 이을 자가 되었다"는 것입니다. 그러므로 27절에서, "그리스도와 합하여 세례를 받은 자"라는 말씀이 세례 의식 자체를 의미하는 것이 아니라, "그리스도와 합하여", 즉 연합교리의 신비를 말씀함입니다. 이것이 그리스도 안에서 변화된 우리의 신분이요, 지위입니다.

③ 3장을 마치면서 자신의 신앙을 점검해 볼 수 있는 몇 가지 질문을 제기하고자 합니다.

㉠ 나는 율법을 통과하여 복음을 받았는가?

㉡ 나는 율법에게 매인 바 되고 갇혀본 경험을 한 후에 자유함을 얻었는가?

㉢ 나는 율법에게 정죄를 당해본 후에 칭의를 깨달았는가?

율법을 모르면 죄를 모릅니다. 죄를 모르면 복음을 모르게 됩니다. 복음을 모르면 그리스도의 필요성도, 십자가의 영광스러움도 모르게 됩니다.

갈라디아서 4:1–11의 분석 도표

율법의 노예와, 하나님의 자녀

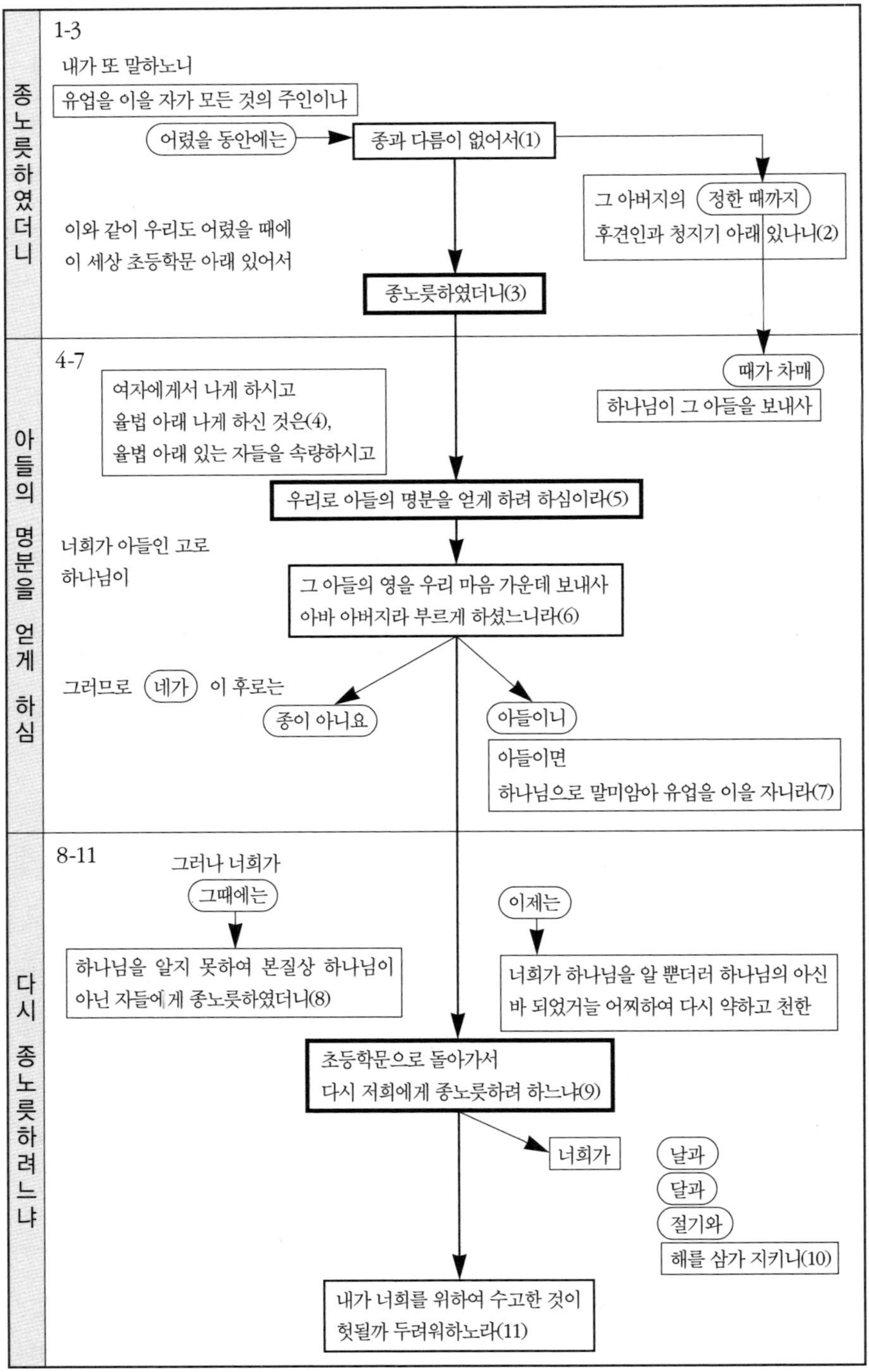

4:1-11
율법의 노예와 하나님의 자녀

[7] 그러므로 네가 이 후로는 종이 아니요 아들이니 아들이면 하나님으로 말미암아 유업을 이을 자니라

4장에서도 바울은 3장에서 말씀한 같은 주제, 즉 우리가 의롭다 함을 얻음과, 성령으로 거듭남이, "율법의 행위로냐, 듣고 믿음으로냐" 하는 쟁점을, 다른 각도에서 논증해나가고 있는 내용입니다. 그리하여 일말(一抹)의 의문도 남기지 않으려는 것입니다. 4장도 크게 두 부분으로 나누어 다루도록 하겠습니다. 본 문단의 중심점은 도표에 표시된 대로, "종노릇하였더니"(첫째 단원), "우리로 아들의 명분을 얻게 하셨다"(둘째 단원), 그런데 "다시 종노릇하려느냐"(셋째 단원)는 데 있습니다. 언제 종노릇하고 있었단 말인가? "어렸을 때, 율법 아래 있을 때, 믿음이 오기 전"에 그러했다는 것입니다. 그런데 어떻게 해서 아들의 명분을 얻게 되었는가? "아들을 보내사, 율법 아래 있는 우리를 속량하심으로" 해주셨다고 말씀합니다. 그런데 다시 율법(초등학문)으로 돌아가서 종노릇하려느냐 하고 책망하고 있는 것입니다. 이를 세 단원으로 나누어 상고하겠습니다.

첫째 단원(1-3) 종노릇하였더니

둘째 단원(4-7) 아들의 명분을 얻게 하심

셋째 단원(8-11) 다시 종노릇하려느냐

첫째 단원(1-3) 종노릇하였더니

“내가 또 말하노니 유업을 이을 자가 모든 것의 주인이나 어렸을 동안에는 종과 다름이 없어서”(1).

① 본 단원은, “약속하신 자손이 오시기 전”의 상태가 어떠했는가를 말씀하는 내용입니다. 제일 좋은 교수법은 반복이라고 말합니다. 반복을 하면서 전진해 나가고 있는 것입니다. 바울의 논증은 꼬리에 꼬리를 물 듯이 이어지고 있는 것이 특징입니다. 바울은 3장 마지막 절에서, “너희가 그리스도께 속한 자면 곧 아브라함의 자손이요 약속대로 유업을 이을 자니라”(3:29) 하고 말씀했습니다. 그런데 4장은, ㉠ “유업을 이을 자가”(1상), 이렇게 시작이 됩니다. ㉡ “모든 것의 주인이나”(1중), ㉢ “어렸을 동안에는 종과 다름이 없다”(1하)는 것입니다. 막대한 재산의 상속자라 하더라도 그가 미성년자인 어린 아이라면 그 유업을 관리하거나 누리지를 못하게 된다는 것입니다.

② 그리하여 “그 아버지의 정한 때까지 후견인과 청지기 아래 있게 된다”(2)고 말씀합니다. 이는 하나님의 의도를 이해하기 쉽게 비유를 들어서 설명하고 있는 것입니다.

③ “이와 같이 우리도 어렸을 때에”(3상), 하고 우리에게 적용을 시킵니다. ㉠ 그렇다면 하나님의 “유업을 이을 자”인 우리가 어렸을 때란 어느 때를 가리키는가? ㉡ “이 세상 초등학문 아래”(3하), 즉 “율법 아래”(5) 있었을 때라고 말씀합니다. 다시 말하면 구약시대가 하나님의 자녀들이, “후견인과 청지기 아래 있었을 때”라는 것입니다.

④ 그렇다면 우리가 구약시대에 벌써, "유업을 이을 자"였다는 말인가? 그렇습니다. ㉠ 하나님께서 아브라함에게, "천하만민이 네 씨로 인하여 복을 받으리라"고 언약하셨을 때에 우리는, "언약 안에서, 아브라함 안에서, 좀 더 정확하게 말한다면 아브라함의 씨, 즉 그리스도 안에서" 이미 하나님의 상속자였던 것입니다. 그래서 성경은, ㉡ "그러므로 믿음으로 말미암은 자는 믿음이 있는 아브라함과 함께 복을 받느니라, 너희가 그리스도께 속한 자면 곧 아브라함의 자손이요 약속대로 유업을 이을 자니라"(3:9, 29) 하고 말씀하는 것입니다.

⑤ 그렇다면 ㉠ "이 세상 초등학문"이란 무엇인가? 여기에 예민함이 있는 것입니다. 문맥적으로 보면 율법을 가리키는 것으로 볼 수가 있습니다. 그렇다면 어찌하여 율법이라 하지 않고, "세상의 초등학문"이라는 포괄적인 표현을 하고 있을까요? 그러므로 이를 율법으로 한정해서는 아니 되는 것입니다. 왜냐하면 "이 <세상> 초등학문"이라고 말씀하고 있기 때문입니다. 이는 아주 의도적으로 그렇게 말씀하고 있다고 여겨집니다. 무슨 뜻이냐 하면 신약시대 성도들이, ㉡ "율법 아래" 있지 않은 듯 하면서도, "이 세상 초등학문 아래" 있는 사람들이 많이 있기 때문입니다. 그리하여 분명 하나님의 자녀요, 유업을 이을 자이면서도 종과 다름이 없는 상태에 머물러 있다는 말씀입니다. 그리하여 하나님의 유업, 즉 우리에게 베푸신 영광스러움을 누리지를 못하고 있다는 것입니다. 당시의 갈라디아 형제들도 그러했던 것입니다.

⑥ 골로새서 2:8절을 보십시오. "누가 철학과 헛된 속임수로 너희를 노략할까 주의하라 이것이 사람의 유전과 세상의 초등학문을 좇음이요 그리스도를 좇음이 아니니라" 하고 말씀합니다. ㉠ 여기서 바울은, "철학"을 세상의 초등학문이라는 범주(範疇)에 포함시키고 있습

니다. 우리는 철학하면 대단한 고등 학문으로 여기고 있습니다만, "하나님의 지혜"(고전 2:7)의 결정체인 복음을 깨달은 자가 볼 때에는 철학이란 초등학문에 불과하다는 것입니다. 바울의 증거를 들어보십시오. ㉡ "또한 모든 것을 해로 여김은 내 주 그리스도 예수를 아는 지식이 가장 고상함을 인함이라 내가 그를 위하여 모든 것을 잃어버리고 배설물로 여김은 그리스도를 얻고 그 안에서 발견되려 함이니"(빌 3:8-9) 합니다.

⑦ 그런데 비극적인 것은, "철학과 헛된 속임수로 너희(성도들)를 노략할까 주의하라"(골 2:8상)고 말씀하고 있는데서 드러나고 있습니다. 그렇게 하고 있는 자들이 있다는 것입니다. 그들은, ㉠ "십자가 복음"을 미련한 것으로(고전 1:23) 여기고 옆으로 밀어놓은 체, 교양있고 세련되고 가장 고상한 양, "세상의 초등학문"을 말함으로 성도들을 속이고 그 영혼을 노략하고 있다는 것입니다. ㉡ 2000년 전 골로새교회 만이 아니라 오늘날도 "세상 초등학문 아래" 있는 미성년자와 같은 성도들이 많이 있다는 것과, 이제도 철학과 같은 이 세상의 초등학문으로 속이고 노략하는 설교자가 있을 수 있다는 경종이 되는 것입니다. 이것이 "종노릇"하던 때의 상태입니다.

둘째 단원(4-7) 아들의 명분을 얻게 하심

"때가 차매 하나님이 그 아들을 보내사 여자에게 나게 하시고 율법 아래 나게 하신 것은"(4).

① 본 단원은, "약속하신 자손이 오신 후"에 우리의 신분과 지위가 어떻게 변하였는가를 말씀하는 내용입니다. ㉠ "때가 차매"(1상), 이렇게 시작이 됩니다. 바울은 2절에서, "그 아버지의 정한 때까지 후견

인(後見人)과 청지기 아래 있나니" 했는데, 그 "때가 차매" 합니다. 복음을 전파하기 시작하신 주님의 제일성은, "때가 찼고 하나님 나라가 가까웠으니 회개하고 복음을 믿으라"(막 1:15)는 말씀이었습니다. 에베소 1:9절에서도, "때가 찬 경륜"이라고 말씀하고 있습니다. 하나님은 모든 일을, ㉡ "때가 찬 경륜" 가운데 역사 하십니다. 그러므로 그리스도의 재림도, "때와 기한은 아버지께서 자기의 권한에 두셨으니 너희의 알 바 아니요"(행 1:7) 하십니다.

② "하나님이 그 아들을 보내사 여자에게 나게 하시고"(4중) 합니다. 이는 사람의 몸을 입고 오신 성육신을 가리키는 말씀입니다. 왜 육신을 입고 오셨는가? ㉠ "율법 아래 나게 하신 것은"(4하) 합니다. 주님은 율법의 수여자(授與者)이십니다. 그럼에도 불구하고, ㉡ "할례(눅 2:21)와 세례"(마 3:16)를 받으셨습니다. 이것이 "율법 아래 나셨다"는 의미입니다. 왜 이렇게 하셨는가?

③ "율법 아래 있는 자들을 속량"(5상)하시기 위해서라고 대답합니다. 그러면 율법 아래 있는 자들을 어떻게 속량하여주셨는가? ㉠ "율법 아래 나신 주님"은 할례나 세례만 받으신 것이 아닙니다. 우리를 위하여, ㉡ "율법의 저주"(3:13)도 대신 받으셨음을 잊지 말아야만 하는 것입니다. 그렇습니다. 하나님의 아들을 율법 아래 나게 하셨다는 것은 율법 아래 있는 자들의 대표자로 삼으셔서, "율법의 저주"를 대신 받으심으로, "율법 아래 있는 자들을 속량"(값을 대신 지불하여 자유케)하여주기 위해서였다는 말씀입니다. ㉢ 이것이 "그리스도는 모든 믿는 자에게 의를 이루기 위하여 율법의 마침이 되시니라"(롬 10:4)의 의미입니다.

④ "우리로 아들의 명분을 얻게 하려 하심이라"(5하) 하십니다. 하나님의 아들이 여자에게 나시고, 율법 아래 나신 것은, ㉠ "율법 아래

있는 자들을 속량"하여 주신 것이 전부가 아니라는 말씀입니다. 달리 말하면 지옥만 면하여준 것이 아니라는 말씀입니다. ㉡ "아들의 명분을 얻게 하려 하심이라"고 말씀합니다. 여기서 "명분"이라 함은 아들로 삼으심에 있어서 법률적으로도 하자(瑕疵)가 없다는 뜻입니다. 만일 주님이 속량하여 주심이 없이 아들로 삼아주셨다면 그것은 명분이 서는 것이 아니라 만부당한 일이었기 때문입니다. 그러므로 "명분"이란 말을 달리 표현하면 우리를, ㉢ "의롭다고 여겨주심"이 되는 것입니다. 그래서 아들로 삼으셔도 법적으로 하자가 없다는 그런 뜻입니다. 그렇다면 우리가 법적으로만 하나님의 아들이 되었는가?

⑤ "너희가 아들(법적으로)인고로 하나님이 그 아들의 영을 우리 마음 가운데 보내"(6중)주셨다고 말씀합니다. "아들의 영"을 우리에게 주셨다는 말씀은, ㉠ "거듭남"을 의미합니다. 이를 "너희가 거듭난 것이 썩어질 씨로 된 것이 아니요 썩지 아니할 씨로 된 것이니"(벧전 1:23) 하고 "씨"라고도 말씀합니다. 그러니까 하나님께서는 우리를 법적으로만이 아니라, "아들의 영, 아들의 씨"를 주셔서 명실상부한 자녀로 삼아주셨다는 말씀인 것입니다. "아들의 영, 아들의 씨"를 주셨다는 것이 어째서 중요한가? ㉡ "예수를 죽은 자 가운데서 살리신 이의 영이 너희 안에 거하시면 그리스도 예수를 죽은 자 가운데서 살리신 이가 너희 안에 거하시는 그의 영으로 말미암아 너희 죽을 몸도 살리시리라"(롬 8:11) 하고 말씀하고 있기 때문입니다. "아들의 영, 아들의 씨"가 있는 자만이, "우리의 낮은 몸을 자기 영광의 몸의 형체와 같이 변케"(빌 3:21) 하시는 영화롭게 될 수가 있다는 것입니다. 그러므로, "누구든지 그리스도의 영이 없으면 그리스도의 사람이 아니라"(롬 8:9) 하고 말씀합니다.

아들의 명분과 아들의 영

① "아들의 영"을 믿는 모든 자 속에 보내주심이 어떻게 가능하여졌는가? 주님은 말씀하십니다. ㉠ "내가 진실로 너희에게 이르노니 한 알의 밀이 땅에 떨어져 죽지 아니하면 한 알 그대로 있고 죽으면 많은 열매를 맺느니라"(요 12:24). 성경은 말씀합니다. ㉡ "여호와께서 그로 상함을 받게 하시기를 원하사 질고를 당케 하셨은즉 그 영혼을 속건제물로 드리기에 이르면 그가 그 <씨를 보게 되며> 그날은 길 것이요 또 그의 손으로 여호와의 뜻을 성취하리로다"(사 53:10). 그 아들의 죽으심을 통해서만이 가능하게 된 것입니다. 이를 위해서, "그 아들을 보내사 여자에게 나게" 하셨던 것입니다. 그러므로 주님은, ㉢ "그러하나 내가 너희에게 실상을 말하노니 내가 떠나가는 것이 너희에게 유익이라 내가 떠나가지 아니하면 보혜사(성령)가 너희에게로 오시지 아니할 것이요 가면 내가 그를 너희에게 보내리니"(요 16:7) 하고 말씀하셨던 것입니다. 한 알의 밀이 죽어 많은 씨가 퍼짐과 같이, 한 아들의 죽으심으로 말미암아 많은 아들들이 되게 하셨습니다.

② 아들의 영을 우리 마음 가운데 보내사, "아바 아버지라 부르게 하셨느니라"(6하) 합니다. 형제도 마음 중심으로부터 사랑하고 사모하며 뜨거운 심정으로 하나님을, "아바 아버지!" 하고 불러보신 적이 있으시겠지요. 이것이 형제 속에, "아들의 영"이 계시다는 증거입니다.

③ "그러므로 네가 이후로는 종이 아니요 아들이니"(7상) 합니다. 얼마나 치밀한 논증인가를 보십시오. 5절에서는, ㉠ "우리로 아들의 명분을 얻게" 해주셨다고 말씀하고 있습니다. 6절에서는, ㉡ "그 아들의 영을 우리 마음 가운데 보내주셨다"고 말씀합니다. 그렇다면 우리는 법적(명분)으로나, 경험적(중생)으로나 정정당당한 하나님의 아들이 된 것입니다. 이점에서 인칭대명사를 주목해보시기를 바랍니다.

㉢ "네가", 바로 하나님의 아들이라고 단수(單數)로 말씀하고 있는 것입니다. 성경은 참으로 자상하고 예민합니다. 5절에서는, "우리"라고 말씀하고, 6절에서는 "너희가"라고 말씀했습니다. 그런데 7절에서는 손가락으로 나를 가리키듯 "네가, 이 후로는 종이 아니요 아들이니" 하고 말씀하시는 것입니다. 하나님께서 우리를 택하시고 양자로 입적(入籍)을 시켜주시고 거듭나게 해주실 때는 "너희가" 하고 도매금으로 해주신 것이 아닙니다. "네가" 하고 한 사람 한 사람씩 지명하여 부르셔서 해주신 것임을 믿으시기 바랍니다. 이제 확신하게 되었습니까?

④ 하나님께서 나 같은 죄인을 그렇게 해주셨습니다. ㉠ 우리를 율법의 저주에서 속량하여 주셨습니다. ㉡ 의롭다고 여겨주셔서, 아들의 명분을 얻게 해주셨습니다. ㉢ 전에는 사탄의 소굴이었던 우리의 몸을 성전으로 삼으시고, "아들의 영"으로 거듭나게 해주셨습니다. ㉣ 그리하여 아직은 그 영광이 나타나지 아니하였으나 우리의 낮은 몸을 주님의 부활하신 영광의 몸과 같이 변케 해주신다고 말씀합니다. ㉤ 약속대로 유업을 이을 자, 곧 상속자라고 말씀하십니다. 이를 묵상하노라면 어떤 말이 복받쳐 나올 것 같습니까? "아바 아버지!"입니다. 그러므로 로마서 8:15절에서는, "아바 아버지라 부르짖느니라" 하고 말씀합니다. 노예였던 자가 양자가 되고 나면 제일 불러보고 싶은 것이, "아버지"라는 말이라고 합니다. 한 번 아바 아버지! 하고 부르짖어 보십시오. 이것이 약속하신 자손이 오신 후에 변화된 우리의 신분과 지위입니다.

셋째 단원(8-11) 다시 종노릇하려느냐

"이제는 너희가 하나님을 알뿐더러 하나님의 아신 바 되었거늘 어찌하여 다시 약하고 천한 초등학문으로 돌아가서 다시 저희에게 종노릇하려 하느냐"(9).

본 단원은 앞 단원에서 상고한 바와 같이, "약속하신 자손이 오신" 후에 우리의 신분과 지위가 그토록 변화(4-7)되었음을 망각하고, 또다시 약하고 천한 초등학문으로 돌아가서 다시 저희에게 종노릇하려는 갈라디아 성도들의 어리석음을 책망하는 내용입니다.

① "그러나 너희가 그때에는"(8상) 합니다. 그때에는, 즉 그리스도를 만나기 이전에는 어떤 상태에 있었는가를 상기시키고 있는 것입니다. ㉠ "하나님을 알지 못하여 본질상 하나님이 아닌 자들에게 종노릇하던"(8하) 자들이라고 말씀합니다. 이점을 에베소서에서는 좀 더 구체적으로 진술하고 있는데, ㉡ "그때에 너희가, 본질상 진노의 자녀이었더니"(엡 2:2-3) 합니다. "그때에 너희는 그리스도 밖에 있었고 이스라엘 나라 밖의 사람이라 약속의 언약들에 대하여 외인이요 세상에서 소망이 없고 하나님도 없는 자"(엡 2:12)였다고 말씀합니다. 이것이 "그때"의 비참하고 절망적인 상태라는 것입니다.

② 그런데 "이제는"(9상) 합니다. 우리는 때로, ㉠ "그때"의 절망적인 상태와, "이제"의 변화된 신분과 지위를 묵상해보아야만 합니다. 바울은 에베소 성도들에게도 그렇게 하고 있습니다. ㉡ "그러므로 생각하라 너희는 그때에", 하고 그리스도를 만나기 이전 상태를 생각해 보라고 말씀합니다. 그런 후에, "이제는 전에 멀리 있던 너희가 그리스도 예수 안에서 그리스도의 피로 가까워졌느니라"(엡 2:11, 13) 하고 말씀합니다. 바울이 다메섹 도상에서 주님을 만난 시간은 정오(正午)였다고 말씀합니다. 이 12시를 기점으로 하여 주님을 만나기 이전의 오전과, 만난 이후의 오후가 극적으로 대조되는 경험을 한 사람이 바울입니다. 형제의 분기점은 언제였습니까?

③ "이제는 너희가 하나님을 알뿐더러 하나님의 아신 바 되었거늘"(9상) 합니다. 순서적으로 하면 하나님이 우리를 아신 것이 먼저입니다. 그럼에도 어찌하여, ㉠ "너희가 하나님을 알뿐더러" 하고 이를 먼저 말씀하는 것일까요? 허물과 죄로 죽었던 우리가 하나님을 알게 되었다는 것도 놀라운 일입니다만, 그러나 더욱 놀랍고도 경이로운 일이 있다는 이를 강조하기 위해서입니다. 모래 한 알만도 못한 나 같은 죄인을 천지의 대 주재자이신, ㉡ "하나님의 아신 바 되었다"니, 욥의 표현대로 하면, "벌레인 사람, 구더기 같은 인생"(욥 25:6)이 하나님의 아신 바 되었다는 이보다 더 경이롭고 놀라운 축복이 무엇이겠습니까? 아신 것만이 아닙니다. 아시고, 정하시고, 부르시고, 의롭다 하시고, 영화롭게 해주실 것도 잊지 마시기를 바랍니다. 우리가 하나님께 예배를 드립니다. 찬양과 예물을 드립니다. 이렇게 함도 하나님의 은혜를 입었기 때문입니다. 그런데 우리의 예배와 예물과 찬양을 하나님께서 열납하신다는 것은 더욱 큰 은총인 것입니다.

④ "어찌하여 다시 약하고 천한 초등학문으로 돌아가서 다시 저희에게 종노릇 하려하느냐"(9하) 하고 갈라디아 성도들의 어리석음을 통탄해합니다. 바울은 초등학문을, ㉠ "약한" 것이라고 말씀합니다. 왜 약하다하였을까요? 우리를 율법의 매임과 간힘에서 자유케 해주지를 못하기 때문입니다. 우리를 의롭다고 여겨줄 수가 없기 때문입니다. 궁극적으로 우리를 구원하여주지를 못하고, 하나님 앞으로 인도할 능력이 없기 때문입니다. 얼마나 약한 것입니까? ㉡ "천한 초등학문"이라고 말씀합니다. 왜 천하다하였을까요? 바울은 복음을, "그리스도의 영광의 복음의 광채"(고후 4:4)라고 묘사하고 있습니다. 이 영광스러움에 비할 때에 초등학문이란 말할 수 없이 "천한" 것입니다. 바울은 초등학문만이 아니라 복음 이외의 모든 것을 천할 뿐만이 아

니라, "배설물로 여긴다"(빌 3:8)고까지 말씀하고 있습니다.

⑤ 사실 의문(儀文)이란, "약하고 천한" 것입니다. 그것은 실물이 아니라 "모형"이기 때문입니다. 실체가 아니라 "그림자"이기 때문입니다. 그렇습니다. "송아지나 어린양"을, 우리 주 예수 그리스도의 영광스러움에 비한다는 것조차가 용납될 수가 없는 것입니다. 그러므로, ㉠ "약속하신 자손이 오시기까지 있을 것이라"(3:19) 하고 말씀합니다. 의로운 해가 떠올랐는데 호롱불이 무슨 소용이 있겠습니까? 그런데 어찌하여, ㉡ "다시 저희에게 종노릇하려 하느냐" 하고 탄식합니다. 이점에서 지적해야할 점이 있습니다. 그것은 ㉢ 인간은 태어날 때부터 종의 신분으로 태어나서 조상 대대로 사탄의 노예였다는 사실입니다. 그리하여 "종의 근성"이 뿌리 깊이 몸에 배어 있다는 것입니다. 그러므로 "너는 자유 자다" 하면 좋아할 것 같은데 반대로 불안해하는 것입니다. 그 점이 10절로 나타나고 있는 것입니다.

⑥ "너희가 날과 달과 절기와 해를 삼가 지키니"(10) 합니다. ㉠ 이는 유대인들이 1500년 동안이나 지켜 내려온 몸에 밸대로 밴 의식입니다. 이는 또한 이방인들이, ㉡ "너희가 그때에는 하나님을 알지 못하여 본질상 하나님이 아닌 자들에게 종노릇하였더니"(8) 하던 때, 즉 우상숭배 하던 때의 습관과 교묘하게 결부되는 지점입니다. 골로새서에서도, "그러므로 먹고 마시는 것과 절기나 월삭이나 안식일을 인하여 누구든지 너희를 폄론하지 못하게 하라"(골 2:16)고 말씀하고 있는 것을 보게 됩니다. 저들은 이렇게 하지 않으면 불안했던 것입니다. 이로 보건대 1500년 동안이나 지켜 내려오던 의문과 유전과 전통들과 맞서서 싸운 바울이 얼마나 고군분투했을까를 생각하게 합니다. 오늘날도 그런 부류에 속한 사람들이 있는 것입니다. 그런데 통탄할 노릇은 자신들을 가장 신령한 자로 여기고 있다는 점입니다. ㉢ "내가

너희를 위하여 수고한 것이 헛될까 두려워하노라"(11) 합니다. 여기에, "선을 행하다가 낙심하게 되는 피곤함"(6:9)이 있습니다. 힘을 다하여 수고하고(골 1:29) 온 정성을 기울여 양육했음에도 열매가 빈약하게 될 때 목회자는 피곤함을 느끼게 되는 것입니다.

⑦ 이제 생각해보아야만 하겠습니다. 바울이 무엇 때문에 이처럼 열을 올리고 있는 것일까요? ㉠ 갈라디아 성도들이 예수 그리스도를 부인한 것도 아닙니다. 다만 그들은 예수를 믿으면서 할례도 행하면 더욱 안전할 것으로 여겼던 것입니다. 이제도 이러한 매임에서 벗어나지 못하고 있는 것들은 허다합니다. 세례도 약식으로보다는 침례로 행해야만 안심이 되고, 성찬도 매주 행해야만 안전하고, 안식일도 일요일이 아니라 토요일로 지켜야 된다고 주장하고 있습니다. ㉡ 결정적인 잘못은, "머리를 붙들지 아니하는지라"(골 2:19)에 있는 것입니다. 오직 구원은 머리인 그리스도의 죽으시고 다시 사심에만 있다는 불변의 진리입니다. 어떤 의식, 어떤 장소, 어떤 교회에 가야만 구원이 있는 것이 아닙니다. 머리를 붙들기만 하면 안전한 것입니다. 그리고 자유 할 수가 있는 것입니다. 뒤에 가서 보게 되겠습니다만, 할례가 구원을 주는 것도 아닙니다. 그렇다고 할례 받지 않아야 구원을 얻는 것도 아닙니다. "할례나 무할례가 아무것도 아니로되"(6:15) 합니다. 바울은 예루살렘의 형제들과의 원만한 교제를 위해서는 디모데에게 할례를 행하는(행 16:3) 파격적인 일을 보게 됩니다. 바울이 도저히 용납하지를 못하고, 양보할 수가 없었던 것은 할례 자체에 있었던 것이 아닙니다. "오직 은혜, 오직 믿음"에 의지하지 않고, "그리스도의 영광의 복음"이 불완전한 것인 양 무엇인가 첨부해야 된다고 주장하는 이것만은 묵과할 수가 없었던 것입니다.

우리들도 생각해보아야만 할 것입니다. "헛된 철학과 세상의 초등학문"으로 속이고 있는 것은 아닌가? "날과 달과 절기와 해를 삼가 지켜야 한다"는 식으로 속박하고 있는 것은 아니가? 월삭이니, 일천 번제를 드리라는 말을 공공연히 하고 있는 것은 아닌가? 성도들은 이를 지키고 행함으로 자신의 구원이 안전해지는 양 여기고 있는 것은 아닌가? 이런 공로의식은 우리도 모르는 사이에 교회 내부 깊숙이 파고들고 있기 때문입니다. 여기에 "율법의 노예와 하나님의 자녀" 됨의 구별이 있습니다.

갈라디아서 4:12-31의 분석 도표

육체를 따라 난자와 성령을 따라 난자

나와 같이 되기를 구하노라

12-20

형제들아 내가 너희와 같이 되었은즉
너희도 나와 같이 되기를 구하노라(12)

(내가) 처음에 육체의 약함을 인하여 너희에게
복음을 전한 것을 너희가 아는 바라(13)

너희를 시험하는 것이 내 육체에 있으되
이것을 너희가 업신여기지도 아니하며 버리지도
아니하고 오직 나를 하나님의 (천사와 같이)
또는 그리스도 (예수와 같이) 영접하였도다(14)
너희가 할 수만 있었더면
너희의 눈이라도 빼어 나를 주었으리라(15)

(내가) 너희에게 참된 말을 하므로
(원수가 되었느냐)(16)

저희가 너희를 대하여 열심 내는 것이
좋은 뜻이 아니요 오직 너희를 이간 붙여
너희로 저희를 대하여 열심 내게 하려 함이라(17)

나의 자녀들아 너희 속에 그리스도의 형상이 이루기까지
다시 너희를 위하여 (해산하는 수고)를 하노니(19)

(내가) 이제라도 너희와 함께 있어 내 음성을
변하려 함은 너희를 대하여 의심이 있음이라(20)

두 어머니와 두 아들

21-31 율법 아래 있고자 하는 자들아
율법을 듣지 못하였느냐(21)

아브라함이 두 아들이 있으니

하나는 자유하는 여자에게서 났다 하였으나(22)

하나는 계집종에게서

자유하는 여자에게서는 (약속으로) 말미암느니라(23)

계집종에게서는 (육체를 따라) 났고

이 여자들은 두 언약이라 하나는

시내 산으로부터 (종을 낳은)
자니 곧 하가라(24)

오직 위에 있는
예루살렘은 자유자니
곧 우리 어머니라(26)

너희는 이삭과 같이 (약속의 자녀라)(28)

그러나 그때에 (육체를 따라) 난자가

(성령을 따라 난자를) 핍박한 것같이
이제도 그러하도다(29)

그러나 성경이 무엇을 말하느뇨
계집종과 그 아들을 내어쫓으라

(계집종의 아들이)

(자유하는 여자의 아들로) 더불어
유업을 얻지 못하리라 하였느니라(30)

그런즉 형제들아 우리는 계집종의 자녀가 아니요
자유하는 여자의 자녀니라(31)

4:12-31
육체를 따라 난자와 성령을 따라 난자

[31] 그런즉 형제들아 우리는 계집종의 자녀가 아니요 자유하는 여자의 자녀니라

4장 후반부(21-31)는 두 단원으로 나누어지는데, 첫째 단원은, "나와 같이 되기를 구하노라" 하는 목회자적인 호소입니다. 둘째 단원은, "아브라함의 두 아들", 즉 "이삭과, 이스마엘"을 대조해서 누가 유업을 이을 자인가를 논증(論證)하는 내용입니다. 둘째 단원의 도표를 유의해보시기 바랍니다. 이삭은 "자유하는 여자를 통해서 약속으로 말미암아 아들"로 태어났고, 이스마엘은 "계집종에게서 육체를 따라난 종"임을 강조하고 있습니다. 그렇다면 두 아들 중에서 누가 유업을 이을 자인가는 자명해지는 것입니다. 앞서 살펴본 4장 전반부(1-11)에서, "전에는 종노릇하였으나 이제는 아들이 되었음"을 논증한 바울은 후반부에서 "우리는 계집종의 자녀가 아니요 자유하는 여자의 자녀니라" 하고 확증을 합니다. 그런데 두 논증 사이(12-20)에서 바울은 "형제들아"(12), "나의 자녀들아"(19) 하고 부르면서 목회자의 지극한 사랑으로 갈라디아 성도들에게 호소를 하고 있음을 보게 됩니다. 논증하고 있는 바울에게서, "진리를 위하여" 싸우고 있는 투사의 모습을 대하게 된다면, 호소하고 있는 바울에게서는 자녀들을 극진히 "사

랑하는", 어머니의 모습을 대하게 되는 것입니다. 이를 두 단원으로 나누어 상고하겠습니다.

첫째 단원(12-20) 나와 같이 되기를 구하노라
둘째 단원(21-31) 두 어머니와, 두 아들

첫째 단원(12-20) 나와 같이 되기를 구하노라

"형제들아 내가 너희와 같이 되었은즉 너희도 나와 같이 되기를 구하노라 너희가 내게 해롭게 하지 아니하였느니라"(12).

① 본 단원의 중심점은 도표의 굵은 화살표가 나타내고 있는 대로 ㉠ "내가 너희와 같이 되었은즉 너희도 나와 같이 되라"(12)와 ㉡ "너희 속에 그리스도의 형상이 이루기까지 다시 너희를 위하여 해산하는 수고를 하노니"(19)에 있습니다. 이 단원에는 교리적인 말씀이 없습니다. 바울은 갈라디아 성도들이 "처음"(13) 복음을 받았을 때, 그러니까 첫 사랑의 때를 회상케 함으로 목회자의 사랑으로 성도들의 사랑에 호소하고 있는 것입니다. 그런 의미에서 본 단원은 목회자에게 여러모로 귀감이 되는 말씀이라 할 수가 있습니다. 우선 호칭부터 생각해보아야만 하겠습니다.

① "형제들아"(12상) 하고 부르고 있습니다. 책망하며 논증하고 있는, 그것도 모두 6장 밖에 안 되는 적은 분량의 갈라디아서에서, "형제들아" 하고 부르기를 무려 9번이나 하고 있습니다. ㉠ 바울은 저들에게, "다른 복음 좇는 것을 내가 이상히 여기노라"(1:6), "어리석도다 갈라디아 사람들아"(3:1) 하고 신랄하게 책망하면서도 그들을 계속적으로, ㉡ "형제들아"(1:11; 3:15) 하고 부르고 있는 것입니다. 1-3

장까지에 나타난 바울의 이미지는 마치 논고(論告)를 하고 있는 검사와 같은 날카로운 인상을 주었던 것이 사실입니다. 그러면서도 바울은 주저하지 않고 그들을 형제라 부르고 있는 것입니다. 생각해보면, 아비와 자녀 같은 관계요, 스승과 제자 같은 관계입니다. 그런데 어찌하여 "형제들아" 하고 부르고 있는가? "<우리로> 아들의 명분을 얻게 하시고, 아들의 영을 <우리> 마음 가운데 보내사 아바 아버지라 부르게 하셨다면"(4:5-6) 우리는 "형제"임이 분명하다는 뜻이 있는 것입니다.

② 그렇습니다. 교회 직분은 주신 은사대로 사역을 분담하기 위한 직분이지 계급과 같은 것이 결코 아닙니다. 너무나 당연한 말을 되풀이 해야하는 점이 안타깝습니다. 목사를 존중해야함은 그가, "하나님의 말씀을 맡은"(롬 3:2) 자요, 그리고 영적으로 사활(死活)을 좌우하는 문제가 말씀이 바르게 선포되고 있느냐 여부에 달려있기 때문에 배나 존중(딤전 5:17)할 자로 알라고 말씀하는 것입니다. 그러므로 설교자의 권위는 말씀의 권위입니다. 그러나 목사나, 장로나, 성도들은 다 같은 하나님의 자녀요 형제들인 것입니다. 그러므로 설교자는, "여러분", 하고 말하기보다는 마음 속으로부터, "형제들이여" 하고 부르기를 더 선호해야할 것입니다. 왜냐하면 호칭 속에 한 몸에 여러 지체라는 동역자적인 고백이 담겨있기 때문입니다.

③ 첫 말씀이 "내가 너희와 같이 되었은즉"(12상) 합니다. "너희와 같이 되었다"는 말이 무엇을 의미하는 것일까요? ㉠ "나를 이방인의 사도로 삼으셨다"(2:8)는 것을 의미하는 것으로 볼 수가 있습니다. 유대인으로서 이방인의 사도가 된다는 것은 오늘날 생각하고 있는 같이 영광스러운 직분은 아니었던 것입니다. 그러니까 바울은 이방인들을 위해서 기꺼이 이방인이 되었던 것입니다. ㉡ 바울은 이방인의 사도

가 된 것만이 아니라, "내가 모든 사람에게 자유하였으나 스스로 모든 사람에게 종이 되었다"(고전 9:19) 하고 말씀합니다. 그러므로 "내가 너희와 같이 되었다"는 의미가, "모든 사람에게 종이 되었다"는 이 한 말씀 속에 다 들어있다 하겠습니다. 바울은 갈라디아 성도들을 상전처럼 섬긴 셈입니다. ㉢ 전도자가 된다는 것은, "즐거워하는 자들로 함께 즐거워하고 우는 자들로 함께 울라"(롬 12:15) 한 동일시(同一視)에 있다 하겠습니다. 바울은 "약한 자들에게는 내가 약한 자와 같이 된 것은 약한 자들을 얻고자 함이요 여러 사람에게 내가 여러 모양이 된 것은 아무쪼록 몇몇 사람들을 구원코자 함이니"(고전 9:22) 합니다. "누가 약하면 내가 약하지 아니하며 누가 실족하게 되면 내가 애타하지 않더냐"(고후 11:29) 하고 말씀합니다. 목회자는 먼저, "내가 너희와 같이 되었은즉" 하고, 말 할 수 있어야 하는 자라는 자각을 하게 됩니다. 바울이 이런 자세로 사역을 한데는 더 깊은 동기(動機)가 있었기 때문입니다.

④ 그것은 ㉠ "너희 안에 이 마음을 품으라 곧 그리스도 예수의 마음이니 그는 근본 하나님의 본체시나 하나님과 동등 됨을 취할 것으로 여기지 아니하시고 오히려 자기를 비어 종의 형체를 가져 사람들과 같이 되었고 사람의 모양으로 나타나셨으매 자기를 낮추시고 죽기까지 복종하셨으니 곧 십자가에 죽으심이라"(빌 2:5-8). 바로 예수 그리스도를 본받는 자 되기 위해서였던 것입니다. 주님은 우리를 구원하시기 위해서 ㉡ "우리 같이" 되어 주신 것입니다. 우리 같이 되어주신 것만이 아니라 발을 씻기는 종이 되어주셨고, 종내는 대신 죽어주셨던 것입니다. "내가 너희와 같이 되었은즉" 하고 말씀하는 바울은, 주님께서 자신을 향해, ㉢ "내가 너와 같이 되었은즉, 너도 그들같이 되어라" 하시는 심중의 말씀을 들었기 때문일 것입니다. 여기에 목회

의 비결이 있다고 여겨집니다. 그것은 "곧 십자가에 죽으심이라" 하신 "희생"입니다.

⑤ 두 번째 말씀이, "너희도 나와 같이 되기를 구하노라"(12중) 합니다. "나와 같이 되어라"는 말씀이 무엇을 의미하는 것일까요? 그것은 "유대인 같이 되라"는 뜻이 아님은 분명합니다. 바울은 베스도 총독과 아그립바 왕 앞에서 복음을 변명할 때도 이런 말을 했습니다. 바울의 증거를 듣던 베스도가, "바울아 네가 미쳤도다" 하고 소리를 지르고, 아그립바가, "네가 적은 말로 나를 권하여 그리스도인이 되게 하려 하는도다" 하고 말했을 때, ㉠ "바울이 가로되 말이 적으나 많으나 당신뿐 아니라 오늘 내 말을 듣는 모든 사람도 다 이렇게 결박한 것 외에는 나와 같이 되기를 하나님께 원하나이다"(행 26:24, 28-29) 하고 말씀했던 것입니다. 바울은 자신이 "그리스도인"이라는 것을 무척이나 자랑스럽게 여기고 있었던 것입니다. 그러므로 갈라디아 상도들에게, "나와 같이 되어라"는 말은 고린도 교회 형제들에게, ㉡ "내가 그리스도를 본받는 자 된 것같이 너희는 나를 본받는 자 되라"(고전 11:1)는 그런 의미일 것입니다. 어떻든 ㉢ "나와 같이 되어라" 하고 말 할 수 있는 자란, 먼저 "내가 너희와 같이 되었은즉" 하고 말할 수 있는 자라야 가능하다는 점입니다. 그리고 그렇게 말할 수 있는 자는 그리스도를 본받는 자뿐입니다.

내가 너희와 같이 되었은즉

① "내가 처음에 육체의 약함을 인하여 너희에게 복음을 전한 것을 너희가 아는 바라"(13) 합니다. "육체의 약함"이란 어떤 질병으로 여겨집니다. 그 점이 "너희를 시험하는 것이 내 육체에 있으되 이것을 너희가 업신여기지도 아니하며 버리지도 아니했다"(14상)는 말에서

도 드러납니다. 그런데 이 시점에 자신에게 있었던 "약함"을 상기시키고 있는 의도가 무엇일까 를 생각하게 합니다. 이를 상기시킨다는 것은 도움은커녕 도리어 손해가 될 것으로 여겨지기 때문입니다. 그 의도를 ㉠ "오직 나를 하나님의 천사와 같이 또는 그리스도 예수와 같이 영접하였도다"(14하) 하는 말씀에서 엿볼 수가 있습니다. 갈라디아 성도들이 바울의 육체에 약함이 있었음에도 불구하고 이로 인하여 시험에 들기는커녕 도리어 바울을, "천사와 같이 또는 그리스도 예수와 같이 영접"한 까닭이 어디에 있었겠습니까? 그가 전해준 ㉡ 복음진리의 영광스러움 때문입니다. 바로 이것입니다. 자신은 약한 질그릇과 같은 존재이나 자신을 통하여 이방인에게 전파된 "측량할 수 없는 그리스도의 풍성"(엡 3:8)을 드러내기 위해서였던 것입니다. 복음의 영광스러움을 드러내기 위해서 자신의 약함을 드러내기를 부끄러워 아니했던 사람(고후 12:10, 참고), 그 사람이 바로 바울이었습니다.

② "그런즉 내가 너희에게 참된 말을 하므로 원수가 되었느냐"(16) 합니다. "참된 말"이 무엇입니까? 복음진리에 대한 변증입니다. 바울을 천사와 같이 그리스도 예수와 같이 영접하고, "할 수만 있었더면 너희의 눈이라도 빼어"(15)주고 싶을 정도로 감사하고 감격해했던 것도, ㉠ 그것은 그리스도를 영접함이었습니다. 그러했던 그들이 지금 "원수"같이 되었다는 것은 바울에 대해서가 아니라 그리스도에게 향한 감사와 감격이 식어졌음을 뜻합니다. 왜 이렇게 변했단 말인가? 그들의 믿음이 전적으로 그리스도의 은혜에 의지하고 있는 것이 아니라, ㉡ "할례 받고 율법을 지켜야 구원 얻는다"는 행위구원이라는 "다른 복음"을 의지하게 되었기 때문입니다. 이것이 참과 거짓의 시금석(試金石)이 되는 것입니다. ㉢ "다른 복음"이란 그리스도의 복음의 영광스러움을 깎아 내립니다. 그리고 대신, "내가 무엇을 했다" 하고 자

신의 자랑거리를 만들게 합니다. 이것이 거짓의 특성입니다.

③ "저희가 너희에 대하여 열심 내는 것이 좋은 뜻이 아니요 오직 너희를 이간 붙여 너희로 자기를 대하여 열심 내게 하려 함이라"(17) 합니다. 이렇게 말씀하고 있는 바울 자신도, "열심으로는 교회를 핍박"(빌 3:6) 하던 때가 있었습니다. ㉠ "열심"이란 바울이, "좋은 일에 대하여 열심으로 사모함을 받음은 내가 너희를 대하였을 때뿐 아니라 언제든지 좋으니라"(18) 한 대로 좋은 것이요, 칭찬할만한 것입니다. ㉡ 그러나 거짓 형제들의 "열심"은, 순수한 "열심"이 아니라 "너희를 이간 붙여 너희로 저희를 대하여 열심 내게 하려 함이라" 하고 말씀합니다. 잘못된 열심은 크면 클수록 그만큼 해독도 큰 것입니다.

④ 지상의 교회 중에서 한국 교회만큼 열심 있는 교회가 또 있을까 싶습니다. 문제는 동기입니다. 성도들이 그처럼 자주 모이며 그토록 열심히 봉사하는 동기가 어디에 있는가? "그 나라와 그의 의"를 위한 열심인가 아니면 자신의 축복을 위한 것이 아닌가 하는, 바울이, "너희에 대하여 의심이 있음이라"(20) 한 대로 의심이 들 때가 있다는 말씀입니다. 십자가 복음은 멀리한 체 교인들을 열심 내게 만든다면, 그 "열심"이란 그리스도를 위한 열심히 아니라 거짓 형제들이 한 것처럼, "저희를 대하여 열심 내게 하려(17)는 "열심"으로 밖에는 달리 볼 길이 없을 것입니다.

⑤ 계시록에 나타난 일곱 교회를 통해서 볼 때, 외형적으로는 부자 교회나 영적으로는 가난한 교회가 있고, 반대로 외적으로는 환난과 궁핍하면서도, "실상은 네가 부요한 자라"는 인정함을 받은 교회가 있음을 보게 됩니다. 두아디라교회는, "내가 네 사업과 사랑과 믿음과 섬김과 인애를 아노니 네 나중 행위가 처음 것보다 많도다" 하신 대단한 열심 있는 교회로 여겨집니다. 그러나 치명적인 오류가 자칭 선

지자라 하는 이세벨을 용납한 것이었습니다. 이는 성장위주, 또는 성과에 치중하다보니 그런 함정에 빠지게 된 것으로 볼 수가 있습니다. 거짓 선지자를 용납했다는 것은 말씀이 오염이 되었을 뜻합니다. 그렇다면 열심의 동기가 잘못될 수가 있는 것입니다. 강단에서 복음의 진리가 바르게 선포되기만 한다면, "예수 그리스도와 그의 십자가에 못 박히신" 그리스도를 자랑하고 높이기만 한다면, 어떤 약함(교세의 빈약함과, 말이 졸하고, 환경의 열악함)이 있을 지라도 어느 누구도, "이를 업신여기지도 아니하고 버리지도 아니하고 천사와 같이 그리스도와 같이 영접"하게 됨을 오늘의 설교자들은 유념해야만 할 것입니다.

복음으로써 너희를 낳았다

① 바울은 이 대목에 이르러, "나의 자녀들아"(19상) 이렇게 부르고 있습니다. 바울은 여기 말고는 이렇게 부른 적이 없습니다. ㉠ 이제까지, "형제들아" 하고 부르던 바울이 이 대목에 이르러 어찌하여, "나의 자녀들아" 하고 바꾸어 부르고 있는 것일까요? 그 심정을 고린도 형제들에게 보낸 편지에서 구할 수가 있습니다. "내가 너희를 부끄럽게 하려고 이것을 쓰는 것이 아니라 오직 내 사랑하는 자녀같이 권하려 하는 것이라 그리스도 안에서 일만 스승이 있으되 아비는 많지 아니하니 그리스도 예수 안에서 복음으로써 내가 너희를 낳았음이라 그러므로 내가 너희에게 권하노니 너희는 나를 본받는 자 되라"(고전 4:14-16) 하고 말씀합니다. ㉡ "복음으로써 내가 너희를 낳았기" 때문입니다. 그러니까 바울과 그들의 관계는 아비와 자녀와의 관계였던 것입니다. 이점이 중요합니다. 성도와의 관계가 자녀와 아비와의 관계냐? 아니면 스승의 관계냐? 청빙 목사의 어려움이 여기에 있는 것

입니다. 그러므로 "제자를 삼아"(복음으로 낳아) "가르쳐 지키게 하라"(마 28:19-20) 하십니다. 갈라디아 성도들에게 있어서 바울은 아비와 자녀와의 관계이지 스승과 제자의 관계가 아니라는 말씀입니다.

② "너희 속에 그리스도의 형상이 이루기까지 다시 너희를 위하여 해산하는 수고를 하노니"(19하) 합니다. 바울은 자신을 해산하는 어머니에 비하고 있습니다. "너희 속에 그리스도의 형상이 이루기까지"란 무슨 뜻인가? 그리스도인들이란 우리의 낮은 몸이 그리스도의 영광의 몸의 형체와 같이 변화(빌 3:21)될 사람들인 것입니다. 이는 우리의 "겉모습"까지 변화시켜주실 영화를 의미합니다. 그런데 그때까지는, ㉠ "우리의 속 모습"이 그리스도의 형상을 닮아 가는 기간이라고 말할 수가 있는 것입니다. 갈라디아 형제들은 거짓 형제들의 꾀임에 빠지기 전에는 상당 수준에 이르기까지 그들 속에 그리스도의 형상을 이루었었다고 여겨집니다. 그러므로 ㉡ "다시 해산하는 수고"를 해야 하겠다고 말씀하고 있는 것입니다. 이 "해산하는 수고"로 인해서 "나의 자녀들아" 하고 부르고 있는 것입니다.

③ 이점을 골로새교회에 보낸 편지에서는 ㉠ "우리가 그를 전파하여 각 사람을 권하고 모든 지혜로 각 사람을 가르침은 각 사람을 그리스도 안에서 완전(성숙)한 자로 세우려 함이니 이를 위하여 나도 내 속에서 능력으로 역사하시는 이의 역사를 따라 힘을 다하여 수고하노라"(골 1:28-29) 하고 말씀합니다. "완전한 자로 세우려 함", 다시 말하면 성숙한 그리스도인이 되게 하는 이것이 그리스도의 형상을 이룸이라고 말할 수가 있습니다. ㉡ 이를 위해서 목회자는 해산하는 수고를 감당해야만 하는 것입니다. 숫자에만 급급해할 것이 아니라 문제는 질적인 수준입니다. 형제에게도 "나의 자녀들아" 하고 부를 수 있는 영적인 열매들이 있습니까? 이는 교훈으로 되는 것이 아니라 복음

으로만이 가능하여지는 것임을 잊지 마시기 바랍니다.

둘째 단원(21-31) 두 어머니와, 두 아들

"기록된 바 아브라함이 두 아들이 있으니 하나는 계집종에게서, 하나는 자유하는 여자에게서 났다 하였으나(22).

① 바울은 "내게 말하라 율법 아래 있고자 하는 자들아 율법을 듣지 못하였느냐"(21) 하고 다시 논증을 시작합니다. 누군가는 설교란 스크루를 청중의 가슴에다 대고 돌리는 것과 같다고 말했는데, 바울이 그렇게 하고 있는 것입니다. "너희를 대하여 의심이 있음이라"(20) 하고 말한 바울은 일 점의 의혹도 남기지 않으려는 듯이 아브라함에게 두 부류의 아들이 있었음을 들어서 어느 아들이 후사요, 유업을 이을 자인가를 확증(確證)하려는 것입니다.

② "아브라함이 두 아들이 있으니"(22중) 합니다. 두 아들이란 이스마엘과 이삭을 가리킵니다. 그런데 ㉠ "이스마엘"은 계집종에서 육체를 따라 난 아들이고, ㉡ "이삭"은 자유하는 여자에게서 약속으로 말미암아 난 아들(23)이라고 말씀합니다. 두 아들간에는 분명한 대조(對照)가 있습니다. ㉢ "계집종과 자유 하는 여자", "육체를 따라 난자와 약속으로 말미암아 난자", "아들과 종"이 그것입니다.

③ 그리고 이는 "기록된바"(22상)라고 말씀합니다. 하나님을 믿는 자들에게 있어서는 ㉠ "기록된바" 라는 말은 절대적인 권위와 최종적인 증거가 되는 것입니다. 왜냐하면 "기록 된 말씀" 곧 성경은 천지는 변하여도 일 점 일획도 변함이 없는 하나님의 말씀이기 때문입니다. 바울은 자신의 논증을 성경의 권위로 입증하고 있는 것입니다. 혹자는 바울이 알레고리를 사용하고 있다고 말하고 있으나, 바울은 아브

라함에게 두 부류의 아들이 있었다는 사실은, "기록된바"라고 말씀합니다. 그렇다면 아브라함에게 두 아들이 있었다는 성경의 증거는 어떤 의미가 있는 것인가? ㉡ 하나님께서 아브라함에게 하갈을 취하여 이스마엘을 낳으라고 명하신 바는 분명 아닙니다. 그러나 허용하심 중에 되어진 일이라는 것도 부인할 수 없는 사실입니다. 하나님의 주관하심 밖에서, 다시 말하면 하나님이 모르시는 중에 되어지는 일이란 머리터럭 하나도 없음을 인정해야만 하는 것입니다. 그렇다면 아브라함에게 두 부류의 아들이 있도록 허용하신 데는, 이를 통해서 보여주시려는(계시) 중요한 의미가 있기 때문이라는 결론에 이르게 되는 것입니다.

④ 그 점을 에서와 야곱의 경우에서 보는 바입니다. 그들은 쌍둥이고, 태 속에서부터 서로 싸우고 있었습니다. 하나님은 말씀하십니다. "두 민족이 네 복중에서부터 나누이리라 이 족속이 저 족속보다 강하겠고 큰 자는 어린 자를 섬기리라"(창 25:22-23). 이를 무심한 일이고 우연의 산물이라고 여길 수가 있겠습니까? 하나님께서는 이 역사적인 사실을 통해서, "택하심을 따라 되는 하나님의 뜻"(롬 9:11), 즉 중대한 선택교리를 계시하셨던 것입니다. 그렇다면 이스마엘과 이삭을 통해서는 무엇을 계시하시려는가?

⑤ 아브라함은, "이스마엘이나 하나님 앞에 살기를 원하나이다"(창 17:18) 하고 이스마엘로 후사를 삼으려 했습니다. 그러나 하나님은, ㉠ 아니다. "이삭에게서 나는 자라야 네 씨라 칭할 것임이니라"(창 21:12) 하고, 아브라함의 후사(後嗣)가 이삭으로 말미암아 이어지게 될 것을 분명히 말씀하셨습니다. 여기에 결부되어 있는 구속사의 맥을 놓치지 않게 되기를 바랍니다. 하나님께서 ㉡ 아브라함에게 언약하신 "자손"(3:16), 곧 그리스도는 아브라함→이스마엘을 통해서가

아니라, 아브라함→이삭의 줄기에서 오시게 된다는 말씀인 것입니다.

⑥ 그런데 거기서 끝이고 있는 것이 아닙니다. "그러나 성경이 무엇을 말하느뇨 계집종과 그 아들을 내어쫓으라 계집종의 아들이 자유하는 여자의 아들로 더불어 유업을 얻지 못하리라"(30) 하고, ㉠ "내어쫓으라" 말씀하고 있는 것입니다. 이는 두려운 말씀입니다. "내어쫓으라, 유업을 얻지 못하리라"는 말씀은 구원에서 유기(遺棄) 당하게 된다는 말씀이기 때문입니다. 마지막 날에도 이와 같은 비극적인 일은 벌어질 것입니다. 교회 밖에만이 아니라 안에도, ㉡ "성령으로 난자", 즉 거듭난 자와 거듭나지 못한 자가 섞여 있을 수 있기 때문입니다. 두 여자가 함께 매를 갈고 있어도 하나는 데려감을 당하고 하나는 버려 둠을 당하게 된다고 말씀하십니다.

⑦ 이스마엘도 아브라함의 "씨"임은 분명한 것입니다. 그러나 성경은 "이삭에게서 나는 자라야 네 씨라 칭할 것임이니라" 하고 말씀합니다. 어떤 차이입니까? ㉠ 이삭은 하나님의 "약속"으로 말미암은 자요, ㉡ 이스마엘은 아니었습니다. 즉 "육체"를 따라 난 자식이었을 뿐입니다. 이것이 다른 점인 것입니다. 이를 "기록"하게 하심은 ㉢ 어느 시대나 "약속의 자녀와, 육신의 자녀"가 있다는 것과, 약속의 자녀만이 유업에 참여하게 되고 육신의 자녀는 내어쫓기게 된다는 진리를 계시하기 위해서였던 것입니다. 바울은 이를 들어 논증하고 있는 것입니다.

⑧ 그리고 이 말씀은 주님 당시에 실제상황으로 벌어지고야 말았던 것입니다. 유대인들은 그들 말대로 아브라함의 자손들입니다. 그러나 "약속의 자녀가 아니라 육신의 자녀"가 되고 말았던 것입니다. 왜냐하면 ㉠ 하나님께서 아브라함에게 세워주신 언약의 성취자로 오신 예수 그리스도를 영접하지 않고 배척했기 때문입니다. 성경은 말

씀합니다. ㉡ "영접하는 자 곧 그 이름을 믿는 자들에게는 하나님의 자녀가 되는 권세를 주셨으니 이는 혈통(血統)으로나 육정(肉情)으로나 사람의 뜻으로 나지 아니하고 오직 하나님께로서 난자들이니라" (요 1:12-13). 영접하지 아니한 그들은 "혈통과 육정"으로 난 "육체를 따라 난 자"였을 뿐입니다.

육체를 따라 난자와 약속의 자녀

① "계집종에게서는 육체를 따라 났고 자유 하는 여자에게서는 약속으로 말미암았느니라 이것은 비유니 이 여자들은 두 언약이라"(23-24상) 합니다. 바울은 이해를 돕기 위해서 비유(譬喩)를 들어서 설명을 가합니다. ㉠ 하갈을 율법에다 비하고, 그리하여 율법을 받은 시내 산에 다가 비유합니다. 그리고 땅에 있는 예루살렘에 비유(24-25)합니다. 반면 ㉡ 사라를 은혜언약에 비하고, 위(하늘)에 있는 예루살렘에 비유합니다. ㉢ 히브리서에도 이와 유사한 말씀이 등장합니다. 너희가 이른 곳은 (율법을 받은)시내 산이 아니라(히 12:18-21), "너희가 이른 곳은 시온 산(그리스도가 오신, 시 2:6)과 살아 계신 하나님의 도성인 하늘의 예루살렘"(히 12:22)이라고 말씀하고 있습니다.

② "곧 위에 있는 예루살렘은 자유자니 곧 우리 어머니라"(26) 말씀합니다. 여기 주목하게 되는 말씀이, "우리 어머니"라는 묘사인데, 사라가 우리 어머니라는 말이 아닙니다. 교회를 상징하는, "위에 있는 예루살렘"(계 21:10)을 어머니라 말하고 있는 것입니다. 교회는 약속(언약) 위에 세워진 것입니다. 그러므로 "우리의 어머니"란 "언약", 곧 복음을 가리키는 말씀이 되는 것입니다. 하나님의 자녀들은 언약이 낳은 자녀, 곧 복음이 낳은 자들이라는 뜻입니다. 하갈은 육체를 따라 자식을 낳았으나, 사라는 "약속으로 말미암아"(23), 즉 메시아언약을

통해서 이삭을 낳았던 것입니다.

③ 그러므로 "형제들아 너희는 이삭과 같이 약속의 자녀라"(28) 합니다. 아브라함의 두 아들을 들어서 말씀하려는 바는 분명합니다. ㉠ "너희는 이삭과 같이 약속의 자녀라"라는 사실입니다. "약속의 자녀"가 되기를 노력하라고 말씀하고 있지 아니합니다. 이미 갈라디아 형제들은 약속의 자녀들임을 확신시켜주고 있는 것입니다. ㉡ 그런데 갈라디아 사람들이 할례를 행하고 율법을 행함으로 구원을 얻으려 한다면 약속의 자녀 됨을 포기하고 종의 자녀 되기를 자청하는 어리석은 결과가 된다는 것이 바울의 논증입니다.

④ "그러나 그때에 육체를 따라 난자가 성령을 따라 난자를 핍박한 것같이 이제도 그러하도다"(29) 하고 말씀합니다. 바울은 이스마엘과 이삭의 관계를, ㉠ "육체를 따라 난자와 성령을 따라 난자"라고 표현함으로 성령으로 거듭난 신자와 불신자의 관계로 오늘에 적용을 하는 것입니다. 그리고 언제나 육체를 따라 난자가 성령을 따라 난자를 핍박하고 있다고, ㉡ "이제도 그러하도다" 합니다. 갈라디아 성도들이 어떤 이유에서 바울이 전하여준 복음을 그렇게도, "속히 떠나게" 되었을까? "형제들아 내가 지금까지 할례를 전하면 어찌하여 지금까지 핍박을 받으리요"(5:11) 한 핍박 때문이었을 는지도 모릅니다. 그렇다면 이렇게 말할 수밖에 없습니다. ㉢ "그리스도와 함께 영광을 받기 위해서 고난도 함께 받을 것이냐? 아니면 저들과 타협함으로 십자가로 인한 핍박을 면하려 할 것인가?".

⑤ 갈라디아서에는 "아브라함"이라는 말이 9번이나 나옵니다. 3장에 8번(6, 7, 8, 9, 14, 16, 18, 29), 4장에 1번(22) 등장합니다. 이를 정리해보면 하나님은 아브라함에게, ㉠ "네 자손(그리스도)으로 말미암아 천하만민이 복을 얻으리라"(3:8, 16) 하고 약속해주셨다. ㉡ "아브라

함이 하나님을 믿으매 이것(자손을 믿는 믿음)을 그에게 의로 정하셨다"(3:6). 그러니까 아브라함은 메시아언약을 믿음으로 "믿는 자들의 조상"이 된 것이다. ⓒ "그런즉 믿음(그리스도를 믿는 믿음)으로 말미암은 자들은 아브라함의 아들인줄 알지어다"(3:7). 그러므로, ⓓ "너희가 그리스도께 속한 자면 곧 아브라함의 자손이요 약속대로 유업을 이을 자니라"(3:29). 그런데 ⓔ "기록된바 아브라함에게 두 아들이 있으니"(4:22), 그러면 두 아들 중에서 누가 유업을 이을 자란 말인가? 바울은 이를 깨닫기를 원하고 있는 것입니다.

⑥ 그러므로 결론에 이르러 "그런즉 형제들아 우리는 계집종의 자녀가 아니요 자유하는 여자의 자녀니라"(31) 합니다. 28절에서는, ㉠ "약속의 자녀"라 말한 바울이, 31절에서는 어찌하여, ㉡ "자유하는 여자의 자녀"라고 표현을 바꾸고 있는 것일까요? 이는 5:1절에서 보는 바대로 갈라디아 형제들이 다시 종의 멍에를 메려고 하고 있기 때문입니다. 우리는 성령을 따라 난자, 곧 약속의 자녀들이요, 유업을 이을 자들입니다. 약속의 자녀들은 종이 아니라 "자유자들"입니다.

갈라디아서 5:1-12의 분석 도표

다시는 종의 멍에를 메지 말라

너희가 만일 할례를 받으면

1-4

그리스도께서 우리로 자유케 하려고 자유를 주셨으니

그러므로 굳세게 서서

다시는 종의 멍에를 메지 말라(1)

보라 나 바울은 너희에게 말하노니

너희가 만일 할례를 받으면

그리스도께서 너희에게 아무 유익이 없으리라(2)

내가 할례를 받는 각 사람에게 다시 증거하노니

그는 율법 전체를 행할 의무를 가진 자라(3)

율법 안에서 의롭다 함을 얻으려 하는 너희는

그리스도에게서 끊어지고 은혜에서 떨어진 자로다(4)

사랑으로써 역사하는 믿음뿐이라

5-12

우리가 성령으로 (믿음을) 좇아

의의 (소망을) 기다리노니(5)

그리스도 예수 안에서는

할례나 무할례가 효력이 없되

(사랑으로써) 역사하는 믿음뿐이니라(6)

너희가 달음질을 잘하더니

누가 너희를 막아 진리를 순종치 않게 하더냐(7)

그 권면이 너희를 부르신 이에게서 난 것이 아니라(8)

적은 누룩이 온 덩이에 퍼지느니라(9)

나는 너희가 아무 다른 마음도 품지

아니할 줄을 주 안에서 확신하노라

그러나 너희를 요동케 하는 자는

누구든지 (심판을 받으리라(10))

형제들아 내가 지금까지 할례를 전하면

어찌하여 지금까지 핍박을 받으리요

그리하였으면 (십자가의 거치는) 것이 그쳤으리니(11)

너희를 어지럽게 하는 자들이

스스로 베어 버리기를 원하노라(12)

5:1–12
다시는 종의 멍에를 메지 말라

[1] 그리스도께서 우리로 자유케 하려고 자유를 주셨으니 그러므로 굳세게 서서 다시는 종의 멍에를 메지 말라

5장도 크게 두 문단(1-12, 13-26)으로 나누어 관찰하려고 합니다. 4장 마지막 절에서, "그런즉 형제들아 우리는 계집종의 자녀가 아니요 자유 하는 여자의 자녀니라"(4:31) 하고, "자유자"임을 말씀한 바울은 5장에서는 이를 받아서, "그리스도께서 우리로 자유케 하려고 자유를 주셨으니 그러므로 굳세게 서서 다시는 종의 멍에를 메지 말라", 즉 "자유"를 지키라는 문맥입니다. 그러므로 이 문단(1-12)의 중심주제는, "다시는 종의 멍에를 메지 말라"가 될 수가 있습니다. 이 중심주제와 각 단원의 제목을 연결해보면, "너희가 만일 할례를 받으면"(첫째 단원), 율법 전체를 행할 종의 멍에를 메는 것이요, 할례나 무할례가 효력이 없되, "사랑으로써 역사하는 믿음뿐이니라"(둘째 단원) 합니다. 다시 말하면 종의 멍에를 메지 않는 방도는 "믿음뿐"이라는 말씀입니다. 이를 두 단원으로 나누어 상고하겠습니다.

첫째 단원(1-4) 너희가 만일 할례를 받으면

둘째 단원(5-12) 사랑으로써 역사하는 믿음뿐이니라

첫째 단원(1-4) 너희가 만일 할례를 받으면

"보라 나 바울은 너희에게 말하노니 너희가 만일 할례를 받으면 그리스도께서 너희에게 아무 유익이 없으리라"(2).

① "그리스도께서 우리로 자유케 하려고"(1상) 합니다. 이는 이제까지 논증한 교리부분을 총괄하는 그런 말씀인 것입니다. 그렇다면 "그리스도께서 우리로 자유케 하려고" 어떻게 해주셨는지 형제는 말해줄 수가 있습니까? ㉠ 죽어주셨습니다. 우리를 자유케 해주시려는 것이 아니라면 주님이 죽으셔야할 이유가 전연 없는 것입니다. 그런데 "죽었다"는 것은 사망의 권세 아래 들어갔음을 의미합니다. 그러므로 만일 주님의 죽으심이 끝이었다면 우리를 자유케 해주시기는커녕 주님 자신도 사망에게 매인 바가 되었을 것입니다. 성경은 말씀합니다. "하나님께서 사망의 고통을 풀어 살리셨으니 이는 그가 사망에게 매여 있을 수 없었음이라"(행 2:24). 주님은 사망권세를 잡은 자 사탄을 정복하시고, ㉡ 다시 살아나셨습니다. 승리하신 것입니다. 그리스도인들에게 주신 "자유"는 이처럼 엄청난 대가를 지불하고야 주어진 자유인 것입니다.

② 그렇다면 그리스도께서 우리에게 주신 자유가 무엇으로부터의 자유인가? ㉠ 사탄의 지배로부터의 자유입니다. 예표로 계시하신 "출애굽" 사건이 이를 잘 말해주고 있습니다. 바로의 지배 하에 있던 이스라엘 민족은 홍해를 건넘으로 바로의 지배권을 벗어나 완전히 해방되어 자유 할 수가 있었던 것입니다. ㉡ 사망의 권세로부터의 자유입니다. 성경은 "또한 한 모양으로 혈육에 함께 속하심은 사망으로 말미암아 사망의 세력을 잡은 자 곧 마귀를 없이 하시며 또 죽기를 무서워하므로 일생에 매여 종노릇하는 모든 자들을 놓아주려 하심이라"(히

2:14-15) 하고 말씀합니다. 그러므로 주님은 "사망에서 생명으로 옮겼느니라"(요 5:24) 선언하십니다. ㉢ 정죄로부터의 자유입니다. 성경은 "그러므로 이제 그리스도 예수 안에 있는 자에게는 결코 정죄함이 없느니 이는 그리스도 예수 안에 있는 생명의 성령의 법이 죄와 사망의 법에서 너를 해방하였음이라"(롬 8:1-2) 하고 말씀하십니다. 바울은 "믿음이 오기 전에 우리가 율법 아래 매인 바 되고 계시될 믿음의 때까지 갇혔느니라"(3:23) 하고 말씀했습니다. 이 "매임"에서 벗어났고, "갇힘"에서 해방된 자유인 것입니다.

③ "그러므로 굳세게 서서"(1중) 합니다. ㉠ "굳세게"라는 말은, 엄청난 대가를 지불하고(하나님의 아들의 죽으심) 회복하여주신 그리스도인들의 "자유"를 박탈하려는 어떤 대적자가 있음을 전제합니다. 그러므로 이를 단호하게 거부하고, 너희에게 주신 자유를 "굳세게" 지키라는 그런 뜻입니다. 만일 이를 빼앗기게 되면, ㉡ 다시 노예가 될 것이기 때문입니다.

④ "서서" 합니다. 여기에 얼마나 중요한 의미가 있는지요. 바울이 "서서"라고 말씀한 것은 예사로운 말씀이 아닌 것입니다. 왜냐하면 우리는 서 있던 자들이 아니었습니다. 죄로 말미암아 넘어져 아주 죽었던 상태에 있었기 때문입니다. 그러므로 ㉠ 어디에 서 있어야만 하는가가 중요합니다. 바울은 1장이나, 2장에서 "서서"라는 말씀을 하고 있는 것이 아닙니다. 1-4장까지에서 하나님께서 예수 그리스도를 통하여 해주신 일, 다시 말하면 복음의 진리를 증거한 후에, "그러므로 굳세게 서서" 하고 말씀하고 있는 것입니다. 그러므로 "서서"라는 말씀은 하나님의 언약 위에 서라는 말씀입니다. 복음의 진리 위에 굳세게 서라는 말씀인 것입니다. ㉡ 그리스도인들 가운데는 기사와 이적 위에 서 있고자 하는 사람들이 있습니다. 은사나 체험 위에 서 있

고자 하는 사람들이 있는 것입니다.

⑤ 그러므로 믿음에는, ㉠ "굳세게 서 있는 믿음과 넘어져 가는 믿음"이 있을 수가 있는 것입니다. "형제들아 내가 너희에게 전한 복음을 너희로 알게 하노니 이는 너희가 받은 것이요 또 그 가운데 선 것이라"(고전 15:1) 합니다. 베드로는 "내가 신실한 형제로 아는 실루아노로 말미암아 너희에게 간단히 써서 권하고 이것이 하나님의 참된 은혜임을 증거하노니 너희는 이 은혜에 굳게 서라"(벧전 5:12) 합니다. ㉡ 자유하지 못한 자는 서 있는 믿음이 아닙니다. 율법은 우리를 넘어뜨립니다. 그러나 복음은 우리를 일으켜 세우십니다. 은혜는 우리로 하여금, "굳세게 서서" 하나님의 은혜의 보좌 앞에 담대히, 당당히 나아가게 해줍니다. 바울은 고린도교회 형제들에게도, "깨어 믿음에 굳게 서서 남자답게 강건하여라"(고전 16:13) 하고 격려하고 있습니다. 형제의 믿음은 "굳세게 서" 있는 믿음입니까?

굳세게 서 있는 믿음과 넘어지는 믿음

① "다시는 종의 멍에를 메지 말라"(1하) 하십니다. 사도 바울이 갈라디아서를 기록한 목적이 이 한마디를 하기 위해서라 해도 과언이 아닌 것입니다. 그런데 다시 종의 멍에 아래로 들어 갈 수가 있단 말이냐 하고 탄식하는 것입니다. 그렇다면 "종의 멍에"란 무엇인가? ㉠ "너희가 만일 할례를 받으면"(2) 한 율법을 의미한다 하겠습니다. 그런데 4:3절에서는, ㉡ "이 세상 초등학문 아래 있어서 종노릇하였더니"(4:3) 하고 "초등학문"이라고 말씀하고 있음을 주목해야만 하는 것입니다. 그러므로 현대교회에서, "할례" 자체를 주장하는 자가 없다고 해서 성도들에게, "종의 멍에"를 메는 일이 없다고 말할 수는 없는 것입니다.

② 뒤에 가서 상고하게 되겠습니다만, 여기 중요한 요점이 있습니다. 바울은 6절에서, "사랑으로써 역사하는 믿음뿐이니라" 하고 말씀합니다. 무슨 뜻입니까? 만일 그가 행하는 것을, ㉠ "믿음"으로 하는 것이 아니라 율법적으로 하고 있다면 심지어 기도나 헌금도, "종의 멍에"가 될 수가 있다는 말씀입니다. 바울은 한 걸음 더 나아가고 있는데, "사랑으로 역사하는 믿음"이라고 믿음에, "사랑"을 첨부하고 있습니다. 그가 행하는 것이, ㉡ "사랑"으로 행하고 있다면 다시 말하면, 은혜에 감격하여 하고 있다면 심지어 남의 발을 씻기는 일이라도 그것은 멍에가 아니라, "오직 사랑으로 종노릇"하는 사랑의 역사가 된다는 것입니다. 바울은 선언합니다. "내가 모든 사람에게 자유하였으나 스스로 모든 사람에게 종이 된 것은 더 많은 사람을 얻고자 함이라, 율법 아래 있는 자들에게는 내가 율법 아래 있지 아니하나 율법 아래 있는 자같이 된 것은 율법 아래 있는 자들을 얻고자 함이요"(고전 9:19-20). 그러므로 "종의 멍에"가 교조주의(敎條主義)적인 문제가 아니라 신학적인 문제라는 점입니다. ㉢ 결론은 "다시는 종의 멍에"를 메지 않는 자는 오직 복음진리에 굳게 서 있는 자 뿐이라는 것입니다. 그러므로 말씀을 맡은 자는 성도들을 복음의 진리로 "굳세게 서" 있도록 세워주어야 할 책임을 맡은 자들인 것입니다. 그래서 성경의 순서는 하나님께서 아들을 통해서 해주신 일을 먼저 말씀한 후에, "그러므로 형제들아" 하고 실천윤리를 말씀하고 있는 것입니다. 그리고 교리와 윤리는 분리될 수 없는 둘이 아니라 하나라는 사실입니다.

③ "너희가 만일 할례를 받으면 그리스도께서 너희에게 아무 유익이 없으리라"(2) 합니다. 왜냐하면 그들은 주님께서 행해주신 것을 믿는, ㉠ "믿음으로 사는 길을 의지한 것이 아니라, 자신들이 행함으로 사는 길"(3:11-12)을 택했기 때문입니다. 그렇다면 주님께서 그들에

게 의롭다함을 얻게 하시기 위해서 대신 저주를 받으신 것이 무슨 유익이 되겠느냐는 것입니다. 다만 "그는 율법 전체를 행할 의무를 가진 자"(3)가 될 뿐이라는 말씀입니다. 전체 의문(儀文) 중에서, "할례" 하나만 지키면 구원을 얻는다고 말씀하고 있지 아니합니다. "이(율법)를 행하는 자는 살리라"(3:12) 하고 전체를 지켜야 산다고 말씀하고 있기 때문입니다.

④ 그러므로 "율법 안에서 의롭다 함을 얻으려 하는 너희는"(4상) 하고, ㉠ 다시 핵심적인 주제인, "의롭다 함이 어떻게 가능하여질 수가 있는가" 하는, 칭의교리로 돌아가고 있는 것입니다. 왜냐하면 첫 절에서, "그러므로 굳세게 서서" 했는데, 굳세게 서 있을 수 있는 사람이란 칭의교리에 서 있는 사람뿐이기 때문입니다. 그가 종이냐? 자유자냐? 하는 문제가 이 칭의교리에 서 있는 여부에 달려있는 것입니다. 이를 알았기에 루터는, "그 교회가 서 있는 교회인가 넘어지는 교회인가의 여부는 칭의교리에 서 있는 여부를 알아보면 된다" 하고 역설했던 것입니다. ㉡ 그럼에도 불구하고 이 진리를 소홀히 여기고 옆으로 밀어놓고 있는 것은 아닌가?

⑤ 원죄는 인류에게서 두 가지를 박탈해 갔는데, 하나는 빼앗아가고, 다른 하나는 굴레를 씌운 것입니다. 첫째는 하나님과의 관계를 끊어지게 한 것이요, 둘째는 사탄의 노예로 사로잡은 것입니다. 그러므로 이들의 숙원(宿願)은, ㉠ (하나님께 돌아가기 위해서) 어떻게 의롭다 함을 얻을 수가 있는가? ㉡ (사망의 권세를 잡은 자)사탄의 속박으로부터 어떻게 자유 할 수가 있는가에 있는 것입니다. "그리스도께서 우리로 자유케 하려고 자유를 주셨으니"라는 말씀은 이 두 가지 숙원을 해결해주셨다는 뜻입니다. 그리고 그 해결 방법이란 오직 주님의 죽으시고 다시 살아나심뿐이었던 것입니다.

⑥ 이 두 가지 난제가 해결되었다는 뜻이, "의롭다함을 얻음"이라는 한 말씀 속에 함의(含意)되어 있는 것입니다. 의롭다함을 얻음으로 정죄에서 해방이 되었고, 의롭다 함을 얻음으로 하나님과 화목하게 된 것입니다. 다시 강조합니다만 이것을 가능케 한 것은 오직 주의 죽으심과 다시 사심을 통해서뿐이라는 점입니다. 칭의교리는 이토록 엄청난 무게가 실려있는 말씀인 것입니다.

⑦ 그러므로 "율법 안에서 의롭다함을 얻으려는 너희는"(4상) 하고 말씀하는 4절은 두 길 중에 하나를 선택하라는 결단을 촉구하는 말씀으로 다가옵니다. ㉠ 율법을 행함으로 의롭다함을 얻을 것인가? 아니면, ㉡ 그리스도를 믿음으로 의롭다함을 얻을 것인가? 만일 율법 안에서 의롭다함을 얻으려 한다면 그것은 자기 행위로 의롭다함을 얻으려는 길을 택한 것임으로, "그리스도와 은혜"를 버린 것이 된다는 논리입니다. 갈라디아교회가 범한 오류는, "율법과 복음"을 혼합(混合)하려는데 있었던 것입니다. 그것은 둘을 다 소유하게 되는 것이 아니라 전부를 잃게 되는 것입니다.

⑧ 그러므로 율법에서 의롭다함을 얻으려는 너희는, ㉠ "그리스도에게서 끊어지고 은혜에서 떨어진 자로다"(4하) 합니다. 이는 주님께서, "내가 너를 씻기지 아니하면 네가 나와 상관이 없느니라"(요 13:8)는 그런 두려운 말씀인 것입니다. 그리스도에게서 끊어지고 은혜에서 떨어지면 어떻게 되는 것입니까? ㉡ "너희가 만일 할례를 받으면", 율법의 종이 된다는 말씀이 아닙니다. 궁극적으로는 율법을 악용(惡用)하여 우리를 결박하여 가두려하는 사탄의 종이 된다는 말씀이 되는 것입니다. 그래서 "죄의 권능은 율법이라"(고전 15:56)고 말씀하는 것입니다. "칭의와 자유"를 율법의 행위로 얻을 것이냐? 그리스도를 믿음으로 얻을 것이냐? 이는 양자택일의 문제이지 절충의 문

제가 아니라는 말씀입니다. 절충을 받아드린다는 것은 그리스도의 십자가 공로를 훼손하는 것이며 하나님의 은혜를 무효화시키는 결과를 가져오기 때문입니다. ㉢ 그러므로 2절에서, "너희가 만일 할례를 받으면 그리스도께서 너희에게 아무 유익이 없으리라"고 말씀한 이유가 여기에 있는 것입니다.

칭의와 자유

① 그리스도께서 왜 죽으셔야만 했는가? 1절에서는, ㉠ "우리로 자유케 하려고", 즉 우리에게 "자유"를 주시기 위해서 죽으셨다고 말씀하고 있습니다. 그것은 마치 이스라엘 백성들이 유월절 양의 피(죽음)로 말미암아 바로의 속박으로부터 해방되어 자유를 얻은 것과도 같은 것입니다. ㉡ 그런데 2:21절에서는, "만일 의롭게 되는 것이 율법으로 말미암으면 그리스도께서 헛되이 죽으셨느니라" 하고, "의롭다 함"을 주시기 위해서 죽으셨다고 말씀하고 있습니다. 그렇습니다. ㉢ "칭의와 자유"는 동전 앞뒤와 같은 하나요, 진정한 "자유"란 칭의교리에 굳게 서 있을 때만이 누릴 수 있는 축복임을 명심해야만 합니다.

② 현대교회의 안목으로 본다면 갈라디아교회가 별 문제될 것이 없는 교회로 여겨질는지도 모르겠습니다. 왜냐하면 그들이 그리스도를 부인하는 것도 아니고, 보다 잘 믿으려고 율법도 지키고 할례까지 행하려 하고 있기 때문입니다. 이것은 현대교회가 그만치, "말씀이 혼잡"(고후 2:17)되어서 변별력(辨別力)을 상실했다는 반증이기도 합니다. 그리하여 "그리스도의 영광의 복음"(고후 4:4)을 보수하지 못하고 있다는 증거라 할 것입니다.

③ 이에 대한 현대교회의 증상 몇 가지를 든다면, ㉠ 자신이 전적타락, 전적부패, 전적무능한 죄인이라는 죄론을 등한히 하고 있다는 점

입니다. ㉡ 이는 필연적으로 칭의교리를 외면하게 만들고, 우리를 의롭다고 여겨주시기 위하여 죽으신 십자가 복음의 절대성을 모르게 만듭니다. ㉢ 그런 중의 열심이란 지식을 수반한 열심히 아니라 자기중심, 기복신앙, 신유은사, 만사형통이라는 변질 된 열심으로 동기가 잘못될 수가 있다는 점입니다.

④ 율법 아래 매여본 자만이 자유의 기쁨을 압니다. 율법에게 갇혀본 자만이 해방의 감격을 맛볼 수가 있습니다. 율법에게 정죄를 당해본 자만이 칭의의 환희를 누릴 수가 있는 것입니다. 형제는 율법을 통과하여 복음을 만났습니까? 갱 안에 갇혔던 사람에게는 태양이 눈을 멀게 할 정도로 찬란한 것입니다. 예수 그리스도의 구속으로 말미암아 의롭다함을 얻어 하나님의 자녀가 되고, 후사요, 유업을 이을 자라는 감당 못할 축복을 현대교회는 자랑하고 있는가? 지금 우리는 할례문제로 논쟁을 하거나 갈등하고 있지는 아니합니다. 그러나 이보다 더 노골적이고 격렬한 도전에 직면해 있는 것입니다. ㉠ 어떤 자들은 바울 서신을 부정하면서 구속교리를 도살장의 신학이라 조롱하고 있습니다. ㉡ 거짓 형제들은 종교다원주의를 주장하면서 다른 종교에도 구원이 있다고 가르치고 있습니다. 이런 엄청난 도전이 교회 밖에서가 아니라 안에서 벌어지고 있는 것입니다. 그리고 그 위세는 점점 등등해가고 있는 것도 사실입니다. ㉢ 그런데도 복음에 희미한 형제들은 십자가 복음을 옆으로 밀어 놓은 체, 세상의 초등학문과 세상의 축복을 논하기에 열을 올리고 있고, 회중들은 이를 좋게 여기고 있는 실정입니다. 예레미야 선지자가, "이 땅에 기괴하고 놀라운 일이 있도다 선지자들은 거짓을 예언하며 제사장들은 자기 권력으로 다스리며 내 백성은 그것을 좋게 여기니 그 결국에는 너희가 어찌 하려느냐"(렘 5:30-31) 하고 탄식한 말씀이 우리하고는 무관하다 할 수가 있습니

까? 우리는 양자택일을 해야만 합니다. "우리 주 예수 그리스도의 십자가를 자랑"(6:14)을 하던지, 십자가의 도가 미련하게 보이면 세상 밖으로 나가던지 해야할 것입니다. 그러나 주님의 몸 된 교회를 괴롭힌 것은 어느 시대를 막론하고 교회 안에 있는, "이스마엘"과 같이 육체를 따라 난자들인 것입니다. "그러므로 굳세게 서서" 단호하게 싸워 복음의 진리를 보수해야 할 때가 지금인 것입니다.

둘째 단원(5-12) 사랑으로써 역사하는 믿음뿐이니라

"그리스도 예수 안에는 할례나 무할례가 효력이 없되 사랑으로써 역사하는 믿음뿐이니라"(6).

① 본 단원의 중심점은 도표에 나타나 있는 대로, "믿을 좇아(5), 믿음뿐이니라"(6) 한 "믿음"에 있습니다. 그냥 믿음이 아니라, "사랑으로 역사하는 믿음"(6)이라고 말씀합니다. 그런데 바울은 믿음만을 말씀하고 있는 것이 아니라, "믿음, 소망(5), 사랑(6)"을 모두 말씀하고 있습니다. 왜냐하면 "신(信), 망(望), 애(愛)"를 온전히 구비함이 신앙인격이기 때문입니다.

② "우리가 성령으로 믿음을 좇아"(5상) 합니다. 참으로 바울의 논리에는 경탄을 금할 수가 없는 것입니다. 바울은 지금, "다시는 종의 멍에를 메지 말라"(1)는 권면의 말씀을 하고 있는 중입니다. 그리고 그 비결은, "믿음뿐"이라는 것입니다. 그런데 그냥 믿음이라 하지 않고, ㉠ "성령으로 믿음을 좇아" 하고 "성령"을 앞세우고 있음을 놓치지를 말아야만 하는 것입니다. 여기에 성경적인 믿음과 신념(信念)의 구별이 있는 것입니다. 신념이란 자기가 자신에게 암시를 주는 인간의 산물입니다. 반면 그리스도인들의 믿음은 성령께서 주신 것이라는

말씀입니다. 또한 ㉡ "성령"을 거론하고 있는 것은, 우리의 구원과 기업에 성령께서 보증을 서셨기 때문입니다. 성경은 말씀합니다. "그 안에서 또한 믿어 약속의 성령으로 인치심을 받았으니 이는 우리의 기업에 보증이 되사 그 얻으신 것을 구속하시고 그의 영광을 찬미하게 하려 하심이라"(엡 1:13-14).

③ "의의 소망을 기다리노니"(5하) 합니다. "의의 소망"이란 "의롭다함을 얻을 소망"이라는 뜻이 아닙니다. 우리는 이미 의롭다함을 얻었으며, 이제도 계속적으로 의롭다(롬 8:33)고 여김을 받고 있는 것입니다. 칭의는 현재적으로 하나님과 화목하게 해주었으며, 은혜의 보좌 앞에 담대히 나아감을 가능케 해줍니다. 그런데 하나님의 자녀들에게 주시는 축복이 이것이 전부가 아니라는 것입니다. 소망으로 남아있는 것이 있다는 것 ㉡ 이것이 "의의 소망"입니다.

④ 그렇다면 "의의 소망"이란 무엇인가? "의롭다함을 얻은자"가 누릴 영광을 말씀함입니다. "의롭다함을 얻은자"는 심판 날에, ㉠ "진노하심에서 구원을 얻게"(롬 5:9) 해줍니다. 그날에 설 수 있는 자는 오직 의의 옷으로 부끄러운 수치를 가리움을 받은 자뿐입니다. 그러므로 불신자들은, "산과 바위에게 이르되 우리 위에 떨어져 보좌에 앉으신 이의 낯에서와 어린양의 진노에서 우리를 가리우라 그들의 진노의 큰 날이 이르렀으니 누가 능히 서리요"(계 6:16-17) 하게 되는 것입니다. ㉡ "이뿐 아니라 또한 우리 곧 성령의 처음 익은 열매를 받은 우리까지도 속으로 탄식하며 양자 될 것 곧 우리 몸의 구속을 기다리느니라"(롬 8:23) 하신 "영화", 즉 우리 낮은 몸이 주님의 영광의 몸과 같이 변화될 소망을 기다리고 있는 것입니다. 또한 의롭다함을 얻은 자는, ㉢ "그러므로 네가 이 후로는 종이 아니요 아들이니 아들이면 하나님으로 말미암아 유업을 이을 자니라"(4:7) 하신 유업을 이을 자

입니다. 이것이 우리가 기다리는 바 "의의 소망"인 것입니다.

⑤ "믿음을 좇아…기다리노니"(5) 합니다. ㉠ "의의 소망", 즉 진노에서의 구원, 영화, 유업을 이을 자 등은 우리에게 약속어음으로 주어졌기 때문에 "믿음을 좇아, 기다린다"고 말씀하는 것입니다. ㉡ 또한 일한 대가로 주어지는 품삯과 같은 것이 아니라, 오직 믿음으로 값없이 거저 받는 것이기 때문에, "믿음을 좇아…기다린다"고 말씀합니다.

의의 소망을 기다리노니

① 그러므로 "그리스도 예수 안에서는 할례나 무할례가 효력이 없으되"(6상) 합니다. 도대체 "할례"가 무엇이기에 유대인들이 그토록 집념을 보이고 있는 것일까? ㉠ "그리스도 예수 안에서는" 합니다. 혹 그리스도 예수 밖에(엡 2:12), 즉 그리스도가 오시기 전에는 자랑거리가 될 수 있었을지언정, 그리스도 예수께서 오신 이후에는 할례를 받았느냐, 받지 않았느냐 가 아무 효력이 없다는 것입니다. "할례"가 우리를 의롭다고 여겨주는 것도 아니요, 그렇다고 "무할례"가 우리를 하나님 앞으로 인도해주는 것도 아니라는 말씀입니다. 이는 ㉡ "약속하신 자손이 오시기까지 있을"(3:19) 몽학선생이요, 예표요, 그림자에 불과한 것입니다.

② "할례나 무할례가 효력이 없다"면 도대체 무엇이 효력이 있다는 말씀인가? ㉠ "사랑으로써 역사하는 믿음 뿐이니라"(6하) 합니다. 다시 한 번 감탄을 하게 됩니다. 예수 그리스도께서 오셔서, "다 이루었다"(요 19:30) 하고 선언하신 이후에는 "오직 믿음"뿐입니다. 그런데 바울은 그냥 "믿음 뿐이라" 하지 않고, "사랑으로 역사하는 믿음 뿐"이라 하고 "사랑"을 덧붙이고 있는 것입니다. ㉡ 여기에 온전한 신앙 인격인 신망애(信望愛)가 구비하게 되는 것입니다.

③ 우선적으로 "믿음 뿐"임을 생각해보아야만 하겠습니다. 율법은 우리에게, ㉠ "…하라, 또는 …하지 말라" 하고 요구하나, 복음은 하나님께서 자기 아들을 통해서 해주신 일을, ㉡ "오직 믿으라" 하고 말씀합니다. 또한 어찌하여 믿음 뿐인가? 승천하신 주님께서 다시 오시는 날까지의 기간이란, ㉢ "의인이 믿음으로 살리라"(3:11) 말씀하신 대로, "의의 소망"을 믿는 믿음으로 살아가는 기간이기 때문입니다. 그러므로 성경은 말씀하기를, "잠시 잠간 후면 오실 이가 오시리니 지체하지 아니하시리라 오직 나의 의인은 믿음으로 말미암아 살리라 또한 뒤로 물러가면 내 마음이 저를 기뻐하지 아니하리라 하셨느니라"(히 10:37-38) 하고, "오직 믿음으로 사는" 기간(期間)임을 말씀합니다.

④ 그런데 바울은, "오직 믿음"이라 하지 않고 어찌하여, ㉠ "사랑으로써 역사하는 믿음"이라고 "사랑"을 첨부하고 있는 것일까요? 갈라디아서에 있어서 여기가 "교리와, 윤리"의 분기점(分岐點)이라고 말씀드릴 수가 있습니다. 바울이 1-4장(교리)의 문맥에서라면, "오직 믿음"이라고만 역설했을 것입니다. 그러나 5장 이하는 1-4장의 논증을 적용하는 윤리부분이요, 바울의 의중에는 이제까지 강조한 "믿음"에 조화와 균형을 잡아주려는 마음이 있었기 때문입니다. 그러므로 13절에서는 도리어, ㉡ "사랑으로 서로 종노릇하라"(13) 합니다. ㉢ "온 율법은 네 이웃 사랑하기를 네 몸같이 하라 하신 한 말씀에 이루었나니"(14) 하고 "사랑"을 강조하고 있는 것을 대하게 됩니다. 그런 의미에서 기독교윤리란, "사랑으로 역사하는 믿음 뿐"이라는 한 말씀 속에 다 들어있다고 말해도 과언이 아닌 것입니다.

⑤ 좀 더 설명을 드려야만 하겠습니다. 성경이 "오직 믿음, 오직 믿음" 하고 말씀하는 믿음이란, "뻔뻔스런" 그런 믿음이 아니라는 말씀입니다. "신앙주의"라는 것이 있습니다. 그들은 말합니다. "믿는다고

말만 하라, 고개를 끄떡하기만 하라" 그리하면 구원을 얻는다고 주장하는 자들입니다. 성경이 요구하는 믿음은 그런 유들유들하면서 뻔뻔스런 얼굴로 믿습니다 하는 믿음이 아닙니다. "사랑으로 역사하는 믿음"인 것입니다. 요한복음은 어느 복음서보다도 믿음을 강조하고 있습니다. 그런데 부활하신 주님은 베드로에게, "네가 이 사람들보다 나를 더 사랑하느냐"(요 21:15) 물으십니다. "더 믿느냐" 하고 묻지 않으셨습니다. 그렇습니다. 그물과 배를 버리고 주님을 쫓을 때는 오직 믿기만 하면 되었습니다. 그러나 주님의 죽으심과 부활을 목격한 이제는 "사랑"입니다. 그냥 사랑이 아니라 "사랑으로 역사하는 믿음 뿐입니다".

사랑으로 역사하는 믿음 뿐이라

① 갈라디아서에서 "사랑"이 처음 등장하는 곳은 2:20절입니다. 그것은 우리의 사랑이 아니라 주님이 우리를 사랑하신 사랑입니다. ㉠ "나를 사랑하사 나를 위하여 자기 몸을 버리신 하나님의 아들"이라고 말씀합니다. 그런데 5:6절의 "사랑"은, ㉡ 우리가 주님을 사랑하고, "네 이웃 사랑하기를 네 몸같이 하라" 하신 우리가 해야할 사랑입니다. 우리의 사랑은 앞부분에 나오지 않습니다. 왜 그렇습니까? 성경은 말씀합니다. "사랑은 여기 있으니 우리가 하나님을 사랑한 것이 아니요 오직 하나님이 우리를 사랑하사 우리 죄를 위하여 화목제로 그 아들을 보내셨음이니라"(요일 4:10). 하나님의 선수적인 사랑을 받은 자만이 하나님을 사랑할 수 있기 때문입니다. 그러므로 바울은 이제까지 하나님께서 자기 아들을 통해서 우리들을 위하여 해주신 일을 먼저 말씀했던 것입니다. 이를 듣고 믿어 의롭다함을 얻고 거듭나 하나님의 자녀가 되었음을 확신케 한 후에, 5장에 이르러서야, "사랑으로 역

사하는 믿음 뿐이니라" 하고 "믿음+사랑"을 더하고 있는 것입니다.

② 바울은 5-6절에서 신앙의 중요한 3대 요소인, "믿음, 소망, 사랑"을 언급함으로 조화와 균형을 잡아주고 있는 것입니다. ㉠ "믿음을 좇아", ㉡ "의의 소망을 기다리노니", ㉢ "사랑으로 역사하는 믿음 뿐이니라". 그렇습니다. "믿음의 역사와, 사랑의 수고와, 소망의 인내"(살전 1:3)만을 간직하고 있다면 여기에다 무엇인가 부가할 것이라고는 아무 것도 없는 것입니다.

③ 그러므로, "너희가 달음질을 잘하더니 누가 너희를 막아 진리를 순종치 않게 하더냐"(7) 합니다. ㉠ "그 권면이 너희를 부르신 이에게서 난 것이 아니라"(8) 합니다. 즉 삼위 하나님에 의한 것이 아니라는 것입니다. 예루살렘 공의회에서도, ㉡ "우리의 시킨 것도 없이 나가서 말로 너희를 괴롭게 하고 마음을 혹하게 한다 하기로"(행 15:24) 하고 "시킨 것이 아님"을 말씀합니다. 그렇다면 누가 시킨 일이겠습니까? 이런 일은 구약시대도 있었습니다. ㉢ "내 백성을 미혹하게 하는 자를 내가 치리라 내가 그들을 보내지 아니하였으며 명하지 아니하였나니 그들이 이 백성에게 아무 유익이 없느니라"(렘 23:32) 하십니다. 그들을 가리켜, "내 말을 도적질하는 선지자"(렘 23:30)라고 말씀합니다. 하나님이 보내지도 않으셨고, 명하지도 않으셨음에도, "하나님의 말씀을 도적질하는 자"는 어느 시대나 있었으며 오늘날이 더욱 그러한 시대라 할 수가 있습니다. ㉣ "적은 누룩이 온 덩이에 퍼지느니라"(9) 하고 거짓 교훈을, "누룩"에 비유하고 있습니다. 이단사상에는 사람을 미혹케 하는 전염성이 있습니다. 바울이 이 누룩을 제거하지 않았다면 복음 진리는 초대교회 때부터 위기에 봉착했을 것입니다

④ "형제들아 내가 지금까지 할례를 전하면"(11상) 합니다. 이 말씀은, ㉠ "너희가 만일 할례를 받으면", 한 2절 말씀과 절묘한 대칭(對

稱)을 이루고 있습니다. "너희가 만일 할례를 받으면" 어찌된다고 말씀하는가? "그리스도께서 너희에게 아무 유익이 없으리라"고 말씀합니다. 그렇다면, ㉡ "내가 지금까지 할례를 전하면" 어찌 될 것이라고 말씀하는가? "어찌하여 지금까지 핍박을 받으리요"(11중), 이를 달리 말하면 "그리스도의 종이 아니니라"(1:10)는 뜻이 될 것입니다.

⑤ "그리하였으면 십자가의 거치는 것이 그쳤으리니"(11하) 합니다. ㉠ "거치는 것"이라는 말은 "걸려 넘어지게 하는 장애물"이라는 뜻입니다. 여기에 십자가의 양면성(兩面性)이 있습니다. 십자가의 도가 멸망하는 자들에게는 걸려 넘어지게 하는 미련한 것이요, ㉡ 구원을 얻는 우리에게는 하나님의 능력(고전 1:18)이 되는 것입니다. 이런 의미에서 복음에는 불가피하게 심판하는 역사가 따르게 마련입니다. 그러므로 모든 사람을 좋게 하고, 환영을 받는 설교란 철학강의는 될지라도 복음 진리라고 말할 수는 없는 것입니다. "십자가의 거치는 것이 그쳤으리니" 하는 말씀은, 바울이 복음을 전파하는 곳곳마다 구원 얻는 자만 있었던 것이 아니라, "걸려 넘어져서" 핍박하고 대적하는 반대세력이 있었음을 의미합니다. 호세아 선지자도, "여호와의 도는 정직하니 의인이라야 그 도에 행하리라 그러나 죄인은 그 도에 거쳐 넘어지리라"(호 14:9) 하는 말씀으로 예언을 끝마치고 있습니다.

⑥ "할례"에 대한 논증은 현대교회에도 중요한 논쟁이 될 수가 있습니다. ㉠ "할례"란 인간의 행위와 결부가 되고, ㉡ 복음은 전적으로 하나님이 해주신 믿음과 관련이 되기 때문입니다. 믿음보다 행함을 강조하면 율법으로 기울어질 염려가 있습니다. 하나님의 주권(主權)보다는 인간의 책임을 앞세우는 잘못에 빠지게 됩니다. 이는 필연적으로 하나님께서 자기 아들을 통하여 행해주신, "은혜"보다는 인간이 행해야 하는 "책임"를 강조하게 되는 것입니다. 그렇게 한다면 그것

은, "할례의 종교"라고 말할 수가 있기 때문입니다.

그럼에도 불구하고 어찌하여 하나님의 주권보다는 인간의 의무(제대로 감당하지도 못하면서)를 강조하는 것일까요? 그렇게 하는 것이 열심을 내게 하고 성장의 동력(動力)이 된다고 여기기 때문일 것입니다. 하나님께서 자기 아들을 통해서 다 해주셨다고 말하고 나면 행함이 없을 것을 염려해서일 것입니다. 그럼에도 회중들은, "이렇게 하라, 저렇게 하라" 하고 멍에를 메우듯 하는 것을 좋게 여김은 어째서일까요? 타락한 인간의 심성에는 무엇인가 내세우고 싶고, 자랑하고 싶은 자기중심적인 근성이 남아있기 때문일 것입니다. 그러나 십자가를 자랑하는 곳에는 심령의 가난함이 있습니다. 애통하게 만듭니다. 그리하여 온유하여지고 의에 주리고 목말라(마 5:1-12) 하게 합니다. 한마디로 "사랑으로 역사하는 믿음뿐"입니다.

갈라디아서 5:13-26의 분석 도표

성령을 좇아 행하라

사랑으로 종노릇하라

13-15

형제들아 너희가 (자유를) 위하여
부르심을 입었으나
그러나 그 (자유로)
육체의 기회를 삼지 말고

오직 (사랑으로) 서로 (종노릇하라)(13)

온 율법은 네 이웃 (사랑하기를)
네 몸같이 하라 하신 한 말씀에 이루었나니(14)

만일 서로 물고 먹으면 피차 멸망할까 조심하라(15)

육체의 소욕과 성령의 소욕

16-18

내가 이르노니 너희는 성령을 좇아 행하라

그리하면 육체의 욕심을 이루지 아니하리라(16)

육체의 소욕은
성령을 거스리고

성령의 소욕은
육체를 거스리나니

이 둘이 서로 대적함으로 너희의 원하는 것을
하지 못하게 하려 함이니라(17)

너희가 만일 성령의 인도하시는 바가 되면

율법 아래 있지 아니하리라(18)

육체의 일과 성령의 열매

19-26

육체의 일은 현저하니

곧 음행과 더러운 것과 호색과(19)
우상 숭배와 술수와 원수를 맺는 것과 분쟁과
시기와 분냄과 당짓는 것과 분리함과 이단과(20)
투기와 술 취함과 방탕함과 또 그와 같은 것들이라
전에 너희에게 경계한 것같이 경계하노니
이런 일을 하는 자들은 하나님의 나라를
유업으로 받지 못할 것이요(21)

오직 성령의 열매는

사랑과 희락과 화평과 오래 참음과
자비와 양선과 충성과(22) 온유와 절제니
이같은 것을 금지할 법이 없느니라(23)

그리스도 예수의 사람들은

육체와 함께 그 정과 욕심을 십자가에 못 박았느니라(24)
만일 우리가 성령으로 살면 또한 성령으로 행할지니(25)

헛된 영광을 구하여 서로 격동하고
서로 투기하지 말지니라(26)

5:13-26
성령을 좇아 행하라

[16] 내가 이르노니 너희는 성령을 좇아 행하라 그리하면 육체의 욕심을 이루지 아니하리라

5장 후반부(13-26)의 중심점은 도표에서 보시는 바대로, "성령"입니다. "성령을 좇아 행하라"→"성령의 열매는" 합니다. "성령"이 7번이나 등장을 합니다. 어째서 성령을 강조하고 있느냐하면 전반부에서 그토록 단호하게 거부한 의문(儀文)에 얽매어 사는 삶(율법 아래 있는 삶)과 상반(相反)된 삶이, "성령을 좇아 행하는 삶"이기 때문입니다. 그리스도인들이란 홀몸이 아닙니다. "너희 몸은 너희가 하나님께로부터 받은바 너희 가운데 계신 성령의 전인 줄을 알지 못하느냐"(고전 6:19) 하신 성령을 모신 자들인 것입니다. 그러므로 성령을 좇아 행하는 삶이란, "사랑으로 종노릇하는"(첫째 단원) 삶입니다. 성령을 모신 성도들 몸에는 죄성이 남아 있어, "육체의 소욕과 성령의 소욕"(둘째 단원)이 서로 대적하고 있다고 말씀합니다. 그가 육체의 소욕대로 행하느냐? 성령의 소욕을 좇아 행하느냐의 여부는 산출해 내는 것이, "육체의 일이냐, 성령의 열매냐"(셋째 단원)를 보아 알 수가 있다고 말씀합니다. 이를 세 단원으로 나누어 상고하겠습니다.

첫째 단원(13-15) 사랑으로 종노릇하라

둘째 단원(16-18) 육체의 소욕과 성령의 소욕

셋째 단원(19-26) 육체의 일과 성령의 열매

첫째 단원(13-15) 사랑으로 종노릇하라

"형제들아 너희가 자유를 위하여 부르심을 입었으나 그러나 그 자유로 육체의 기회를 삼지 말고 오직 사랑으로 서로 종노릇하라"(13).

바울의 논리전개에는 경탄을 금할 수가 없습니다.

① 5:1절에서, "다시는 종의 멍에를 메지 말라" 하더니, 13절에서는, "사랑으로 서로 종노릇하라" 합니다. 이 두 절을 다시 한 번 음미해보십시오. 1절은, ㉠ "종의 멍에를 메지 말라" 하고 "멍에"라고 말씀합니다. 그렇다면, "종의 멍에"란 무엇인가? 율법입니다. 바울은, "다시는 율법의 멍에를 메지 말라" 한 셈입니다. 그런데 13절에서는, ㉡ "사랑으로 서로 종노릇하라" 하고 말씀하는 것입니다. "멍에"가 무엇으로 대체되었습니까? "사랑"입니다. 그러니까 바울은, "사랑의 멍에를 메고 종노릇하라"고 말씀하고 있는 셈입니다.

② "율법"이라는 멍에를 멘다는 것은 노예와 같은 삶입니다. 그러나, ㉠ "사랑의 종"이 된다는 것은 노예가 아니라 사랑 받는 자녀의 신분으로 섬기는 것을 뜻합니다. 돌아온 탕자가 아버지를 섬긴 것은 품꾼으로가 아니라 아들의 신분으로, "사랑의 종노릇"을 한 것입니다. 같은 일을 해도 종이 하는 것은, ㉡ "멍에"가 되지만, 자녀가 하는 것은, "사랑"이 된다는 말씀입니다. 호세아 선지자를 통해서도, "목에 멍에(바로의 멍에)를 벗기고, 사랑의 줄로 저희를 이끌었다"(호 11:4) 하고 말씀하십니다. 이는 애굽 바로의 노예에서 구속하여 하나님의

백성으로 삼아주셨음 가리키는 말씀입니다.

③ 그러면 언제까지 “사랑의 종노릇”을 해야 하는가? ㉠ 2절에는, “그 아버지의 정한 때까지”라는 말씀이 있습니다. 주님은 아버지의 정하신 때에 초림(初臨) 하셨습니다. 재림도 때가 찬 경륜 가운데 다시 오실 것입니다. 우리가 지금 하나님의 자녀요 유업을 이을 자이지만 주님께서 다시 오시는 날까지는, “사랑으로 서로 종노릇”해야 하는 기간이라는 말씀입니다. ㉡ 주님은 말씀하십니다. “그 종 열을 불러 은 열 므나를 주며 이르되 내가 돌아오기까지 장사하라 하니라”(눅 19:13), 귀인이 왕위를 받아 가지고 돌아와서 종들과 회계(會計) 할 날이 이르게 될 것입니다.

④ “형제들아 너희가 자유를 위하여 부르심을 입었으나”(13상) 하고, ㉠ “부르심”을 받은 자임을 말씀합니다. 사도 바울은 “부르심”에 남다른 감격이 있는 사람입니다. 다메섹 도상에서 “사울아 사울아” 하고 부름을 받은 시간은 정오(正午)였습니다. 부름을 받기 전의 오전 시간은, “훼방자요 핍박자요 포행자”(딤전 1:13)였습니다. 그러나 부름을 받은 오후 이후의 시간은 주님이 쓰시려고, “택한 나의 그릇”(행 9:15)이 된 것입니다. ㉡ 어떤 차이입니까? 자신의 노력(율법의 행위)으로 흠이 없는 줄 알았을 때는 남을 판단하고 괴롭히는 “훼방자요 핍박자요 포행자”이었으나, “은혜로 부르심”을 입은 후로는 “사랑의 종”이 된 차이입니다. “모든 그리스도인들이란 “부르심”을 받은 자들입니다. 부르시지 않았는데 자원하여 그리스도인이 될 수 있는 자란 한 사람도 없는 것입니다.

자유와 은혜

① “자유를 위하여 부르심을 입었으니”(13중) 합니다. 그런데 1:6

절에서는, "그리스도의 <은혜>로 너희를 부르셨다" 하고 말씀했습니다. 그렇다면 "자유와 은혜"는 어떤 관계(關係)가 있는가? ㉠ "자유"한 자란 "의롭다함"을 얻은 자뿐입니다. 그리고 ㉡ 모든 은혜의 핵심은 "의롭다고 여겨주심"인 것임을 명심하시기를 바랍니다. 하나님께서 우리를 택하시고 부르시고 의롭다고 여겨주심 등이 전적으로 무가치한 자들에게 주시는 "은혜"라는 말씀입니다. 그러므로 "자유와 은혜"는 동전 앞뒤와 같은 말씀인 것입니다. 진노를 받아 마땅한 죄인이었기에 "은혜로 부르셨고", 결박당하여 갇혀있는 사형수와 같았기에, "자유를 위하여 부르심을 입었다" 하고 말씀하는 것입니다.

② "그러나 그 자유로 육체의 기회를 삼지 말고"(13중) 합니다. 즉 방종하지 말고, ㉠ "오직 사랑으로 서로 종노릇하라"고 권면합니다. "서로 종노릇하라"는, ㉡ "서로"가 중요합니다. 사도 베드로도 "무엇보다 열심으로 서로 사랑하라, 서로 대접하라, 서로 봉사하라"(벧전 4:8-10)고 말씀합니다. "서로 종노릇"하는 것 이것이 사랑의 공동체인 교회인 것입니다. 한 쪽만 종노릇하려고 한다면 거기에는, "희생"이 따르게 됩니다. 거기에는 고통이 있습니다. ㉢ "만일 서로 물고 먹으면"(15), 즉 상전노릇을 하려하고, 대접을 받으려고 다툰다면 "피차 멸망할까 조심하라" 하고 경계합니다.

③ 여기서 유념해야할 점은 "서로 종노릇하라" 하심은, ㉠ "이웃", 즉 사람들과의 관계성을 말씀함입니다. 그렇다면 어찌하여 하나님과의 관계는 언급을 하고 있지 않는 것일까요? 언급을 안 하고 있는 것이 아닙니다. ㉡ 1-4장까지는 순전히 하나님과의 관계성을 말씀한 것이었습니다. 율법을 행함으로 하나님께 받아드려짐을 받을 수가 있는 것이 아니라, 예수 그리스도의 구속을 믿음으로 의롭다함을 얻어 하나님과 화목하게 되고, 자녀가 되고, 유업을 이을 자가 되었다고 역설

했던 것입니다. ㉢ 사람은 누구나 두 관계성 속에서 살아가고 있는 것이요, 그 중에 하나님과의 관계가 먼저입니다. "서로 종노릇"하는 삶을 살아갈 수 있는 사람이란 하나님과의 관계가 사랑의 관계로 회복된 사람뿐임을 명심해야만 합니다.

④ "온 율법은 네 이웃 사랑하기를 네 몸같이 하라 하신 한 말씀에 이루었나니"(14) 합니다. 이를 통찰력을 가지고 상고해야만 합니다. ㉠ 어찌하여 바울은 "온 율법은" 하고 율법을 거론하고 있단 말인가? 이 말씀은 우리를 율법 아래로 이끄는 말씀이 아니라, "그러므로 사랑은 율법의 완성이니라"(롬 13:9-10)는 그런 의미입니다. 유대주의자들은 이방인들이 율법을 지켜야 구원을 얻을 수 있다고 주장했습니다. 바울은 "사랑으로 서로 종노릇하는 그리스도인들은" 율법을 폐하는 자들이 아니라 완성시키고 있는 것이다 하고 말씀하는 셈입니다. 주님께서는 ㉡ "새 계명을 너희에게 주노니 서로 사랑하라"(요 13:34) 하셨습니다. 이 말씀이 어째서 "새 계명"이 되는가? 이는 레위기 19:18절에서도 말씀하고 있지 아니한가? 그렇습니다. 주님은 여기서 끝인 것이 아닙니다. 이어서, ㉢ "내가 너희를 사랑한 것같이"라고 말씀하셨습니다. 그리고 그 주님의 사랑은, "친구를 위하여 목숨을 버리는 것"으로 나타났던 것입니다. 그래서 "새 계명"이 된 것입니다. 하나님의 자녀요, 후사요, 유업을 이을 자들이 지켜야할 법은 오직 이 "사랑" 한가지뿐입니다.

⑤ 오해의 소지가 있을 것 같아 한 말씀 부언을 해야하겠습니다. "오직 사랑"뿐이라 한 것은 무율법주의자 같은 그런 말이 아닙니다. 4:1-3절을 음미해보십시오. ㉠ 율법(십계명)은 어린아이들에게 주신 계명입니다. 그런데 ㉡ 사랑의 법은 최고로 높은 성숙한 자의 법인 것입니다. 그 이상은 없습니다. 왜냐하면 "하나님은 사랑"(요일 4:8)이

시기 때문입니다. 성경은 말씀합니다. "그가 우리를 위하여 목숨을 버리셨으니 우리가 이로써 사랑을 알고 우리도 형제들을 위하여 목숨을 버리는 것이 마땅하니라"(요일 3:16). 이것보다 우위에 있는 법이 있단 말입니까? 그러므로 "간음하지 말라 살인하지 말라 도둑질하지 말라 탐내지 말라 한 것과 그 외에 다른 계명이 있을지라도 네 이웃을 네 자신과 같이 사랑하라 하신 그 말씀 가운데 다 들었느니라"(롬 13:9)하십니다.

"형제들아 너희가 자유를 위하여 부르심을 입었으나 그러나 그 자유로 육체의 기회를 삼지 말고 오직 사랑으로 서로 종노릇하라"(13) 아멘.

둘째 단원(16-18) 육체의 소욕과 성령의 소욕

"육체의 소욕은 성령을 거스리고 성령의 소욕은 육체를 거스리나니 이 둘이 서로 대적함으로 너희의 원하는 것을 하지 못하게 하려 함이라"(17).

바울은 지금, "너희가 자유를 위하여 부르심을 입었으나 그러나 그 자유로 육체의 기회를 삼지 말고 오직 사랑으로 서로 종노릇하라"(13)는 말씀을 구체화하고 있는 것입니다. 어떻게 하는 것이 "사랑으로 종노릇" 하는 삶인가?

① 첫 말씀이, "너희는 성령을 좇아 행하라"(16) 하십니다. 이렇게 말씀하면 많은 성도들은, "예, 성령을 좇아 행하기를 원합니다" 할 것입니다. 그러면서도 정작 성령의 소욕보다는 육체의 소욕대로 행할 때가 더 많은 것입니다. 그러므로 이점을 좀 더 심도 있게 말씀드릴 필요가 있습니다. 크고 작은 일을 만날 때마다 성령의 인도를 구하고

있습니다. 이것은 잘하는 일입니다. 그런데 우리가 확신함에 거하여야할 것은, ㉠ 성령께서는 우리가 거듭나는, 즉 우리 속에 내주(內住)하시는 순간부터 우리를 인도해주고 계시다는 점입니다. 시편 기자는, "하나님은 예로부터 나의 왕이시라 인간에 구원을 베푸셨나이다"(시 74:12) 하고 고백하고 있는데, 그렇습니다. 성령께서는 예로부터, 벌써부터, 우리를 구원하여 주신 순간부터 인도해주고 계십니다. 출애굽 당시를 생각해 보십시오. 광야에 접어들자 낮에는 구름기둥이, 밤에는 불기둥이 저들을 인도해주셨습니다. 문제는 성령께서 인도해주시지 않는데 있는 것이 아니라, ㉡ 성령의 인도하심을 "좇아" 행하지 않는데 있는 것입니다. 성령의 인도를 구하면서도 어찌하여 좇아 행하지 않는 것일까요?

② "육체의 소욕은 성령을 거스리고 성령의 소욕은 육체를 거스리나니"(17상) 합니다. ㉠ 그 내면에서 두 소욕(육체의 소욕과 성령의 소욕)이 대적하는 그런 갈등을 겪게 되는 사람들은 누구들입니까? ㉡ 그리스도인들뿐입니다. 비 그리스도인들이란, "육에 속한 자며 성령은 없는 자"(유 1:19)이기 때문입니다. 물론 불신자들 속에서도 갈등은 있습니다. 그러나 그것은 "성령의 소욕"을 따르지 못한 갈등은 아닌 것입니다. 그러므로 성도들의 갈등은 더욱 클 수밖에 없습니다.

③ 그렇다면 성령으로 거듭났음에도 어찌하여 우리 속에는 "육체의 소욕"이 남아있는 것인가? 사도 바울은 우리의 몸을, "죄의 몸, 죽을 몸"(롬 6:6, 12)이라고 정의합니다. 우리가 입고 있는 몸에는 타락한 본성인 죄의 뿌리가 남아있다는 것입니다. 그러므로 "우리 몸의 구속"(롬 8:23), 즉 영화 되기까지는 육체의 소욕과 성령의 소욕이 성도들 속에는 공존하고 있는 것이며, 그러므로 두 소욕이 서로 대적하는 갈등 속에 살아가게 되는 것입니다.

④ 중요한 점은 이럴 경우 성도들이 어느 편을 따르느냐에 있습니다. ㉠ "너희는 유혹의 욕심을 따라 썩어져 가는 구습을 좇는 옛 사람을 벗어버리고"(엡 4:22) 한데서 볼 수 있듯이 옛 사람의 구습(舊習)에 젖어있어서, "육체의 소욕을 따르는 경향이 많은 것입니다. 그러므로 ㉡ "성령을 좇아 행하라 그리하면 육체의 욕심을 이루지 아니하리라"(16) 하십니다. 자, 어떻게 하면 성령의 소욕대로 행할 수가 있는가? "오직 경건에 이르기를 연습하라"(딤전 4:7) 하십니다. 훈련이 필요하다는 말씀입니다. 그리고 경건 훈련은 "소욕"(所欲)이라는 말에서 볼 수 있듯이 "마음과 생각"이 무엇에 의하여 지배를 받고 있느냐, 여기에 결정적인 비결이 있는 것입니다.

⑤ 성경은 말씀합니다. "육신의 생각은 사망이요 영의 생각은 생명과 평안이니라 육신의 생각은 하나님과 원수가 되나니 이는 하나님의 법에 굴복치 아니할 뿐 아니라 할 수도 없음이라"(롬 8:6-7). 마음과 생각이 성령에 의하여 지배를 받아야 성령의 소욕대로 행할 수가 있는 것입니다. 그런데 이 일이 쉬운 일도 아니고, 더욱이나 자동적으로 되어지는 것이 아니라는 것입니다. 그러므로 성경은 ㉠ "무릇 지킬 만한 것보다 더욱 네 마음을 지키라 생명의 근원이 이에서 남이니라"(잠 4:23). 또 말씀하시기를, "대저 그 마음의 생각이 어떠하면 그 위인도 그러하다"(잠 23:7) 하십니다. 이런 동요가 생각납니다. "하얀 꽃 핀 건 하얀감자 캐보나마나 하얀감자, 자주 꽃 핀 건 자주감자 캐보나마나 자주감자". 그렇습니다. ㉡ "마음의 생각이 어떠하면" 그 사람의 됨됨도 그러한 것입니다. 육신의 일, 땅의 일로 마음과 생각이 가득하다면 그 사람은 알아보나마나 육신의 소욕대로 행하는 자입니다.

⑥ 그렇다면 어떻게 하면 마음과 생각이 성령에 의하여 지배를 받을 수가 있는가? 옛 언약은 돌비에 기록되었으나 새 언약은 ㉠ "내 법

을 저희 생각에 두고 저희 마음에 이것을 기록하리라"(히 8:10) 하십니다. 돌 비가 아닙니다. 들고 다니는 성경에 기록된 것만으로는 부족합니다. 새 언약의 말씀을 성령으로 마음과 생각에 기록하시겠다는 것입니다. 사람의 행동은 마음과 생각에서 유발되기 때문입니다. 그런데 이것이 저절로 되어지는 것이 아닙니다. ㉡ 말씀을 갈망해야만 합니다. 열심히 가르치고 배워야만 하는 것입니다. 그리하여, "그리스도의 말씀이 너희 속에 풍성히 거"(골 3:16)하여야만 되는 것입니다. 우리가 사람에게 가르침을 받는 것 같지만 주님은 말씀하십니다. "보혜사 곧 아버지께서 내 이름으로 보내실 성령 그가 너희에게 모든 것을 가르치시고 내가 너희에게 말한 모든 것을 생각나게 하시리라"(요 14:26) 스승도, 깨닫게 해주시는 이도, 마음 판에 기록하시는 분도 성령이시라는 말씀입니다.

성령의 인도하심을 받는 비결

① 말씀이 풍성히 거한 후에는 이를 묵상해야만 마음과 생각이 그 말씀에 의해, 다시 말하면 성령에 의해 지배를 받을 수가 있습니다. 사도 바울은 로마서에서, "너희가 육신대로 살면 반드시 죽을 것이로되 영으로써 몸의 행실을 죽이면 살리니"(롬 8:13) 하고, ㉠ "영으로써 몸의 행실을 죽이라"고 말씀합니다. 배운 말씀을 지금 보다 더 많이 자주 자주 묵상하면서 육신의 일이 아니라 영의 일을 생각하는 것입니다. 내가 한일, 또는 하지 못한 일보다는 하나님께서 예수 그리스도를 통하여 행해주신 일들을 우선적으로, 더 많이 묵상하는 일입니다. ㉡ 이것이 영으로써 몸의 행실을 죽이는 비결입니다. 그런데 묵상하고자해도 그의 마음 판에 묵상할 말씀이 기록되어 있지 않다면 어찌되겠습니까? 적어도 주일에 받은 말씀을 그 한 주간 동안만이라도,

마치 소가 먹은 여물을 반추하듯이 묵상하며 살아가야 할 것입니다. 오늘의 성도들에게는 이점이 취약한 듯 합니다.

② 바울은 로마 옥중에서 빌립보 형제들에게, ㉠ "아무 것도 염려하지 말고 오직 모든 일에 기도와 간구로 너희 구할 것을 감사함으로 하나님께 아뢰라" 하고 권면합니다. 여기 "염려와 감사"가 함께 등장하고 있는데, 직설적으로 말하면 염려가 있거든 감사하라는 그런 뜻입니다. 당면한 사건들을 바라보면 "염려"에 사로잡힐 수밖에 없고 점점 더 빠져들어 가게되지만 하나님께서 해주신 일을 생각한다면, 염려가 "감사"로 바뀌게 된다는 말씀입니다. ㉡ "그리하면 모든 지각에 뛰어난 하나님의 평강이 그리스도 예수 안에서 너희 <마음과 생각>을 지키시리라"(빌 4:6-7) 합니다. "지키시리라"는 말씀을 유념하시기를 바랍니다. 이는 성도들의 마음을 빼앗으려는 자가 있음을 뜻하는 것입니다.

③ 우리가 묵상해야할 말씀들을 갈라디아서에서 예로 든다면, ㉠ "너희가 아들인 고로 하나님이 아들의 영을 우리 마음 가운데 보내사 아바 아버지라 부르게 하셨느니라"(4:4) 말씀하고 있는데, 육체의 소욕에 이끌리려 할 때 이 말씀대로, "아바 아버지!" 하고 불러보십시오. 틀림없이 육체의 소욕은 물러가고 성령의 소욕을 좇아 행하게 될 것입니다. 시련 중에 낙망이 되거든, ㉡ "그러므로 네가 이 후로는 종이 아니요 아들이니 아들이면 하나님으로 말미암아 유업을 이을 자니라"(4:7) 하신 말씀을 암송해보십시오. 형제 속에 내주하고 계시는 성령께서 하박국 선지자처럼, "비록 무화과나무가 무성치 못하며 포도나무에 열매가 없으며 감람나무에 소출이 없으며 밭에 식물이 없으며 우리에 양이 없을지라도 나는 여호와로 인하여 즐거워하며 나의 구원의 하나님을 인하여 기뻐하리로다"(합 3:18) 하고 찬양하게 하실 것

입니다. 이렇게 하는 것이 "영으로써 몸의 행실을 죽이는" 비결입니다. 나의 유익, 내 뜻, 내 자존심보다는 ⓒ "먼저 그의 나라와 그의 의", 다시 말하면 하나님의 거룩하신 이름과, 하나님의 영예와, 영광을 생각하는 것입니다. 이렇게 하는 것이 성령을 좇아 행하는 삶입니다. "그리하면 육체의 욕심을 이루지 아니"하게 될 것입니다.

주야로 묵상하는자

① 바울 자신의 말씀을 들어보십시오. "이기기를 다투는 자마다 모든 일에 절제하나니 저희는 썩을 면류관을 얻고자 하되 우리는 썩지 아니할 것을 얻고자 하노라 그러므로 내가 달음질하기를 향방 없는 것같이 아니하고 싸우기를 허공을 치는 것같이 아니하여 내가 내 몸을 쳐 복종하게 함은"(고전 9:25-27), 바울은 올림픽에 출전해 금메달을 따려고 피나는 훈련을 하고 있는 권투선수를 본적이 있는 듯합니다. 그런데 그 선수는 상대를 KO시키려고 그토록 훈련을 하고 있지만, 바울은 자신을 KO시키려고 훈련을 하고 있노라고 말씀합니다.

② 마지막으로 히브리서 5장의 말씀이 도움이 될 것입니다. ㉠ "대저 젖을 먹는 자마다 어린아이니 의의 말씀을 경험하지 못한 자요" 합니다. 그런 후에 ㉡ "단단한 식물은 장성한 자의 것이니 저희는 지각을 사용하므로 연단을 받아 선악을 분변하는 자들이니라"(히 5:13-14) 합니다. "선악을 분변"하여 행동하는 것, 이것이 육체의 소욕대로 행하지 않고 성령의 소욕대로 행하는 것입니다. 본문이 논증하고 있는 바를 주목해보시기를 바랍니다. "경험, 지각, 연단, 분변"이라는 말씀을 하고 있습니다. 누구나 어린아이로 태어나서, 실패의 "경험"을 통해, "연단"이라는 훈련과정을 거쳐서, "선악을 분별"할 수 있는 수준에 도달하게 된다는 것입니다.

③ "너희가 만일 성령의 인도하시는 바가 되면 율법 아래 있지 아니하리라"(18하) 하십니다. 이는 본 단원의 결론과 같은 말씀으로 통찰력이 필요한 말씀입니다. 질문을 드려보겠습니다. ㉠ "율법 아래 있지 아니라"하고 말씀하는데, 형제는 율법 아래 있습니까 아니면 은혜 아래 있습니까? 형제는 자유자입니까 아니면 노예입니까? 형제는 의롭다함을 받았습니까 정죄 하에 있습니까? 형제의 대답은 분명할 것입니다. ㉡ 은혜 아래 있고, 자유자이며, 의롭다함을 얻은 자라고. 이는 형제가 무엇을 했기 때문이 아닙니다. 예수 그리스도께서 해주신 일을 믿기 때문에 주어진 전적인 은혜인 것입니다. 그런데 한 번 검토해보시기를 바랍니다. 형제가 16-17절을 상고하면서 혹시라도, ㉢ "나는 율법 아래 있나보다, 나는 안 돼" 하는 좌절과 정죄감에 빠져들지는 않았습니까? 왜냐하면 내 영적 수준이 성경의 기대치에 너무나 미치기 못한다는 생각 때문에 말입니다.

바울은 신학자이기 전에 목회자입니다. 무슨 뜻이냐 하면 형제가 이렇게 될 것을 알고 있다는 것입니다. 그래서 "율법 아래 있지 아니하리라" 말씀하는 것입니다. 내주(內住)하시는 성령께서 형제를 도와주십니다. 용기를 내시기 바랍니다. 형제는 결코 율법 아래 있지 아니합니다. 18절이 다른 해석을 가능하게 한다하여도 바울의 의도는 분명합니다. 독자들을 정죄감에 빠지도록 하려는 생각은 전연 아니라는 점입니다.

영의 새로운 것으로 섬기는 삶

① 지금 상고하고 있는 문단을 로마서 7장과 결부시켜 생각해 보겠습니다. 학자들은 로마서 7장의 사람이 누구인가를 놓고 고심을 합니다. ㉠ 바울인가 아닌가? 바울이라면 주님을 만나기 이전인가 아니면

이후인가? 로마서 7장에서, "오호라 나는 곤고한 사람이로다 이 사망의 몸에서 누가 나를 건져내랴"(롬 7:24) 하고 탄식하는 이 사람은 거듭난 사람인가 아닌가? 아닙니다. 바울은 이러한 말씀들을 하려는 것이 전연 아닙니다. 7장을 해석하는 열쇠는, "이러므로 우리가 영(성령)의 새로운 것으로 섬길 것이요 의문(율법)의 묵은 것으로 아니할지니라"(롬 7:6)는 말씀입니다. 7장의 사람은, ㉡ "의문의 묵은 것으로" 해결해보려고 몸부림을 치는 사람을 예시(例示)하고 있을 뿐입니다. 그런데 이것이 가능하다면 주님께서 대속의 죽으심을 죽으셔야할 이유도 없으며, 의롭다함이 율법의 행위로 되어졌을 것입니다. 그는 항상 패배자가 되고 마는 것입니다. 그러므로 의문으로 섬기는 삶에는 기쁨이 없습니다. 정죄감만이 있을 뿐입니다. 마찬가지로 본문이 우리를 정죄감에 빠지게 하는 것이라면 바울 자신이 이제까지 증거한 말씀을 스스로 부정하는 것이 되고 마는 것입니다. 바울은 여기서도 "영의 새로운 것으로 섬기는" 삶을 말씀하고 있는 것입니다.

② 그렇다면 율법의 묵은 것으로 섬기는 것과, 영의 새로운 것으로 섬기는 것이 어떤 차이가 있는가? 이를 예를 들어 설명해보겠습니다. 100층 건물의 옥상 난간 위를 걷는 것과, 평지에서 걷는 것을 생각해 보십시오. 평지에서는 아주 좁은 폭이라도 걸을 수가 있지만, 고층 빌딩 옥상난간은 폭이 훨씬 넓어도 능히 걸을 수가 없는 것입니다. 어떤 차이입니까? "두려움과 자유"함의 차이입니다. ㉠ 율법으로 섬기는 자는 그 신분이 종(노예)과 같아서 실수에 따를 "정죄감과 두려움"이 항상 그를 억누르고 있는 것입니다. ㉡ 그러나 영의 새로운 것으로 섬기는 자는 그 신분이 자녀이기 때문에 "자유"함이 있습입니다.

③ 그러므로 영의 새로운 것으로 섬기는 자에게는, ㉡ "우리 주 예수 그리스도로 말미암아 하나님께 감사하리로다"(롬 7:25) 하고 감사

가 있습니다. 어떤 감사인가? "그러므로 그리스도 예수 안에 있는 자에게는 결코 정죄함이 없나니 이는 그리스도 예수 안에 있는 생명의 성령의 법이 죄와 사망의 법에서 너를 해방하였음이라"(롬 8:1-2), 해방이 되었고 정죄가 없기 때문입니다. 자유함이 있습니다. 기쁨이 있습니다. 찬양이 있습니다. 고층빌딩의 옥상보다 훨씬 좁은 폭이라도 능히 걸을 수가 있습니다. 그에게는 공포, 두려움, 정죄가 없습니다. 혹시 넘어져도 의롭다고 여겨주시기 때문입니다. 그러므로 율법은 칭의만이 아니라 성화도 우리에게 주지 못한다는 사실입니다. "그리스도께서 우리로 자유케 하려고 자유를 주신" 그 자유 함만이 성령을 좇아 행하는, 즉 성화까지도 가능하게 한다는 말씀입니다.

셋째 단원(19-26) 육체의 일과 성령의 열매

① "육체의 일은 현저하니"(19상) 합니다. 그리고 육체의 일들을 열거(19-21)합니다. 그런 후에, "이런 일을 하는 자들은 하나님의 나라를 유업으로 받지 못할 것이요"(21하) 합니다. 이는 "구원 얻지 못한다"는 말씀과 같은 뜻입니다. 그러므로 19-21절과 같이 행하는 자를 그리스도인이라고 말 할 수는 없는 것입니다. 이는 불신자들에게서 나타나는 특성들을 말씀하고 있다고 볼 수밖에 없습니다. 성경은 세 부류의 사람, 즉 "육에 속한 사람, 육신에 속한 자, 신령한 자들"(고전 2:14; 3:1, 3)이 있다고 말씀합니다. ㉠ "육에 속한 사람"이란 성령으로 거듭나지 못한 불신자를 가리킵니다. 이들은 "하나님의 나라를 유업으로 받지 못할" 것입니다. ㉡ "육신에 속한 자"란 성숙하지 못한 그리스도인을 가리킵니다. 그들은 "육체의 소욕"을 좇는 경향이 있는 것입니다. ㉢ "신령한 자"란 성숙한 그리스도인, 즉 성령의 소욕을 좇아

행하는 자를 가리킵니다. 교회 안에는 이 세 부류의 사람들이 함께 살고 있다고 보아야만 합니다.

② 여기서 문제는 "육신에 속한 자"입니다. 바울은 고린도 교회 성도들에게, ㉠ "너희가 아직도 육신에 속한 자로다 너희 가운데 시기와 분쟁이 있으니 어찌 육신에 속하여 사람을 따라 행함이 아니리요"(고전 3:3) 하고 말씀하고 있습니다. "육신에 속한 자"란 육체의 소욕을 따라 행하고 있는 어린 그리스도인을 가리킵니다. 고린도 성도들은 자신들을 신령한 자들로 자처하고 있었는데 말입니다. 우리가 이점에서 고민하게 되는 것은 생각 외로, "육신에 속한 자"가 교회 구성원의 다수를 이루고 있다는 점입니다. 성경은 말씀합니다. ㉡ "때가 오래므로 너희가 마땅히 선생이 될 터인데 너희가 다시 하나님의 말씀의 초보가 무엇인지 누구에게 가르침을 받아야 할 것이니 젖이나 먹고 단단한 식물은 못 먹을 자가 되었도다"(히 5:12). 이를 치유하는 길은 "갓난아이들같이 순전하고 신령한 젖을 사모하라 이는 이로 말미암아 너희로 구원에 이르도록 자라게 하려 함이라"(벧전 2:2) 하신 대로, "신령한 젖"으로 시작하여 "단단한 식물"에 이르기 까치 "가르쳐 지키게"(마 28:20) 하는 길 외에 다른 지름길은 없는 것입니다.

③ "오직 성령의 열매는"(22상) 하고, "사랑과 희락과 화평과 오래참음과 자비와 양선과 충성과 온유와 절제니 이 같은 것을 금지할 법이 없느니라"(22-23) 합니다. 이를 가리켜 ㉠ "성령의 열매"라고 말씀합니다. 이는 육체의 본성이 산출해 낸 것이 아니라 성령께서 이루게 하신 "열매"라는 것입니다. 여기 또다시 중요한 요점이 등장합니다. 그것은 ㉡ "육체의 일(19)과, 성령의 열매"(22)의 차이(差異)입니다. "성령의 열매"란 성령을 좇아 행한 결실들입니다. 그런데 "육체의 일"이란 "육체의 소욕"에 이끌리어 행한 결과들을 가리킵니다. "육체의

소욕"의 결과는 불신자들은 말할 것도 없고, 신자들에게서도 나타난다는 사실입니다. 권세욕, 명예욕 등에 이끌려 행한 일에도 엄청난 성취와 성과를 가져올 수가 있다는 것입니다. 그러나 그런 것들은, "육체의 일"에 불과한 것입니다. ㉢ 어찌하여 "열매"라 하지 않고 "일"이라고 구별해서 말씀하고 있는 것일까요? 하나님께 인정을 받지 못할 것들이기 때문입니다. 공력(功力)을 시험하는 날에 불타버리고 말 것들이기 때문입니다. 우리는 겸비한 마음으로 이렇게 자문해야 마땅합니다. "내가 하고 있는 일이 부질없는 육체의 일인가? 성령의 열매인가?".

④ "그리스도 예수의 사람들은 육체와 함께 그 정과 욕심을 십자가에 못박았느니라"(24) 합니다. 이는 본 단원의 작은 결론과 같은 말씀입니다. ㉠ "그리스도 예수의 사람들은"(24상) 어떠한 사람들인가? ㉡ "육체와 함께 그 정과 욕심을 십자가에 못박은"(24하) 사람들이라고 말씀합니다. 이는 2:20절에서, "내가 그리스도와 함께 십자가에 못박혔나니" 하고 말씀한 연합교리를 가리키는 것이 아닙니다. 왜냐하면 연합교리는 아담 안에 있던 "나", 즉 우리의 "옛 사람"이 죽고 그리스도 안에서 새사람으로 태어난 것을 말씀함인데 본문에서는, "육체와 함께 그 정과 욕심"을 십자가에 못박았다고 말씀하고 있기 때문입니다. 다시 말하면 "육체의 소욕"을 못박으라는 말씀입니다. 이는 우리가 결단해야할 성화의 삶을 의미하는 것입니다. 한가지 유념해야할 점은 십자가에 못 박으라고 말씀하는 것은, ㉢ 죄의 근성이지 나 "자신"은 아니라는 점입니다. 이점을 로마서 6장에서는, "너희 지체를 불의의 병기로 죄에게 드리지 말고 오직 너희 자신을 죽은 자 가운데서 다시 산 자 같이 하나님께 드리며 너희 지체를 의의 병기로 하나님께 드리라"(롬 6:13)하고 "자신과 지체"를 구분해서 말씀합니다.

⑤ "만일 우리가 성령으로 살면 또한 성령으로 행할지니 헛된 영광을 구하여 서로 격동하고 서로 투기하지 말지니라"(25-26) 합니다. 왜 이렇게 말씀하고 있는가를 생각해보아야만 하겠습니다. 바울은 15절에서, "만일 서로 물고 먹으면"이라고 말씀하고, 본 절에서는, "서로 격동하고 서로 투기하지 말지니라"고 말씀하고 있습니다. 이렇게 말씀하는 이유가, ㉠ 은혜롭고 평화롭던 갈라디아 교회들이 이단의 침투로 인하여 분열과 분쟁이 일어났기 때문이 아닌가하는 의구심을 갖게 합니다. 아니면 훗날 교회들이, ㉡ "서로 물어뜯고, 서로 다투게" 되지 않도록 경계하기 위해서 기록한 것인가? 어느 것이든 이는 성령의 소욕을 좇아 행함이 아니라 육체의 소욕을 좇아 행할 때 일어나는 파괴적인 일인 것입니다.

갈라디아서 6장 분석 도표

십자가 외에 자랑할 것이 없는 사람

짐을 서로 지라

1-5

형제들아 사람이 만일 무슨 (범죄한 일이) 드러나거든
신령한 너희는 온유한 심령으로 그러한 자를 바로잡고
네 자신을 돌아보아 너도 시험을 받을까 두려워하라(1)

[너희가 짐을 서로 지라] → [그리하여 그리스도의 법을 성취하라(2)]

만일 누가 아무것도 되지 못하고
된 줄로 생각하면 (스스로 속임이니라)(3)
각각 자기의 일을 살피라
그리하면 자랑할 것이 자기에게만 있고
남에게는 있지 아니하리니(4)

→ [각각 자기의 짐을 질 것임이니라(5)]

선을 행하다가 낙심하지 말라

6-10

[가르침을 받는 자는] → [말씀을 가르치는 자와] → [모든 좋은 것을 함께 하라(6)]

(스스로 속이지 말라)
하나님은 만홀히 여김을 받지 아니하시나니
사람이 무엇으로 심든지 그대로 거두리라(7)
자기의 육체를 위하여 심는 자는
육체로부터 썩어진 것을 거두고
성령을 위하여 심는 자는
성령으로부터 영생을 거두리라(8)

→ [우리가 선을 행하되 낙심하지 말지니
피곤하지 아니하면 때가 이르매 거두리라(9)]

그러므로 우리는 기회 있는 대로
모든 이에게 착한 일을 하되
더욱 믿음의 가정들에게 할지니라(10)

새로 지으심을 받은 자뿐이라

11-18

무릇 육체의 모양을 내려 하는 자들이
억지로 너희로 할례받게 함은
핍박을 면하려 함뿐이라(12)
너희의 (육체로 자랑하려) 함이니라(13)

→ [**그러나 내게는 우리 주 예수 그리스도의
십자가 외에 결코 자랑할 것이 없으니**]

그리스도로 말미암아 세상이 나를 대하여
십자가에 못 박히고
내가 또한 세상을 대하여 그러하니라(14)

→ [할례나 무할례가 아무것도 아니로되
오직 새로 지으심을 받은 자뿐이니라(15)]

무릇 이 규례를 행하는 자에게와 하나님의
이스라엘에게 (평강과 긍휼이) 있을지어다(16)

이 후로는 누구든지 나를 괴롭게 말라 내가 내 몸에 예수의 흔적을 가졌노라(17)
형제들아 우리 주 예수 그리스도의 (은혜가) 너희 심령에 있을지어다 아멘(18)

6장
십자가 외에 자랑할 것이 없는 사람

14 그러나 내게는 우리 주 예수 그리스도의 십자가 외에 결코 자랑할 것이 없으니 그리스도로 말미암아 세상이 나를 대하여 십자가에 못 박히고 내가 또한 세상에 대하여 그러하니라

갈라디아서 마지막 장에 이르렀습니다. 6장의 중심점은 도표에 표시된 대로, "할례나 무할례가 아무것도 아니고, 오직 십자가 외에는 자랑할 것이 없다", 그리고 십자가 자랑은 "말씀을 가르치는 사역"을 통해서 이루어진다는 데 있습니다. 6장은 크게 두 부분으로 나누어지는데, 1-10절까지는 실천윤리이고, 11-18절은 본 서의 중요한 쟁점이었던, "할례문제"로 되돌아가 다시 한 번 할례의 무가치함을 강조하고 있습니다. 그렇다면 1-10절까지에 걸쳐서 실천 윤리를 말씀하는 의도가 어디에 있는가? 어느 때나 "복음의 진리", 즉 칭의와 자유는 두 극단에 의하여 위협을 받아왔습니다. 하나는 그리스도인들에게 다시, "종의 멍에"(5:1)를 메우려는 율법주의자요, 또 다른 극단은, "자유로 육체의 기회를 삼으려는"(5:13) 무율법주의자들입니다. 바울은 이를 시정해주고 균형을 잡아주기 위해서 권면하고 있는 것입니다. 그것은 5:16절에서 "성령을 좇아 행하라" 하고 말씀한 바에 대한 구체적인 적용이라 할 것입니다.

갈라디아서는 "복음의 진리"(2:5, 14)를 보수(保守)하려는 변증서입니다. "그리스도의 은혜로 너희를 부르신 이를 이같이 속히 떠나 다른 복음 좇는 것을 내가 이상히 여기노라"(1:6) 하고 시작한 바울은, "그러나 내게는 우리 주 예수 그리스도의 십자가 외에 결코 자랑할 것이 없으니" 하는 말씀으로 끝을 맺고 있는 것입니다. "십자가 외에 자랑할 것이 없는 사람" 그 사람이 바울이었습니다. 바울은 갈라디아 성도들을 향해서, "이 편지를 통해서 형제들도 그런 확신을 갖게 되었느냐?" 하고 묻고 있는 셈입니다. 그리고 우리에게도 "너도 그러하냐?" 하고 묻고 있는 것입니다. 이를 세 단원으로 나누어 상고하겠습니다.

첫째 단원(1-5) 짐을 서로 지라
둘째 단원(6-10) 선을 행하다가 낙심하지 말라
셋째 단원(11-18) 새로 지으심을 받은 자뿐이니라

첫째 단원(1-5) 짐을 서로 지라

"형제들아 사람이 만일 무슨 범죄한 일이 드러나거든 신령한 너희는 온유한 심령으로 그러한 자를 바로잡고 네 자신을 돌아보아 너도 시험을 받을까 두려워하라"(1).

① "사람이 만일 범죄한 일이 드러나거든"(1상), 이럴 경우 어떻게 해야만 하는가? 양면으로 권면하고 있는데 첫째는, ㉠ "신령한 너희는 온유한 심령으로 그러한 자를 바로잡고"(1중) 합니다. 바울은 이 지점에 이르러 갈라디아 형제들을, "신령한 너희"라고 말씀하고 있습니다. 이제까지 갈라디아서를 상고한 형제도, "신령한 자"가 되어 있

을 줄 압니다. "온유한 심령으로 바로 잡으라" 말씀합니다. 바로잡아 주되, "온유한 마음"으로 하라는 것입니다. 여기에 육신의 소욕으로 하는 것과 성령의 소욕으로 하는 차이가 드러납니다. 이럴 경우 육신의 소욕은 판단하고 정죄합니다. 그러나 온유는 성령의 열매(23)인 것입니다.

② "죄"가 교회 공동체에 들어오면 이를 방치해서는 아니 됩니다. 왜냐하면 "적은 누룩이 온 덩이에 퍼지기"(5:9) 때문입니다. 그런데 이를 판단하고 정죄하는 방법으로 대처한다면 이는 율법이 하는 일이지, "신령"이 하는 일은 아닌 것입니다. 그렇게 한다면 그를 잃게 될 뿐 결코, "바로잡을 수는" 없을 것입니다. "온유한 심령"이란 바로 주님의 마음(마 11:29)이기도 합니다. 그러므로 주님께서 말씀하신 바 "네 형제가 죄를 범하거든 가서 너와 그 사람과만 상대하여 권하라 만일 들으면 네가 네 형제를 얻을 것이요"(마 18:15) 하신, 그렇게 하라는 말씀입니다. 십중팔구는 바로 잡게 될 것이고, 그리하여 그 형제를 얻게 될 것입니다.

③ 둘째는, "네 자신을 돌아보아 너도 시험을 받을까 두려워하라"(1하) 하십니다. 성경은, ㉠ "저희에게 당한 이런 일이 거울이 되고 또한 말세를 만난 우리의 경계로 기록하였느니라"(고전 10:11) 말씀합니다. 성경에 기록된 모든 기사들이 우리의 "거울"이 되는 것은 물론이요, ㉡ 교회 공동체는 서로가 서로에게, "거울"의 역할을 한다는 뜻입니다. 순기능(順機能), 즉 본받아야할 거울이 되는가 하면, 본문에서 보는 바대로 경계로 삼아야할 역기능(逆機能)의 거울이 되기도 한다는 말씀입니다.

④ "너희가 짐을 서로 지라"(2상) 하십니다. 교회란 한 몸에 여러 지체가 있는 것과 같기 때문에, "짐을 서로 지라"(2상) 하시는 것입니

다. 강행군을 하는 대열에서 한 병사가 연약하여 낙오하게 되면 다른 병사가 그의 짐을 대신 지고 가야한다는 것은 상식에 속하는 일입니다. 그러므로 로마서 15:1절에서는, ㉠ "우리 강한 자가 마땅히 연약한 자의 약점을 담당하고 자기를 기쁘게 하지 아니할 것이라" 하고 말씀합니다. ㉡ "그리하여 그리스도의 법을 성취하라"(2하) 하십니다. 이점이 중요합니다. 어찌하여 연약한 전우의 짐을 감당해야만 합니까? 주어진 작전 임무를 완수하기 위해서인 것입니다. 십자가 군병들은 어찌하여, "짐을 서로 저 주어야"만 하는가?

⑤ 여기 중요한 요점이 있는데, 교회란 개인전을 하고 있는 것이 아니라 단체전을 수행하고 있다는 깨달음이 중요합니다. 예를 들면, ㉠ "아간의 범죄"(수 7:19)입니다. 그로 인하여 "여리고"라는 난공불락의 성을 정복한 하나님의 군대는, "아이"라는 작은 성 앞에서도 패주(敗走)할 수밖에 없었고 많은 희생을 치러야만 했던 것입니다. ㉡ 그러므로 교회란 자기 혼자 잘하면 되는 것이 아닙니다. 다 같이 승리해야되기 때문에 교회 공동체에, "무슨 범죄한 일이 드러나면" 속히 치유해야만 하고, 짐을 서로 저주는 협력이 필요한 것입니다. 그러므로 구성원들은 나 하나 잘못하면 자신의 패배에 머무는 것이 아니라 팀 전체에 영향을 끼친다는 공동체 의식이 있어야만 하는 것입니다.

⑥ 그러므로 "너희가 짐을 서로 지라"는 말씀은 그를 도와 주라는 차원이 아니라, 적극적으로는 그의 짐이 곧, ㉠ "내 짐"이라는 의미가 됩니다. 왜냐하면 그는 한 몸에 속한 같은 지체(肢體)이기 때문입니다. 유기적인 인체(人體)는 많은 지체 중에서 어느 한 지체가 손상을 입게 되어도 정상적인 활동을 하지 못하게 되고, 심지어 목숨을 잃기까지 하는 것입니다. 그렇다면 형제를 사랑하는 것이 곧 나 자신을 사랑하는 것이요, 형제의 짐이 곧 내 짐이라는 각성을 하게 되는 것입니니

다. 이것이, ㉡ "그리스도의 법을 성취"하는 것입니다. 만일 그렇게 하지 않고 독불장군 식으로 나간다면 그 공동체가 어찌 되겠습니까? "만일 누가 아무것도 되지 못하고 된 줄로 생각하면 스스로 속임이니라"(3) 하고 말씀합니다.

각각 자기 짐을 지라

① 그런데 2절과, 5절을 대조해 보십시오. "너희가 짐을 서로 지라" 한 바울은, ㉠ 5절에서는 "각각 자기 짐을 질 것임이니라" 하십니다. 여기에 균형(均衡)과 조화(調和)가 있는 것입니다. 신앙생활에 있어서 중요하고 어려운 점이 균형과 조화입니다. 가정의 귀중성을 강조하면 교회에 등한해집니다. 믿음을 강조하면 행함이 소홀해지는 것을 보게 됩니다. 북극만 추운 것은 아닙니다. 남극도 춥기는 마찬가지입니다. 그러므로 균형 잡힌 신앙이 중요한 것입니다. 연약한 형제의 짐을 져주어라 하고 말하면 자신이 감당해야할 책임까지 떠넘기려고 하는 경우를 보게 됩니다. 그러므로 2절의 "짐"은 혼자서는 감당 못할 무거운 짐을 의미하지만, ㉡ 5절의 짐은 마땅히 자신이 감당해야할 짐, 즉 의무를 의미합니다. 그래서 성경은, "만일 믿는 여자에게 과부 친척이 있거든 자기가 도와주고 교회로 짐 지지 말게 하라"(딤전 5:16) 하십니다.

② 이상 말씀드린 것을 요약을 한다면, ㉠ "너희가 짐을 서로 지라" 하십니다. 왜냐하면 "만일 한 지체가 고통을 받으면 모든 지체도 함께 고통을 받고 한 지체가 영광을 얻으면 모든 지체도 함께 즐거워하나니 너희는 그리스도의 몸이요 지체의 각 부분이라"(고전 12:26-27)이기 때문입니다. ㉡ "각각 자기 짐을 질 것임이니라" 합니다. 왜냐하면 내가 감당해야할 몫까지 다른 지체에게 짊어지게 한다면 그 지체에게

고통을 주는 것이기 때문입니다. 결론은 ㉢ "나"라는 지체로 인하여 공동체 전체로 하여금 영광을 얻게 할 수도 있고, 반대로 고통을 당하게 할 수도 있다는 점입니다. 구성원들이 이점을 명심한다면 책임 있는 지체로 살아가게 될 것입니다.

둘째 단원(6-10) 선을 행하다가 낙심하지 말라

"가르침을 받는 자는 말씀을 가르치는 자와 모든 좋은 것을 함께 하라"(6).

첫째 단원의 중심점이, "너희가 짐을 서로 지라" 하신 성도 상호간의 관계에 있다고 하면, 둘째 단원의 중심점은, 목회자와 성도간의 관계를 말씀하는데 있습니다.

① "가르침을 받는 자", 즉 성도들은 "말씀을 가르치는 자"를 잘 만난다는 것은 무엇하고도 바꿀 수 없는 귀중한 은사입니다. 주님은 ㉠ "위로 올라가실 때(승천)에, 선물을 주셨다"고 말씀하고 있는데, "그가 혹은 사도로, 혹은 선지자로, 혹은 복음 전하는 자로, 혹은 목사와 교사로 주셨다"(엡 4:8, 11)고 말씀합니다. ㉡ 목회자란 머리되시는 주님께서 교회들에게 주신 최고의 선물임을 명심해야만 합니다.

② 그러므로 "모든 좋은 것을 함께 하라" 하십니다. 목회서신에서는, "잘 다스리는 장로들을 배나 존경할 자로 알되 말씀과 가르침에 수고하는 이들을 더할 것이니라"(딤전 5:17) 합니다. ㉠ "모든 좋은 것을 함께 하라"는 의미는, 말씀 전하는데 전념할 수 있도록 재정적인 뒷받침을 하라는 것이 첫째 의미일 것입니다. 그러나 목회자가 성도들에게 기대하는 바는 물질만은 아닌 것입니다. 말씀 그대로, "모든 좋은 것"입니다. 이렇게 권면하고 있는 바울은, ㉡ "너희도 우리를 위

하여 간구함으로 도우라"(고후 1:11) 하고 부탁을 하고 있습니다. 목회자를 위하여 간구함으로 돕는다는 것은, "제일 좋은 것"을 함께 하는 일입니다.

③ 또한 ㉠ "내가 자녀에게 말하듯 하노니 보답하는 양으로 너희도 마음을 넓히라(고후 6:13), 마음으로 우리를 영접하라"(고후 7:2) 하고 호소하고 있습니다. 가르침을 받는 자가 말씀을 가르치는 자에게 마음을 활짝 열고 마음으로 영접한다는 것은 가장 귀중한 것을 드리는 일입니다. 잠언서에는 이에 대한 빛을 비춰주는 말씀이 있는데, "네 부모를 즐겁게 하며 너 낳은 어미를 기쁘게 하라" 하십니다. 어떻게 하는 것이 부모를 기쁘게 해드리는 것인가? "내 아들아 네 마음을 내게 주며"(잠 23:25-26) 하십니다. 사람의 마음이란 무엇보다도 "좋은 것"이며, 이는 아무에게나 줄 수 있는 것도 아닙니다. 그러므로 성도들이 목회자에게 마음을 준다는 것은 물질을 주는 것보다도 더 큰 위로와 격려가 되는 것입니다. 바울이 갈라디아 형제들에게, ㉡ "오직 나를 하나님의 천사와 같이 또는 그리스도 예수와 같이 영접하고, 할 수만 있었더면 너희의 눈이라도 빼어 나를 주었으리라"(4:14-15) 하고 말씀하는 것을 보면, 은혜 가운데 있을 때는 이와 같이 한 것을 알 수가 있습니다.

④ "말씀을 맡았다"는 것은 이처럼 영광스러운 직분입니다. 그런데 명심해야할 점은 여기에 상응하는 책임이 따른다는 점입니다. 5:10절에서는, ㉠ "그러나 너희를 요동케 하는 자는 누구든지 심판을 받으리라" 합니다. 1:8절에서는 ㉡ "저주를 받을지어다" 합니다. 야고보서 3:1절에서는 "선생 된 우리가 더 큰 심판을 받는다" 하고 말씀합니다. 그것은 영혼의 죽고 사는 문제가 말씀에 달려있기 때문입니다. 그러므로 바울의 목회비전은 ㉢ "우리 주 예수의 날에 너희가 우리의 자

랑이 되고 우리가 너희 자랑이 되는 것이라"(고후 1:14) 하고 말씀합니다. 데살로니가 교회에 보낸 편지에서도 "우리의 소망이나 기쁨이나 자랑의 면류관이 무엇이냐 그의 강림하실 때 우리 주 예수 앞에 너희가 아니냐 너희는 우리의 영광이요 기쁨이니라"(살전 2:19-20) 하고 말씀합니다. "복음으로써 낳은 자녀들"을 "유모가 자기 자녀를 기름과 같이", "아비가 자기 자녀에게 하듯 권면하여"(살전 2:7, 11) 주 예수의 날에 세움 받게 하는 것보다 더 큰 가치 있는 일이 무엇이 있겠습니까? 그날에 성도들이 목사님의 손을 붙잡고, "우리에게 오늘이 있도록 양육하여 주신 목사님이 자랑스럽습니다" 하는 말을 듣게 되기를 소망하면서 목회를 하고 있다는 말씀입니다. 그렇다면 "가르침을 받는 자는 말씀을 가르치는 자와 모든 좋은 것을 함께" 해야 마땅할 것입니다.

목회자와 모든 좋은 것을 함께 하라

① 그런데 바울은 이 말씀에 뒤이어, "스스로 속이지 말라 하나님은 만홀히 여김을 받지 아니 하시나니"(7상) 하고 말씀하고 있습니다. 이를 다른 번역들에서는, "자신을 속이지 마십시오. 하나님은 조롱을 당하지 않으십니다", "잘못 생각하지 마십시오 하나님은 조롱을 받으실 분이 아니십니다" 하고 번역하고 있습니다. 그렇다면 누구를 향해, ㉠ "스스로 속이지 말라" 하고 말씀하는 것일까? 또한 어떻게 하는 것이, "스스로 속이는" 것인가? 이 말씀은 계속되는, ㉡ "사람이 무엇으로 심든지 그대로 거두리라"(7하)는 말씀과 결부되어 있습니다. 그렇다면, "무엇으로 심든지 그대로 거두리라"는 법칙(法則)을 무시하는 삶을 살아가는 것이 스스로 속이는 것이요, 무엇으로 심든지 그대로 거두게 된다는 진리를 비웃는 것이 하나님을 만홀히 여기는 것이란

말씀인 것입니다.

② 문제는 이 말씀을 누구를 의중에 두고 한 말씀인가에 있습니다. “심은 대로 거둔다”는 말씀은 보편적인 법칙이요 진리입니다. 그러므로 모든 갈라디아 형제들에게 하시는 말씀이요, 모든 성도들이 명심해야할 말씀임이 분명합니다. 그런 중에서도, ㉠ “말씀을 가르치는 자”가 심각하게 받아야할 말씀인 것입니다. 왜냐하면 첫째로 설교란 씨를 뿌리는 일이요, 무엇을 뿌리느냐에 따라 거두게 되는 결과가 영생과 멸망으로 나타나게 되는 엄청난 책임이 수반하기 때문입니다. 구약시대의 많은 (거짓)선지자들이, “스스로 속이고, 하나님을 만홀히 여기며” 잘못 뿌렸기 때문에 멸망을 거두게 되었고, 주님 당시도 그러했음을 생각한다면 이는 설교자들이 심각하게 받아야할 말씀인 것입니다. 또한 문맥적으로 볼 때 그러합니다. 앞에서는, “말씀을 가르치는 자와 모든 좋은 것을 함께 하라” 말씀하고 있고, 뒤이어서는, “우리가 선을 행하되 낙심하지 말지니 피곤하지 아니하면 때가 이르매 거두리라”(9) 하신, 말씀 사역과 결부된 문맥이기 때문입니다. ㉡ 설교란 다름이 아닌 “씨를 뿌리는” 사역입니다. 무엇으로 심든지 그대로 거두게 될 것을 진정 믿기만 한다면, 그리고 스스로 속이지만 않는다면, 그리하여 하나님은 조롱을 당하시거나, 속으시거나 하실 분으로 잘못 생각하지만 않는다면, 그래서 심은 대로 거두게 되는 심판이 있을 것을 분명히 믿기만 한다면, 말씀을 얼마나 두렵고 떨림으로 전하게 될 것인가? 바울은 이를 알았기에, “우리는 수다한 사람과 같이 하나님의 말씀을 혼잡하게 하지 아니하고 곧 순전함으로 하나님께 받은 것같이 하나님 앞에서와 그리스도 안에서 말하노라”(고후 2:17)고 말씀했을 것입니다.

③ “자기의 육체를 위하여 심는 자는 육체로부터 썩어질 것을 거두

고 성령을 위하여 심는 자는 성령으로부터 영생을 거두리라"(8) 하십니다. 여기에는 대조(對照)가 나타납니다. "육체와 성령, 썩어질 것과 영생"이 그것입니다. 여기 두 가지 질문이 제기됩니다. 첫째는, 자기의 육체를 위하여 심는 자는 누구이고, 성령을 위하여 심는 자란 누구를 가리키는가? 둘째는, 그렇다면 어떻게 하는 것이, "육체를 위하여 심는 것이고, 성령을 위하여 심는 것인가" 하는 점입니다. ㉠ "자기 육체를 위하여 심는 자"란, 5:19절에서 말씀한 "육체의 일"을 생활원리로 삼고 살아가는 불신자를 의중에 두고 한 말씀으로 볼 수가 있습니다. 왜냐하면 ㉡ "하나님의 나라를 유업으로 받지 못할 것이요(5:21), 썩어질 것을 거두리라"(8)고 말씀하고 있기 때문입니다. 그러나 그리스도인들이란 비록 온전히 성령의 소욕대로 살아가지 못하고, 전적으로 성령을 위하여 심지 못한다고 하여도, "유업을 받지 못하거나, 썩어질 것을 거두게 되는" 자들은 아닌 것입니다.

④ 그러므로 "자기 육체를 위하여 심는다"는 것이 반드시, ㉠ "음행과 더러운 것과 호색과 우상숭배와 술수"(5:19-20)와 같은 악한 덕목들만을 가리키는 것은 아니라는 점입니다. 이는 "우리 중에 누구든지 자기를 위하여 사는 자가 없고 자기를 위하여 죽는 자도 없도다 우리가 살아도 주를 위하여 살고 죽어도 주를 위하여 죽나니 그러므로 사나 죽으나 우리가 주의 것이로라"(롬 14:7-8)고 선언하는 이 원리와 반대되는 삶이라면 그것이 비록 도덕적으로 선한 것이라 하여도 그것은 분명, ㉡ "자기 육체를 위하여 심는 자"라는 말씀입니다. 그렇다면 ㉢ "썩어질 것을" 거두게 될 수밖에 없는 것입니다. 왜냐하면 "자기 육체"(8상) 즉, 자신의 영광을 위해서 한 일이기 때문입니다. 그의 육체의 썩어짐과 함께 썩어지고, 이 세상의 종말과 함께 불타버리고 말 것들이기 때문입니다.

⑤ 그렇다면 "성령을 위하여 심는다"는 것은 자명해지는 것입니다. 성도들 중에는 의외로 많은 사람들이, ㉠ "교회 일은 성령을 위하여 심는 것이고, 세상 일은 육체를 위하여 심는 것"이라는 이분법(二分法)적인 생각을 하고 있습니다. 이는 맞는 말 같지만 여기에는 분별력이 있어야만 합니다. 바울은 당시의 노예들에게, "종들아 두려워하고 떨며 성실한 마음으로 육체의 상전에게 순종하기를 그리스도에게 하듯 하여 눈가림만 하여 사람을 기쁘게 하는 자처럼 하지말고 그리스도의 종들처럼 마음으로 하나님의 뜻을 행하여"(엡 6:5-6)라고 권면하고 있습니다. 자신이 잘못해서 주님께 욕을 돌릴까보아, ㉡ "두렵고 떨리는" 마음으로 하라는 것입니다. 이처럼 "그 나라와 그의 이름을" 위하여 하는 것이라면 그리스도인들이 하는 모든 것이 "하나님의 뜻"을 행하는 주의 일이 되는 것입니다. 그렇다면 그는 성령을 위하여 심는 자인 것입니다.

⑥ "심는다"는 말씀과 결부하여 다시 한 번 강조해두고자 하는 바는, 자신의 말대로 복음에 미친(고후 5:13) 바울이, ㉠ "심고 거둔다"는 말씀을 하면서 일반적인 의미로만 사용했다고 보기가 어렵기 때문입니다. 바울은 고린도 교회에 보낸 서신에서, ㉡ "나는 심었고 아볼로는 물을 주었으되"(고전 3:6) 하고 자신의 사역을 "심는" 사역에 비하고 있습니다. 그렇습니다. 사역에는, "심는 자와 물을 주는 자, 아비와 스승(고전 4:15), 터를 닦는 자와 세우는 자"(고전 3:10)가 있기 마련입니다. 그런데, "심는 것, 낳는 것, 터를 닦는 것"이 먼저입니다. "심음, 거듭남, 터"는 하나님이 해주신 것을 전하는 복음입니다. 양육과 교훈은 그 후에 뒤따라야만 하는 것입니다. 이 시대는 심지 않고 거두려하고, 태어나지도 않았는데 양육하려 하고 터를 닦지도 않은 체 세우려는 성급함이 있습니다.

때가 이르매 거두리라

① 9절은 "우리가", 이렇게 시작이 됩니다. 바울은 "너희가" 하지 않고 자신까지를 포함해서 "우리가"라고 말씀합니다. ㉠ "선을 행하되" 합니다. 성경이 말씀하고 있는 궁극적인 "선"(善)이란 도덕적인 선을 의미하는 것이 아닙니다. 악령(惡靈)의 사역에 대항하는 성령(聖靈)의 사역을 의미합니다. 바울은 지금 사회개량사업이나 빈민구제사업 같은 선을 행하고 있는 것이 아닙니다. 바울은 자신의 선교사역을 ㉡ "선한 싸움을 싸웠다" 하고 말씀하는 것입니다. 요셉이 자기를 죽이려던 형들에게 한 말이 도움이 될 것입니다. "당신들은 나를 해하려 하였으나 하나님은 그것을 선으로 바꾸사 오늘과 같이 만민의 생명을 구원하게 하시려 하셨나니"(창 50:20)라고 말했습니다. 그렇습니다. 사탄은 인류를 해하려 하였으나 하나님은 그것을 선으로 바꾸사 만민의 생명을 구원하게 하셨습니다. 그러므로 성경적인 "선"이란 "그 나라와 그의 의"를 위한 헌신을 의미합니다.

② "낙심하지 말지니 피곤하지 아니하면 때가 이르매 거두리라"(9) 하고 격려를 합니다. 이 말씀은 복음 전도자들에게 위로와 동시에 경계가 되는 말씀입니다. 많은 주의 종들이 선을 행하다가 낙심했으며 (모세나 엘리야에서 보듯), 지금도 낙심하고 있고(참고, 딤후 4:10), 앞으로도 낙심하게 될 것을 아셨기에, "낙심하지 말지니" 하시는 것입니다. ㉠ 선을 행하는 자, 즉 복음을 심는 자들이 "피곤함"을 느끼게 되는 것은 어느 때인가? 열심히 뿌리노라 했지만 "거둠"이 빈약할 때입니다. 그리하여 종내는 "낙심하게" 되고 좌절하게 되는 것입니다. 그들을 향해, ㉡ "피곤하지 아니하면 때가 이르매 거두리라" 격려하십니다. "피곤하지 아니하면"이라는 말씀은 다른 번역에서 보는 바대로, "포기하지 아니하면"이라는 뜻입니다. 군사적인 용어로 말한다면,

"후퇴"(後退)하지 않는다면 이라는 뜻입니다. 그러므로 성경은, "너희 담대함을 버리지 말라 이것이 큰상을 얻느니라, 뒤로 물러가면 내 마음이 저를 기뻐하지 아니하리라"(히 10:35, 38) 하고 말씀하시는 것입니다. 주 성령께서는 군사들이 낙망하게 될 것을 아셨기에, "선을 행하다가 낙심하지 말라" 하고 격려를 하고 있는 것입니다. ㉢ 그럼에도 불구하고 낙심한다는 것은 결국, "사람이 무엇으로 심든지 그대로 거두리라"는 하나님의 불변의 법칙을 믿지 못하는 불신앙이라고 밖에는 달리는 변명의 여지가 없는 것입니다. 말하자면 그 전도자는 "스스로 속이고" 있는 셈이요, 심하게 말하면 하나님을 "만홀히 여기고" 있는 셈이라는 말씀입니다.

③ "그러므로 우리는 기회 있는 대로 모든 이에게 착한 일을 하되 더욱 믿음의 가정들에게 할지니라"(10) 하십니다. 바울은 다시 교회 공동체를 향해 권면을 하므로 이 단원을 마치고 있습니다. 만일 10절을 말씀하지 않았다면, "심은 대로 거두리라"는 진리가 일반 성도들하고는 무관한 것처럼 될 뻔했습니다. 바울의 논리는 언제나 용의주도합니다. 그러니까 10절 말씀은 1-5절과 연결이 되고 있는 것입니다. 이런 뜻입니다. ㉠ "너희가 서로 짐을 지라"(2), 그러나 ㉡ 자기가 저야 할 짐은 각자가 지도록 하라(4). 이처럼 ㉢ "우리는 기회 있는 대로 모든 이에게 착한 일을"(10) 하도록 합시다.

셋째 단원(11-18) 새로 지으심을 받은 자뿐이니라

"내 손으로 너희에게 이렇게 큰 글자로 쓴 것을 보라"(11).

바울은 이제 "복음의 진리"(2:5, 14)를 변증한 갈라디아서를 끝마치려 하고 있습니다. 어떤 말씀으로 결론을 맺고 있는가?

① "내 손으로 이렇게 큰 글자로 쓴 것을 보라" 합니다. 이는 "나 바울은 친필로 문안하노니 이는 편지마다 표적이기로 이렇게 쓰노라"(살후 3:17) 한, "표적"하고는 다른 뜻으로 여겨집니다. 왜냐하면 이는 "문안"만이 아니라, "큰 글자"로 쓴 내용이 이제까지의 말씀을 요약해주고 있는 중요한 내용이기 때문입니다. 그러므로 이렇게 말씀하는 의도는, ㉠ 주의와 관심을 집중시키려는 의도에서일 것입니다. ㉡ "내가 여러분에게 이 말들을 얼마나 힘있게 강조하고 있는가를 주의해 보십시오"(존 스토트)라는 그런 뜻일 것입니다. 그렇다면 마지막으로 그토록 강조하고 있는 내용이 무엇인가?

② "무릇 육체의 모양을 내려는 자들이"(12상), 이것이 첫 말씀입니다. 이는 외식적인 신앙을 지적하는 말씀입니다. 주님께서 가장 미워하신 것도 다름 아닌 "외식"(外飾)이었습니다. 왜냐하면 이는 자신의 모습을 있는 그대로 드러내고자 하는 회개의 모습과는 반대되는 개념이기 때문입니다. 이 외식이 얼마나 미우셨으면, "화있을진저" 하고 일곱 번이나 퍼부으셨겠습니까? 저는 건축가 김수근씨로부터 판자집은 추하기는 해도 콘크리트 건물처럼 악하지는 않다는 말을 듣고 공감한 적이 있습니다. 그렇습니다. 주님을 따르던 자들은 대부분 추한 부류들이었습니다. 그러나 바리새인들처럼 악하지는 않았습니다. 이것이 우리하고는 상관이 없다는 말인가?

③ 사도는 마지막에 이르러, "할례"라는 말을 다섯 번이나 언급하고 있는데, 이것이 지금까지의 중요한 쟁점이었기 때문일 것입니다. 거짓 교사들이, "할례"를 주장하고 있는 이유 세 가지를 들어 말씀합니다. 첫째가, ㉠ "육체의 모양을 내려 하는 자들"(12상)이라고 말씀합니다. 그렇다면, 바울이 언급하고 있는 "할례"란, 오늘날 우리에게는, "육체의 모양"을 내려는 모든 외식적인 행위의 대명사(代名詞)라

할 수가 있습니다. 그러니까 오늘날도 "할례당"은 있다는 그런 말씀입니다. 이와 대조되는, 즉 바울이 "큰 글자로 써서" 강조하고자 하는 바가 무엇인가? ㉡ "할례나 무할례가 아무것도 아니로되 <오직 새로 지으심을 받은 자>뿐이니라"(15) 하고 말씀합니다. 즉 거듭난 자뿐이라는 것입니다. 이는, "육체의 모양"과는 정반대(正反對) 되는 내적인 변화인 것입니다. 할례는 인간이 하는 일이지만 "거듭남"은 성령님만이 하실 수 있는 역사입니다. 오늘날 우리는 너무나, "육체의 모양"에 신경을 쓰고 있는 시대를 살아가고 있습니다.

④ 할례를 주장하는 두 번째 이유는, "너희로 할례 받게 함은 십자가를 인하여 핍박을 면하려 함 뿐이라"(12하) 합니다. "십자가를 인하여 핍박을 면하려" 함이란, ㉠ 십자가의 영광스러움을 모르고 있다는 말이요, 나아가 "십자가를 부끄러워하고 있다"는 것이나 다를 바가 없는 것입니다. 여기에 중대한 기만(欺瞞)이 도사리고 있는 것입니다. 현대교회는 ㉡ "십자가를 인하여 핍박을 면하려고" 할례를 주장하는 사람은 없습니다. 그러나 "십자가의 도"를 전하면 거부감을 나타내고 미련한 것으로 여길 가보아, 그리하여 교회가 부흥되지 않고 인기가 떨어질까 보아, "철학과 세상의 초등학문"(골 2:8)으로 회중들을 노략하고 있는 설교자들은 오늘날에도 있기 때문입니다.

⑤ 할례를 주장하는 세 번째 이유는, "할례 받은 저희라도 스스로 율법은 지키지 아니하고 너희로 할례 받게 하려 하는 것은 너희의 육체로 자랑하려 함이니라"(13) 합니다. 바울의 논리에는 빈틈이 없습니다. ㉠ 저들이 "할례"를 주장함은 율법을 지키겠다는 열망에서가 아니라는 것입니다. 그들이 율법을 지키지 못함으로 인하여 애통해하고 있습니까? 아닙니다. 오히려 다른 사람을 판단하며 정죄하고 있을 뿐입니다. 그러면서 무엇 때문에 할례를 내세우고 있는가? ㉡ 자랑거

리를 만들기 위해서라는 것입니다. 이런 자들을 가리켜 바울은 "손할례당"(빌 3:2), 즉 살에 손상을 입히는 자들이라고 말합니다. ㉢ 바울이 "큰 글자로" 써서 강조하고 있는 바가 무엇입니까? "그러나 내게는 우리 주 예수 그리스도의 십자가 외에 결코 자랑할 것이 없다"(14상)는 말씀입니다. 빌립보서에서도 바울은 "하나님의 성령으로 봉사하며 그리스도 예수로 자랑하고 육체를 신뢰하지 아니하는 우리가 곧 할례당이라"(빌 3:2-3)고 통쾌하게 말씀하고 있습니다. 그렇다면 십자가 복음을 자랑하는 것을 지상의 사명으로 여기지 않고, 세상 초등학문 같은 것을 자랑하려 한다면 그들은 오늘날의 "할례당"이라 할 것입니다.

십자가 외에 자랑할 것이 없는 사람

① 형제는 바울이 어째서, "그러나 내게는 우리 주 예수 그리스도의 십자가 외에 결코 자랑할 것이 없다"고 말씀하고 있는지 이제는 말해줄 수가 있겠지요? ㉠ 의롭다 함을 얻게(2:16) 해주시기 때문입니다. ㉡ 거듭나게 해주시기(3:2) 때문입니다. ㉢ 하나님의 자녀가 되게 해주시기(4:6) 때문입니다. ㉣ 하나님의 유업을 이을 자가 되게(4:7) 해주시기 때문입니다.

그래도 모자랍니까? 그래도 부족합니까?

"나를 사랑하사,

나를 위하여 자기 몸을 버리신 하나님의 아들"(2:20)이라고 말씀합니다.

"우리를 위하여 저주를 받은 바 되사 율법의 저주에서,

우리를 속량하셨으니"(3:13) 합니다.

그러므로, "내게는 우리 주 예수 그리스도의 십자가 외에 결코 자랑할 것이 없다"(6:14)고 단언하고 있는 것입니다. 그런데 우리는 어떻게 하고 있는가?

"사람이 의롭게 되는 것은",
이것이 어째서 긴급한 문제인지,
어떻게 해서 가능하여졌는지를 확신시켜주고 있는가?
그리하여 십자가만을 자랑하고 있는가? 대답해야만 합니다.

이것보다 더 절박한 문제가 있단 말인가?
이보다 더 기쁜 소식이 있단 말인가?
이보다 더 감격스럽고 감동적인 말씀이 있단 말인가?

그럼에도 불구하고 강단에서 복음의 핵심인 칭의교리가 살아지고 있다면, 이는 변명의 여지없이 복음을 옆으로 밀어놓고 있다는 증거입니다. 라오디게아 교회처럼, 주님을 밖으로 추방하고 있는 것입니다. 그러면서도 복음을 전하고 있노라고 우긴다면, "다른 복음"을 가르치고 있는 것이라고 말할 수밖에 없습니다.

그래서 갈라디아서는 현대교회를 향해서도 복음의 진리를 변증하고 있는 것입니다.

② 이점에서 "육체"라는 말이 강조되어 있음을 주목해야만 합니다. ㉠ "육체의 모양을 내려하는 자"(12), "육체로 자랑하려 하는 자"(13), 이는 아직 "그리스도의 영광의 복음의 광채"(고후 4:4)를 알아야할 만큼 알지를 못하기 때문이라고 밖에는 달리는 설명할 길이 없습니니

다. 이와 대조적인 것은, ㉡ “새로 지으심을 받은 자”(15), “주 예수 그리스도의 십자가만을 자랑하려 하는 자”(14)입니다. 거기에는 “성령의 열매”(5:22)가 맺어지게 되는 것입니다.

③ 바울은 “그리스도로 말미암아 세상이 나를 대하여 십자가에 못 박히고 내가 또한 세상을 대하여 그러하니라”(14하) 합니다. 이 말씀을 알기 쉽게 표현하면 나는, “세상하고는 담을 쌌다”는 그런 극단적인 표현입니다. 좀 더 정확하게 표현하면, ㉠ “나와, 세상” 사이에 십자가가 놓여있다는 그런 뜻입니다. 그러므로 “나와 세상은 간 곳 없고 구속한 주만 보이도다”, 즉 십자가만을 자랑하게 된다는 것입니다 세상 쪽에서 나를 바라보아도 십자가 뒤에 내가 있는 것이요, 내가 세상을 바라볼 때에도 십자가를 통해서 바라보게 된다는 그런 뜻이 됩니다. 출애굽 당시에 실제로 그런 일이 있었습니다. 앞에는 홍해가 가로막고 있고, 추격해오는 바로의 군대는 목전에 다다른 절체절명의 위기상황일 때 어떤 일이 일어났느냐 하면, ㉡ “이스라엘 진 앞에 행하던 하나님의 사자가 옮겨 그 뒤로 행하매 구름 기둥도 앞에서 그 뒤로 옮겨 <애굽 진과 이스라엘 진 사이에 이르러 서니> 저 편은 구름과 흑암이 있고 이 편은 밤이 광명하므로 밤새도록 저 편이 이 편에 가까이 못하였더라”(출 14:19-20) 합니다. 바로 이것입니다. 그러므로 그리스도인이란 “육체의 모양도, 육체의 자랑도” 이미 십자가에 못 박은 자요, 그리스도의 십자가를 인하여 받는 핍박을 영광으로 여기며, “우리 주 예수 그리스도의 십자가만을 자랑”하는 자들이라는 것입니다. 너는 어느 편에 서겠느냐? 묻고 있는 셈입니다.

④ “무릇 이 규례를 행하는 자에게와 하나님의 이스라엘에게 평강과 긍휼이 있을지어다”(16) 합니다. ㉠ “이 규례를 행하는 자”란, 갈라디아서를 통해서 말씀한 복음진리를 따르는 자를 가리킵니다. ㉡ “하

나님의 이스라엘"이란 육적 이스라엘이 아니라 "참 이스라엘"(요 1:47), 곧 그리스도인들이 진짜 이스라엘이라는 말씀입니다. ⓒ "평강과 긍휼이 있을지어다" 합니다. 이는 축도입니다. 갈라디아서에는 축도가 두 번 나오는 셈입니다. 마지막 절에서 "형제들아 우리 주 예수 그리스도의 은혜가 너희 심령에 있을지어다 아멘" 하고 마치고 있기 때문입니다. 어찌하여 "은혜"를 따로 추가하고 있는가? "그리스도의 은혜를 속히 떠났던 너희가"(1:6), 이제는 "우리 주 예수 그리스도의 은혜" 아래 있게 됨을 확신했기 때문일 것입니다. 은혜의 강수가 흘러내리는 그곳에 평강과 긍휼의 꽃이 피게 되는 것입니다.

⑤ "이 후로는 누구든지 나를 괴롭게 말라 내가 내 몸에 예수의 흔적을 가졌노라"(17) 합니다. 바울의 몸에 지닌 "예수의 흔적"이란 무엇일까? 이를 신비스럽게 해석할 것이 아니라, "내가 수고를 넘치도록 하고 옥에 갇히기도 더 많이 하고 매도 수없이 맞고 여러 번 죽을 뻔하였으니 유대인들에게 사십에 하나 감한 매를 다섯 번 맞았으며 세 번 태장으로 맞고 한 번 돌로 맞고 세 번 파선하는데 일 주야를 깊음에서 지냈으며"(고후 11:23-25) 한, 그 "흔적"으로 보는 것이 안전할 것입니다. 그렇다면 바울이 말미(末尾)에 이 말씀을 하고 있는 의도가 무엇일까요? 이는 당시의 노예들이 몸에 흔적을 지녔듯이 내가 ㉠ 그리스도의 종, 즉 노예라는 흔적이요, 나아가 그리스도의 사도라는 표라는 의미일 것입니다. 또한 ㉡ 이 편지가 바울의 편지라는 싸인이요, ㉢ 무엇보다도 이제까지 변증한 "복음"이 진리임을, 몸에 지니고 있는 "흔적"으로 인(印)을 쳐 보증한다는 의미일 것입니다.

골로새서

학자들은 골로새서의 주제가 그리스도론 이라고 말합니다.
그리스도에 대해서 골로새서 만큼
깊이 있게 논증하고 있는 책은 달리는 없다 하겠습니다.
저는 이 책을 그리스도가 누구이신가?
그러한 그리스도께서 우리를 위하여
무엇을 해주셨는가를 증거하기 위해서 썼습니다.

머리말

① 학자들은 골로새서의 주제가 그리스도론 이라고 말합니다. 그리스도에 대해서 골로새서 만큼 깊이 있게 논증하고 있는 책은 달리는 없다 하겠습니다. 저는 이 책을 ㉠ 그리스도가 누구이신가? ㉡ 그러한 그리스도께서 우리를 위하여 무엇을 해주셨는가를 증거하기 위해서 썼습니다.

② 바울이 골로새서를 쓰게 된 동기는, "내가 이것을 말함은 아무도 공교한 말로 너희를 속이지 못하게 하려 함"(2:4)에서였습니다. 저는 이 책을 ㉠ 이 시대에 공교한 말로 속이려 하는 자들은 없는가? 설교자인 자신을 돌아보기 위해서, ㉡ 그리고 이 책의 독자들로 하여금 "그 안에 뿌리를 박으며 세움을 입어 교훈을 받은 대로 믿음에 굳게 서서 감사함을 넘치게"(2:7) 하게 하기 위해서 썼습니다.

③ 바울은 그리스도인의 삶의 원리를, "그러므로 너희가 그리스도와 함께 다시 살리심을 받았으면 위엣 것을 찾으라 거기는 그리스도께서 하나님 우편에 앉아 계시느니라 위엣 것을 생각하고 땅엣 것을

생각하지 말라"(3:1-2) 하고 권면합니다. 저는 이 책을 ㉠ 그리스도인은 누구인가 하는 정체성(正體性)과, ㉡ 그렇다면 그리스도인은 무엇을 위해서 살아야만 하는가? 하는 인생의 목적을 전해주기 위해서 썼습니다.

④ 바울은 가정윤리와 사회윤리를 말씀하면서 그리스도인의 윤리를 한마디로, "너희는 주 그리스도를 섬기느니라"(3:24) 하고 말씀합니다. 저는 이 책을 ㉠ 교회생활과 가정생활간의 이중성(二重性)과 ㉡ 교회생활과 사회생활의 괴리(乖離)로 인하여 고민하고 있는 형제들에게 그리스도인이 하는 모든 것이 "주 그리스도를 섬기는" 예배임을 말씀해주기 위해서 썼습니다.

이상 네 가지를 염두에 두고 저는 이 책을 썼습니다. 읽으시는 분들에게 조금이나마 도움을 드린다면 더 바랄 것이 없겠습니다.

골로새서 파노라마

골로새 교회는 바울이 "내 육신의 얼굴을 보지 못한 자들"(2:1)이라고 말씀함에 나타나 있는 대로 바울이 개척한 교회는 아닙니다. 그런데 "나의 매인 것을 생각하라"(4:18)는 말씀에서 알 수 있듯이 옥에 갇힌 바 된 바울은 골로새 교회에서 온 에바브라(1:7)를 통해서 교회 내에 이단이 침투했다는 긴급한 보고를 받게 됩니다. 이를 바로 잡기 위해서 보낸 서신이 "골로새서"입니다. 이러한 골로새서를 이해하는 데 있어서 결정적으로 중요한 두 구절이 있습니다. 골로새서는 이 두 구절에 대한 해설이라 해도 과언이 아니요, 그러므로 이 두 말씀의 의미를 바로 알고 붙잡고 있기만 한다면 능히 승리할 수가 있다 하겠습니다.

교회의 머리되심

① 첫째는, "그는 몸인 교회의 머리라"(1:18상)는 말씀입니다. ㉠ 그리스도는 교회의 머리라고 말씀합니다. 에베소서의 주제가 교회는 그리스도의 <몸>이라는 "교회론"이라면, 골로새서는, 그리스도가 교

회의 <머리>가 되신다는 "그리스도론"이라고 말씀드릴 수가 있습니다. 그렇다면 그리스도께서 어떻게 해서 교회의 머리가 되셨는가?

② "그가 근본이요 죽은 자들 가운데서 먼저 나신 자니 이는 친히 만물의 으뜸이 되려 하심이요"(1:18하) 하고 그 이유를 말씀합니다. 여기서 핵심은, ㉠ "죽은 자들 가운데서 먼저 나신 자"라는데 있습니다. 주님은 교회를 위하여 죽으실 뿐만이 아니라 또한 교회를 위하여 다시 살아나심으로 "첫 열매"(고전 15:20)가 되신 것입니다. ㉡ 바울은 그리스도께서 교회의 "머리"되신 이유를 "죽으심과, 다시 사심"에 관련을 시키고 있는 것입니다. 이는 주님과 교회와의 관계를, "머리와 몸, 남편과 아내, 포도나무와 가지" 등으로 묘사하고 있는 "연합교리"를 염두에 두고 하는 말씀입니다. 이 "연합교리"를 성경은 가장 큰 비밀(엡 5:32)이라고 말씀하고 있는데, 요체(要諦)는 나눌 여야 나눌 수가 없고, 떼어놓을 여야 떼어놓을 수 없는 하나 됨을 의미합니다. 그러므로, ㉢ "너희가 세례로 그리스도와 <함께> 장사한 바 되고 또 죽은 자들 가운데서 그를 일으키신 하나님의 역사를 믿음으로 말미암아 그 안에서 <함께> 일으키심을 받았느니라"(2:12)는 논리가 성립이 되는 것입니다. 이처럼 "주와 합하여 한 영"(고전 6:17)을 이루었다면, 주는 "머리"요, 우리는 "몸"과 같다는 논리입니다.

③ 그런데 두 번째로 중요한 말씀은, 이 "머리를 붙들지 아니하는지라"(2:19상) 합니다. 골로새교회에 침투한 이단들은 한마디로 머리되시는 그리스도, 다시 말하면 주님의 "죽으심과 다시 살아나심"을 붙들지 아니하고 지엽적(枝葉的)인 것들을 구원의 조건인 양 내세웠던 것입니다. 그들의 주장을 요약해보면, ㉠ "누가 철학과 헛된 속임수로 너희를 노략할까 주의하라"(2:8) 하심에 나타나 있는 대로 십자가의 도(道)보다는 세상의 철학을 더 내세웠고, ㉡ 할례를 행하고

(2:11), 절기나 월삭이나 안식일(2:16) 등 율법을 지켜야 한다고 주장했고, ㉢ 천사숭배(2:18)와 같은 신비주의요, ㉣ 붙잡지도 말고 맛보지도 말고 만지지도 말라(2:21) 등의 금욕주의적인 것이었습니다.

④ "이런 것들은 자의적 숭배와 겸손과 몸을 괴롭게 하는데 지혜 있는 모양이나 오직 육체를 좇는 것을 금하는데는 유익이 조금도 없느니라"(2:23) 하고 단언합니다. 그러므로 두 구절 ㉠ 그리스도가 교회의 머리되신다는 것과, ㉡ 머리를 붙들지 않는다는 말씀은 골로새 교회에 있어서 만이 아니라 동서고금을 막론하고 참 교회냐, 거짓 교회냐를 분별하는 시금석이 되는 말씀이기 때문에 현대교회에도 중요한 원리가 되는 것입니다.

머리를 붙들지 아니함

① 그렇다면 교회의 "머리를 붙든다"는 것은 구체적으로 무엇을 의미하는가? 여기에는 두 가지 요소가 있습니다. 첫째는, 그분이 누구이신가와 둘째는, 그분이 무엇을 해주셨는가를 알고 믿는 것입니다.

② 예수 그리스도는 누구인가? ㉠ 주님께서도 친히 제자들을 향하여, "너희는 나를 누구라 하느냐"(마 16:15)라고 물으셨습니다. 모든 그리스도인들은 이 질문에 대한 바른 신앙적인 고백이 있어야만 하는 것입니다. ㉡ "당신은 죽은 나사로를 살리신 분, 당신은 오병이어로 5,000명을 먹이시는 분, 당신은 38년 된 병을 고쳐주신 분"이라는 답변 등은 머리를 붙드는 것이 아닙니다.

③ 교회의 머리되시는 그리스도는, ㉠ "그는 보이지 아니하시는 하나님의 형상이요" 합니다. 빌립보서의 표현대로 하면, "그는 근본 하나님의 본체"(빌 2:6)시라는 말씀입니다. ㉡ 요한복음은 "태초에 말

씀이 계시니라 이 말씀이 하나님과 함께 계셨으니 이 말씀은 곧 하나님이시니라"(요 1:1) 합니다. 히브리서에서는 "이는 하나님의 영광의 광채시오 그 본체의 형상이시라"(히 1:3) 하고 말씀합니다. 예수 그리스도는 성자 하나님이십니다.

④ "만물이 그에게 창조되되"(1:15-16) 하고 창조주라고 말씀합니다. ㉠ 요한복음에서는 "만물이 그로 말미암아 지은 바 되었으니 지은 것이 하나도 그가 없이는 된 것이 없느니라"(요 1:3) 하고 말씀합니다. ㉡ 히브리서에서는 "또 저로 말미암아 모든 세계를 지으셨느니라"(히 1:2) 합니다. 교회의 머리되시는 예수 그리스도는 하나님이시오 창조주이십니다. 형제는 예수 그리스도를 이러한 분으로 고백하고 있습니까? 불신자들이란 이에 동의할 수 없다는 사람들입니다.

⑤ 머리를 붙든다는 두 번째 의미는 이러한 분이 우리를 위하여 무엇을 해주셨는가를 알고 믿는 것입니다. ㉠ "그의 십자가의 피로"(1:20상) 합니다. 십자가에 달려 죽어주셨다는 것입니다. 왜 죽어주셨는가? "화평을 이루사 만물 곧 땅에 있는 것들이나 하늘에 있는 것들을 그로 말미암아 자기와 화목케 되기를 기뻐하심이라"(1:20하) 하고 우리의 화목제물이 되어주시기 위해서라고 말씀합니다. 1:22절에서도, ㉡ "그의 육체의 죽음으로 말미암아 화목"(1:21)하게 해주셨다고 말씀하십니다.

⑥ 누가 말입니까? ㉠ 창조주시요 하나님의 형상이신 그리스도께서 말입니다. ㉡ 누구를 위해서 그렇게 해주셨다고 말씀하고 있는가? "전에 악한 행실로 멀리 떠나 마음으로 원수가 되었던 너희"(1:21)라고 말씀합니다. "원수"를 위해서 죽어주셨다는 것입니다. 성경은 말씀합니다. ㉢ "곧 우리가 원수 되었을 때에 그 아들의 죽으심으로 말미암아 하나님으로 더불어 화목되었은즉"(롬 5:10) 하십니다. 하나님

말만해도 듣기 싫어하고 미워하고 안색이 변하는 사람들, 이것이 "마음으로 원수"된 상태입니다. 그러했던 우리를 위해서 하나님은 자기 아들을 화목제물로 내어주신 것입니다. 이것이 우리를 위하여 해주신 일입니다. 이를 믿는 것이 머리를 붙드는 것입니다.

⑦ 다시 강조합니다만 복음의 핵심은 "죽으심"에 있습니다. 그리스도께서 우리를 대신하여 죽으심으로 말미암아, ㉠ 대속과 ㉡ 칭의를 가능하게 해주셨기 때문입니다. 그리고 그렇게 해주신 목적은 ㉢ 하나님과의 화목에 있는 것입니다.

⑧ "만일 너희가 믿음에 거하고 터 위에 굳게 서서 너희 들은바 복음의 소망에서 흔들리지 아니하면 그리하리라"(1:23). 이것이 머리를 붙들고 있는 자들입니다. ㉠ "그러므로 너희가 그리스도 예수를 주로 받았으니 그 안에서 행하되 그 안에 뿌리를 박으며 세움을 입어 교훈을 받은 대로 믿음에 굳게 서서 감사함을 넘치게 하라"(2:6-7). 이것이 머리를 붙들고 승리하는 삶입니다.

증서를 찢어버리심

① 예수 그리스도의 죽으심과 다시 살아나심을 통하여 어떤 일이 일어났는가? "우리를 거스리고 우리를 대적하는 의문에 쓴 증서를 도말하시고 제하여 버리사 십자가에 못박으시고 정사와 권세를 벗어 버려 밝히 드러내시고 십자가로 승리하셨느니라"(2:14-15) 하고 선언합니다. ㉠ "의문(儀文)에 쓴 증서(證書)"란 채무증서, 죄 값에 팔린 노비문서와 같은 것입니다. 이를 어떻게 하셨다고 말씀하십니까? ㉡ "도말하시고, 제하여 버리사, 십자가에 못박으셨다" 하고 말씀합니다. 얼마나 철저하고 강조적입니까? 이는 온전한 ㉢ 해방을, 자유자가 되

었음을 의미합니다.

② 그럼에도 불구하고, "너희가 세상의 초등학문에서 그리스도와 함께 죽었거든 어찌하여 세상에 사는 것과 같이 의문에 순종하느냐, 사람의 명과 가르침을 좇느냐"(2:20-21) 하고 책망합니다. 갈라디아 형제들에게는, ㉠ "이제는 너희가 하나님을 알뿐더러 하나님의 아신 바 되었거늘 어찌하여 다시 약하고 천한 초등학문으로 돌아가서 다시 저희에게 종노릇하려 하느냐"(갈 4:9) 하고 말씀합니다.

③ "그러므로 먹고 마시는 것과 절기나 월삭이나 안식일을 인하여 누구든지 너희를 폄론하지 못하게 하라"(2:16) 하십니다. ㉠ "이것들은 장래 일의 그림자"(2:17)라고 말씀합니다. 그러므로 구약성경에 나타난 의문들은 밝히 드러난 복음의 빛에 의하여 해석되어야만 하는 것입니다. 구약성경을 통해서 "그림자, 모형, 예표" 등으로 보여주셨던 것이, ㉡ "이제는 그의 성도들에게 나타났다"(1:26), 즉 실체로, 실물로, 성취로 "밝히" 나타났다는 것입니다. ㉢ 그러므로 머리를 붙들고만 있다면 이러저러한 일로 "폄론"(남을 비평하는 말)을 받을 이유가 없는 것입니다. "그리스도께서 우리로 자유케 하려고 자유를 주셨기"(갈 5:1) 때문입니다.

영광스러운 교회

① 여기 경이로운 말씀이 있는데, 그리스도 안에는 "신성의 모든 충만이 육체로 거하시고"(2:9) 합니다. 그 다음을 주목해 보시기 바랍니다. "너희도 그 안에서 충만하여 졌으니"(2:10) 합니다. 많은 그리스도인들은 자신이 빈 털털인 양 생각하는 경향이 있습니다. 그래서 가련한 모습을 하고 "주십시오, 주십시오" 하고 간구하고 있는데, 성

경은 "충만하여 졌다"고 말씀하고 있는 것입니다. 이것이 어떻게 가능하여졌단 말인가? ㉠ 이는 "머리"되시는 그리스도가 "모든 충만"한 가운데 있기 때문에 몸도 충만해졌다는 말씀입니다. 머리만 충만하고 몸은 텅텅 비어있는 것이 아닙니다. 이를 찬양하고 있는 것이 시편에 있습니다.

형제가 연합하여 동거함이
어찌 그리 선하고 아름다운고
머리에 있는 보배로운 기름이
수염 곧 아론의 수염에 흘러서
그 옷깃까지 내림 같고 (시 133:1-2) 합니다.

대제사장인 아론의 머리에 기름을 붓습니다. 그 기름이 수염에 흘러서 "옷깃까지", 즉 손끝 발끝까지 흘러내립니다. 이 그림자를 통해서 대제사장이시며 교회의 머리가 되시는 그리스도에게 "기름 부으심"이 몸의 모든 지체들인 그리스도인들에게까지 흘러내림을 바라보고 있는 것입니다. 그래서 "너희도 그 안에서 충만하여졌다" 하고 말씀하시는 것입니다. 머리에게 되어진 모든 일(죽으심과 다시 사심, 고난과 영광)은 동일하게 몸에도 되어진 일이라는 것이 연합교리의 진수입니다.

② "그 안에는 지혜와 지식의 모든 보화가 감취어 있느니라"(2:3) 합니다. 그런데 ㉠ "너희가 그리스도 예수를 주로 받았다"(2:6)는 것입니다. 그러므로 그리스도인들이란 "충만"할 뿐만이 아니라, "모든 보화"를 소유한 자들이라는 것입니다. 이를 알았기에 사도 바울은, "근심하는 자 같으나 항상 기뻐하고 가난한 자 같으나 많은 사람을

부요하게 하고 아무 것도 없는 자 같으나 모든 것을 가진 자로다"(고후 6:10) 하고 말씀했던 것입니다.

③ "너희 생명이 그리스도와 함께 하나님 안에 감취었음이니라"(3:3) 합니다. ㉠ 에베소서에서는, "또 함께 일으키사 그리스도 예수 안에서 함께 하늘에 앉히시니"(엡 2:6) 합니다. 얼마나 놀라운 말씀입니까? 머리되시는 그리스도께서 하나님 우편에 앉아 계심으로 몸도 "그와 함께" 하늘에 앉아 있다는 것입니다. 그러므로 그리스도인들의 구원이란 절대적으로 안전합니다. ㉡ "우리 생명이신 그리스도께서 나타나실 그때에 너희도 그와 함께 영광 중에 나타나리라"(3:4) 합니다. 주님이 재림하시는 날 우리의 낮은 몸도 주님의 영광의 몸과 같이 변하게 될 것입니다. 이보다 더한 영광스러움이란 없습니다.

교회의 사명

① 그렇다면 교회가 담당해야할 사명이 무엇인가? ㉠ "우리가 그를 전파하여 각 사람을 권하고 모든 지혜로 각 사람을 가르침은"(1:28상) 합니다. "전파하는 것과, 가르치는 것"입니다. 왜 그렇게 해야만 합니까? ㉡ "각 사람을 그리스도 안에서 완전한 자로 세우려 함이니"(1:28하) 합니다.

② "이를 위하여 나도 내 속에서 능력으로 역사하시는 이의 역사를 따라 힘을 다하여 수고하노라"(1:29) 하고 말씀합니다. 복음 증거는 성령의 사역입니다. 그런데 성령께서 그리스도인들 안에 계시어 그를 종으로, 도구로, 의의 병기로 사용하여 증거하시는 것입니다. 그러므로 "힘을 다하여 수고"해야하는 것은 우리가 할 일입니다. 이것이 그의 몸 된 지체들이 감당해야할 사명입니다.

③ "머리를 붙들지 아니하는지라"는 말씀은 골로새교회에 국한 된 말씀은 아닌 것입니다. ㉠ "십자가의 도"를 미련한 것으로 여기고 철학과 같은 세상 초등학문으로 설득하려 한다면 이는 분명 머리를 붙들고 있지 아니한 것입니다. ㉡ 축복을 "십자가의 피"보다 더 많이 말하고 있다면 이는 변명의 여지가 없이 머리를 붙들고 있지 아니한 것입니다. 기사와 이적과 방언이나 신유 등을 대속이나 칭의교리보다 더 강조하고 있다면 이는 머리를 붙들고 있지 아니한 것입니다.

④ 사도 바울은, ㉠ "때가 이르리니 사람이 바른 교훈을 받지 아니하며 귀가 가려워서 자기의 사욕을 좇을 스승을 많이 두고 또 그 귀를 진리에서 돌이켜 허탄한 이야기를 좇으리라"(딤후 4:3-4) 하고 그런 날이 이르게 될 것을 경고했습니다. 그때가 지금이 아닌가 하는 위기의식을 가져야 마땅합니다. ㉡ 베드로는 "만물의 마지막이 가까웠으니 그러므로 너희는 정신을 차리고 근신하여 기도하라"(벧전 4:7) 하고 권면했습니다. ㉢ 우리들의 시대는 그 어느 때보다도 정신을 차려야할 혼란한 시대입니다. 그러므로 형제여 머리되시는 그리스도를 꽉 붙잡고 계시기를 기원합니다. 그리고 성숙(온전)한 그리스도인이 되도록 열심히 배우십시다. 그리고 전파하고, 가르치고, 자랑하십시다. 그분 자신을 소유한 것으로 만족하고 항상 기뻐하십시다. 그리하면, "우리를 사랑하시는 이로 말미암아 넉넉히 이기게"(롬 8:37) 될 것입니다. "구주 예수 그리스도의 영원한 나라에 들어감을 넉넉히 주실"(벧후 1:11) 것입니다.

골로새서 1:1-12의 분석 도표

인사와 감사와 기도

은혜와 평강이 있을지어다	1-2 하나님의 뜻으로 말미암아 그리스도 예수의 사도 된 바울과 형제 디모데는(1) 골로새에 있는 성도들 곧 그리스도 안에서 신실한 형제들에게 편지하노니 우리 아버지 하나님으로부터 은혜와 평강이 너희에게 있을지어다(2)
아버지께 감사하노라	3-8 우리가 너희를 위하여 기도할 때마다 하나님 곧 우리 주 예수 그리스도의 아버지께 감사하노라(3) 이는 그리스도 예수 안에 너희의 믿음과 모든 성도에 대한 사랑을 들음이요(4) 너희를 위하여 하늘에 쌓아 둔 소망을 인함이니 곧 너희가 전에 복음 진리의 말씀을 들은 것이라(5) 이 복음이 이미 너희에게 이르매 너희가 듣고 참으로 하나님의 은혜를 깨달은 날부터 너희 중에서와 같이 또한 온 천하에서도 열매를 맺어 자라는도다(6) 이와 같이 우리와 함께 종 된 사랑하는 에바브라에게 너희가 배웠나니 그는 너희를 위하여 그리스도의 신실한 일꾼이요(7) 성령 안에서 너희 사랑을 우리에게 고한 자니라(8)
너희를 위하여 기도하노라	9-12 이로써 우리도 듣던 날부터 너희를 위하여 기도하기를 그치지 아니하고 구하노니 너희로 하여금 모든 신령한 지혜와 총명에 하나님의 뜻을 아는 것으로 채우게 하시고(9) 주께 합당히 행하여 범사에 기쁘시게 하고 모든 선한 일에 열매를 맺게 하시며 하나님을 아는 것에 자라게 하시고(10) 그 영광의 힘을 좇아 모든 능력으로 능하게 하시며 기쁨으로 모든 견딤과 오래 참음에 이르게 하시고(11) 우리로 하여금 빛 가운데서 성도의 기업의 부분을 얻기에 합당하게 하신 아버지께 감사하게 하시기를 원하노라(12)

1:1-12
인사와 감사와 기도

9 이로써 우리도 듣던 날부터 너희를 위하여 기도하기를 그치지 아니하고 구하노
니 너희로 하여금 모든 신령한 지혜와 총명에 하나님의 뜻을 아는 것으로 채우
게 하시고

1:1-12절은 서론입니다. 도표에서 보시는 바대로 서신을 보내는 송신자(送信者)가, 수신자(受信者)에게 하는 인사(첫째 단원)와, 그리고 그들로 인한 감사(둘째 단원)와, 그들을 위한 기도(셋째 단원)의 순으로 되어 있습니다. 그런데 바울이 각 교회에 보낸 서신마다 이렇게 하고 있다고 해서 이를 격식을 갖추기 위한 형식적인 서론으로 보아 넘긴다면 사도 바울의 마음도, 성령의 감동도 모르는 처사라 할 것입니다. 우리는 서론부분은 대충 훑어보고 지나치려는 경향이 있는데, 만일 그렇게 한다면 첫 단추를 잘못 끼는 잘못을 범하게 될 것입니다. 서론 부분은 앞으로 말씀하려는 기조(基調)가 됩니다. 그러므로 이를 잘 파악하는 것이 본론을 이해하는 길잡이라 할 수가 있습니다. 이를 세 단원으로 나누어 상고하겠습니다.

첫째 단원(1-2) 은혜와 평강이 있을지어다

둘째 단원(3-8) 아버지께 감사하노라

셋째 단원(9-12) 너희를 위하여 기도하노라

첫째 단원(1-2) 은혜와 평강이 있을지어다

"하나님의 뜻으로 말미암아 그리스도 예수의 사도 된 바울과 형제 디모데는"(1).

① 골로새서는 "하나님의 뜻으로 말미암아"(1상), 이렇게 시작하고 있습니다. 바울은 골로새 형제들에게 인사를 하려는 참입니다. 그런데 최우선적으로 내세우는 말씀이 무엇인지 주목하시기를 바랍니다. "하나님의 뜻", 하나님의 주권을 맨 앞에 내세우고 있습니다. 이것이 하나님 중심입니다. 성경을 구속사의 관점으로 보아야 한다는 것은, 하나님께서 멸망 받아 마땅한 죄인들을 위해서 어떻게 해주셨는가 하는 하나님의 주권에 초점을 맞춘다는 뜻이기도 합니다. 사람이 무엇을 해야하는가? 또는 해서는 아니 되는가? 하는 교훈적으로 보게 되면 인간중심이 될 수밖에 없는 것입니다. 그리고 인간중심으로 바라보면 성경역사란 어느 시대를 막론하고 절망뿐입니다. 하나님중심으로 바라볼 때만이 소망이 있는 것입니다. 바울을 인간중심으로 바라보면 그는 "사도라 칭함을 받기에 감당치 못할 자"(고전 15:9), 곧 박해자일 뿐입니다.

② 그러므로 "하나님의 뜻으로 말미암아 그리스도 예수의 사도 된 바울"(1중)이라고 말씀하고 있는 것입니다. 에베소교회에 보낸 서신도, ㉠ "하나님의 뜻으로 말미암아 그리스도 예수의 사도 된 바울은"(엡 1:1), 이렇게 시작하고 있습니다. 우리는 그가 어떻게 강권적으로 사도로 부르심을 받았는가를 잘 알고 있습니다. 바울이 사도가 된 것은 자기 뜻을 따라, 자원하여 된 것이 아닙니다. 이 점을 갈라디아교

회에 보낸 서신에서는, ㉡ "사람에게서 난 것도 아니요 사람으로 말미암은 것도 아니요 오직 예수 그리스도와 및 죽은 자 가운데서 그리스도를 살리신 하나님 아버지로 말미암아 사도 된 바울"(갈 1:1)이라고 말씀하고 있습니다.

③ "하나님의 뜻으로 말미암아 그리스도 예수의 사도 된 바울"이라는 진술이 어째서 중요하냐 하면, 이 말씀 속에는 확고한 소명 의식이 나타나 있기 때문입니다. 이점을 로마 교회에 보낸 서신의 첫 말씀을 통해서 살펴본다면, "예수 그리스도의 종 바울은 사도로 부름을 받아 하나님의 복음을 위하여 택정함을 입었으니"(롬 1:1) 하고 말씀합니다. ㉠ 그리스도인들이란 모두가 다 주님께서 값을 주고 사신 "예수 그리스도의 종들"입니다. 그 종들 중에서 자신은 ㉡ 사도로 부름을 받았고 어떤 사람은 목사로, 장로로, 전도자로 부름을 받았다는 것입니다. 이것이 소명(召命)입니다. 왜 사도로 부르셨는가? "하나님의 복음을 위하여 택정함을 입었으니" 합니다. 복음을 증거케 하기 위해서라는 것입니다. 이것은, ㉢ 사명입니다. 어찌하여 이점을 강조하고 있느냐 하면, 오늘날은 소명감(召命感)과, 사명감(使命感)에 확고하지를 못하고 자주 흔들리는 주의 종들을 대하게 되기 때문입니다. 그렇게 된다면 자신뿐만이 아니라 따르는 양 무리들을 위해서도 불행한 일인 것입니다.

④ 그렇다면 사도란 어떤 직분인가? 바울은 에베소교회에 말하기를, ㉠ "너희는 사도들과 선지자들의 터 위에 세우심을 입은 자라"(엡 2:20)고 말씀합니다. 그러니까 사도들은 교회의 터를 놓은 창립(創立) 멤버라는 뜻입니다. ㉡ "사도"란 주님의 생애와, 죽으심과, 다시 사심, 특히 부활하신 주님을 목격(행 1:21-22)한 사람들입니다. 그리하여 주의 죽으심과 다시 사심을 증거하기 위하여 보냄을 받은 증인들입니

다. 그러므로 "사도"는 계승되지 않습니다. 이점을 본문에서는 ㉢ "사도 된 바울과 형제 디모데는" 하고 분명히 구분하여 말씀하고 있습니다. 바울과 디모데는 동역자요, 아버지와 아들과 같은 사이입니다. 그러나 바울은 "사도"였고, 디모데는 아니었습니다. 그래서 "사도 된 바울과 디모데"라고 말씀하지 않고, "사도 된 바울과 형제 디모데는" 하고 말씀하는 것입니다.

하나님의 뜻으로 말미암아

① 오늘날은 "하나님의 뜻으로 말미암아"라는 하나님의 주권보다는 너무나 인간 중심적으로 기울어져 있습니다. 바울이 사도가 된 것만이 "하나님의 뜻으로 말미암아" 된 것이 아닙니다. ㉠ "복음" 자체가 하나님의 뜻대로 계획하시고 이루어 오신, "하나님의 복음"(롬 1:1)이요, ㉡ 우리가 구원 얻어 하나님의 자녀가 될 수 있었던 것도, "그 기쁘신 뜻대로 우리를 예정하사 예수 그리스도로 말미암아 자기의 아들들이 되게 하셨다"(엡 1:5)고 말씀합니다. 설교자란 최우선적으로 하나님의 주권을 세워드리기 위해서 세움 받은 자라고 말해도 과언이 아닌 것입니다. 성경은 하나님의 자기계시이기 때문입니다. "하나님의 뜻으로 말미암아 그리스도 예수의 사도 된 바울", 이것이 송신자(送信者) 바울의 자기 소개입니다. 그렇다면 수신자(受信者)는 누구들인가?

② "골로새에 있는 성도들 곧 그리스도 안에서 신실한 형제들에게 편지하노니"(2상) 합니다. ㉠ "골로새에 있는 성도들"이라고 말씀합니다. 성도(聖徒)라는 말은 거룩하게 구별된 자라는 뜻입니다. 그렇습니다. 골로새 라는 도시에 복음이 전하여지기 전에는 이러한 구별이 없었습니다. 그런데 복음의 빛이 비춰게 되자 거룩하게 구별된 성도

들이 나타나게 된 것입니다. ㉡ "곧 그리스도 안에서"(2중) 합니다. 그러니까 그리스도 안에 있는 자와, 밖에 있는 자로 구별이 된 것입니다. 그러므로 골로새에 있는 그리스도인들이란 "그리스도 안에서 골로새에 살고 있다"는 말씀인 것입니다. 바울은 빌립보 형제들을, "그리스도 예수 안에서 빌립보에 사는 모든 성도"(빌 1:1)라고 말씀합니다. 이것이 얼마나 복스러운 말씀입니까? 바울은 "에베소서, 빌립보서, 골로새서"를 로마 옥중에서 기록하였습니다. 그런데 "주 안에서 갇힌 내가"(엡 4:1) 합니다. 그는 옥안에 있으나 그보다 앞서 그리스도 안에 있는 자였습니다. 그러므로 "주 안에서 갇힌 나"라고 말씀하고 있는 것입니다. 성도들이란 "그리스도 안에" 있는 자들입니다. 환난과 시련을 당해도 그리스도 안에서 당하는 것입니다. 노아와 그의 가족들은 방주 안에 있음으로 안전할 수가 있었습니다. 그리스도 안에 있는 성도들은 안전합니다. 튼튼합니다. 우주인이 우주선 안에 있는 것보다도 더욱 안전합니다.

③ "신실한 형제들"(2중)이라고 부릅니다. 먼저 골로새 성도들을, ㉠ "형제들"이라고 부르고 있다는 점입니다. 바울은 함께 있는 디모데를 "형제"(1)라고 말씀했습니다. 그런데 피차 육신의 얼굴을 보지 못한 그들을 형제라고 말씀합니다. "그리스도 예수의 사도 된 바울"이라고 자기를 소개할 때에는 감히 가까이 할 수 없는 위엄과 권위가 느껴졌던 것도 사실입니다. 그런데 2절에서는 그들을 친근하게 "형제"라고 말씀하고 있는 것입니다. 일면식도 없는 그들을 어떻게 형제라 할 수가 있단 말인가? 대답은 우리 모두는, "그리스도 예수 안에" 있기 때문입니다. 그리스도 밖에 있는 자들과는 형제가 아닙니다. 말은 바 사명은 각각 달라도 신분은 하나님의 자녀들인 "형제"라는 말씀입니다. ㉡ "신실한 형제들"이라고 말씀합니다. 에베소교회에 보낸

서신에서도, "그리스도 예수 안의 신실한 자들"(엡 1:1)이라고 말씀합니다. "신실"하다는 말은 믿을 만 하다는 뜻인데, 어떤 면에서 믿을 만한 자들인가? "언약"에 신실한 자들입니다. 시편 기자는 "그러나 저희가 입으로 그에게 아첨하며 자기 혀로 그에게 거짓을 말하였으니 이는 하나님께 향하는 저희 마음이 정함이 없으며 그의 언약에 성실치 아니하였음이로다"(시 78:36-37) 하고 말씀합니다. "그의 언약에 성실치 아니함", 그렇습니다. "신실한 자"란 하나님의 언약을 굳게 믿는 자, 그 언약에 성실한 자들인 것입니다. 초대교회 형제들은 그러했습니다. 그들은 순교를 당하면서도 결코 하나님의 언약을 배반치 아니하였던 것입니다.

은혜와 평강

① "우리 아버지 하나님으로부터 은혜와 평강이 너희에게 있을지어다"(2하) 합니다. ㉠ "은혜와 평강"을 기원하고 있습니다. 이를 "은혜"(카리스)는 헬라식 인사이고, "평강"(샬롬)은 히브리식 인사라고 말하는 것은 옳은 말이 아닙니다. 6절을 보십시오. "복음"이 그들에게 이르게 되자, "하나님의 은혜"를 깨닫게 되었다고 말씀합니다. 그리고 그 은혜를 입은 심령에는 "평강"이 있게 되는 것입니다. 주님은 말씀하십니다. "평안을 너희에게 끼치노니 곧 나의 평안을 너희에게 주노라 내가 너희에게 주는 것은 세상이 주는 것 같지 아니하니라 너희는 마음에 근심도 말고 두려워하지도 말라"(요 14:27). 그러므로 "은혜"가 샘(겔 47:1)이라면, "평강"은 강수(江水)와 같은 것입니다. 그리고 그 기원은, "우리 하나님 아버지로부터"입니다. 그러므로 "은혜와 평강"이란 복음에 입각한 축복의 인사라 할 수가 있습니다.

② "은혜와 평강"(3)이라는 축복의 말씀을 구속사라는 맥락에서 고

찰해 보면, 생각같이 단순한 뜻이 아님을 깨닫게 됩니다. 왜냐하면 "은혜와 평강"이라는 복이 하나님께서 제사장들에게 가르쳐주신 축복 문에 들어있음을 발견하게 되기 때문입니다. 제사장들은 백성들에게 이렇게 축복하라고 명(민 6:22-27)하십니다. ㉠ "여호와는 그 얼굴로 네게 비취사 <은혜> 베푸시기를 원하며" 하십니다. "은혜"가 어떻게 임하게 된다고 말씀하고 있는가? "여호와는 그 얼굴을 네게 비취사" 라는 말씀을 주목하시기를 바랍니다. 구약시대란 한마디로 죄로 말미암아 "그 얼굴을 가리우셨던"(사 59:2) 시대입니다. 그런데 예수 그리스도의 구속으로 말미암아 가리웠던 휘장은 찢어졌고, 비로소 그 얼굴을 비취사 은혜 베푸시는 것이 가능하여진 것입니다. 이것이, "그리스도의 영광의 복음의 광채"(고후 4:4)로 비춰진 것입니다. 또 명하시기를, ㉡ "여호와는 그 얼굴을 네게로 향하여 드사 <평강>주시기를 원하노라" 하라 하십니다. 먼저 "그 얼굴을 내게 비취사" 은혜를 베풀어주시고, 그리고 "그 얼굴을 내게로 향하여 드시기만" 한다면, 다시 말하면 여호와의 얼굴을 우리에게서 돌리시지만 않으신다면 우리는 어떠한 처지와 형편에서라도 평강을 누릴 수가 있는 것입니다. 그러므로 "은혜와 평강"은 구약에서 약속하신 축복이 예수 그리스도로 말미암아 성취된 복인 것입니다.

③ 성경은 "오늘날 너희가 그의 음성을 듣거든"(히 3:15) 하고 말씀합니다. 하나님은 기록된 성경을 통하여 오늘날도 말씀하고 계신다는 것입니다. 그러므로 우리는 지금 바울의 서신, 그것도 2천년 전에 골로새교회에 보낸 서신을 상고하고 있는 것이 아니라 오늘 우리에게 말씀하시는 하나님의 음성을 듣는다는 믿음이 중요합니다. 그러므로 골로새서가 선포되는 그 현장에서 우리는 우리에게 배달 된 하나님의 편지를 받게 되는 것입니다.

둘째 단원(3-8) 아버지께 감사하노라

"우리가 너희를 위하여 기도할 때마다 하나님 곧 우리 주 예수 그리스도의 아버지께 감사하노라"(3).

① 본 단원의 중심점은, "감사하노라" 한 "감사"에 있습니다. 바울은 골로새교회가 어려운 문제에 직면해 있음을 알고 있습니다. 그럼에도 불구하고, 이 문제로 직행하고 있지 아니합니다. 먼저 그들로 인한 감사를 하나님께 드리고 있는 것입니다. 무엇을 감사하고 있는가?

② "이는 그리스도 예수 안에 너희 믿음과 모든 성도에 대한 사랑을 들음이요"(4) 합니다. 골로새 형제들에게 "믿음과 사랑"이 있음을 들었기 때문에 감사한다는 것입니다. 먼저 ㉠ "믿음"이란 하나님과의 관계성입니다. 하나님과의 관계는 믿음의 관계입니다. 믿음의 관계라는 말은 하나님의 언약을 믿는 언약(言約)의 관계라는 뜻도 됩니다. 그러므로 만일 하나님께서 언약을 세워주시지 않는다면 믿음도 없고, 하나님과의 관계도 성립이 될 수가 없는 것입니다. 그렇다면 골로새 형제들은 무슨 "언약"을 믿었는가? ㉡ "새 언약", 즉 복음입니다. 5절에서는 "복음 진리의 말씀을 들은 것이라" 하고, 6절에서는 "이 복음이 이미 너희에게 이르매" 합니다. 저들은 복음을 믿음으로 하나님과의 관계가 성립이 된 것입니다. 그래서 "그리스도 예수 안에 너희 믿음"이라고 말씀하는 것입니다. 바울은 골로새 형제들에게 복음을 믿는 "믿음"을 주셨음을 인하여 감사하고 있는 것입니다.

③ 믿음만 있는 것이 아니라, 골로새 형제들에게 "사랑"(4하)이 있음을 들었다고 말씀합니다. ㉠ 사랑은 성도 상호간을 하나로 묶어주는 유대를 일컫는 말씀입니다. 그래서 "모든 성도에 대한 사랑"이라고 말씀하는 것입니다. ㉡ 교회란 수직적(垂直的)으로 하나님과의 관

계는 믿음의 관계요, 수평적(水平的)으로 성도 상호간은 사랑의 관계인 것입니다. 물론 우리는 하나님도 사랑합니다. 그러나 하나님과의 관계를 결정적으로 성립시켜주는 것은 믿음인 것입니다. 성경은 말씀합니다. "믿음이 없이는 하나님을 기쁘시게 못하나니"(히 11:6). 반면 교회 공동체를 하나로 묶어주는 결정적인 요소는 사랑입니다. 그러므로 "한 지체가 고통을 받으면 모든 지체도 함께 고통을 받고"(고전 12:26) 한 "사랑"이 결려되어 있다면 어찌 한 몸에 속해있는 지체들(교회)이라고 말할 수가 있겠습니까?

④ 그러므로 교회의 교회다움의 요소는 ㉠ "믿음과 사랑"입니다. 이점을 에베소교회에 보낸 서신에서도, ㉡ "이를 인하여 주 예수 안에서 너희 믿음과 모든 성도를 향한 사랑을 나도 듣고 너희를 인하여 감사하기를 마지아니하고"(엡 1:15) 합니다. 바울은 골로새 형제들에게 이러한 사랑이 있음을 인하여 감사하고 있는 것입니다.

믿음, 사랑, 소망

① 감사할 조건이 또 있습니다. "믿음과 사랑"이 끝이 아니라는 것입니다. ㉠ "너희를 위하여 하늘에 쌓아 둔 소망을 인함이니"(5상) 합니다. "믿음과 사랑"은 현재적(現在的)입니다. 하나님께서는 이들에게 주시려고, "소망"을 하늘에 쌓아두고 계시다는 것입니다. 이점을 에베소서에서는, "찬송하리로다" 하고 찬양을 돌리면서, ㉡ "하나님 곧 우리 주 예수 그리스도의 아버지께서 그리스도 안에서 하늘에 속한 모든 신령한 복으로 우리에게 복 주시되"(엡 1:3) 하고, "하늘에 속한 모든 신령한 복"이라고 말씀합니다. 골로새 형제들이 이러한 소망을 간직하고 있음을 듣게 되었을 때에 바울은 감사하지 않을 수가 없었던 것입니다.

② 그러니까 바울은 신앙의 삼 요소(要素)라 할 수 있는, "믿음, 사랑, 소망"을 들어서 감사하고 있는 것입니다. 데살로니가 형제들에게 보낸 서신에서도, ㉠ "우리가 너희 무리를 인하여 항상 하나님께 감사하고 기도할 때에 너희를 말함은 너희의 믿음의 역사와 사랑의 수고와 우리 주 예수 그리스도에 대한 소망의 인내를 우리 하나님 아버지 앞에서 쉬지 않고 기억함이니"(살전 1:2-3) 하고 역시 신(信), 망(望), 애(愛)를 들어서 감사하고 있음을 봅니다. 신앙생활이란 어렵고 복잡한 것이 아닙니다. "믿음의 역사와 사랑의 수고와 소망의 인내"만 간직하고 있으면 더 바랄 것이 없는 것입니다. ㉡ 한가지 부언(附言)해 둘 것은 바울은 골로새 성도들에게 감사하고 있지 않다는 점입니다. 바울 서신 어디서도 사람에게 감사하고 있는 것을 발견할 수가 없습니다. 만일 그렇게 한다면 그것은, "아첨하는 말"(살전 2:5)이 되고 말 것입니다. 우리들에게 "믿음, 사랑, 소망"이 있다면 이것도 하나님의 선물이라고 말씀합니다. 그러므로 찬양과 감사는 마땅히 하나님께만 돌려야 하는 것입니다.

③ "곧 너희가 전에 복음 진리의 말씀을 들은 것이라"(5하) 합니다. 이는 골로새 형제들이, "믿음, 사랑, 소망"을 소유하게 된 근거가 어디에서 왔는가를 상기시키는 말씀입니다. "곧 복음 진리의 말씀을 들음"으로 주어졌다고 말씀합니다.

믿음은 들음에서 나며

① 그러므로 여기 중요한 요점이 등장하게 되는데 그것은, "들은 것이라" 한 "들음"의 문제입니다. 사람이란 "지, 정, 의"적인 인격체입니다. 이들은 설교를 통해서 무엇인가 듣게 됩니다. 듣는 자들에게 "믿음, 사랑, 소망"을 줄 수 있는 것은 아무 말씀이나 들으면 되는 것

은 아닙니다. ㉠ "정"(情)에 호소하는 설교가 있습니다. 이는 순간적으로 감정을 고조시킬 수는 있으나 얼마 못 가서 바람 빠진 풍선같이 되고 맙니다. 이런 설교는 논리의 근거를 간증이나 예화에서 끌어냅니다. 대부분의 부흥회 설교가 이런 유형에 속한다고 할 수가 있습니다. ㉡ "의지"에 호소하는 설교가 있습니다. 그래서 무엇인가 행해야 축복을 받는다고 강조합니다. 교훈적인 설교가 이런 유형에 속합니다. 이는 기쁜 소식이 아니라 자칫하면 성도들의 목에 무거운 멍에를 메우는 결과를 가져올 수가 있습니다. ㉢ "지성"에 호소하는 설교가 있습니다. 이를 교리적인 설교라고 말합니다. 이는 하나님께서 우리들을 위해서 자기 아들을 통해 해주신 것이 무엇인가를 알게(知) 해줍니다. 믿음은 들음에서 나며, 은혜는 하나님이 해주신 복음을 듣고 믿음으로 받게 되는 것입니다.

② 그러므로 "이 복음이 이미 너희에게 이르매"(6상) 합니다. 6절에는 복음이 전파되는 과정을 말씀해주는 중요한 서정(序程)이 있습니다. 복음이 ㉠ "이르렀다"고 말씀합니다. 우선 복음이 전파되지 않은 곳에 복음이 "이르러야"만 하는 것입니다. 예루살렘에서 발원(發源)한 복음이 드디어 골로새까지 이르렀다고 말씀합니다. "이르렀다"는 말은 마치 마라톤 선수가, 또는 선한 싸움을 싸우며 진격(進擊)해 나가는 십자가 군병들이 입성하게 됨을 연상하게 합니다. 복음이란 이처럼 달음박질치고, 정복해나가는 능력이 있는 것입니다. 다음은 너희가 이 복음을 ㉡ "듣고", ㉢ "깨달았다"고 말씀합니다. 복음을 듣고 무엇을 깨닫게 되었는가? "하나님의 은혜"를 깨달았다는 것입니다. "듣고, 깨닫고, 믿음"으로 은혜를 받게 되는 것임을 명심해야만 합니다.

③ 저는 지금 "은혜를 받게 된다"고 말씀했습니다. 그렇다면 은혜가 무엇인가? ㉠ 무가치한 자에게 베푸는 하나님의 호의입니다. 그러

므로 은혜란 하나님께서 자기 아들을 통해서 무가치한 죄인들에게 해주신 하나님의 선물입니다. 복음을 증거해 줌으로 성도들이 듣고, 깨닫고, 믿음으로 은혜를 받게 되는 것입니다. ㉡ 사람이 해야할 윤리는 교훈(教訓)을 받는 것이지 은혜가 아닙니다. 은혜를 받게 되면 감사와 찬양을 돌리게 됩니다. 은혜를 받게 되면 망령된 행실을 끊고자 하는 결단(意)이 따르게 되는 것입니다. 이처럼 듣는 자들에게, "믿음, 사랑, 소망"을 줄 수 있는 것은 복음뿐입니다.

④ "온 천하에서도 열매를 맺어 자라는 도다"(6하) 합니다. 바울의 묘사는 실로 감탄을 자아내게 합니다. 복음이 이른 곳에 "열매를 맺었다"고 말씀합니다. 그래서 "자라는도다" 합니다. 이 말씀은 주께서 말씀하신 바, "한 알의 밀이 땅에 떨어져 죽지 아니하면 한 알 그대로 있고 죽으면 많은 열매를 맺느니라"(요 12:24) 하신 말씀을 연상하게 합니다. 이 복음은 한반도에도 "이르렀고" 이제는 한국을 통해서 전 세계로 퍼져나가 "열매를 맺어 자라고" 있는 것입니다. 얼마나 경이로운 복음입니까!

⑤ "이와 같이 우리와 함께 종 된 사랑하는 에바브라에게 배웠나니"(7상) 합니다. 골로새 형제들은 에바브라를 통해서 복음을 들었다는 말씀입니다. 에바브라는 바울이 에베소에 있는 두란노 서원에서 두 해 동안 강론할 때에 복음을 받은 것(몬 1:23)으로 여겨집니다. 그 후에 고향인 골로새에 돌아가서 복음을 전파한 듯합니다. 그렇다면 ㉠ 바울→에바브로→골로새 성도들의 경로로 전파되었으니, 골로새 성도들은 촌수로 하면 바울의 손자 뻘 되는 셈입니다. 왜 이렇게 말씀하느냐 하면, ㉡ 누구에게 "배웠느냐" 하는 점의 중요성을 말씀드리기 위해서입니다. 사도 바울도 이에 대한 중요성을 알았기에 디모데에게, "그러나 너는 배우고 확신한 일에 거하라 네가 뉘게서 배운 것

을 알며"(딤후 3:14) 하고 이점을 상기시켰던 것입니다. 믿음의 시초에 누구에게서, 어떤 흐름의 가르침을 받았느냐 하는 점은 그 사람에게 평생토록 영향을 미치게 되는 중대한 사안인 것입니다. ㉢ 바울이 "그는 너희를 위하여 그리스도의 신실한 일꾼"(7하)이라고 천거하는 에바브라를 통해서 골로새 성도들이 복음을 받게 되었다는 것은 크나큰 축복이라 할 것입니다.

셋째 단원(9-12) 너희를 위하여 기도하노라

"이로써 우리도 듣던 날부터 너희를 위하여 기도하기를 그치지 아니하고 구하노니 너희로 하여금 모든 신령한 지혜와 총명에 하나님의 뜻을 아는 것으로 채우게 하시고"(9).

① 본 단원의 내용은 골로새 형제들을 위한 바울의 기도입니다. 이 단원을 상고하면서 첫째는, 이 기도가 우리에게도 이루어지기를 사모하는 일이고, 둘째는, 바울의 기도와 우리의 기도가 어떻게 다른가를 깨달아 기도에 진보를 보이는, 즉 자라 가는 일입니다. 우선적으로 하나님께 "감사"를 드린 바울은, "너희를 위하여 기도하기를 그치지 아니하고 구하노니" 합니다. ㉠ "듣던 날부터"라고 말씀합니다. 에바브라를 통하여 골로새교회의 사정을 듣게 된 날부터 기도하기를 시작했다는 것입니다. 하나님 앞에 나아갈 특권을 입은 제사장 된 성도들은, 어떤 형제의 사정을 알지 못했다면 모르되, "들었다"면, 그래서 알았다면 기도해야할 책임이 있는 자들입니다. ㉡ "기도하기를 그치지 아니하고 구하노니" 합니다. 로마교회에 보낸 서신에서도, "하나님이 내 증인이 되시거니와 항상 내 기도에 쉬지 않고 너희를 말하며"(롬 1:9) 합니다. 바울은 모든 서신에서 그들을 위하여 쉬지 않고 기도하

고 있음을 밝히고 있습니다. 골로새서는 옥중 서신입니다. 바울은 옥에 갇힌 몸이라고 해서 나는 아무 것도 할 수 없다 하고 허송세월을 하고 있지 않았습니다. 바울은 옥중에서도 바빴습니다. 다른 말로 하면 옥중에서도 영적인 전투를 계속하고 있었다는 말씀입니다. 그러면 무엇을 간구하고 있는가?

② "너희로 하여금 모든 신령한 지혜와 총명에 하나님의 뜻을 아는 것으로 채우게 하시고"(9하) 합니다. 첫째로, ㉠ "하나님의 뜻을" 알게 해달라고 구하고 있습니다. 바울은 골로새서의 첫 말씀을 "하나님의 뜻으로 말미암아"(1:1상), 이렇게 시작을 했습니다. 기도의 첫 제목도 "하나님의 뜻"을 알게 해달라는 것입니다. 이는 원리적(原理的)인 기도제목이라 말할 수가 있습니다. 바울은 이단문제로 직행하고 있지 아니합니다. 다시 말하면 지엽적인 문제에 매달리고 있는 것이 아닙니다. 지엽적인 문제는 꼬리에 꼬리를 물고 일어날 것이고 끝일 날이 없을 것입니다. 그러므로 근본적인 문제에서 그 해결점을 찾고 있는 것입니다. 에베소 형제들에게도, "그러므로 어리석은 자가 되지 말고 오직 주의 뜻이 무엇인가 이해하라"(엡 5:17) 합니다. 로마 형제들에게도, "하나님의 선하시고 기뻐하시고 온전하신 뜻이 무엇인지 분별하도록 하라"(롬 12:2) 합니다. 그렇습니다. 모든 그리스도인들이 공통적으로 고심하고 있는 문제가 있다면, "하나님의 뜻"을 알게 해달라는 것일 겁니다. 어떻게 하면 하나님의 뜻을 알 수가 있을까요?

하나님의 뜻을 아는 것으로 채우게 하시고

① "신령한 지혜와 총명에 하나님 뜻을 아는 것"이라고 말씀합니다. ㉠ "신령한 지혜와 총명"이라고 말씀함으로 하나님의 뜻을 분별하는 "지혜와 총명"이 "신령", 즉 성령으로 말미암아 주어짐을 나타내

고 있습니다. 예를 들면, 바울은 고린도 성도들로부터 질문을 받고는 "처녀에 대하여는 내가 주께 받은 계명이 없으되 주의 자비하심을 받아서 충성된 자가 되어 의견을 고하노니…내 뜻에는 그냥 지내는 것이 더욱 복이 있으리로다" 하고 답변합니다. 그런 후에 ㉡ "나도 또한 하나님의 영을 받은 줄로 생각하노라"(고전 7:25, 40) 하고 부언을 합니다. 이는 내주(內住)하시는 성령으로 말미암아 바울의 뜻이 주의 뜻과 일치하게 됨을 나타내는 표현입니다. 그리스도인들이란 하나님의 영을 모신 자들입니다. 그러므로 내주하시는 성령께서 하나님의 뜻을 분별하게 해준다는 말씀입니다.

② 그러므로 그리스도인들은 하나님의 뜻을 알 수가 있는 자들입니다. 또한 그 뜻대로 행하기를 사모하는 자들입니다. 골로새 형제들도 그러했습니다. 문제는 ㉠ "채우게 하시고"(9하) 한 충만이 문제입니다. 반만이 차있다면 반만의 순종이라고 말씀드릴 수가 있습니다. 갈라디아서에서는, "육체의 소욕과, 성령의 소욕"이 서로 대적하고 있다고 말씀하고 있는데(갈 5:17), 육체의 소욕대로 행하면 내 뜻대로 행하는 것이 되고, 성령의 소욕을 좇아 행하면 하나님의 뜻대로 행하는 것이 되는 것입니다. 그러므로 "채우게 하시고", 즉 충만하게 해달라고 기도하고 있는 것입니다. 이는 "하나님 아는 것에 자라게 하시고"(10하)와 연관이 되는 말씀입니다. "자라게 되면, 채워지게" 되기 때문입니다.

③ "하나님의 뜻을 아는 것"에 관하여 좀 더 부언을 해야만 하겠습니다. 상대방의 뜻을 알기 위해서는 물어보는 것이 상책입니다. 기도란 하나님과의 교제의 창입니다. 이것을 열어주셨다면 하나님께 여쭙는, 즉 질문(質問)하는 기도를 많이 해야 마땅할 것입니다. 하나님께서는 성막을 통하여 계시하시기를 지성소에 있는 속죄소, "거기서 너

와 만나고, 네게 명할 모든 일을 네게 이르리라"(출 25:22) 하셨습니다. 그리스도의 대속의 피를 통하여 성소의 휘장을 열어주셨다면, 그리하여 그리스도인이라면 누구나 "은혜의 보좌 앞에 담대히 나아가게"(히 4:16) 되었다면, ㉠ 먼저 하나님을 만나고, 다음은 ㉡ 어떻게 하오리까 하고 물어, ㉢ 명하시는 대로 순종의 삶을 살아가야 하지 않겠습니까?

④ 그러므로 구약성경에 보면, ㉠ 다윗은 매사에 하나님께 물어(삼상 23:2, 4; 삼하 5:19, 23) 행하는 것을 보게 됩니다. 그러나 ㉡ "사울 때에는 우리가 궤 앞에서 묻지 아니하였느니라"(대상 13:3; 10:14) 합니다. 여호수아도, "어떻게 할 것을 여호와께 묻지 아니하고"(수 9:14) 기브온 사람과 화친하는 실수를 범하는 것을 보게 됩니다. 하나님께 묻는 기도를 드림으로, "하나님의 뜻을 아는 것으로 채우게" 되시기를 기원합니다. 이것이 최우선적인 기도제목입니다. 주님은 말씀하십니다. "나의 양식은 나를 보내신 이의 뜻을 행하며 그의 일을 온전히 이루는 이것이니라"(요 4:34).

범사에 기쁘시게 하고

① 두 번째 기도 제목은, "주께 합당히 행하여 범사에 기쁘시게 하고"(10상) 합니다. 왜 하나님의 뜻을 물어야만 합니까? ㉠ "합당히 행하기"(엡 4:1; 살전 2:12) 위해서입니다. 하나님의 뜻을 아는 것만으로는 족하지 않습니다. 뜻을 알았다면 행해야만 하는 것입니다. 골로새 형제들은 마음에 찔림을 받았으리라고 여겨집니다. ㉡ 왜냐하면 저들이 한 때 나마 이단에 미혹이 되어 하나님의 뜻대로, 합당히 행하지 않고 있었기 때문입니다. 데살로니가교회에 보낸 서신에 의하면, "규모 없이 행하여 도무지 일하지 아니하고 일만 만드는 자들이 있

다”(살후 3:11) 하고 말씀하는 것을 보게 됩니다. 하나님의 뜻을 묻지 아니하고 일을 행하게 되면 “일만 만드는”, 즉 저지르는 결과가 되는 것입니다. 왜 합당히 행해야만 합니까?

② “범사에 기쁘시게” 하기 위해서입니다. 어찌하여 ㉠ “내 뜻대로 마옵시오 아버지 뜻대로 되기를 원하나이다” 하고 기도해야만 합니까? 오직 아버지 하나님을 기쁘시게 해드리기 위해서입니다. 그러므로 에베소서에서는, ㉡ “주께 기쁘시게 할 것이 무엇인가 시험하여 보라”(엡 5:10) 합니다. 하루에 한 가지만이라도 주님을 기쁘시게 하는 일을 한다면, 점점 하나님의 뜻을 아는 것으로 채움 받게 될 것입니다. 그런데 우리는 도리어, “성령을 근심하게”(엡 4:30) 하는 사고뭉치는 아닌지요? 주님은 말씀하십니다. ㉢ “내가 항상 그의 기뻐하시는 일을 행함으로 나를 혼자 두지 아니하셨느니라”(요 8:29). 골로새 형제들은 한 때나마 성령을 근심시켜드렸던 것입니다.

③ 오늘날은 하나님의 뜻을 구하기보다는 자신의 뜻을 관철시키려고 떼를 쓰는 경향이 있습니다. 그리고 이것이 믿음의 기도인 양 착각하고 있는 것입니다. 왜 그런가? ㉠ 하나님 중심에서, 자시 중심으로 기울어져 있기 때문입니다. 그리고 그 책임은, “사람이 바른 교훈을 받지 아니하며 귀가 가려워서 자기의 사욕을 좇을 스승을 많이 두고”(딤후 4:3) 한 말씀에 나타나 있는 대로 성도들의, “사욕”을 부채질하는 설교자들에게 있다 하겠습니다. ㉡ 말씀을 맡은 자들이, “이제 내가 사람들에게 좋게 하랴 하나님께 좋게 하랴 사람들에게 기쁨을 구하랴”(갈 1:10) 하신 양자택일에서, 하나님 기쁘시게 하기를 포기하고 사람들을 기쁘게 하기를 택했기 때문입니다. 말씀이 개혁이 되어야 기도의 개혁이 일어날 수가 있는 것입니다.

열매를 맺게 하시며

① 세 번째 기도 제목은, "모든 선한 일에 열매를 맺게 하시며"(10중) 합니다. 포도원에 무화과나무를 심은 목적은 궁극적으로는 열매(눅 13:6)를 구하기 위해서일 것입니다. 그러므로 ㉠ "너희가 과실을 많이 맺으면 내 아버지께서 영광을 받으실 것이요 너희가 내 제자가 되리라"(요 15:8), 즉 하나님을 기쁘시게 해드릴 수가 있다는 말씀인 것입니다. ㉡ "열매"라고 말씀함을 유념하시기를 바랍니다. 왜 이점을 강조하느냐하면 갈라디아 교회에 보낸 서신에서는 "육체의 일과, 성령의 열매"(갈 5:19, 22)를 구별해서 말씀하고 있기 때문입니다. 이것은 중대한 차이입니다. "하나님의 뜻대로" 행하지 않으면서도 어떤 성취와 성과를 올릴 수가 있는 것입니다. 그러나 그것은 인간의 수고로운 "육체의 일"에 지나지 않는다는 것입니다. "육체의 일"이라 말할 뿐 "열매"라 하지 않음은 하나님께 인정, 즉 열납하심을 받지 못함을 의미합니다. 하나님의 뜻대로 합당히 행함으로만이 "성령의 열매"는 맺어지게 되는 것입니다. 그러므로 ㉢ 내가 하고 있는 일이 성령과 동역하여 "성령의 열매"를 맺고 있는 사역을 하고 있는가? 아니면 내 성취욕을 만족시키기 위한, "육체의 일"에 지나지 않는가 하는 물음은 참으로 심각하게 고민해 보아야할 점입니다.

② 네 번째 기도제목은, "하나님을 아는 것에 자라게 하시고"(10하) 합니다. 에베소교회에 보낸 편지에서도, "하나님을 알게 하시고"(엡 1:17) 하고 이를 첫 번으로 구하고 있습니다. 하나님을 아는 것이 신학(神學)입니다. 누가 충분하리 만치 하나님을 안다하겠습니까? 그러므로 신학의 분야는 넓고도 깊을 수밖에 없습니다. 그런데 바울이 알기를 원하고 있는 하나님은 문맥적으로 관찰해 볼 때, "이 비밀은 만세와 만대로부터 옴으로 감취었던 것인데 이제는 그의 성도들에게 나

타났고 하나님이 그들로 하여금 이 비밀의 영광이 이방인 가운데 어떻게 풍성한 것을 알게 하려 하심이라"(26-27) 한, 성경 신학적인 앎인 것입니다. "만세와 만대로부터 옴으로 감춰었던 비밀"이란 그리스도를 통한 하나님의 구원계획입니다. 그런데 이 비밀이 "이제는 그의 성도들에게 나타났다"는 것입니다. 그렇다면 구약시대란 이를 이루어오신 역사, 즉 "구속사"임을 알게 됩니다. 그리고 이것이 "어떻게 풍성한 것을 알기를" 원하고 있는 것입니다. 이를 알기만 한다면 그 풍성을 누리게 될 것이요, 이단에 미혹될 이가 없는 것입니다.

하나님을 아는 것에 자라게 하시고

① 이점을 좀 더 확증해야만 하겠습니다. 왜냐하면 이점을 심각하게 받아드리지 않을 것이 예상되기 때문입니다. 바울은 말씀합니다. "모든 성도 중에 지극히 작은 자보다 더 작은 나에게 이 은혜를 주신 것은 측량할 수 없는 그리스도의 풍성을 이방인에게 전하게"(엡 3:8) 하시기 위해서라고 말씀합니다. 바울이 이토록 감격해하며, 전하고싶어하는 "측량할 수 없는 그리스도의 풍성"이란 도대체 무엇인가? "영원부터 만물을 창조하신 하나님 속에 감춰었던 비밀의 경륜"이라고 말씀합니다. 이것이 얼마나 "측량할 수 없는 그리스도의 풍성"인지 "드러내게 하려 하심이라"(엡 3:9)고 말씀합니다. 자신을 일꾼으로 삼으신 목적은, 그리고 이 은혜를 주신 것은, "하나님 속에 감춰었던 비밀의 경륜"이 어떠한 것을 드러내어 모든 성도들에게 알게 하기 위해서라는 말씀입니다.

② 고린도교회에 보낸 서신에서도 같은 말씀을 하고 있습니다. "그러나 우리가 온전한 자들 중에서 지혜를 말하노니 이는 이 세상의 지혜가 아니요 관원의 지혜도 아니요 오직 비밀한 가운데 있는 하나님

의 지혜를 말하는 것이니 곧 감취었던 것인데 하나님이 우리의 영광을 위하사 만세 전에 미리 정하신 것이라 이 지혜는 이 세대의 관원이 하나도 알지 못하였나니 만일 알았더면 영광의 주를 십자가에 못박지 아니하였으리라 기록된바 하나님이 자기를 사랑하는 자들을 위하여 예비하신 모든 것은 눈으로 보지 못하고 귀로도 듣지 못하고 사람의 마음으로도 생각지 못하였다 함과 같으니라"(고전 2:6-9) 합니다. 그런데 이제는 이 비밀이 나타났다는 것입니다. 그렇다면 이를 드러내어 전해 주고 밝히 알려주어야 할 책임이 말씀을 맡은 자들에게 있다는 것입니다. 이것은 오늘날의 성도들에게도 동일합니다.

③ 하나님께서는 이를 "나타내시기" 위해서 "일을 행하는 여호와, 그것을 지어(계획하여) 성취하는 여호와"(렘 33:2)로 이루어오셨던 것입니다. 주님은 말씀하십니다. "내 아버지께서 이제까지 일하시니 나도 일한다"(요 5:17). 하나님은 이제도 일을 하고 계십니다. 그리고 계시록에 가서 드디어 "이루었도다 나는 알파와 오메가요 처음과 나중이라"(계 21:6) 하고 선언하시는 것을 보게 됩니다.바울은 이를 이루어오신 하나님을 알기를 원하고 있는 것입니다.

④ 바울은 이렇게 말씀하고 있는 셈입니다. "이방인들인 너희를 구원하시기 위해서 만세와 만대로부터 복음을 준비해오신 하나님을 알기를 원하고, 자라가게 하시기를" 바란다. 그렇게만 된다면 비(非)진리에 미혹될 염려가 없기 때문입니다. ㉠ "자란다"는 것 이것이 성숙해지는 것입니다. 어찌하여 미혹에 넘어가게 되는가? 어린 아이가 되어, "사람의 궤술과 간사한 유혹에 빠져 모든 교훈의 풍조에 밀려 요동"(엡 4:14)하게 되기 때문입니다. 누구를 막론하고 거듭날 때에는 어린 아이로 태어나게 되는 것입니다. 그러므로 "갓난아이들같이 순전하고 신령한 젖을 사모하라 이는 이로 말미암아 너희로 구원에 이

르도록 자라게 하려 함이라"(벧전 2:2) 말씀하고 있는 것입니다. 어떻게 하면 "하나님을 알게" 할 수가 있는가? ㉡ 가르치는 일 외에는 다른 지름길은 없는 것입니다. 문제는 무엇을 가르치느냐에 있다 하겠습니다. 대부분의 교재들이 주제별로 되어 있는 것을 보게 됩니다. 이는 기독교윤리를 가르치는 데는 유익이 있으나 하나님의 비밀의 경륜을 알게 하는데는 미흡한 것입니다.

능하게 하시며

① 다섯 번째 기도제목은, "그 영광의 힘을 좇아 모든 능력으로 능하게 하시며"(11상) 합니다. 한마디로 말하면 성도들이 강건해지기를 구하고 있는 것입니다. 사탄의 위협과 미혹은 종말까지 끈질기게 계속될 것입니다. 같은 조건 하에서도 어린이나 노약자는 감기에 걸려도 건강한 자는 능히 이길 수가 있는 것입니다. 그러므로 옥중에 있는 바울은 밖에 있는 성도들이 염려가 되어서 강하게 되기를 구하고 있는 것입니다. 그렇다면 어떻게 하면 강하여질 수가 있을까요? 이는 앞에서 말씀한, ㉠ "하나님을 아는 것에 자라게 하시고"와 불가분의 관계가 있는 것입니다. 즉 하나님을 아는 것에 자라게 되면 강건해지는 것입니다. 그래서 ㉡ "그 영광의 힘을 좇아"라고 말씀하고 있는 것입니다. "복음은 모든 믿는 자에게 구원을 주시는 하나님의 능력"(롬 1:16), 곧 "그 영광의 힘"입니다. 이보다 더 큰 능력이란 없습니다. "능력"하면 대번에 어떤 기사이적을 연상합니다만 그것은 육적으로 나타나는 능력입니다. 나사로를 살리신 능력이 있습니다. 그런데 허물과 죄로 죽었던 우리를 살리신 능력은 더욱 큰 능력인 것입니다. 이를 좀 더 확신케 하기 위해서 에베소서 1:19절을 소개하고자 합니다.

② "그의 힘의 강력으로 역사하심을 따라 믿는 우리에게 베푸신 능

력의 지극히 크심이 어떠한 것을 너희로 알게 하시기를 구하노라"(엡 1:19) 합니다.㉠ "우리에게 베푸신 능력"이라고 말씀합니다. 언제 베푸신 능력인가? 허물과 죄로 죽었던 우리를 살리실 때 베푸신 능력인 것입니다. ㉡ "능력의 지극히 크심"이라고 말씀하고 있는데 얼마나 큰 능력인가? "그 능력이 그리스도 안에서 역사하사 죽은 자들 가운데서 다시 살리시고"(엡 1:20) 합니다. 즉 예수 그리스도를 다시 살리신 능력과, 우리를 사망에서 생명으로 옮기실 때에 베푸신 능력이 동일한 능력이었다고 말씀합니다. ㉢ "지극히 크심"이라고 말씀하고 있는데, 이는 최상급을 의미합니다. 그 이상의 능력은 없다는 것입니다. 하나님께서는 그 능력을 우리에게 이미 베풀어주셨다는 것입니다. 바울은 이를 주시기를 구하고 있는 것이 아니라, ㉣ "너희로 알게 하시기를 구하노라" 합니다. 모든 성도들이 "하나님을 알고, 그의 힘의 강력으로 역사하심을 따라 믿는 우리에게 베푸신 능력의 지극히 크심이 어떠한 것을" 알기만 한다면, 하나님의 전신갑주를 입은 용사가 될 것입니다. ㉤ "모든 능력"이라고 말씀합니다. 그러므로 그 위에 성령으로 말미암아 공급하여주시는 능력도 사모해야 마땅한 것입니다.

③ 여섯 번째 기도제목은, "기쁨으로 모든 견딤과 오래 참음에 이르게 하시고"(11하) 합니다. 한마디로 인내하게 해달라고 구하고 있습니다. ㉠ "오래 참음에 이르게 하시고" 합니다. 모든 그리스도인들은 인내할 줄을 아는 사람들입니다. 왜 그렇습니까? "소망"이 있기 때문입니다. 그러므로 이 간구도 "하나님을 아는 것에 자라게 하시고"와 불가분의 관계가 되는 것입니다. 문제는 ㉡ "이르게", 즉 끝까지 견디느냐에 있는 것입니다. 이점을 히브리서에서는, "너희 중에 혹 미치지 못할 자가 있을까 함이라"(히 4:1) 하고 경고하고 있습니다. 그러므로 야고보는, "길이 참으라"는 말을 반복적(약 5:7-11)으로 강조하

고 있습니다. 승패가 인내의 여부에 달렸다해도 과언이 아닌 것입니다. 바울이 간구하고 있는 표현의 정교함을 보십시오.

㉮ 하나님의 뜻을 아는 것으로 --- 채우게 하시고,

㉯ 하나님을 아는 것에 --------- 자라게 하시고,

㉰ 오래 참음에 -------------- 이르게 하시고 합니다.

모든 그리스도인들이 "채워지고, 자라고, 이르기만" 한다면 마귀의 궤계를 능히 대적하는 승리자가 될 것입니다.

④ 일곱 번째 기도제목은, "우리로 하여금 빛 가운데서 성도의 기업의 부분을 얻기에 합당하게 하신 아버지께 감사하게 하시기를 원하노라"(12) 합니다. 바울은 기도를 "감사하게 해달라" 하고 "감사"로 마치고 있습니다. 언제나 기도는 감사로 마쳐져야만 하는 것입니다. 만일 자신의 뜻만을 고집하는 기도를 드렸다면 감사로 마칠 수가 없을 것입니다. 그러나 하나님께서 선수적으로 우리에게 베풀어주신 사랑과 은혜를 생각하는 자라면 어떠한 경우에서도 감사하지 않을 수가 없는 것입니다. 이것이 ㉠ "기업을 얻게 하셨다"는 말씀 속에 함축되어 있습니다. 이스라엘 백성들에게 가나안을 기업으로 주심을 통해서 우리에게 영원한 기업이 주어질 것을 예시하셨습니다. 이를 5절에서는, ㉡ "너희를 위하여 하늘에 쌓아 둔 소망"이라고 말씀하고 있고, 에베소 교회에 보낸 서신에서는, "하늘에 속한 모든 신령한 복"(엡 1:3)이라고 말씀합니다. ㉢ 에베소서에서는 한 걸음 더 나아가고 있습니다. "우리의 기업"이 있음을 말씀할 뿐만이 아니라, 우리가 하나님의 "기업이 되었다(엡 1:11, 14)고 말씀하고 있기 때문입니다. 즉 우리들이 하나님의 소유라는 뜻입니다. 그렇습니다. 하나님의 재산목록 중 보물 1호는 해나 달이 아닙니다. 바로 형제입니다. 사도 바울은 인사에 이어, 골로새 형제들로 인한 감사와, 그들을 위한 기도를 드림으로

서론부분을 마치고 있습니다.

⑤ 이제 본 단원을 마치기 전에 ㉠ 우리의 기도를 점검해보아야만 하겠습니다. 왜냐하면 바울의 기도제목들이 우리와 다른 것을 발견하기 때문입니다. 바울은 "그의 나라와 그의 의"를 구하고 있는데, 우리의 기도는 ㉡ "무엇을 먹을까, 무엇을 입을까, 무엇을 마실까" 하고 자기중심적인 간구에 치우쳐 있으며 설교자는, "구하라 주실 것이요, 문을 두드리라 그러면 너희에게 열릴 것이라" 하고 부채질을 하고 있는 것은 아닌가 하는 의구심에서입니다.

⑥ 그 사람의 기도는 ㉠ 그가 하나님의 뜻을 아는 것으로 얼마나 "채워졌는가?", ㉡ 하나님을 아는 것에 얼마나 "자랐는가?", ㉢ 그리하여 하나님을 기쁘시게 해드리기를 얼마나 열망하고 있으며, 하나님께 얼마나 "감사"하고 있는가의 시금석이라 할 수가 있습니다.

골로새서 1:13-22의 분석 도표

보이지 아니하시는 하나님의 형상

예수 그리스도는 누구이신가

13-19

그가 우리를 흑암의 권세에서 건져내사
그의 사랑의 아들의 나라로 옮기셨으니(13)

그 아들 안에서 우리가 구속
곧 죄 사함을 얻었도다(14)

그는 **보이지 아니하시는 하나님의 형상이요**
모든 창조물보다 먼저 나신 자니(15)

그에게 만물이 창조되되
하늘과 땅에서 보이는 것들과
보이지 않는 것들과
혹은 보좌들이나 주관들이나
정사들이나 권세들이나 만물이 다

그로 말미암고
그를 위하여 창조되었고(16) 또한
그가 만물보다 먼저 계시고 만물이
그 안에 함께 섰느니라(17)

그는 몸인 교회의 머리라
그가 근본이요
죽은 자들 가운데서 먼저 나신 자니
이는 친히 만물의 으뜸이 되려 하심이요(18)
아버지께서는 모든 충만으로
예수 안에 거하게 하시고(19)

그리스도는 무엇을 해주셨는가

20-22

그의 십자가의 피로 화평을 이루사
만물 곧 땅에 있는 것들이나
하늘에 있는 것들을
그로 말미암아 자기와
화목케 되기를 기뻐하심이라(20)
전에 악한 행실로 멀리 떠나
마음으로 원수가 되었던 너희를(21) 이제는
그의 **육체의 죽음으로 말미암아 화목케 하사**
너희를 거룩하고 흠 없고 책망할 것이 없는 자로
그 앞에 세우고자 하셨으니(22)

1:13-22
보이지 아니하시는 하나님의 형상

15 그는 보이지 아니하시는 하나님의 형상이요 모든 창조물보다 먼저 나신 자니

서론 부분을 마치고 1:13절부터는 본론입니다. 이 부분의 중심점은 도표에 나타난 대로, "그"라는 분에 있습니다. 그는 예수 그리스도를 가리킵니다. 본론에 들어가 우선적으로 말씀하는 것이, 예수 그리스도가 누구이신가? (첫째 단원), 그리스도가 무엇을 해주셨는가? (둘째 단원)를 말씀합니다. 왜냐하면 그분은 "보이지 아니하시는 하나님의 형상"이기 때문에 그분과 그의 사역을 안다는 것이 곧, "하나님의 뜻을 아는 것으로 채우게 하는 것"이요, "하나님을 아는 것에 자라게 하는 것"이기 때문입니다. 그리고 거짓 교사의 유혹을 분별할 수 있는, "능력으로 능하게" 되는 길이기 때문입니다. 모든 문제는 "너희는 나를 누구라 하느냐"를 알아야할 만큼 알지 못하는데서 기인(起因)한다고 말해도 과언이 아닌 것입니다. 바울은 귀중한 진리들을 요약해서 말씀해주고 있습니다. 그러므로 이를 풀어서 말씀하는 해석이 필요한 것입니다. "너희에게 같은 말을 쓰는 것이 내게는 수고로움이 없고 너희에게는 안전하니라"(빌 3:1) 하심같이, "안전"하다 할 만큼 말씀드리려고 합니다. 이를 두 단원으로 나누어 상고하겠습니다.

첫째 단원(13-19) 예수 그리스도는 누구이신가?

둘째 단원(20-22) 그리스도는 무엇을 해주셨는가?

첫째 단원(13-19) 예수 그리스도는 누구이신가?

"그는 몸인 교회의 머리라 그가 근본이요 죽은 자들 가운데서 먼저 나신 자니 이는 친히 만물의 으뜸이 되려 하심이라(18).

① 본 단원 안에는 도표에 표시된 대로 예수 그리스도를 지칭하는 "그"라는 말이 무려 11번, 다음 단원까지 합하면 15번이나 강조되어 있습니다. 이것이 골로새서의 주제를 "기독론"(基督論)이라고 말하는 이유입니다. 바울은 골로새교회에 이단이 침입했다는 위급한 소식을 듣고 이 서신을 쓰고 있는 중입니다. 그러나 이단을 논박하는 것으로 직행하고 있지 아니합니다. 왜냐하면 교회가 안고 있는 모든 문제의 원인들이 그리스도가 누구이신가? 그런 분이 우리를 위해서 무엇을 해주셨는가 하는 근본적인 진리를 모르는데서 야기되기 때문입니다.

② 13-14절은 기독론에 대한 명제라 할 수가 있습니다. 그가 누구이시며, 무엇을 해주셨는가를 요약해서 말씀해주고 있습니다. 그렇게 한 후에 이를 상론(詳論)해 나갑니다. ㉠ "아들"이라는 말이 두 절에 다 나오고 있는데, 예수 그리스도는 하나님의 아들이시라는 말씀입니다. 그분께서, ㉡ "구속"(14)해주셨다고 말씀합니다. 누구를 말입니까? ㉢ 두 절 속에, "우리"라는 말이 다 들어있습니다. "우리가 구속 곧 죄 사함을 얻었도다"(14)고 말씀합니다. ㉣ "우리를 흑암의 권세에서 건져 내사 그의 사랑의 아들의 나라로 옮기셨다"는 것입니다. 이것이 중요합니다. 그리스도인들은 바뀌어진 자신의 신분과, 지위가 무엇이며, 위치가 어디인지를 분명히 알고 있어야만 자신의 정체성을

잃어버리지 않게 되는 것입니다.

③ 전에는 "흑암의 권세" 아래 있었다고 말씀합니다. "흑암"이란, ㉠ "이 어두움의 세상 주관자들과 하늘에 있는 악의 영들"(엡 6:12)이라는 표현에서 알 수 있듯이 사탄의 권세를 의미합니다. 사탄의 지배 아래 있던 우리가 이제는 ㉡ "사랑의 아들의 나라로 옮겨졌다"는 것입니다. 바로의 지배 하에 있던 이스라엘 백성들이 홍해를 건넘으로 완전히 벗어난 것과 같은 것입니다. 바로와 그의 군사들은 홍해까지는 추격해올 수가 있었습니다. 거기까지는 바로의 지배권에 있었음을 나타냅니다. 그러나 홍해를 육지같이 건너간 하나님의 백성들을 더 이상 추격하지를 못하고 몰살하고 말았습니다. 이것이 주님이 말씀하신 바, ㉢ "사망에서 생명으로 옮겼느니라"(요 5:24) 하신 의미입니다. 그냥 옮겨진 것만이 아닙니다. "사랑의 아들의 나라"라고 말씀합니다. 즉 예수 그리스도께서 지배하시는 생명의 나라, 은혜의 나라, 영생의 나라로 옮겨졌다고 말씀하십니다. 그러므로 "악한 자가 저를 만지지도 못하느니라"(요일 5:18) 하고 말씀하는 것입니다. 이런 경이로운 일이 어떻게 해서 가능하여졌는가?

④ "구속"(14)을 통해서 되어졌다고 말씀하십니다. 그러므로 구속교리를 밝히 깨닫고 확신함에 거한다는 것은 신앙생활에 있어서 사활을 좌우할 정도로 중요한 요점이 됩니다. 왜냐하면 오늘날은 이 구속교리를 부정하는 자들이 교회 내에 둥지를 틀고 앉아 있기 때문입니다. ㉠ 구속이란 무엇인가? 노예나 포로를 값을 주고 사서 자유 하게 함을 의미합니다. ㉡ 왜 구속이 필요하게 되었는가? "곧 죄 사함을 얻었다"고 말씀하고 있음같이, "죄 값"에 팔렸기(롬 7:14) 때문입니다. ㉢ 그렇다면 죄 값은 무엇인가? "먹는 날에는 정녕 죽으리라" 하고 선언하신 "사망"(롬 6:23) 곧 죽음입니다. 그런 우리가 ㉣ "그 아들 안에

서 구속 곧 죄 사함을 얻었도다"고 말씀합니다.

⑤ 이 구속교리를 바로의 노예였던 이스라엘 백성들을 해방시키신 출애굽 사건을 예표로 하여 계시해주셨습니다. ㉠ "너희를 구속하여 너희로 내 백성을 삼고 나는 너희 하나님이 되리니"(출 6:6-7) 하십니다. 그리고 그 "구속"이 유월절 어린양의 피로 나타났던 것입니다. 신약성경에서도, ㉡ "그가 우리를 대신하여 자신을 주심(죽으심)은 모든 불법에서 우리를 구속하시고 우리를 깨끗하게 하사 선한 일에 열심 하는 친 백성이 되게 하려 하심이니라"(딛 2:14) 하고 말씀하십니다. 이를 잊지 않게 하시려고 하나님께서는 구약시대에는 "유월절"을, 신약시대에는 성찬을 오시는 날까지 지키라고 명하셨던 것입니다.

⑥ 그러므로 구속교리는 기독교의 중심적인 교리인 것입니다. 에베소 교회에 보낸 서신에서도, ㉠ "우리가 그리스도 안에서 그의 은혜의 풍성함을 따라 그의 피로 구속 곧 죄 사함을 받았으니"(엡 1:7) 합니다. 로마서에서는, ㉡ "그리스도 예수 안에 구속으로 말미암아 하나님의 은혜로 값없이 의롭다 하심을 얻은 자 되었느니라"(롬 3:24) 하십니다. 우리가 흑암의 권세에서 건져냄을 받게 된 것은 오직 "구속으로 말미암아" 가능하여진 것입니다. 그러므로 이 구속으로 "말미암아"가 끊어진다면, 그는 "그리스도에게서 끊어지고 은혜에서 떨어진 자"(갈 5:4)가 되고 맙니다. 이제까지 말씀드린 속에 주님이 누구이시며, 우리에게 무엇을 해주셨는가 하는 점이 함축적으로 표현이 되어 있습니다. 이렇게 한 후에 15-22절을 통해서 이를 좀 더 구체적으로 말씀해 나가는 것입니다. 그렇다면 우리를 구속하여주신 "그 아들"은 누구이신가?

보이지 아니하는 하나님의 형상

① "그는 보이지 아니하는 하나님의 형상이요"(15상) 합니다. 히브리서 1:3절에서도, ㉠ "이는 하나님의 영광의 광채시요 그 본체의 형상이시라" 합니다. 고린도교회에 보낸 서신에서도 "그리스도는 하나님의 형상이니라"(고후 4:4) 합니다. ㉡ 이를 쉽게 말하면 볼 수 없는 하나님이 볼 수 있는 사람 모습으로 나타내셨다는 뜻입니다. 그래서 요한복음에서는, ㉢ "본래 하나님을 본 사람이 없으되 아버지 품속에 있는 독생하신 하나님이 나타내셨느니라"(요 1:18) 말씀하고, 주님은 친히 "내가 이렇게 오래 너희와 함께 있으되 네가 나를 알지 못하느냐 나를 본 자는 아버지를 보았거늘 어찌하여 아버지를 보이라 하느냐"(요 14:9) 하고 말씀하셨던 것입니다. 바울이 드러내기를 원하는 것은 이러한 분이 우리를 구속, 즉 죽어주셨다는 데 있습니다.

② "모든 창조물보다 먼저 나신 자니 만물이 그에게 창조되고 하늘과 땅에서 보이는 것들과 보이지 않는 것들과 혹은 보좌들이나 주관들이나 정사들이나 권세들이나 만물이 다 그로 말미암고 그를 위하여 창조되었고"(15하-16) 합니다. 이는 엄청난 말씀입니다. 이를 하나하나 설명하려 한다면 난해하고, 교리논쟁에 빠져들 수가 있을 것입니다. 그것은 바울이 본문을 통해서 말씀하려는 의도에서 벗어나는 것입니다. 바울의 논증을 두 가지로 요약할 수가 있는데, ㉠ "만물이 그에게 창조되었고"(16상), ㉡ "그를 위하여 창조되었다"(16하)는 데 있습니다.

③ 첫째로, "만물이 그에게 창조되었다"고 말씀합니다. 예수 그리스도가 누구이신가? 그는 만물의 창조자시요, 주관자시라는 뜻입니다. 요한복음에서도, "만물이 그로 말미암아 지은 바 되었으니 지은 것이 하나도 그가 없이는 된 것이 없느니라"(요 1:3) 합니다. 히브리

서에서도, "또 저로 말미암아 모든 세계를 지으셨느니라"(히 1:2) 합니다. 우리를 구속해주신 분은 창조주 하나님이십니다.

④ 둘째로, "그를 위하여 창조되었고" 합니다. 여기에 오묘한 뜻이 있다 하겠습니다. 이는 만물을 창조하신 목적이 어디에 있는가를 밝혀주고 있습니다. "그를 위하여"라고 말씀합니다. 여기에는 두 가지 측면이 있다고 여겨집니다. ㉠ 창조사역에 주안점을 두고 보면, "하늘이 하나님의 영광을 선포하고 궁창이 그 손으로 하신 일을 나타내는도다"(시 19:1) 하신 대로, 만물을 창조하신 목적이 하나님의 영광을 선포하고 나타내기 위해서라는 뜻이 됩니다. 그런데 바울은 지금 예수가 누구이시며, 무엇을 해주셨는가 하는 구속사역을 말씀하고 있는 중이라는 점입니다. 그러므로 ㉡ 구속사역의 관점으로 보면, "그를 위하여 창조되었다"는 의미가, 창조사역 속에 그리스도의 구속사역이 증거되어 있다는 뜻이 되는 것입니다. 주님은 구약성경의 기록목적을, "너희가 성경에서 영생을 얻는 줄 생각하고 성경을 상고하거니와 이 성경(구약성경)이 곧 내게 대하여 증거하는 것이로다"(요 5:39) 하고 말씀하셨습니다. 그런데 구약성경의 기록목적만이 그리스도를 증거하는 데 있는 것이 아니라, 모든 만물의 창조 목적도 그리스도의 구속사역을 증거하는 데 초점을 맞추고 있다는 것이 "그를 위하여 창조되었다"는 뜻인 것입니다.

그로 말미암고 그를 위하여 창조됨

① 몇 가지 예를 들어보겠습니다. ㉠ 야곱은 요셉이 꿈에, "해와 달과 열 한 별이 내게 절하더이다"(창 37:9) 하는 말을 듣고는, "나와 네 모와 네 형제들이 참으로 가서 땅에 엎드려 네게 절하겠느냐" 하고 책망을 했습니다. 야곱은 하나님이 창조하신 해와 달과 별들을 한 가

정, 나아가 교회의 모형으로 보았던 것입니다. 하나님은 해요, 교회는 그 빛을 반사하는 달과 같고, 성도들은 밤하늘에 빛나는 별들과 같다는 말씀입니다. ㉡ 사도 바울은 창세기 1:3절에서, "하나님이 가라사대 빛이 있으라 하시매 빛이 있었고" 한 창조사역을 통해서, "어두운데서 빛이 비취리라 하시던 하나님께서 예수 그리스도의 얼굴에 있는 하나님의 영광을 아는 빛을 우리 마음에 비취셨느니라"(고후 4:6) 하고 구속사역을 보았던 것입니다. 바울은 "땅이 혼돈하고 공허하며 흑암이 깊음 위에 있고" 한 상태를 불신 때의 심령상태로 보고, "빛이 있으라 하시매 빛이 있었고"를 통해서 "그리스도의 영광의 복음의 광채"(고후 4:4)로 보고 있는 것입니다.

② 본문에서도, "그가 우리를 흑암의 권세에서 건져내셨다"고 말씀하고 있는데 복음의 빛을 비췸 받기 전의 심령상태란, "혼돈과 공허와 흑암의 깊음" 뿐이었던 것입니다. 또 있습니다. ㉠ 하나님은 아담에게 하와를 짝지어주시면서, "이러므로 남자가 부모를 떠나 그 아내와 연합하여 둘이 한 몸을 이룰지로다"(창 2:24) 하셨습니다. 그런데 바울은 이를 통하여, "이 비밀이 크도다 내가 그리스도와 교회에 대하여 말하노라"(엡 5:31) 하고 이를 통해서 그리스도와 교회와의 연합의 신비를 보고 있는 것입니다. ㉡ "혹은 보좌들이나 주관들"(16중)이라고 말씀하고 있는데, 이는 보좌에 앉아 있는 왕들을 가리키는 것으로 여겨집니다. 구약시대 왕은 영원한 왕이신 그리스도를 예표하고 있는 것입니다. 이처럼 열린 마음으로 바라본다면, "만물이 다 그를 위하여 창조되었다", 즉 그리스도의 구속사역을 나타내기 위해서 창조되었음을 깨닫게 되는 것입니다.

③ "정사들이나 권세들"(16중)이라는 말씀은 하늘에 있는 천사들(엡 1:21; 3:10)을 가리킵니다. 그런데 에베소 3:10절에 의하면 하나

님 속에 감취었던 비밀의 경륜, 즉 복음은 이들 천사들까지도 알지 못했는데 그리스도가 오심으로 비로소 교회를 통해서 알게 되었다고 말씀합니다. 이처럼 천사들을 언급하고 있는 것은 골로새 교회에 침투한 이단들이 "천사숭배"(2:18)를 주장하고 있었기 때문으로 여겨지는데, 이는 숭배의 대상이 아니라 그리스도에 의한 피조물임을 밝히고 있는 것입니다.

④ 실로 하나님의 구원계획은 아담 하와가 범죄하자 비상조치로 마련 된 것이 아니라, ㉠ "영원부터 만물을 창조하신 하나님 속에 감취었던 비밀의 경륜"(엡 3:9)이었던 것입니다. "곧 창세 전에 그리스도 안에서 우리를 택하사, 예수 그리스도로 말미암아 자기의 아들들이 되게"(엡 1:4-5) 하셨습니다. 이는 천사들까지도 알지 못했던 비밀이요, 복음이 얼마나 영광스러운 하나님의 감추었던 비밀인가를 단적으로 말씀해주고 있는 대목이라 할 것입니다. 그 하나님은 일반계시(창조)도, 특별계시(성경)도 오직 이 비밀을 증거하기 위하여 마련하셨다는 것입니다. "그러므로 ㉡ "또한 그가 만물보다 먼저 계시고 만물이 그 안에 함께 섰느니라"(17) 하고 말씀하는 것입니다. 성경의 중심도 그리스도시요, 창조의 중심, 우주의 중심, 만물의 중심도 그리스도시라는 그런 뜻입니다. 모든 중심에 그리스도께서 서 계신다는 말씀입니다. 우리를 구속하여주신 그리스도는 이러한 분이십니다.

그는 몸인 교회의 머리라

① 그리스도가 누구인가를 만물과의 관계를 통해서 설명한 바울은, 그리스도와 교회와의 관계로 전환을 합니다. 그리스도가 우리에게는 어떠한 분인가? ㉠ "그는 몸인 교회의 머리라"(18상)고 말씀합니다. 에베소교회에 보낸 서신에서도 그리스도와 교회와의 관계를, "머리

와 몸"의 관계로 설명(엡 1:22-23)하고 있는데, 차이가 있다면 에베소서에서는, ㉡ "교회는 그의 몸이니"(엡 1:23) 하고 "교회"에 중점을 두고 있는 반면에, 골로새서에서는 "그는" 하고 그리스도에 중점을 두고 있다는 점입니다. 그러면 "머리와 몸"의 관계로 설명하고 있는 의도가 무엇인가?

② 바울은 그리스도와 교회와의 불가분의 관계를 "머리와 몸, 남편과 아내"라는 비유를 들어서 설명하고 있습니다. 이를 가리켜 연합교리(聯合教理)라고 말합니다. 바울은 연합교리를, "이 비밀이 크도다"(엡 5:32) 하고 최상의 신비임을 말씀합니다. 그렇다면 바울은 이 비밀, 즉 "연합교리"를 어떻게 깨달았는가 하는 점입니다. 바울은 하나님의 창조원리 속에 이미 구속원리가 감추어져 있음을 통해서 깨달았던 것입니다. 앞에서 잠시 언급했습니다만, ㉠ 하나님은 아담과 하와를 동시에 지으신 것이 아니라, 먼저 아담을 지으신 후에 하와를 짝지어주시는 방도로 하셨습니다. 그리고 얼마든지 다른 방법이 있으셨음에도 불구하고, ㉡ "아담에게서 취하신 그 갈빗대로 여자를 만드셨다"(창 2:22)고 말씀합니다.

③ 하나님의 하시는 일에는 무의미한 일이란 없는 것입니다. 이렇게 하신 의도는, ㉠ 그리스도의 신부인 교회가 어떤 방도로 태어나게 될 것을 계시하기 위해서였던 것입니다. 즉 예수 그리스도를 십자가에 깊이 잠들게 하심으로 신부인 교회가 태어나는 것이 가능해졌던 것입니다. 아담이 태어난 신부를 보고, ㉡ "이는 내 뼈 중의 뼈요 살 중의 살"이라고 말했다면 하와는 아담의 몸이요, 아담은 하와의 머리임이 틀림이 없는 것입니다. 이를 통해서 말씀하시려는 핵심적인 진리는, ㉢ "이러므로 남자가 부모를 떠나 그 아내와 연합하여 둘이 한 몸을 이룰지로다"(창 2:24) 하신 "연합교리"에 있습니다. 이를 깨달은

바울은, “이 비밀이 크도다”(엡 5:32) 하고 선언하면서, “만물이 다 그로 말미암고 그를 위하여 창조되었다”(17) 하고 말씀할 수밖에 없었던 것입니다.

④ “그가 근본이요 죽은 자들 가운데서 먼저 나신 자니”(18하) 합니다. ㉠ “그가 죽은 자들 가운데서 먼저 나신 자”라고 말씀함은 우리도 부활할 것을 전제한 말씀입니다. 이를 부활 장에서는 “첫 열매가 되셨도다”(고전 15:20)고 말씀합니다. 그렇고 말고요. 머리만이 아니라 몸도 영화롭게 됨으로 온전해질 수가 있는 것입니다. 저는 연합교리를 거듭 거듭 강조하고자 합니다. 이는 그럴만한 가치가 있는 비밀 중에 큰 비밀이기 때문입니다. 연합교리의 핵심은 그리스도와 교회와의 관계가 나눌 여야 나눌 수가 없고, 떼어놓을 여야 떼어놓을 수 없는 관계라는 데 있습니다. 여기에 멈추고 있는 것이 아니라 그리스도와 교회와의 관계가 그런 연합의 관계라면, ㉡ 그리스도(머리)에게 되어진 일은 필연적으로 교회(몸)에도 되어진 일임을 확신시켜주려는 데 있는 것입니다. 우리 옛 사람이 그리스도와 함께 죽고, “함께 장사한 바 되고, 함께 일으키심을 받았다”(2:12)고 말씀합니다. 에베소서에서는, “함께 하늘에 앉히시니”(엡 2:6) 합니다. 머리만 하나님 우편에 앉아 있는 것이 아니라 머리가 있는 곳에 몸도 함께 있다는 말씀입니다. 그리고 “그리스도께서 나타나실 그때(재림)에 너희도 그와 함께 영광 중에 나타나리라”(3:4), 즉 영화롭게 된다고 말씀합니다. 이것이 “죽은 자들 가운데서 먼저 나신 자”라는 말씀 속에 함의되어 있는 것입니다. 얼마나 경이로운 일입니까! 연합교리에 굳게 서있기만 한다면 신앙생활에 혁명이 일어날 것입니다. 어떠한 이단도 감히 침투할 수가 없는 것입니다. 그러므로 바울은 이단을 가리켜, “머리를 붙들지 아니하는”(2:19) 것으로 규정하고 있습니다.

⑤ "아버지께서는 모든 충만으로 예수 안에 거하게 하시고"(19) 합니다. 2:9절에서는 "그 안에는 신성의 모든 충만이 육체로 거하신다"고 말씀하십니다. 그렇다면 그분과 연합한 우리는 어떻게 되는 것입니까? 그렇습니다. "너희도 그 안에서 충만하여졌다"(2:10)고 말씀하시는 것입니다. 왜냐하면 "머리"의 충만이 "몸"에까지 미치게 되기 때문입니다. 이 "충만"의 진리가 에베소서에 잘 나타나 있습니다. "또 만물을 그 발아래 복종하게 하시고 그를 만물 위에 교회의 머리로 주셨느니라 교회는 그의 몸이니 만물 안에서 만물을 충만케 하시는 자의 충만이니라"(엡 1:22-23) 합니다. 이를 알게 쉽게 말씀드리면, ㉠ 만물 위에 교회가 있고, 교회 위에 그리스도가 계시다는 것입니다. 그리하여 ㉡ 그리스도로 말미암아 교회가 충만해지고, 교회로 말미암아 만물이 충만해진다는 말씀입니다. 이상이 그가 누구인가에 대한 해설입니다. 그는 "보이지 아니하시는 하나님의 형상"이요, 교회의 머리가 되시는 분이십니다.

둘째 단원(20-22) 그리스도는 무엇을 해주셨는가?

"그의 십자가의 피로 화평을 이루사 만물 곧 땅에 있는 것들이나 하늘에 있는 것들을 그로 말미암아 자기와 화목케 되기를 기뻐하심이라"(20).

① 앞 단원에서는 그리스도가 누구이신가? 창조자시요, 하나님의 형상이라고 말씀했습니다. 본 단원에서는 그러하신 그리스도께서 우리를 위해서 무엇을 해주셨는가를 말씀합니다. 한마디로 하나님과 "화목" 하게 해주셨다고 말씀합니다. 그러므로 본 단원의 첫째 핵심은, ㉠"화목"이라는 말씀에 있습니다. "화목케 되기를 기뻐하심이라"

(20), 화목케 하사"(22) 하십니다. 화목이 어떻게 가능하게 되었는가? 그러므로 두 번째 핵심은, ㉡ "그의 육체의 죽음으로 말미암아"(21) 라는 "죽음"에 있습니다. "그의 십자가의 피로"(20) 가능하여졌다고 말씀합니다. 이점을 로마서에서는, "이 예수를 하나님이 그의 피로 인하여 믿음으로 말미암는 화목제물로 세우셨으니(롬 3:25), 곧 우리가 원수 되었을 때에 그 아들의 죽으심으로 말미암아 하나님으로 더불어 화목 되었다"(롬 5:10)고 말씀하고 있습니다. 죄인 된 우리가 하나님과 화목할 수 있었던 것은, "그의 육체의 죽음으로 말미암아" 가능하게 된 것입니다.

너희는 하나님과 화목하라

② 이점에 명백하기 위해서는 하나님과 우리 사이가 전에는 어떤 상태에 있었는가를 인식해야만 합니다. 성경은, ㉠ "오직 너희 죄악이 너희와 너희 하나님 사이를 내었고 너희 죄가 그 얼굴을 가리워서 너희를 듣지 않으시게 함이니"(사 59:2) 하십니다. 본문에서도, ㉡ "전에 악한 행실로 멀리 떠나 마음으로 원수가 되었던 너희를"(21) 합니다. 죄가 하나님과 우리 사이를 단절시켰고, 불화하게 만들었던 것입니다.

③ 고린도후서 6:14절에서는, ㉠ "의와 불법이 어찌 함께 하며 빛과 어두움이 어찌 사귀며" 하십니다. 하나님은 의로우신 데 죄인은 불법이 되었으며, 하나님은 빛이신 데 죄인은 어두움이 된 것입니다. 그렇다면 "의와 불법, 빛과 어두움"은 "함께"할 수가 없으며, "사귐"을 가질 수가 없게 되었던 것입니다. ㉡ 그리하여 빛(하나님 존전) 앞에서 어두움(죄인)은 추방을 당할 수밖에 없었습니다. 그러므로 죄가 해결이 되고, 의롭다함을 얻어야만 의로우신 하나님께 나아갈 수가 있

으며 하나님과 화목할 수가 있는 것입니다. 그렇다면 하나님은 우리의 죄를 어떻게 처리하여주셨는가? 이 화목교리를 설명하기 위해서는 고린도후서 5:18-21절을 들어서 설명함이 도움이 될 것입니다. 저에게 단 한 번의 설교 기회가 주어진다면 서슴없이 이 본문을 들어서 설교를 할 것입니다. 왜냐하면 이곳에서 말씀하기를, "화목하게 하는 말씀을 우리에게 부탁하셨느니라"(19) 하면서, "우리가 그리스도를 대신하여 사신이 되어, 간구하노니 너희는 하나님과 화목하라" 하고 말씀하고 있기 때문입니다.

④ 하나님은 "저희의 죄를 저희에게 돌리지 아니하셨다"(고후 5:19)고 말씀합니다. 그러면 누구에게 돌리셨단 말인가? ㉠ "하나님이 죄를 알지도 못하신 자(자기 아들)로 우리를 대신하여 죄를 삼으신 것은"(고후 5:21) 합니다. 이것이 십자가 사건이었던 것입니다. 우리의 죄는 응당 우리가 책임을 져야 마땅합니다. 그러나 하나님께서는 우리의 죄를 우리에게 돌리지 않으셨다고 말씀합니다. 만일 하나님께서, "네 죄는 네가 책임을 져라" 하고 우리에게 돌리셨다면 구원 얻을 자란 한 사람도 없는 것입니다. 그러나 여기서 멈춰서는 아니 됩니다. 복음은 죄만 해결되었다고 말씀하는 것이 아니라 더 나아가고 있기 때문입니다. 그러므로 ㉡ "우리를 대신하여 죄를 삼으신 것은 우리로 하여금 저(그리스도)의 안에서 <하나님의 의>(義)가 되게 하려 하심이니라"(고후 5:21하) 하고 말씀하시는 "칭의"까지 나아가야만 하는 것입니다. 즉 이런 뜻입니다. 우리의 죄는 주님께 담당시키시고 주님의 의는 우리에게 덧입혀주심으로 의롭다고 여겨주셨다는 말씀입니다.

복음이란 무엇인가?

① 누군가가 형제에게 복음이 무엇이요? 하고 질문한다면 무엇이

라 대답하시겠습니까? 성경은, "복음에는 하나님의 의가 나타나서"(롬 1:17; 3:21)라고 대답합니다. 복음이란 "온 백성에게 미칠 큰 기쁨의 좋은 소식"(눅 1:10)입니다. 그렇다면 하나님 존전에서 추방당한 죄인들에게, ㉠ "큰 기쁨의 좋은 소식"이 무엇이겠습니까? 하나님께 돌아갈 수가 있다는, 이것이 근원적인 기쁜 소식인 것입니다. 그런데 성경은, "율법의 행위로 그의 앞에 의롭다 하심을 얻을 육체가 없다"(롬 3:20)고 단언합니다. 그렇다면 인간의 자력으로는 절망적인 것입니다. 이런 처지에 있는 죄인들에게 ㉡ "하나님의 의가 나타났다"는 것입니다. 인간이 할 수 없기 때문에 하나님이 해주신 것입니다. 그래서 "하나님의 의"인 것입니다. 그러므로 구원은 자력구원의 불가능성을 인정하는 것으로부터 시작이 되는 것입니다. 하나님이 어떻게 마련해주셨는가? ㉢ "하나님이 죄를 알지도 못하신 자(자기 아들)로 우리를 대신하여 죄를 삼으신"(고후 5:21), 즉 "그리스도 예수 안에 있는 구속으로 말미암아"(롬 3:24) 해주셨다고 말씀합니다.

② 그렇다면 어찌하여 우리의 죄를 그냥 사하여주시지 않고 자가 아들에게 대신 정죄하셔야만 했는가? 성경은 대답합니다. ㉠ "곧 이 때에 자기의 의로우심을 나타내사 자기도 의로우시며 또한 예수 믿는 자를 의롭다 하려 하심이니라"(롬 3:26). 성경이 옹호하고 있는 최대의 이슈는 하나님의 의로우심입니다. 그러므로 우리가 명심해야할 점은 우리를 의롭다고 여겨주신 것이 하나님의 의로우심에 손상을 입어가면서 해주신 일이 절대로 아니라는 점입니다. 만일 우리의 죄를 그의 아들로 대속함이 없이 사하여주시고, 의롭다고 여겨주셨다면 이는 하나님의 공의에 중대한 손상을 입히는 일이 되었을 것입니다. 그러므로 하나님의 심판행위도, "진노의 날 곧 하나님의 의로우신 판단이 나타나는 그날에 임할 진노"(롬 2:5)라고 말씀하는 것입니다. 그러므

로 "자기도 의로우시며 또한 예수 믿는 자를 의롭다"고 여겨주실 수 있는 방도는 오직 자기 아들을 성육(成肉)하게 하여 대속의 죽으심을 죽게 하는 방도 외에는 없었던 것입니다. 이점을 구약시대는 짐승을 예표로 하여 계시하셨다가 신약시대는 실체로 성취하여주신 것입니다.

③ 그렇다면 "하나님도 의로우시고 또한 예수 믿는 자도 의롭다 함을 얻었다"(롬 3:26)면, 하나님과 화목하는 길이 열리게 된 것입니다. ㉠ "이러므로 우리가 그리스도를 대신하여 사신이 되어 하나님이 우리로 너희를 권면하시는 것같이 그리스도를 대신하여 간구하노니 너희는 하나님과 화목하라"(고후 5:20) 하는 것입니다.

④ "모든 것이 하나님께로 났나니"(고후 5:18상) 합니다. 이 모든 조치를 전적으로 하나님이 해주셨다는 것입니다. 하나님께서 마련해 주셨기 때문에, ㉠ "하나님의 의"(롬 1:17; 3:21)인 것입니다. 그렇다면 우리가 할 일은 무엇입니까? 아무것도 없습니다. 하나님께서 마련해 주신 "하나님의 의"를 오직, ㉡ "믿음"으로 감사합니다 하고 받기만 하면 되는 것입니다. 그러므로 성경은, "곧 예수 그리스도를 믿음으로 말미암아 모든 믿는 자에게 미치는 하나님의 의니 차별이 없느니라"(롬 3:22) 하고 말씀하시는 것입니다. 왜 하나님이 이렇게 해주셨는가? 이를 성경은 "은혜"라고 말씀합니다. "그리스도 예수 안에 있는 구속으로 말미암아 하나님의 <은혜로 값없이> 의롭다 하심을 얻은 자 되었느니라"(롬 3:24) 하십니다. 이것이 복음입니다.

⑤ 복음을 듣고 믿음으로 말미암아 하나님과 화목한 자들에게는, ㉠ "또 우리에게 화목하게 하는 직책"을 주셨고, ㉡ "우리에게 화목하게 하는 말씀을 부탁하셨느니라"(고후 5:18-19) 합니다. 교회 내에 많은 직분이 있다하여도 그것들은 모두가 다, "화목하게 하는 직책"이요, 많은 설교말씀이 가능하다하여도 궁극적으로 하나님께서 우리에

게 부탁하신 말씀은, "화목하게 하는 말씀"임을 명심해야만 하는 것입니다. 묻습니다. 하나님의 말씀을 부탁 받은 설교자인 당신이, ⓒ "그리스도를 대신하여 간구하노니 너희는 하나님과 화목하라"는 설교를 하신 적이 언제입니까? 또한 형제가, "너희는 하나님과 화목하시오" 하는 설교를 들은 것이 언제인지 기억이 나십니까? 하나님과 화목하게 해주신 것, 이것이 그리스도께서 우리를 위하여 해주신 일입니다.

그의 죽으심으로 말미암아

① 그러므로 본문은, ㉠ "그의 십자가의 피로 화평을 이루사"(20)라고 말씀하는 것입니다. "피"라 하심은 죽으심을 의미합니다. 왜냐하면 "죄 값은 사망"이라고 선언하셨기 때문입니다. 그렇다면 어찌하여 "십자가의 죽으심"이라 하지 않고 "십자가의 피"라고 말씀하는가? 이는 의도적으로 그렇게 하고 있는 것입니다. 왜냐하면 ㉡ 구약시대에 죽임을 당하고 "피"를 흘린 유월절 양을 비롯하여, 수많은 생축과 제물들이 예수 그리스도의 그림자였음을 드러내기 위해서인 것입니다. 주님의 죽으심이 즉흥적으로 되어진 일이 아니라, 성령 강림 이후의 베드로의 증거를 보십시오. ⓒ "하나님이 모든 선지자의 입을 의탁하사 자기의 그리스도의 해 받으실 일을 미리 알게 하신 것을 이와 같이 이루셨느니라"(행 3:18) 하고 구약의 성취였음을 증거하고 있는 것입니다. 이처럼 구약성경과 신약성경의 통일성과, 일관성을 알기를 원해서 십자가의 "피"라고 말씀하고 있는 것입니다.

② "전에 악한 행실로 멀리 떠나 마음으로 원수가 되었던 너희를"(21) 합니다. 화목하기 전의 하나님과의 관계가, ㉠ "원수"의 관계였다고 말씀합니다. "나는 그런 적이 없다" 하실 분이 있을는지 모르겠

습니다. 그래서 "마음으로"라고 말씀하는 것입니다. ㉡ "마음에 하나님 두기를 싫어했다"(롬 1:28)면 그것이 원수로 여긴 것이 아니고 무엇이겠습니까?

③ "이제는 그의 육체의 죽음으로 말미암아 화목하게 하사"(22) 합니다. 그리스도의 "죽으심", 여기에 복음의 핵심이 있음을 다시 한 번 강조하는 바입니다. 20절에서 "그의 십자가의 피"라 함도 죽으심의 다른 표현일 뿐입니다. 우리가 의롭다함을 얻을 수 있었던 것도, "그 피를 인하여"(롬 5:9)이고, 하나님과 화목을 가능하게 함도, "그의 육체의 죽음으로 말미암아"(22)임을 명심하시기를 바랍니다. 이를 로마서에서는, ㉠ "우리가 아직 연약할 때에 기약대로 그리스도께서 경건치 아니한 자를 위하여 죽으셨도다, 우리가 아직 죄인 되었을 때에 그리스도께서 우리를 위하여 죽으심으로, 곧 우리가 원수 되었을 때에 그 아들의 죽으심으로 말미암아 하나님으로 더불어 화목되었은즉"(롬 5:6-10) 하고 "죽으심"을 강조하고 있는 것입니다. 바울은 6절과, 8절에서는 "그리스도께서 우리를 위하여 죽으셨다"고 말씀했는데, 어찌하여 10절에서는, ㉡ "그 아들의 죽으심"이라고 호칭을 "아들"로 바꾸고 있는지 아시겠습니까? "원수"라는 말 때문입니다. 원수를 위해서 자기 "아들"을 대신 죽음에 내어주셨음을 드러내기 위해서입니다. 누가 말입니까? "하나님"이 그렇게 해주셨다는 것입니다. 누구를 위해서입니까? "우리를 위해서", 즉 당신을 위해서 말입니다. 이렇게 말씀하면서, ㉢ "하나님께서 우리에게 대한 자기의 사랑을 확증하셨느니라"(롬 5:8하) 합니다. 이만하면 내가 너를 얼마나, 어디까지 사랑하는지 믿겠느냐? 이것이 확증이라는 뜻입니다. 이것이 본문에서 "그의 육체의 죽음으로 말미암아 화목하게 하사"(22)의 의미입니다.

④ "너희를 거룩하고 흠 없고 책망할 것이 없는 자로 그 앞에 세우

고자 하셨으니"(22하) 합니다. 이 말씀 중에 핵심은 ㉠ "그 앞에", 곧 하나님 앞이라는 데 있습니다. 이는 우리를 하나님과 화목케 하신 목적이 어디에 있는가를 말씀함입니다. 범죄로 말미암아 하나님 앞에서 추방당했던 자들을 하나님 앞에 세우기 위해서라고 말씀합니다. ㉡ 이 칭의교리가 결정적으로 언제 필요한지 아시겠습니까? "그의 앞에 설 때", 즉 이 땅에서는 기도할 때, 예배드릴 때, 임종머리에서입니다. 그리고 예수 그리스도께서 재림하시는 진노의 날에 그의 앞에 설 때입니다. 계시록에 나타난 불신자들의 비명을 들어보십시오. "산과 바위에게 이르되 우리 위에 떨어져 보좌에 앉으신 이의 낯에서와 어린 양의 진노에서 우리를 가리우라 그들의 진노의 큰 날이 이르렀으니 누가 능히 서리요 하더라"(계 6:16-17). 주의 의로 가리움을 받은 자, 즉 칭의를 힘입음이 없이 그의 앞에 설 수 있는 자는 아무도 없는 것입니다.

⑤ "거룩하고 흠 없고 책망할 것이 없는 자"(22)라고 말씀합니다. 지상에서의 성화가 이런 경지에 이르기만 한다면 얼마나 좋겠습니까만 그러나, ㉠ 육체 안에서는 불가능한 것입니다. 왜냐하면 우리 몸은 죄의 요소가 남아있는 "죄의 몸"(롬 6:6)이기 때문입니다. 그러므로 "흠이 없는 자로 그 앞에 세우고자 하심"이란 뜻은, ㉡ "몸의 구속", 곧 주님께서 재림하실 때 이루어질 영화의 날을 의미하는 것입니다. 지금 우리가 구원을 얻었으나 완성된 것은 아닙니다. 우리의 낮은 몸이 주님의 영광의 몸과 같이 변화되는 영화가 구원의 최종적인 목표요, 흠이 없게 될 완성의 날인 것입니다. 주님은 이렇게 기도하셨습니다. "아버지여 내게 주신 자도 나 있는 곳에 나와 함께 있어 아버지께서 창세 전부터 나를 사랑하시므로 내게 주신 나의 영광을 저희로 보게 하시기를 원하옵나이다"(요 17:24).

⑥ 이것이 예수 그리스도께서 우리를 위하여 해주신 일입니다. 그래도 부족합니까? 초대교회에 침투한 이단들은 주님께서 죽으심을 통하여 이루어주신 십자가의 복음이 불완전한 것인 양, 복음에다가 무엇인가 첨부해야만 구원을 얻는 것처럼 말했던 것입니다. 골로새서의 기록목적은 2천년 전 골로새교회로 끝난 것이 아닙니다. 하나님은 이를 들어 오늘날도 그리스도가 누구이신가? 그리스도께서 해주신 일이 무엇인가를 말씀해주고 있는 것입니다.

그렇다면 현대교회 강단에서는 그리스도께서 우리를 위하여 해주신 이 복음이 혼잡 됨이 없이 순전하게 증거되고 있다고 말할 수가 있는가? 이제 묻습니다. 형제는 하나님과 화목하셨습니까? 그리고 어떻게 해서 화목하게 되는 것이 가능하여졌는가를 말씀해줄 수가 있습니까?

골로새서 1:23-29의 분석 도표

복음의 일꾼이 된 바울

그리스도의 남은 고난을 채우고자 함

23-25

만일 (너희가) 믿음에 (거하고)
터 위에 (굳게 서서)

(너희) 들은 바
복음의 소망에서 (흔들리지 아니하면)
그리하리라

이 (복음은) 천하 만민에게 전파된 바요
나 바울은 이 (복음의) 일꾼이 되었노라(23)

(내가) 이제 너희를 위하여
받는 괴로움을 기뻐하고

그리스도의 남은 고난을
그의 몸된 교회를 위하여
내 육체에 채우노라(24)

(내가) 교회 일꾼 된 것은
하나님이 너희를 위하여
내게 주신 경륜을 따라

하나님의 말씀을 이루려 함이니라(25)

복음의 풍성을 알게 하려함

26-27

이 비밀은 만세와 만대로부터 옴으로
감취었던 것인데 이제는
그의 성도들에게 나타났고(26)

하나님이 그들로 하여금 이 비밀의 영광이
이방인 가운데 어떻게 풍성한 것을
알게 하려 하심이라

이 비밀은 너희 안에 계신
그리스도시니 곧 영광의 소망이니라(27)

힘을 다하여 수고하노라

28-29

(우리가) 그를 (전파하여)

각 사람을 (권하고) 모든 지혜로
각 사람을 (가르침은)
각 사람을 그리스도 안에서

완전한 자로 세우려 함이니(28)

이를 위하여 나도 내 속에서
능력으로 역사하시는 이의
역사를 따라 힘을 다하여 수고하노라(29)

1:23-29
복음의 일꾼이 된 바울

[23] 만일 너희가 믿음에 거하고 터 위에 굳게 서서 너희 들은 바 복음의 소망에서 흔들리지 아니하면 그리하리라 이 복음은 천하 만민에게 전파된 바요 나 바울은 복음의 일꾼이 되었노라

바울은 골로새 형제들에게 인사(1-2)를 하고, 하나님께 감사(3-8)와, 그들을 위한 기도를 드린(9-12) 후에, 본론에 들어가서 그리스도는 누구이신가? 우리를 위해서 무엇을 해주셨는가 하는 기독론(13-22), 즉 복음을 말씀했습니다. 그리고 이어지는 본 문단에서는, "나 바울은 이 복음의 일꾼이 되었노라"(23) 합니다. 그러므로 본 문단은 도표에 표시된 대로 "너희와 나", 즉 "우리"가 해야할 일들입니다. 그런데 복음에 대한 바울의 열정과 감격이 어디에서 우러나오고 있느냐 하면 이 복음의 비밀이, "만세와 만대로부터 옴으로 감취었던 것인데 이제는 그의 성도들에게 나타났다"(26)는 데 있음을 보게 됩니다. 전에부터 밝히 나타난 복음이 아니라, 가리워 있던 복음의 빛이, 마치 다메섹 도상에서 자신에게 해보다 더 밝은 빛으로 비춰주심과 같이 찬란하게 빛을 발하고 있다는 것입니다.

여기에 바울의 감격이 있었던 것입니다. 자신도 이를 모르고 대적을 했다니! 그런데 주님은 이 복음의 일꾼으로 자신을 부르셨다는 것

입니다. 그러므로 바울은 그리스도의 몸 된 교회를 위하여, "그리스도의 남은 고난"(첫째 단원)을 채우노라 합니다. 바울을 일꾼으로 부르신 것은, "복음의 풍성을 알게 하려하심"(둘째 단원)에서요, 그러므로 바울 자신도, "힘을 다하여 수고"(셋째 단원)하노라고 말씀합니다. 이를 세 단원으로 나누어 상고하겠습니다.

첫째 단원(23-25) 그리스도의 남은 고난을 채우고자함
둘째 단원(26-27) 복음의 풍성을 알게 하려함
셋째 단원(28-29) 힘을 다하여 수고하노라

첫째 단원(23-25) 그리스도의 남은 고난을 채우고자함

"내가 이제 너희를 위하여 받는 괴로움을 기뻐하고 그리스도의 남은 고난을 그의 몸 된 교회를 위하여 내 육체에 채우노라"(24).

바울은 13-22절까지에서 그리스도가 누구이신가? 무엇을 해주셨는가를 증거했습니다. 그것은 복음입니다. 그 안에는 복음의 진수들인, "구속(14)과 죽으심(22)과 다시 사심(18)과 화목케 하심"(22) 등이 다 들어 있습니다. 이것은 자기 아들을 통해서 하나님이 해주신 일들입니다. 이를 말씀한 바울은, "만일 너희가"(23) 그리고 "내가 이제 너희를 위하여"(24) 하고 "너희와 나", 즉 우리들이 해야할 일을 말씀하는 것입니다.

① "만일 너희가 믿음에 거하고"(23) 합니다. 골로새 형제들은 에바브라에게 복음을 듣고 배웠습니다. 이제 바울도 앞부분에서 복음을 요약해서 전해주었습니다. 이를 믿는, ㉠ "믿음에 거한다"는 것이 중요합니다. 그런데 골로새 형제들은 이를 떠나려는 위험에 직면해 있

는 것입니다. 성경은 말씀합니다. "너희는 처음부터 들은 것을 너희 안에 거하게 하라 처음부터 들은 것이 너희 안에 거하면 너희가 아들의 안과 아버지의 안에 거하리라"(요일 2:24). 그렇습니다. ㉡ 죽음의 천사가 애굽의 장자들을 멸하던 유월절의 밤에 안전을 보장받을 수 있는 피난처는, "그 피를 문 인방과 좌우 설주에 뿌리고 아침까지 한 사람도 자기 집 문 밖에 나가지 말라"(출 12:22) 하신 명을 지켜 그 안에 거하는 자뿐이었습니다. 여리고가 멸망하던 날에 라합의 집이 안전을 보장받을 수 있었던 것은, 언약의 붉은 줄을 창에 매고 그 집 안에 거하는 것이었습니다. "누구든지 네 집 문을 나서 거리로 가면 그 피가 그의 머리로 돌아갈 것이요 우리는 허물이 없으리라"(수 2:19) 고 말씀합니다.

② 바울은 믿음에 거하는 것을 건물의 안전성에 비유해서 설명합니다. ㉠ "터 위에, 굳게 서서, 복음의 소망에서 흔들리지 아니하면 그리하리라"(23상) 합니다. 지진에 흔들려 무너지는 건물들을 상상해보십시오. 비가 오고 창수가 나도 이 터 위에 굳게 서서 흔들리지 아니하는 것이, "믿음에 거하는" 것입니다. ㉡ "이 복음은 천하만민에게 전파된 바요 나 바울은 이 복음의 일꾼이 되었노라"(23하) 합니다. "복음"이란 말을, 한 절 속에서 세 번이나 반복함으로 강조적입니다. "이 복음"은 한 편 구석에서 되어진 일이 아니라, "천하만민에게 전파된" 아주 떳떳하고 믿을 만한 것임을 말씀함입니다. 이를 위해서 "나 바울은 복음의 일꾼이 되었노라" 합니다. 이처럼 복음은 살았고 운동력이 있으며, 이제도 "달음질"(살후 3:1) 하고 있는 것입니다.

③ "내가 이제 너희를 위하여 받는 괴로움을 기뻐하고 그리스도의 남은 고난을 그의 몸 된 교회를 위하여 내 육체에 채우노라"(24) 합니다. 본 절의 핵심은 ㉠ "그리스도의 남은 고난"이 무엇을 의미하느냐

에 있습니다. 이는 십자가에서 당하신 구속적인 고난을 의미하는 것이 아닙니다. 그 고난은 남김이 없이 홀로 다 감당을 하셨습니다. 그런데 그 후에, ㉡ "몸 된 교회를 위한 고난"은 남아 있다는 말씀입니다. 십자가를 통해서 이루신 복음을 천하만민에게 전파하여 사람을 구원으로 인도하는데는 많은 고난이 따르게 마련입니다. 그러므로 "그리스도의 남은 고난"은 주님께서 육신으로 당하시는 고난이 아니라, 성도들의 몸 안에 주의 영으로 거하셔서 재림하실 때까지 당하실 고난을 의미합니다. 29절에서 바울은, ㉢ "내 속에서 능력으로 역사하시는 이"가 계시다고 말씀하고 있습니다. 그렇다면 바울이 당하는 고난은 동시에 바울 안에 거하셔서 능력으로 역사하시는 그리스도의 고난이라고 말할 수가 있는 것입니다. 바울은 이 고난을 "그리스도의 남은 고난"이라고 말씀하고 있는 것입니다. 이 고난을 자신의 "육체에 채우노라" 합니다. 이 고난의 양이 자신의 육체에 채워지자 바울은, "내가 선한 싸움을 싸우고 나의 달려갈 길을 마치고 믿음을 지켰노라"고 선언하고 있는 것이 아닌가! 누구를 위해서 말입니까? "그의 몸 된 교회를 위하여"라고 말씀합니다.

십자가로 가까이 나를 이끄시고
몸소 받은 고생도 알게 하옵소서
십자가 십자가 무한 영광일세
요단강을 건넌 후 무한 영광일세

④ "내가 교회 일꾼 된 것은 하나님이 너희를 위하여 내게 주신 경륜을 따라 하나님의 말씀을 이루려함이니라"(25) 합니다. ㉠ "내게 주신 경륜"이라고 말씀합니다. "경륜"(經綸)이란 일을 계획하여 조직적

으로 이루어 나가는 것을 의미합니다. 바울은 에베소서 3장에서 두 가지 경륜을 말씀하고 있는데, ㉡ "영원부터 만물을 창조하신 하나님 속에 감취었던 비밀의 경륜"(엡 3:9)이라고 말씀합니다. 이는 하나님의 구원계획을 가리킵니다. 하나님은 그 경륜을 이루어 오셨으며, 완성시켜 나가고 계시는 것입니다. 또 하나, ㉢ "내게 주신 하나님의 은혜의 경륜"(엡 3:2)이 있었다고 말씀합니다. 이는 바울을 택하시고 부르신 섭리적인 계획을 가리킵니다. 주님께서 바울을 다메섹 도상에서 부르신 것은 즉흥적으로 된 것이 아니라, "어머니의 태로부터 나를 택정하시고 은혜로 나를 부르신 이"(갈 1:15)라고 말씀합니다. 이것이 "내게 주신 하나님의 은혜의 경륜"입니다. 바울 뿐만이 아니라 형제도, "은혜의 경륜" 가운데 부르심을 입은 자임을 늘 마음에 간직하고 있으시기를 바랍니다.

⑤ "하나님의 말씀을 이루려함이니라"(25하) 합니다. 여기서 "하나님의 말씀"이란 어느 말씀을 가리키는가? 이는 "이 복음은 천하만민에게 전파된 바라"(23)는 말씀과 결부시켜 해석되어야만 하는 것입니다. 하나님께서 아브라함에게, ㉠ "또 네 씨로 말미암아 <천하만민>이 복을 얻으리니"(창 22:18; 갈 3:8) 하고 약속하신 말씀, 즉 이방인들이 아브라함의 자손으로 말미암아 구원 얻게 되리라고 약속하신 말씀을 의미합니다. 그러므로 ㉡ "너희를 위하여 내게 주신 경륜"(25중)이라고 말씀하는 "너희"란, 골로새 형제들만을 가리키는 것이 아니라, "이방인들"을 통칭하는 말씀인 것입니다. 하나님께서는 바울을 들어서 이방인들에게 복음을 증거케 하시려는 "경륜"을 가지고 계셨습니다. 그리하여 준비해두셨다가, "말씀을 이루시기 위해서" 때가 찬 경륜 가운데 부르셔서 이방인의 사도로 세우셨던 것입니다. 바울은 이를 알았기에, "내가 이제 너희를 위하여 받는 괴로움을 기뻐하고 그리

스도의 남은 고난을 그의 몸 된 교회를 위하여 내 육체에 채우노라" (24) 말씀하고 있는 것입니다.

둘째 단원(26-27) 복음의 풍성을 알게 하려함

"이 비밀은 만세와 만대로부터 옴으로 감춰었던 것인데 이제는 그의 성도들에게 나타났고"(26).

① "이 비밀은" 합니다. ㉠ "이 비밀은 너희 안에 계신 그리스도시니"(27중) 한 그리스도이십니다. ㉡ "만세와 만대로부터 옴으로 감춰었던 것"이라고 말씀합니다. 고린도교회에 보낸 서신에서도, "오직 비밀한 가운데 있는 하나님의 지혜를 말하는 것이니 곧 감춰었던 것인데 하나님이 우리 영광을 위하사 만세 전에 미리 정하신 것이라" (고전 2:7) 합니다. 에베소서에서는, "영원부터 만물을 창조하신 하나님의 속에 감춰었던 비밀의 경륜"(엡 3:9)이라고 말씀합니다. 예수 그리스도를 통한 하나님의 구원계획은 만세와 만대로부터, 영원부터 계획하신 바라는 것입니다. ㉢ "감춰었던 것"이라고 말씀합니다. 어디에 감추어져 있었는가? "하나님 속에"라고 말씀합니다. 이것이 언약과, 예언과, 예표와, 모형과, 그림자를 통해서 구약성경 속에 감추어져 있었던 것입니다. 이점을 고린도후서에서는, 모세가 얼굴의 광채를 가리기 위해서 수건을 쓴(고후 3:13-16) 것에 비유하고 있습니다. 그러니까 복음의 광채가 율법이라는 의문(儀文)의 수건에 가리워 있었던 것이 구약시대였습니다. 얼마나 귀중한 것이면 하나님께서 이처럼 비밀한 가운데 감추어두셨겠습니까!

② "이제는 그의 성도들에게 나타났고" 합니다. ㉠ "이제는 나타났다!"는 감격이 중요합니다. 얼마나 바라고 기다리던 때가 찬 경륜인

가? 구약시대 내내 막혀있던 휘장이 찢어졌다는 것은 새로운 시대가 열렸음을 의미합니다. 어둠이 지배하던 밤은 물러가고 "의로운 해"가 떠올라 치료하는 광선을 발하고 있다는 것입니다. 그러므로 희년의 나팔을 불 듯이, ㉡ 이를 선포하고 자랑하고자 하는 마음이 바울 속에는 충만했던 것입니다. 생각해보십시오. 암 특효약이 발명이 되었다면 죽어 가는 말기 암환자들에게 이 기쁜 소식을 전해주고자 하는 감동으로 벅차 있게 될 것입니다. "이제는 그의 성도들에게 나타났다"고 말씀하는 바울에게는, 복음에 대한 이러한 감동과 감격과 열정이 있었던 것입니다. 그럼에도 불구하고, "그러나 저희 마음이 완고하여 오늘까지라도 구약을 읽을 때에 그 수건이 오히려 벗어지지 아니하고 있으니 그 수건은 그리스도 안에서 없어질 것이라 오늘까지 모세의 글을 읽을 때에 수건이 오히려 그 마음을 덮었도다"(고후 3:14-15) 하고 한탄합니다. "오히려"라는 말과, "마음"이라는 말을 거듭 강조합니다. 수건으로 얼굴을 가리운 것보다, "오히려 마음"을 덮고 있는 것이 얼마나 치명적으로 해독을 끼치는가를 말씀하고 있는 것입니다.

③ 부활을 의심하는 제자들에게 주님은, ㉠ "미련하고 선지자들의 말한 모든 것을 마음에 더디 믿는 자들이여 그리스도가 이런 고난을 받고 자기의 영광에 들어가야 할 것이 아니냐 하시고 이에 모세와 및 모든 선지자의 글로 시작하여 모든 성경에 쓴 바, 자기에 관한 것을 자세히 설명"(눅 24:25-27) 하여주셨다고 말씀합니다. "이제는 그의 성도들에게 나타났음"에도 불구하고 오늘의 설교자들이, ㉡ 구약성경에서 "축복"은 보면서도 그리스도를 만나지 못하고, 이를 증거하지 않고 있다면 이는 통탄할 노릇인 것입니다.

④ "하나님이 그들로 하여금 이 비밀의 영광이 이방인 가운데 어떻게 풍성한 것을 알게 하려 하심이라"(27상) 합니다. ㉠ "이 비밀의 영

광"이란 다름이 아니라 복음의 영광스러움을 가리킵니다. 고린도후서에서는 이를, "그리스도의 영광의 복음의 광채"(고후 4:4)라고 표현하고 있습니다. 바울은 영광의 복음의 광채에 의하여 눈이 머는 경험(행 22:11)을 한 사람입니다. 같은 태양 빛이라도 오랫동안 갱에 갇혀 있다가 구출된 사람에게는 시력을 마비시킬 정도로 찬란한 것입니다. ㉡ "그가 우리를 흑암의 권세에서 건져내셨다"(13)고 말씀합니다. 우리는 얼마나 오랫동안 흑암의 권세에 매여 갇혀있었던가? 그러다가 복음의 빛에 비췸을 받았다면 복음에 미친 자들이 되어야 마땅하지 않겠습니까? 우리는 아직, "그리스도의 영광의 복음의 광채"에 비췸을 받지 못하고 있는 것은 아닌가? 아니면 알면서도 영광의 풍성을 자랑하지 않고 있단 말인가?

⑤ "이방인 가운데 어떻게 풍성한 것을 알게 하려 하심"(27중)이라고 말씀합니다. 이방인들이란 본래, ㉠ "약속의 언약들에 대하여 외인이요 세상에서 소망도 없고 하나님도 없는 자"(엡 2:12)들이었습니다. 그러했던 이방인들이, "주인의 상에서 떨어지는 부스러기를 먹는" 것이 아니라, "비밀의 영광의 풍성"을 누리게 되었다니! 바울은 에베소서에서도, ㉡ "모든 성도 중에 지극히 작은 자보다 더 작은 나에게 이 은혜를 주신 것은 <측량할 수 없는 그리스도의 풍성>을 이방인에게 전하게"(엡 3:8) 하기 위해서라고 자신의 사명을 말씀합니다. "이방인들이 복음으로 말미암아 그리스도 예수 안에서 함께 후사가 되고 함께 지체가 되고 함께 약속에 참여하는 자가 된다"(엡 3:6)는 것은 얼마나 경이로운 일입니까? 우리나라에 복음의 씨가 뿌려지게 된 경로를 추적해 올라간다면 틀림없이 사도 바울에게까지 이르게 되리라고 여겨집니다.

⑥ "이 비밀은 너희 안에 계신 그리스도시니 곧 영광의 소망이니

라"(27하) 합니다. 26절에서는, "비밀이 나타났다"고 말씀했는데, 27절에서는 나타난 것만이 아니라 이 비밀이, ㉠ "너희 안에 계시다"고 말씀합니다. "그 안에는 지혜와 지식의 모든 보화가 감취어 있느니라"(2:3) 하십니다. 그리스도인들이란 얼마나 풍성한 복음을 받은 자들입니까? 그런데 아직은 ㉡ "곧 영광의 소망이니라" 하고, "소망"으로 주어졌다고 말씀합니다. 그러므로 5절에서는 "너희를 위하여 하늘에 쌓아 둔 소망"이라고 말씀했고, 23절에서는 "복음의 소망에서 흔들리지 아니하면" 이라고 말씀하고 있는 것입니다. 이점을 로마서에서는 "우리가 소망으로 구원을 얻었으매 보이는 소망이 소망이 아니니 보는 것을 누가 바라리요 만일 보지 못하는 것을 바라면 참음으로 기다릴지니라"(롬 8:24-25) 하십니다. 형제도, "감취었다가 이제는 그의 성도들에게 나타난" 복음의 풍성을 알게 하신 것만이 아니라, 믿음으로 받아 형제 속에 간직하고 있음을 확신함에 거하시기를 기원합니다.

셋째 단원(28-29) 힘을 다하여 수고하노라

"우리가 그를 전파하여 각 사람을 권하고 모든 지혜로 각 사람을 가르침은 각 사람을 그리스도 안에서 완전한 자로 세우려 함이니"(28).

본 단원은, "하나님의 말씀을 이루려"(25) 자신을 복음의 일꾼으로 삼으신 하나님께, 바울이 어떻게 헌신했는가를 말씀하는 대목입니다. 이는 사역자들이 본받아야할 금과옥조(金科玉條)와 같은 말씀입니다.

① "우리가 그를 전파하여"(28상) 합니다. 바울은 누구의 종, 누구의 증인으로, 누구를 전파했는가? ㉠ "그(예수 그리스도)를 전파했다" 고 말씀합니다. 이를 다른 성구를 들어서 좀 더 확증할 필요가 있습니다. 왜냐하면 많은 분들이 착각하고 있기 때문입니다. 바울은 고린도

형제들에게, "내가 너희 중에서 예수 그리스도와 그의 십자가에 못 박히신 것 외에는 아무것도 알지 아니하기로 작정하였음이라"(고전 2:2) 합니다. 갈라디아 형제들에게는, "그러나 내게는 우리 주 예수 그리스도의 십자가 외에 결코 자랑할 것이 없으니"(갈 6:14) 합니다. ㉡ "우리가 그를 전파" 했다는 것은 다름이 아닌, "그의 죽으심과 다시 사심"을 전파했다는 말씀입니다. 왜 이점을 강조하는지 아시겠습니까? 죄인이 의롭다함을 얻고, 하나님과 화목하게 하는 것을 가능케 한 복음의 핵심이 여기에 있기 때문입니다. 그러므로 "그를 전파" 한다고 하면서 주님의 생애와, 기사와 이적만을 전하고 있다면, 주님께서 이를 위하여 오셨고, 이를 위하여 죽어주신 복음의 핵심은 외면하는 것이 되는 것입니다. 바울은 24-25절에서, "내가 교회 일꾼 된 것은" 하고 "내가" 라고 말했으나, 이 대목에 이르러서는 내가라고 말씀하지 않고, ㉢ "우리가 그를 전파하여"(28) 하고 "우리" 라고 말씀함을 주목해야합니다. 그러므로 "우리도" 그렇게 해야 마땅한 것입니다.

② 1장에는 "교회" 라는 말이 세 번 등장하는데, "그는 몸인 교회의 머리라"(18) 합니다. "그리스도의 남은 고난을 그의 몸 된 교회를 위하여 내 육체에 채우노라"(24) 합니다. "내가 교회 일꾼 된 것은"(25) 합니다. 그렇다면 교회가 무엇이기에 이렇게 섬겨야만 하는 것입니까? 교회가 어떻게 해서 세워질 수가 있었습니까? ㉠ 주님은 많은 병자들을 고쳐주셨습니다. 그런데 이들이 모여서 교회가 된 것이 아닙니다. "예수께서 무리를 보시고 산에 올라가 앉으시니 제자들이 나아온지라 입을 열어 가르쳐 가라사대"(마 5:1-2), 교회는 교훈으로 세워진 것이 아닙니다. 주님은 오병이어로 5,000명을 먹이셨습니다. 이들이 모여서 교회가 된 것이 아닙니다. ㉡ 약속을 믿은 제자들이 다락방에 모였고 그 위에 성령께서 강림하심으로 교회가 탄생한 것입니다.

교회란 택하시고, 구속하시고, 불러냄을 받은 사람들의 모임입니다. 하나님께서는 그리스도를 십자가에 깊이 잠들게 하시고 그의 신부인 교회가 태어나게 하셨던 것입니다. 그러므로 그리스도는 교회의 머리요, 교회는 그의 몸이라고 말씀하시는 것입니다.

③ "우리가 그를 전파"했다는 것은, 주님의 죽으심과 다시 사심을 전파했다는 말씀임을 명심해야만 합니다. 여기에 복음의 핵심이 있고 구원이 있기 때문입니다. "형제들아 내가 너희에게 전한 복음을 너희로 알게 하노니 이는 너희가 받은 것이요 또 그 가운데 선 것이라 너희가 만일 나의 전한 그 말을 굳게 지키고 헛되이 믿지 아니하였으면 이로 말미암아 구원을 얻으리라 내가 받은 것을 먼저 너희에게 전하였노니 이는 성경대로 그리스도께서 우리 죄를 위하여 죽으시고 장사지낸 바 되었다가 성경대로 사흘만에 다시 살아나사"(고전 15:1-4), 바울은 이 복음을 전했고, 이를 듣고 믿은 사람들이 모여서 교회가 되었던 것입니다.

교회는 어떻게 세워졌는가?

① "각 사람을 권하고 모든 지혜로 각 사람을 가르침은"(28중) 합니다. 바울은 그를 전파한 것만이 아니라, ㉠ "각 사람을 권하고, 각 사람을 가르쳤다"고 말씀합니다. 여기서 주목하게 되는 것이, ㉡ "각 사람"이라는 말을 세 번이나 반복해서 강조하고 있다는 점입니다. 바울은 대중을 상대로 전파하는 것으로, 공 예배에 설교하는 것으로 자신의 임무를 다한 양 여기지 않았다는 뜻이 담겨있습니다. "각 사람, 각 사람", 즉 "한 사람, 한 사람"을 붙잡고 복음으로 권하고 가르쳤다는 말씀입니다. 요즘 말로 표현하면 1:1로 제자를 삼았다는 이점이 중요합니다.

② "각 사람을 그리스도 안에서 완전한 자로 세우려 함이니"(28하) 합니다. 이는 복음을 전파하는 목표를 어디에 두고 있는가를 말씀함입니다. ㉠ "완전한 자"라고 말씀합니다. 이는 완전무결한 자를 의미하는 것이 아닙니다. 복음을 전파하여 거듭나게 되면 누구나 다 어린아이로 태어나게 되는 것입니다. 그에게 도의 젖을 먹여서 장성한 분량에 이르게 하는 것이 완전한 자로 세우는 일입니다. 다수만을 볼 것이 아니라 몇 명 안 되는 성도라도 그들을 붙잡고 씨름을 하듯, "각 사람을 권하고, 각 사람을 가르쳐서, 각 사람을 완전한자로 세우기만" 한다면 그의 사역은 결코 헛되지 않을 것입니다. ㉡ "세우려함이니"라는 말씀을 유념해야만 합니다. 모든 그리스도인들이 다 서 있는 믿음을 소유하고 있는 것은 아닙니다. 그러므로 세움 받은 자의 수가 얼마나 되느냐가 중요합니다. "저희가 또 다른 사람들을 가르칠 수 있게"(딤후 2:2) 될 것이기 때문입니다. 그렇게만 한다면 수적으로도 부흥을 가져오게 될 것이 아니겠습니까? "세우려 함이니라"는 궁극적인 목표는 ㉢ "우리의 소망이나 기쁨이나 자랑의 면류관이 무엇이냐 그의 강림하실 때, 우리 주 예수 앞에 너희가 아니냐 너희는 우리의 영광이요 기쁨이니라"(살전 2:19-20) 한 주님 앞에 세우려는데 있는 것입니다.

③ "이를 위하여 나도 내 속에서 능력으로 역사하시는 이의 역사를 따라 힘을 다하여 수고하노라"(29) 합니다. 바울은 ㉠ "내 속에 능력으로 역사하시는 이"가 계시다고 고백합니다. 죄인을 거듭나게 하고 하나님 앞에 설 수 있는 자로 세우는 일은 인간의 힘으로 되는 것이 아님을 말씀합니다. 에베소서에서는 ㉡ "또 오셔서 먼 데(이방인) 있는 너희에게 평안을 전하고 가까운데(유대인) 있는 자들에게 평안을 전하셨으니"(엡 2:16-17) 하고 말씀합니다. 주님은 십자가로 구속을

성취하신 후에 그리스도의 영으로, "또 오셔서, 전하신다"는 것입니다. 그러므로 바울은 "하나님의 동역자"(고전 3:9)로 자처했던 것입니다.

④ 그렇다면 주님은 바울 안에만 계신다는 말인가? 27절을 보십시오. ㉠ "이 비밀은 너희 안에 계신 그리스도시니" 합니다. 주님은 골로새 형제들 안에도 계시다고 말씀합니다. ㉡ 형제 안에 계신 주님도 능력으로 역사하시는 분이심을 믿으시기 바랍니다. 다만 차이가 있다면, "저희 믿음을 본 받으라"(히 13:7) 하신 믿음의 분량(分量)의 차이뿐입니다.

⑤ "능력으로 역사"하신다고 말씀합니다. "능력"하면 곧장 육적으로 나타나는 기사와 이적을 연상하는 분들이 있습니다. 아닙니다. "능력"이 무엇을 위하여 발휘되고 있는 능력인가를 보십시오. ㉠ "전파하여, 권면하고, 가르쳐서, 완전한 자로 세우는" 사역과 결부되어 있는 것입니다. 묻습니다. 나사로를 살리신 능력과, "허물과 죄로 죽었던 너희를 살리셨도다"(엡 2:1)한 능력 중 어느 능력이 더 크고, 우리가 사모해야할 능력입니까? 나사로는 다시 죽어야할 몸으로 살아난 것뿐입니다. 그러나 거듭난 생명은 영생합니다. 그러므로 한 영혼을 살리실 때 베푸신 영적인 능력을, "그의 힘의 강력으로 역사하심을 따라 믿는 우리에게 베푸신 능력의 지극히 크심"이라고 말씀하고 있는 것입니다. 얼마나 큰 능력인가? "그 능력이 그리스도 안에서 역사하사 죽은 자들 가운데서 다시 살리시고 하늘에서 자기의 오른편에 앉게"(엡 1:19-20) 하신 능력과 동일한 능력이라고 말씀하십니다. 그러므로, "이 복음은 모든 믿는 자에게 구원을 주시는 하나님의 능력"(롬 1:16) 중 최대의 능력인 것입니다.

⑥ 이 귀중성을 알았기에 바울은, "이를 위하여 나도 내 속에서 능

력으로 역사하시는 이의 역사를 따라 힘을 다하여 수고하노라"고 말씀하고 있는 것입니다. 마라톤 코스를 완주하고도 힘이 남아서 펄펄 뛰는 것은 마라톤의 정신이 아닙니다. "힘을 다하여" 라는 말은 남김이 없이 모두 부어드렸음을 뜻합니다. 바울 속에서 능력으로 역사하신 주님은 이제 형제와도 함께 하십니다. 성경은 말씀합니다. "예수 그리스도는 어제나 오늘이나 영원토록 동일하시니라"(히 13:8). 다만 "힘을 다하여 수고하느냐" 여부에 차이가 있을 뿐입니다.

골로새서 2:1-7의 분석 도표

너희를 속이지 못하게 하려함

그리스도를 깨닫게 하려함

1-5

내가 너희와 라오디게아에 있는 자들과
무릇 내 육신의 얼굴을 보지 못한 자들을 위하여
→ 어떻게 힘쓰는 것을 너희가 알기를 원하노니(1)

이는 저희로 마음에 위안을 받고
사랑 안에서 연합하여
원만한 이해의 모든 부요에 이르러
→ 하나님의 비밀인 그리스도를 깨닫게 하려 함이라(2)

그 안에는
지혜와
지식의
모든 보화가 감취어 있느니라(3)
→ 내가 이것을 말함은 아무도 공교한 말로
너희를 속이지 못하게 하려 함이니(4)

이는 내가 육신으로는 떠나 있으나
심령으로는 너희와 함께 있어
너희의 규모와 그리스도를 믿는
너희 믿음의 굳은 것을 기쁘게 봄이라(5)

그리스도 안에서 행하라

6-7

(그러므로 너희가)

그리스도 예수를
주로 받았으니
→ 그 안에서 행하되(6)

그 안에 뿌리를 박으며
세움을 입어
교훈을 받은 대로
믿음에 굳게 서서

(감사함을 넘치게 하라)(7)

2:1-7
너희를 속이지 못하게 하려함

[4] 내가 이것을 말함은 아무도 공교한 말로 너희를 속이지 못하게 하려 함이니

2장은 골로새서를 기록하게 된 동기인 이단을 논박하는 내용입니다. 그러므로 본 문단의 중심점은 도표에 표시된 대로, "내가 이것을 말함은 아무도 공교한 말로 너희를 속이지 못하게 하려함"(4)에 있습니다. 어떻게 하면 속아넘어가지를 않게 될 것인가? "하나님의 비밀인 그리스도를 깨닫게 하여"(첫째 단원), "그 안에서 행하게 하면"(둘째 단원) 되는 것입니다. 그러므로 바울은 이단사상을 논박하되, "하나님의 비밀인 그리스도"의 복음진리에 입각해서 논박하고 있는 것입니다. 그런데 바울의 관심은 골로새교회만을 위한 것이 아니라, "내가 너희와 라오디게아에 있는 자들과 무릇 내 육신의 얼굴을 보지 못한 자들을 위하여 어떻게 힘쓰는 것을 너희가 알기를 원하노니"(1) 하고 말씀합니다. 그렇다면 골로새서는 당대만이 아니라 "육신의 얼굴을 보지 못한" 모든 세대를 위해서도, "아무도 공교한 말로 너희를 속이지 못하게 하려고" 복음을 변증하고 있다는 말씀이 되는 것입니다. 이를 두 단원으로 나누어서 상고하겠습니다.

첫째 단원(1-5) 그리스도를 깨닫게 하려함

둘째 단원(6-7) 그리스도 안에서 행하라

첫째 단원(1-5) 그리스도를 깨닫게 하려함

"내가 너희와 라오디게아에 있는 자들과 무릇 내 육신의 얼굴을 보지 못한 자들을 위하여 어떻게 힘쓰는 것을 너희가 알기를 원하노니"(1).

① 바울은 이단을 논증하기에 앞서, "내가 너희를 위하여, 어떻게 힘쓰는 것을 알기를 원한다"는 것과, "너희 믿음의 굳은 것을 기쁘게 봄이라"(5) 하고 저들을 믿음을 인정부터 해줍니다. 1:24절에서는 ㉠ "내가 이제 너희를 위하여 받는 괴로움을 기뻐한다"고 말씀했습니다. 1:29절에서는 "힘을 다하여 수고하노라" 했습니다. 이제는 "힘쓰는 것을 너희가 알기를 원하노니" 합니다. 바울은 간절한 마음을 표현할 때면, "알기를 원하노니, 모르기를 원치 아니하노니"(고후 1:8) 등의 표현을 합니다. ㉡ 바울이 말씀하고 있는 "너희"란, 골로새 형제들만을 가리키는 말씀이 아닙니다. 이방인의 사도로 세움을 받아 "하나님의 말씀을 이루려, 그리스도의 남은 고난을 그의 몸 된 교회를 위하여 내 육체에 채우노라" 한, 이방인 모두를 의미합니다.

② 이방인들을 위한 바울의 힘씀이란, "이외의 일은 고사하고 오히려 날마다 내 속에 눌리는 일이 있다"(고후 11:28)고 말씀한 심적인 고난이었을 것입니다. 그런데 바울은 마음으로 걱정만 하고 있었던 것은 아닙니다. ㉠ 첫째로, "이로써 우리도 듣던 날부터 너희를 위하여 기도하기를 그치지 아니하고 구하노니"(1:9) 하고, 기도로 힘을 썼다고 말씀합니다. "힘을 쓴다"는 말은 씨름하듯 하는 애씀을 의미합

니다. 마치, "예수께서 힘쓰고 애써 더욱 간절히 기도하시니 땀이 땅에 떨어지는 피 방울 같이 되더라"(눅 22:44)는 그런 애씀입니다. 참으로 기도란 중노동보다 더한 그런 힘씀인 것입니다. ㉡ 둘째가, "내가 이것을 말함은"(4) 한 대로 서신들을 기록하여 각 교회에 보낸 것입니다. 바울의 마음은 골로새교회를 향해 한 걸음으로 달려가고 싶었을 것입니다. 그러나 그는 결박되어 옥에 갇힌 몸입니다. 그래서 "너희가 알기를 원하노니" 하면서 간절한 마음으로 편지를 쓰고 있는 것입니다. 하나님께서 하시는 일이란 얼마나 기이하고도 놀랍습니까? 바울이 옥에 갇힌 몸이 아니었다면, "에베소서, 빌립보서, 골로새서, 빌레몬서" 등은 태어나지 못했을 것이요, 교회는 이를 가지지를 못했을 것입니다.

③ 바울이 이방인 형제들을 위하여 그토록 힘을 쓴 까닭이 무엇인가? 결론은, "내가 이것을 말함은 아무도 공교한 말로 너희를 속이지 못하게"(4) 하기 위해서입니다. ㉠ "공교한 말"이란 표현을 유념하시기를 바랍니다. 영적 전쟁이란 다름 아닌 진리와 비진리 간의 "말"(Word)의 전쟁인 것입니다. 계시록에 보면 주님의 입에서, "좌우에 날 선 이한 검"(계 1:16)이 나오는 것을 봅니다. 그런가 하면, ㉡ "개구리 같은 세 더러운 영이 용의 입과 짐승의 입과 거짓 선지자의 입"(계 16:13)에서 나오고 있는 것입니다. 그러므로 우리가 싸우는 선한 싸움은, "말씀의 전쟁"이요, 또한 성령과 악령간의 "영의 전쟁"이기도 합니다. 성경은 하나님의 말씀을 "성령의 검"이라고 표현하고 있습니다. 성령께서는 말씀과 함께 역사 하신다는 뜻입니다. 그러므로 이제 바울은 "이것을 말함", 즉 말씀으로 이단을 물리치고 있는 것입니다.

④ 어찌하여 이단을 막아야만 하는가? ㉠ "이는 저희로 마음에 위안을 받고"(2상) 합니다. 첫째가, "마음에 위안"입니다. 이는 초대교회

들이 환난과 핍박 중에 있었기 때문이요, 앞으로 더 큰 박해가 닥쳐올 것을 예감했기 때문일 것입니다. 이 위로에 대한 심정이 가장 절실하게 표현되고 있는 곳이 고린도후서 1장입니다. ㉡ "찬송하리로다 그는 우리 주 예수 그리스도의 하나님이시오 자비의 아버지시오 모든 위로의 하나님이시며 우리의 모든 환난 중에서 우리를 위로하사 우리로 하여금 하나님께 받는 위로로써 모든 환난 중에 있는 자들을 능히 위로하게 하시는 이시로다 그리스도의 고난이 우리에게 넘친 것같이 우리의 위로도 그리스도로 말미암아 넘치는도다 우리가 환난 받는 것도 너희의 위로와 구원을 위함이요 혹 위로 받는 것도 너희의 위로를 위함이니 이 위로가 너희 속에 역사하여 우리가 받는 것 같은 고난을 너희도 견디게 하느니라"(고후 1:3-6) 합니다. 말씀을 음미해보면 바울은 주님께 받은 "위로"까지도 자신이 누리려 하지 않고 이방인 형제들에게 나누어주고 있는 것을 보게 됩니다.

⑤ 둘째가, "사랑 안에서 연합하여"(2중) 합니다. "연합"이라는 말씀은 중요한 의미가 있습니다. ㉠ 하나님께서, 택하심, 부르심, 거듭나게 하심은 한 사람 한 사람 개별적(個別的)으로 이루어지는 일입니다. 그러나 일단 하나님의 가문(家門)에 태어나게 되는 순간 그는 더 이상 외톨이가 아니라 연합의 존재라는 말씀입니다. 한 몸에 많은 지체가 연합되어 있음을, "그에게서 온 몸이 각 마디를 통하여 도움을 입음으로 연락하고 상합(相合)하여"(엡 4:16)라고 묘사하고 있습니다. 이는 인체의 구조, 즉 모든 지체들이 얼마나 오묘막측 하게 연결이 되어 있는가를 통한 설명입니다. 그러므로 "만일 한 지체가 고통을 받으면 모든 지체도 함께 고통을 받고 한 지체가 영광을 얻으면 모든 지체도 함께 즐거워하나니 너희는 그리스도의 몸이요 지체의 각 부분이라"(고전 12:26-27) 하시는 것입니다. 이것이 "사랑 안에서 연합하여"의 의

미입니다. ㉡ "사랑 안에서"라고 말씀합니다. 교회의 연합은 물리적인 연합이 아니라, "사랑의 띠"(3:14)로 하나가 된 사랑의 공동체라는 말씀입니다. 교회에 이단이 침투하게 되면 어찌 되는가? ㉢ 평안하던 교회를 "요동"(갈 5:10)케 하고, "집들을 온통 엎드러치는"(딛 1:11) 것입니다. 위안을 주는 교회, 사랑의 공동체가 아니라 불화 하게 만들고, "이간을 붙여"(갈 4:17) 사분오열(四分五裂) 하게 만듭니다. 사도는 주님의 몸 된 교회가 이처럼 공격당하게 될 것을 심려하고 있는 것입니다. 이를 아가서에서는, "우리를 위하여 여우 곧 포도원을 허는 작은 여우를 잡으라 우리의 포도원에 꽃이 피었음이니라"(아 2:15) 하고 묘사하고 있습니다.

⑥ 셋째가, "원만한 이해의 모든 부요에 이르러 하나님의 비밀인 그리스도를 깨닫게 하려 함이라"(2하) 합니다. ㉠ "원만한 이해"란 분별력, 즉 참과 거짓을 분별할 수 있는 능력을 의미합니다. 이 분별력이 부요(富饒), 즉 풍부하여, ㉡ "하나님의 비밀인 그리스도를 깨닫게 하려 함이라" 합니다. 이단 문제만이 아니라 교회 안에서 일어나는 모든 문제의 원인은 이것이 부족하기 때문이라 할 수가 있습니다. 바울은 이방인 형제들이 이렇게 되기를 바라는 마음으로 힘을 쓰면서 골로새서를 기록하고 있는 것입니다.

하나님의 비밀인 그리스도

① 그런데 주목해야할 점은 그냥 그리스도라 하지 않고, "하나님의 비밀인 그리스도"라 말씀하고 있다는 점입니다. 이는 1:26절에서 말씀한, "이 비밀은 만세와 만대로부터 옴으로 감취었던 것인데" 한 감추었던 비밀을 가리킵니다. 다시 말하면 주님의 죽으심과 부활을 통한 구원계획을 의미합니다. 바울은 이를 알기를 원하고 있는 것입니다

다. 기사이적을 행하시는 예수, 오병이어로 오천 명을 먹이신 예수, 그런 "예수를 아는" 사람은 많습니다. 그러나 "하나님의 비밀인 그리스도"를 깨달아야만 이단의 공교한 말에 속지 않게 되는 것입니다. 바울 사도가 이단문제로 직행하지를 않고 1장을 통해서, "그리스도가 누구이신가? 무엇을 해주셨는가?"를 먼저 증거한 이유가 여기에 있었던 것입니다. "마음에 위안, 사랑 안에서 연합"이란, "하나님의 비밀인 그리스도"를 깨달을 때만이 가능한 것입니다.

② "그 안에는 지혜와 지식의 모든 보화가 감취어 있느니라"(3) 합니다. 다시 강조합니다만, ㉠ "하나님의 비밀인 그리스도" 안에는 모든 보화가 다 들어있는 보물창고와 같다는 것입니다. 성경은 말씀합니다. "우리 주 예수 그리스도의 은혜를 너희가 알거니와 부요하신 자로서 너희를 위하여 가난하게 되심은 그의 가난함을 인하여 너희로 부요케 하려 하심이니라"(고후 8:9). 주님은 말씀하십니다. "천국은 마치 밭에 감추인 보화와 같으니 사람이 이를 발견한 후 숨겨 두고 기뻐하여 돌아가서 자기의 소유를 다 팔아 그 밭을 샀느니라"(마 13:44). 그리스도인이란 이 보화를 소유한 자요, 그러므로 얼마나 부요한 자인가? 어찌하여 "지혜와 지식의 모든 보화"라 말씀하는가? 이단들은 하나님의 비밀을 아는 지식이 자신들에게만 있다고 미혹을 했기 때문입니다. 아닙니다. 그들이 말하는 지식이란, "하나님의 비밀인 그리스도"에 비하면 "세상의 초등학문"(8)일 뿐입니다.

③ "이는 내가 육신으로는 떠나 있으나 심령으로는 너희와 함께 있어 너희의 규모와 그리스도를 믿는 너희 믿음의 굳은 것을 기쁘게 봄이라"(5) 합니다. ㉠ 바울은 실망만 하고 있는 것이 아닙니다. "어찌하여 세상에 사는 것과 같이 의문에 순종하느냐"(20)하고 책망하고 있는 것을 보면, 이단에 넘어간 자들도 있었던 것으로 여겨지지만 그것

은 소수요, 대부분의 성도들은, "규모와, 그리스도를 믿는 믿음에" 굳게 서 있었다는 말씀입니다. ㉡ "규모"란 군사용어로 잘 정렬된 군대를 가리킨다고 합니다. 그리고 "굳게 서 있다"는 말은 방어전선에 이상이 없다는 의미인 것입니다. 바울은 이를 "기쁘게 봄이라", 즉 나는 너희를 믿는다는 뜻입니다.

둘째 단원(6-7) 그리스도 안에서 행하라

"그러므로 너희가 그리스도 예수를 주로 받았으니 그 안에서 행하되"(6).

① 한 절 안에서 호칭을, "그리스도, 예수, 주"라고 부르고 있음을 주목하시기를 바랍니다. 초보적인 말씀을 드려야만 하겠습니다. "예수님의 이름으로 기도합니다" 합니다. 틀린 말은 아니지만 얼마나 미흡합니까? ㉠ 초대 사도들은, "너희가 십자가에 못박아 죽인 예수"가 하나님께서 언약하신 "그리스도"이심을 증거 하는 데 목숨을 걸었습니다. 오순절 성령 강림 이후에 행한 베드로의 첫 설교는, ㉡ "그런즉 이스라엘 온 집이 정녕 알지니 너희가 십자가에 못박은 이 예수를 하나님이 주(主)와 그리스도가 되게 하셨느니라"(행 2:36) 하고 결론을 맺고 있습니다. "저희가 날마다 성전에 있든지 집에 있든지 예수는 그리스도라 가르치기와 전도하기를 쉬지 아니하니라"(행 5:42) 합니다. 이를 아는 자라면 그리스도와 예수를 떼어놓을 수가 없는 것입니다.

② 그런데 "예수가 그리스도시다" 라는 고백만으로는 부족합니다. 왜냐하면 우리와의 관계성이 성립이 되지 않기 때문입니다. ㉠ 예수 그리스도가 우리의 "주"(主)가 되신다는 데까지 나아가야만 하는 것입니다. 그리스도께서 우리의 주가 되신다 함은, ㉡ 우리를 피로 값

주고 사신 주인(主人)이요, 왕(王)이시오, 자신은 그분의 종(從)이라는 고백이기 때문입니다. 그러므로 우리가 주님께 돌려야할 영광스러운 호칭은, "우리 주 예수 그리스도"인 것입니다.

③ "그러므로 너희가 그리스도 예수를 주로 받았으니 그 안에서 행하되"(6)라고 말씀하시는 것입니다. 신앙생활에 있어서 가장 중요하고도 어려운 점은, ㉠ 예수 그리스도를 주로 받고(고백하고), ㉡ "그 안에서 행하는" 것이라 할 수가 있습니다. 예수 그리스도를 주(主)로 받았다는 것은 자신은 그의 종됨을 고백하는 것입니다. 그리고 그 안에서 행한다는 것은 다름이 아니라, "너희는 너희 것이 아니라 값으로 산 것이 되었으니 그런즉 너희 몸으로 하나님께 영광을 돌리라"(고전 6:19-20)는 삶이기 때문입니다. "너희는 너희 것이 아니라" 하십니다. 그것은 너무나 당연하고 합당한 말씀입니다. 이에 이의를 제기하는 자가 있다면 그는 그리스도인이라 할 수가 없는 것입니다. 그렇다면 "자신"이 내 것이 아니라면 내게 속한 모든 것이 나의 것이 아니라 주인의 것이요, 자신은 이를 잘 관리해야할 청지기에 불과하다는 결론에 이르게 되는 것입니다. 이 주님의 주재권(主宰權)을 인정하고 그렇게 행한다는 것이 중요하고도 어려운 일이라는 말씀입니다. 모든 그리스도인들이 이처럼, ㉢ "그리스도 예수를 주로 받고 그 안에서 행하기만"(6하) 한다면 무엇을 더 바랄 것이 있겠습니까?

그리스도 예수를 주로 받았으니

① 너무도 중요한 주제이기에 한 곳만 더 인용하고자 합니다. 사도 바울은, "우리 중에 누구든지 자기를 위하여 사는 자가 없고 자기를 위하여 죽는 자도 없도다 우리가 살아도 주를 위하여 살고 죽어도 주를 위하여 죽나니 그러므로 사나 죽으나 우리가 주의 것이로라"(롬

14:7-8) 하고 말씀합니다. 자신만이 그러하다고 말씀하고 있지 아니합니다. "우리 중에", 즉 그리스도인들 중에 자기를 위하여 사는 자가 없고 자기를 위하여 죽는 그런 자는 없다고 말씀합니다. 이로 보건대 이와 같은 인생관 내지는 가치관이 초대교회 당시는 보편화되어 있었던 것으로 여겨집니다. 이는 너무나 당연한 귀결인 것입니다. 그런데 현대교회 앞에 자문해보지 않을 수가 없습니다. 참으로 "우리 중에", 자기중심적인 이런 사람이 없습니까? 반면, "우리 중에" 이처럼 주님 중심의 사람이 있기는 한 것입니까? 이것이 누구의 책임이며 이에 대한 치료책은 무엇입니까?

② "그 안에 뿌리를 박으며"(7상) 합니다. 이는 식물의 비유입니다. 무슨 뿌리를 박아야 하는가? ㉠ 믿음의 뿌리인 것입니다. 그러나 그것으로 족한 것이 아닙니다. ㉡ "세움을 입어"(7중) 합니다. 이는 건물의 비유입니다. 이는 1:28절에서 "완전한 자로 세우려 함이라" 한 대로 신앙의 성숙을 뜻합니다. 그래야만 "사람의 궤술과 간사한 유혹에 빠져 모든 교훈의 풍조에 밀려 요동치 않게"(엡 3:14) 되기 때문입니다. 식물과 건물에 대한 비유는 에베소서 3:17절에서도, "너희가 사랑 가운데서 뿌리가 박히고 터가 굳어져서" 하고 권면합니다.

③ 바울은 "믿음에 굳게 서서 감사함을 넘치게 하라"(7하) 하고, ㉠ "감사"로 본 단원의 결론을 맺고 있습니다. 어떤 사람이 감사를 하되 넘치도록 할 수가 있는가? 주님은 말씀합니다. "사함을 받은 일이 적은 자는 적게 사랑하느니라"(눅 7:47). 그렇습니다. ㉡ "하나님의 비밀인 그리스도"를 조금밖에 모르면 은혜도 조금밖에 받지 못한 것이 되고, 감사도 조금밖에 할 수가 없을 것입니다. "그리스도의 말씀이 너희 속에 풍성히 거하면"(3:16), 하나님의 사랑이 마음에 넘치게(롬 5:5) 되고, 감사도 "넘치게" 될 것입니다.

④ 골로새서는 옥중서신입니다. 그럼에도 불구하고 감사가 얼마나 넘치고 있는가를 보십시오. ㉠ “너희를 위하여 기도할 때마다 하나님 곧 우리 주 예수 그리스도의 아버지께 감사하노라”(1:3) 합니다. ㉡ “그리스도의 평강이 너희 마음을 주장하게 하라 평강을 위하여 너희가 한 몸으로 부르심을 받았나니 또한 너희는 감사하는 자가 되라”(3:15) 합니다. ㉢ “그리스도의 말씀이 너희 속에 풍성히 거하여 모든 지혜로 피차 가르치며 권면하고 시와 찬미와 신령한 노래를 부르며 마음에 감사함으로 하나님을 찬양하고”(3:16), ㉣ “또 무엇을 하든지 말에나 일에나 다 주 예수의 이름으로 하고 그를 힘입어 하나님 아버지께 감사하라”(3:17). ㉤ “기도를 항상 힘쓰고 기도에 감사함으로 깨어 있으라”(4:2) 하십니다. 빌립보서가 “기쁨”의 서신이라면, 골로새서는 “감사”의 서신이라 할 수가 있습니다. 어찌 보면 “그리스도 예수를 주로 받은 자들”이란 “감사”할 것 밖에는 없는 사람들입니다. 아무리 이단들이 미혹의 명수라 하여도 감사함이 넘치는 사람에게는 속수무책이라 할 것입니다. 이것이 “그리스도 안에서 행하는” 삶입니다.

사도 바울은 골로새 형제들이 “그리스도 안에 뿌리를 박고, 세움을 입어, 믿음에 굳게 서서, 감사함을 넘치게 하게” 되기를 힘쓰고 있는 것입니다.

골로새서 2:8-23의 분석 도표

머리를 붙들지 아니하는 자들

헛된 속임수와 하나님의 충만

8-15

누가 철학과 헛된 속임수로
너희를 노략할까 주의하라(8)

그 안에는 신성의 모든 충만이 육체로 거하시고(9)
너희도 그 안에서 충만하여졌으니(10)

사람의 유전과
세상의 초등학문(8)

하나님의 역사를 믿음으로 말미암아
그 안에서 함께 일으키심을 받았느니라(12)

그 안에서 손으로 하지 아니한 할례를 받았으니(11)
또 너희의 범죄와 육체의 무할례로 죽었던
너희를 하나님이 그와 함께 살리시고
우리에게 모든 죄를 사하시고(13)

우리를 거스리고 우리를 대적하는 의문에 쓴
증서를 도말하시고 제하여 버리사
십자가에 못 박으시고(14)

정사와 권세를 벗어 버려 밝히 드러내시고
십자가로 승리하셨느니라(15)

그림자와 실체

16-19

그러므로 먹고 마시는 것과 절기나 월삭이나 안식일을 인하여
누구든지 너희를 폄론하지 못하게 하라(16)

이것들은 장래 일의 그림자이나

몸은 그리스도의 것이니라(17)

누구든지 일부러 겸손함과 천사 숭배함을 인하여
너희 상을 빼앗지 못하게 하라(18)

머리를 붙들지 아니하는지라

온 몸이 머리로 말미암아 마디와
힘줄로 공급함을 얻고 연합하여
하나님이 자라게 하심으로 자라느니라(19)

유익이 조금도 없느니라

20-23

너희가 세상의 초등학문에서
그리스도와 함께 죽었거든 어찌하여

세상에 사는 것과 같이 의문에 순종하느냐(20)

곧 붙잡지도 말고 맛보지도 말고
만지지도 말라 하는 것이니(21)

사람의 명과 가르침을 좇느냐(22)

이런 것들은, 오직 육체 좇는 것을 금하는 데는

유익이 조금도 없느니라(23)

2:8-23
머리를 붙들지 아니하는 자들

[19] 머리를 붙들지 아니하는지라 온 몸이 머리로 말미암아 마디와 힘줄로 공급함을 얻어 연합하여 하나님이 자라게 하심으로 자라느니라

본 문단은 골로새교회를 미혹하고 있는 이단에 대한 논박입니다. 한마디로, "헛된 속임수"(8), "헛되이 과장"(18)한다고 말씀합니다. 이를 깨닫기 위해서는 도표에 표시된 대로 이단의 "헛된 속임수와, 그리스도 안에 있어서의 충만"(첫째 단원)의 대조와, "사람의 유전과, 하나님의 역사"의 대조를 볼 수 있어야만 합니다. 그리고 "장래 일의 그림자와, 실체로 나타나신 그리스도"(둘째 단원)의 대조를 놓쳐서는 아니 됩니다. 그런데 어찌하여 "의문에 순종하느냐(20), 사람의 명과 가르침을 좇느냐, 유익이 조금도 없느니라"(셋째 단원) 하고 말씀함이 본 문단의 대의입니다. 그리고 핵심은 "머리를 붙들지 아니하는지라"(19)에 있습니다 이는 당시만이 아니라 어느 시대를 막론하고 사활을 좌우하는 불변의 진리인 것입니다. 과연 현대교회는 머리를 붙들고 있는가? 이를 세 단원으로 나누어 상고하겠습니다.

첫째 단원(8-15) 헛된 속임수와 하나님의 충만

둘째 단원(16-19) 그림자와 실체

셋째 단원(20-23) 유익이 조금도 없느니라

첫째 단원(8-15) 헛된 속임수와 하나님의 충만

"누가 철학과 헛된 속임수로 너희를 노략할까 주의하라 이것이 사람의 유전과 세상의 초등학문을 좇음이요 그리스도를 좇음이 아니니라"(8).

본 단원의 열쇠는 "좇음"이라는 말에 있다 하겠습니다. "세상의 초등학문을 좇을 것인가? 그리스도를 좇을 것인가?"(8)에 사활이 달려 있다는 말씀입니다.

초등학문을 좇는 자들

① 먼저, "누가 철학과 헛된 속임수로 너희를 노략할까 주의하라"(8상) 합니다. 이는 16절 이하에서 거론하고 있는 여러 유형의 이단사상 모두를 염두에 두고 하는 말씀입니다. "노략"이라는 말은 승리한 군사들이 획득하게 되는 전리품(戰利品)을 가리킵니다. 로마서 7:23절에, "죄의 법 아래로 나를 사로잡아 오는 것을 보는 도다" 하고 말씀하고 있는데 이렇게 사로잡혀가지 않도록 주의하라는 말씀입니다. 무엇으로 노략하는가?

② "철학과 헛된 속임수"라고 말씀합니다. ㉠ "철학"이란 고상한 학문 같지만 하나님을 잃어버린 인간이 진리를 탐구하려는 고뇌라 할 수가 있습니다. 그런데 "나는 길이요 진리요 생명이니" 하신 그리스도를 발견하지 못하는 철학적인 고뇌란 결국, ㉡ "헛된" 수고일 수밖에 없고, 그리스도를 떠난 철학이란 좇는 자들을 하나님께 인도할 수가 없으니, "헛된 속임수"라는 결론에 이르게 되는 것입니다. 어떤 철

학자는 실토를 했습니다. "철학이란 캄캄한 방에서 까만 모자를 찾는 것과 같은데, 그 까만 모자는 그 방에 있어본 적도 없는 모자다"라고.

③ 그런데 어찌하여 이단들이, "철학"을 들고 나오는가? 그 대답을 ㉠ "유대인은 표적을 구하고 헬라인은 지혜를 찾으나 우리는 십자가에 못 박힌 그리스도를 전하니 유대인에게는 거리끼는 것이요 이방인에게는 미련한 것이로되"(고전 1:22) 한 말씀에서 찾을 수가 있습니다. 바울은, "십자가의 도가 멸망하는 자들에게는 미련한 것"임을 알고 있었습니다. 그러나 "구원을 얻는 우리에게는 하나님의 능력"(고전 1:18)임을 체험했기에, "그리스도의 십자가 외에 결코 자랑할 것이 없다"고 말씀했던 것입니다. 그러나 고등비평(高等批評)을 한다는 자들이 미련하다는 말을 들을까보아, 다시 말하면 유식한 척, 똑똑한 척 하기 위해서 철학 운운하는 것입니다. 그러나 그것은 "헛된 속임수"라고 단언합니다.

④ 그러므로 "이것이 사람의 유전과 세상의 초등학문을 좇음이요 그리스도를 좇음이 아니니라"(8하) 합니다. ㉠ "사람의 유전"이란 전해 내려오는 교리를 의미하는데 그 기원이 사람으로 말미암은 것을 의미합니다. 예를 들면, 마리아의 동정(童貞)과 승천을 믿는 사람들이 있는데 이것이 "사람의 유전"입니다. 이는 12절에서 말씀하고 있는, "하나님의 역사"(役事), 즉 하나님의 계시(啓示)와는 확연히 구별이 되는 것입니다. ㉡ "세상의 초등학문"이라고 말씀함은, "만세와 만대로부터 옴으로 감취었던 하나님의 비밀"(1:26)인 복음과의 대조적인 관점에서 한 말씀인데 유치한 것이란 뜻입니다. 바울 자신의 고백을 들어보십시오. "그러나 무엇이든지 내게 유익하던 것을 내가 그리스도를 위하여 다 해로 여길뿐더러 또한 모든 것을 해로 여김은 내 주 그리스도 예수를 아는 지식이 가장 고상함을 인함이라 내가 그를 위

하여 모든 것을 잃어버리고 배설물로 여김은 그리스도를 얻고 그 안에서 발견되려 함이니"(빌 3:7-9) 합니다. 바울은 베스도 총독으로부터, "네 많은 학문이 너를 미치게 한다"(행 26:24)는 말을 들은 사람입니다. 그가 그리스도를 얻고 난 후에는 전에 고상하게 여겼던 "에비구레오와 스도이고"(행 17:18) 같은 철학을 배설물로 여기게 되었다는 것입니다. 어느 시대나 세상의 초등학문을 복음보다 더 좋아하는 사람들은 있습니다. 이런 사람들은 그리스도의 영광의 복음을 발견하지 못한 사람들이 아닌가 싶어집니다. 영지주의자들이 아무리, "공교한 말로"(4) 미혹하려해도 그것은, "세상의 초등학문"에 불과하다는 것입니다. 이런 것들은 "헛된 속임수"라고 말씀하고는 9절 이하에서는 "그리스도를 좇는" 길을 제시하고 있는 것입니다.

그리스도를 좇음

① "그 안에는 신성의 모든 충만이 육체로 거하시고"(9) 합니다. 이 부분에 있어서 열쇠가 되는 말씀은, ㉠ "그 안에" 라는 단어입니다. 모두 네 번(9, 10, 11, 12)이나 나옵니다 "그 안에", 즉 그리스도 안에서 우리에게 어떠한 일이 일어났는가? 이를 잘 음미해보면 이단사설에 미혹 될 리가 없는 것입니다. ㉡ "그 안에는 신성의 모든 충만이 육체로 거하시고"(9)합니다. 이는 "말씀이 육신이 되어 우리 가운데 거하시매 우리가 그 영광을 보니 아버지의 독생자의 영광이요 은혜와 진리가 충만하더라"(요 1:14)는 그런 뜻입니다.

② "너희도 그 안에서 충만하여졌으니"(10상) 합니다. 이단의 유혹에 넘어가게 되는 원인은 속이 허(虛)해 있기 때문인데, ㉠ "너희도 그 안에서 충만하여졌다"고 말씀합니다. 어떻게 충만하여 질 수가 있었는가? 이제도 많은 그리스도인들은 자신이 텅텅 비어있는 깡통인줄

로 여기고 있는 것입니다. 아닙니다. ㉡ 그리스도는 머리요, 교회는 그의 몸이라고 말씀합니다. 그렇다면 "머리"에 충만하다(9)면 그의 몸에도 충만하다는 논리인 것입니다.

③ 그런데 바울 사도는 그리스도를 "교회의 머리"에 한정하고 있는 것이 아니라 한 걸음 더 나아가고 있습니다. "그는 모든 정사와 권세의 머리시라"(10하) 합니다. ㉠ "정사와 권세"란 천사를 일컫는 말입니다. 그런데 "모든"이라는 말을 첨가하므로 그리스도가 전 우주적인 머리되심을 나타내고 있는 것입니다. 왜 이렇게 말씀하고 있는가? ㉡ 이단 중에는 "천사 숭배"(18)의 사상이 있었기 때문에 이를 일축하기 위해서 그리스도가 "모든 정사와 권세의 머리시라" 말씀하는 것입니다.

④ "또 그 안에서 너희가 손으로 하지 아니한 할례를 받았으니"(11상) 합니다. 어찌하여 "할례"를 언급하고 있는가? ㉠ "이방인에게 할례 주고 모세의 율법을 지키라 명하는 것이 마땅하다"(행 15:5) 하고 주장하는 유대주의자들의 영향이 골로새교회에까지 미쳤기 때문으로 여겨집니다. 그래서 너희는 이미, ㉡ "할례를 받았다" 하고 말씀하는 것입니다. 그들과 다른 점은 할례주의자들은 손으로 하는 할례를 받았으나, 우리는 "손으로 하지 아니한 할례를 받았으니 곧 육적 몸을 벗는 것이요 그리스도의 할례니라"(11하) 합니다. 이렇게 말씀하고는 12-15절에서 손으로 하지 아니한, "그리스도의 할례"가 무엇인가를 구체적으로 설명을 해나갑니다.

⑤ "너희가 세례로 그리스도와 함께 장사한 바 되고 또 죽은 자들 가운데서 그를 일으키신 하나님의 역사를 믿음으로 말미암아 그 안에서 함께 일으키심을 받았느니라"(12) 합니다. 여기서 바울은, ㉠ "연합교리"를 들어 설명을 합니다. 이를 이해하기 위해서는 12절 속에 있는, ㉡ "그 안에서"와 "함께"라는 의미를 깨달아야만 합니다. 하나님

은 범죄 한 우리 옛 사람을 처리하시기 위해서 한 방도를 고안해내신 것입니다. ㉢ 우리를 "그 안에", 즉 그리스도 안에 있게 하심으로, 그리스도께서 십자가에 죽으실 때에 그 안에서 함께 죽고, 함께 장사한 바 되고, 함께 일으키심을 받게 하심으로 옛 사람을 청산하고, 그리스도께서 다시 살아나실 때에 우리도 새 사람으로 거듭나게 하셨다는 말씀인 것입니다. 이것이, "곧 육적 몸을 벗는 것이요 그리스도의 할례니라"(11), 다시 말하면 진짜 할례라는 것입니다.

⑥ "너희가 세례로 그리스도와 함께 장사한 바 되었다"(12상)고 말씀함으로, "할례"가 "세례"로 발전하고 있는 것을 대하게 됩니다. 성경은, "저(아브라함)가 할례의 표를 받은 것은 무할례시에 믿음으로 된 의(의롭다함)를 인친 것"(롬 4:11)이라고 말씀합니다. 그렇습니다. 세례란, 우리 옛 사람이 그리스도와 함께 죽고 함께 장사한 바 되었다가 함께 일으키심을 받았다는 "구원의 표"(벧전 3:21)라는 점에서 할례와 같은 상징성이 있는 것입니다.

증서를 도말하시고

① 14-15절은 우리로 하여금 모든 속박에서 해방되어 하늘로 비상하게 하듯 하는 무한한 자유와 해방감을 맛보게 하는 엄청난 선언입니다. "우리를 거스리고 우리를 대적하는 의문에 쓴 증서를 도말하시고"(14상) 합니다. ㉠ "의문"이란 율법을 가리키는 말인데 율법 자체는 의롭고 선한 것입니다. 그러나 이 율법을 지킬 수 없는 연약한 인간들에게는 선한 것이 아니라, ㉡ "사망의 법"(롬 8:2), 또는 죄 값에 팔린 채무증서(債務證書), 일생에 매여 종노릇하게 된 노비문서와 같은 속박하는 증서가 되고 만 것입니다. ㉢ 이 증서를 근거로 삼아 사탄은 우리를 송사하고, 정죄하며, 결박하여 가두도록 대적했던 것입

니다. 그래서 고린도전서에서는, "죄의 권능은 율법이라"(고전 15:56) 말씀하고, 본문에서는 "우리를 대적하는 의문에 쓴 증서"라고 말씀하는 것입니다.

② 이 증서를 어떻게 해주셨는가? ㉠ "도말(塗抹)하시고", 즉 증서의 내용들을 지워버리셨다, 즉 말소시키셨다고 말씀합니다. 호적등본에 보면 사망한 사람의 이름에는 붉은 두 줄이 그어 있는 것을 보게 됩니다. 우리 이름이 "사망의 법"이라는 증서에서는 지워졌다는 것입니다. 지워진 것만이 아닙니다. "그 이름들이 생명책에 있느니라"(빌 4:3) 하십니다. 그리고 "그 이름을 생명책에서 반드시 흐리지 아니하고 그 이름을 내 아버지 앞과 그 천사들 앞에서 시인하리라"(계 3:5) 하십니다. 바울은 도말했다는 표현으로는 모자랐던지, ㉡ "제(除)하여 버리사", 즉 찢어버리시고 없애버리셨다고 말씀합니다.

③ 그런 후에 바울은 이 확고한 진리를 더욱 확실하게 감격적으로 묘사할 방도는 없을까 하고 궁리한 듯합니다. 설교자라면 누구나 감격과 감동을 표현할 언어의 부족을 느낄 때가 있는 것입니다. 그런 나머지 아예, ㉠ "십자가에 못박으셨다"(14) 하고 표현하고 있는 것입니다. 얼마나 통쾌하고도 적절한 묘사입니까! 그런데 이 말씀 속에는 깊은 뜻이 함의(含意)되어 있는 것입니다. 하나님께서 우리에게 베푸신 구원은 율법을 무시하고 주신 것이 아닙니다. 하나님의 공의는 그러하실 수가 없으셨기에, ㉡ 우리 대신 자기 아들을 정죄하도록 내어주셨던 것입니다. 하나님께서는 "율법의 요구"(롬 8:4)를 응(應)하여 주신 것입니다. 다만 율법은 우리를 요구하였으나 하나님은 자기 아들을 우리 대신 내어주신 것입니다. 그렇다면 우리를 속박하던 증서를 십자가에 못박으셨다는 선언이 얼마나 적절한 묘사입니까! 그래도 사도의 마음은 후련치가 못했던 듯싶습니다.

④ "정사와 권세를 벗어버려 밝히 드러내시고 십자가로 승리하셨느니라"(15) 하고 선포합니다. "정사와 권세를 벗어버리셨다"는 뜻이 무엇인가? 이를 문자에 얽매어 해석하려 한다면 뜨거워진 바울의 심장을 이해할 길이 없을 것입니다. 일차적으로는, ㉠ "정사와 권세"를 악한 천사, 즉 사탄의 권세로 볼 수가 있습니다. 주님도 우리를 구원하시기 위해서 한때나마 죽으심으로 사망의 권세를 잡은 자에게 "매여"(행 2:24) 있으신 때가 있으셨습니다. 이를 부활하심으로 말미암아 벗어버리셨다는 뜻으로 볼 수가 있습니다. 그런데 바울은 이를 악한 천사에 한정시키려 하지 않고 있는 것입니다. 10절에서, "모든 정사와 권세의 머리시라" 한 바울이 동일한 표현을 여기서는 악한 천사로 한정하고 있다고 보기가 어렵기 때문입니다. 어찌하여 악한 천사로 한정을 지어 말씀하지 않고 있는 것일까요? "천사 숭배" 사상이 발붙일 여지를 주지 않기 위해서입니다. 악한 천사라고 말했다면 저 이단들은, "그래서 우리는 선한 천사를 숭배하고 있는 것이다" 하고 말했을 것입니다.

십자가로 승리하셨느니라

① 주님께서 죄인의 몸을 입고 오셨을 때는, ㉠ "천사들보다 잠깐 동안 못하게 하심을 입은 자"(히 2:9)이셨음이 분명합니다. 더욱이나 십자가의 수난은 처절한 패배로 여겨졌을 수도 있습니다. 그러므로 사도 바울은, ㉡ 십자가에 달려 죽으시고 다시 살아나심을 우주적인 모든 속박을 다 벗어버리시고 "밝히 드러내신", 즉 정정당당하게 승리하신 사건으로 선언하고 있는 것입니다. 그리하여, "모든 정사와 권세의 머리"가 되셨다고 말씀하는 것입니다. 주님만이 이토록 자유롭게 되시고, 이처럼 영화롭게 되신 것만이 아닙니다. 그리스도에게 되

어진 영광스러움은 "그 안에" 있는 우리에게도 되어졌음을 깨닫기를 원해서 이 말씀을 하고 있는 것입니다. 그러므로 성경은, ㉢ "모든 천사들은 부리는 영으로서 구원 얻을 후사들을 위하여 섬기라고 보내심이 아니뇨"(히 1:14) 하고, 천사는 숭배의 대상이 아니라 성도들을 섬기는 자라고 말씀하는 것입니다.

② 구속사역에 있어서 최대의 격전은 겟세마네와 골고다에서 일어났으며, 최대의 승리는 죽으시고 부활하심을 통해서 쟁취하셨음을 명심한다는 것은 중요한 요점입니다. 하나님께서 "여자의 후손은 네 머리를 상하게 할 것이요 너는 그의 발꿈치를 상하게 할 것이니라"(창 3:15) 하신 말씀이 이때에 성취되었기 때문입니다. 그러므로 ㉠ 주님께서 대속의 죽으심을 통하여, "도말하시고 제하여 버리신" 증서 외에 다른 인봉 된 증서가 또 있는 양, ㉡ 십자가보다 더 큰 싸움과, 부활하심보다 쟁취해야할 더 큰 승리가 있는 양 말한다면 이는 본문 말씀을 무색하게 만드는 것이요, 주님의 죽으시고 다시 살아나심을 평가절하 시키고 훼손하는 일임을 유념해야만 합니다(계시록 파노라마 참조). 그것은 "그리스도를 좇음이 아닌" 것입니다.

③ 이제 깊이 생각해보아야만 하겠습니다. ㉠ "누가 철학과 헛된 속임수로 노략"한다는 것이 남의 일 만인가 하는 반성 때문입니다. 그리고 이런 속임수는 교회 밖에서 일어나는 일이 아니라 안에서 일어나고 있는 일이라는 각성 때문입니다. 이점을 에스겔 선지자를 통해서 말씀하시기를, ㉡ "이렇게 칠할 것은 그들이 내 백성을 유혹하여 평강이 없으나 평강이 있다 함이라 혹이 담을 쌓을 때에 그들이 회칠을 하는도다"(겔 13:10) 하고 "회칠하는" 설교자라고 규정하고 있습니다. 이런 자들을 가리켜, "여우같은 선지자, 사람의 영혼을 사냥하는 자"(겔 13:4, 18)라고 말씀합니다. 얼마나 비극적인 일입니까? "그

세대 중에 누가"(사 53:8) 자신이, "여우같은 선지자요 사람의 영혼을 사냥하는 설교자" 인 줄을 깨달았겠습니까? 나는 과연 설교에 회칠을 하고 있지는 아니한가? 설교는 천사와 같이 하면서 나의 삶은 회칠한 무덤과 같지는 아니한가? 심각하게 고민해보아야만 하겠습니다.

둘째 단원(16-19) 그림자와 실체

"그러므로 먹고 마시는 것과 절기나 월삭이나 안식일을 인하여 누구든지 너희를 폄론하지 못하게 하라"(16).

① 다른 서신(로마서, 고린도서)들을 보면 초대교회 당시, ㉠ 시장에서 파는 고기를 먹어도 되느냐, 안 되느냐? 절기나 월삭이나 안식일 등을 지켜야 하는가? 안 지켜도 되는가? 하는 문제로 인하여 많은 갈등이 있었음을 보게 됩니다. 바울은 이로 인하여, ㉡ 누구든지 너희를 폄론하지 못하게 하라(16) 합니다. 이는 위험천만하게 들릴 수 있는 선언입니다. 왜냐하면 모든 의식(儀式)과 계율(戒律)을 파(破)하는 선언이기 때문입니다. 생각해보십시오. 오늘날 누군가가 "안식일을 인하여 누구든지 여러분을 폄론하지 못하게 하십시오" 하고 말한다면 "주일성수"를 파괴하는 자라고 대번에 비난을 받게 될 것입니다. 그러나 "주일성수"의 당위성을, "안식일에 나무를 한 사람"(민 15:32)을 돌로 쳐죽인 율법을 인용하여 강조한다면 이는 잘못 적용하는 것이 됩니다. "주일"(主日)의 근거는 복음이지 율법에서 나온 것이 아니기 때문입니다. 초대교회 성도들이 "주의 날"에 모여 예배드리기 시작한 동기가 어디에 있었겠습니까? 의문에서 벗어나 복음의 기쁨과 감사 때문이었습니다.

② "먹고 마시는" 문제를 생각해보겠습니다. 레위기에는 먹어도 되

는 것과 엄격히 금하는 계율들이 있습니다. 초대교회 성도들은 이 문제로 인해서도 갈등을 겪었습니다. 그리하여 시장에서 파는 고기 중에 우상의 제물이 섞여있을 것을 염려하여 먹지 않는 사람과, 자유 함으로 먹는 사람들이 있었습니다. 그리하여 "먹는 자는 먹지 않는 자를 업신여겼고, 먹지 않는 자는 먹는 자를 판단"(롬 14:3) 했습니다. 그런데 바울은 먹는 자를 "우리 강한 자"(롬 15:1), 즉 믿음이 강한 자라고 말하고 있습니다. 그러나 "만일 식물이 내 형제로 실족케 하면 나는 영원히 고기를 먹지 아니하여 내 형제를 실족치 않게 하리라"(고전 8:13) 하고 말씀합니다. 계율에 얽매여서 먹지 않는 것과, 약한 형제를 실족시키지 않기 위해서 먹지 않는 것은 본질적으로 다른 것입니다. 그러므로 "형제들아 너희가 자유를 위하여 부르심을 입었으나 그러나 그 자유로 육체의 기회를 삼지 말고 오직 사랑으로 서로 종노릇하라"(갈 5:13) 고 말씀하는 것입니다.

누구든지 너희를 폄론하지 못하게 하라

① "이것들은 장래 일의 그림자"(17)라고 말씀합니다. ㉠ "그림자"란 실체가 오기까지, 실체를 증거하기 위해 필요한 것이지 실체가 나타난 이후에는 더 이상 의미가 없다는 말씀입니다. 예를 든다면, 제사제도는 하나님께서 명하신 바요, 성경에 기록된 말씀입니다. 그런데 오늘날 양을 잡아 속죄제를 드린다면 이는 명백한 이단이 되는 것입니다. ㉡ 그런데 들어내놓고 제사나, 할례를 주장하지는 않을지라도 "일천 번제"를 드리라든지, 어떤 특정 장소를 응답 받는 성산(聖山)이라고 내세운다면 이는 교묘하게 옷을 갈아 입힌 비진리가 된다는 말씀입니다. 그리고 그런 혼잡은 교회 내에 많이 침투해있다 하겠습니다.

② "누구든지 일부러 겸손함과 천사 숭배를 인하여 그 상을 빼앗기

지 못하게 하라"(18상) 합니다. ㉠ "겸손함과 천사 숭배"라고 말씀하고 있는 것으로 볼 때, 인간은 직접 하나님과 교제할 수가 없고 천사의 중보가 있어야 한다고 주장한 것으로 여겨집니다. 이것은 일견(一見) 겸손한 것 같으나 지식(성경)을 좇은 겸손이 아니라, ㉡ "일부러", 즉 겸손한 척 꾸밈이라는 것입니다. 성경은 말씀합니다. "하나님은 한 분이시오 또 하나님과 사람 사이에 중보도 한 분이시니 곧 사람이신 그리스도 예수라"(딤전 2:5). 그러므로 천사숭배란 그리스도의 중보 사역을 부정하려는 비진리인 것입니다. 우리는 천사를 통해서 하나님 앞에 나아가는 것이 아닙니다. ㉢ "형제들아 우리가 예수의 피를 힘입어 성소에 들어갈 담력을 얻었나니 그 길은 우리를 위하여 휘장 가운데로 열어 놓으신 새롭고 산길이요 휘장은 곧 저의 육체니라"(히 10:19) 하고 오직 십자가의 중보사역을 통해서임을 말씀합니다. 그러므로, "우리가 그 안에서 그를 믿음으로 말미암아 담대함과 하나님께 당당히 나아감을 얻느니라"(엡 3:12)고 말씀합니다. "담대함과 당당히" 나아가지 못하는 것은 겸손이 아니라 불 신앙일 뿐입니다. 그들은 "머리를 붙들고" 있는 것이 아니라 천사를 붙들고 있었던 것입니다.

③ 다시 강조합니다. "머리를 붙들지 아니 한다면"(19상), "우리나 혹 하늘로부터 온 천사라도"(갈 1:8) 다른 복음을 전하는 것이 되는 것입니다. 바울은 좀 더 나아가고 있습니다. 그리스도인들이란 머리를 붙들고 있는 그런 정도가 아니라는 것입니다. ㉠ "온 몸이 머리로 말미암아 마디와 힘줄로 공급함을 얻고 연합"(19중)한 상태라고 말씀합니다. "붙들고"만 있다면 놓칠 염려가 따르게 되는 것입니다. 그래서 "연합"되었다고 말씀하는 것입니다. 바울은 다시 그리스도와 교회와의 관계가 "머리와 몸"의 연합의 관계임을 강조하고 있는 것입니다. 수족(手足)은 절단하고도 생명을 유지할 수가 있습니다. 그러나 머리

를 절단하고는 살수가 없는 것입니다. 떼어놓을 여야 떼어놓을 수가 없고, 떨어질 여야 떨어질 수가 없는 연합의 관계라는 말씀입니다. 그리하여, "하나님이 자라게 하심으로 자라느니라"(19하), 즉 생명의 유기체라는 것입니다.

셋째 단원(20-23) 유익이 조금도 없느니라

"너희가 세상의 초등학문에서 그리스도와 함께 죽었거든 어찌하여 세상에 사는 것과 같이 의문(儀文)에 순종하느냐"(20).

① "너희가 그리스도와 함께 죽었다"(20상)고 말씀하고 있는 것은, 12절에서 말씀한 바 "함께 죽고, 함께 장사한 바 되고, 함께 일으키심을 받은 것"을 가리킵니다. 그렇다면 "이제는 우리가 얽매였던 것에 대하여 죽었으므로 율법에서 벗어났음"(롬 7:6)으로 자유인이 되었다는 뜻입니다. 그런데, "어찌하여 세상에 사는 것과 같이 의문에 순종하느냐"(20하), 갈라디아서에서는 "어찌하여 다시 약하고 천한 초등학문으로 돌아가서 다시 저희에게 종노릇하려 하느냐"(갈 4:9) 하고 책망을 합니다.

② "곧 붙잡지도 말고 맛보지도 말고 만지지도 말라 하는 것이니"(21) 합니다. 이는 가장 신령한 척하는 이단들이 주장했던 금욕주의적인 사상을 가리키는 말입니다. 바울이 디모데에게, "성령이 밝히 말씀하시기를 후일에 어떤 사람들이 믿음에서 떠나 미혹케 하는 영과 귀신의 가르침을 좇으리라 하셨으니" 하고 경계하면서, "혼인을 금하고 식물을 폐하라 할 터이나"(딤전 4:1-3) 한 그런 류로 여겨집니다.

③ 생각해보십시오. "우리를 거스리고 우리를 대적하는 의문에 쓴 증서를 도말하시고 제하여 버리사 십자가에 못박으셨다"(14)는 엄청

난 자유에 비추어 볼 때, 이단들의 주장이 얼마나 유치하기 이를 데 없는, "세상의 초등학문"입니까? 그럼에도 불구하고, ㉠ "어찌하여 의문에 순종하느냐(20하), 사람의 명과 가르침을 좇느냐"(22하) 하고 한탄을 합니다. ㉡ "이런 것들은 자의적 숭배와 겸손과 몸을 괴롭게 하는데 지혜 있는 모양이나 육체 좇는 것을 금하는데는 유익이 조금도 없느니라"(23) 합니다. "조금도 없다"고 잘라 말씀합니다.

④ 이제 생각해보아야만 하겠습니다. 16-23절을 통해서 초대교회에 일어났던 변질된 복음을 엿볼 수가 있습니다. 그런데 이를 통찰력을 가지고 살펴본다면 오늘날도 포장만 바꾸었을 뿐 내용은 변함이 없는 "다른 복음"과 이단사상이 누룩처럼 퍼지고 있다는 사실입니다. 한마디로, "머리를 붙들고 있지 않다"는 점에서는 동일하다는 말씀입니다.

현대교회는 먹고 마시는 것과 절기나 월삭이나 안식일, 천사숭배나 할례 등 이런 것들이 구원의 조건인 양 주장하는 사람들은 없습니다. 그런데 우리는 복음의 영광스러움과, 자유와, 환희보다는 윤리와 의무를 더 많이 강조하고 있는 것은 아닌가? 그래야만 축복을 받는다고 회칠을 하고 있는 것은 아닌가? 성장병에 걸려서 과도한 짐을 성도들에게 지우고 있는 것은 아닌가? 만에 하나라도 그렇게 하고 있다면 주님께서 도말하시고, 제하여 버리사, 십자가에 못박아버리신 증서를 다시 되살리는 엄청난 잘못을 범하는 것이 될 것입니다.

골로새서 3:1-17의 분석 도표

그리스도인의 삶의 원리

위엣 것을 찾으라

1-4

그러므로 너희가
그리스도와 (함께) → **다시 살리심을 받았으면** → 위엣 것을 찾으라 거기는 그리스도께서
하나님 우편에 앉아 계시느니라(1)
위엣 것을 생각하고 땅엣 것을 생각지 말라(2)

이는 너희가 죽었고 너희 생명이

그리스도와 (함께) 하나님 안에 감취었음이니라(3) → 우리 생명이신 그리스도께서 나타나실 그때에
너희도 그와 (함께)
영광 중에 나타나리라(4)

땅에 있는 지체를 죽이라

5-11

그러므로 **땅에 있는 지체를 죽이라** → 곧 음란과 부정과 사욕과 악한 정욕과 탐심이니
탐심은 (우상 숭배니라)(5)
이것들을 인하여 하나님의 진노가 임하느니라(6)
너희도 전에 그 가운데 살 때에는
그 가운데서 행하였으나(7)

(너희도 전에) ↔ (이제는)

(이제는) 너희가 이 모든 것을 벗어 버리라

(옛 사람과) → 그 행위를 벗어 버리고(9)

(옛 사람과) ↔ (새 사람을)

(새 사람을) 입었으니

이는 자기를 창조하신 자의 형상을 좇아 지식에까지
새롭게 하심을 받는 자니라(10)
거기는 헬라인과 유대인이나 할례당과 무할례당이나
야인이나 스구디아인이나 종이나 자유인이
분별이 있을 수 없나니
오직 그리스도는 만유시요 만유 안에 계시니라(11)

택하신 거룩한 자처럼 행하라

12-17

그러므로 너희는 하나님의 택하신
거룩하고 사랑하신 자처럼

→ 긍휼과 자비와 겸손과 온유와 오래 참음을 옷입고(12)
누가 뉘게 혐의가 있거든 서로 용납하여 피차 용서하되
주께서 너희를 용서하신 것과 같이 너희도 그리하고(13)

→ 이 모든 것 위에 사랑을 더하라
이는 온전하게 매는 띠니라(14)

→ 그리스도의 평강이 너희 마음을 주장하게 하라
평강을 위하여 너희가 한 몸으로 부르심을 받았나니
또한 너희는 감사하는 자가 되라(15)

→ 그리스도의 말씀이 너희 속에 풍성히 거하여 모든 지혜로
피차 가르치며 권면하고 시와 찬미와 신령한 노래를 부르며
마음에 감사함으로 하나님을 찬양하고(16) 또 무엇을 하든지
말에나 일에나 다 주 예수의 이름으로 하고 그를 힘입어
하나님 아버지께 감사하라(17)

3:1-17
그리스도인의 삶의 원리

[1] 그러므로 너희가 그리스도와 함께 다시 살리심을 받았으면 위엣 것을 찾으라
거기는 그리스도께서 하나님 우편에 앉아 계시느니라

로마서와 에베소서가, 교리와 윤리로 양분되어 있는 것같이, 골로새서도 1-2장은 교리요, 3-4장은 실천윤리로 되어 있습니다. 그런데 잊지 말아야할 것은 이 모든 서신들이 한 편의 설교라는 말씀입니다. 다시 말하면 교리와 윤리를 떼어놓아서는 아니 된다는 말씀입니다. 우리는 성경을 강해하면서 이를 세분화(細分化)하다 보니까, 예를 들면, 기관차와 객차를 떼어놓는 잘못을 범하게 되는 것입니다. 바울 사도는 하나님께서 해주신 일(교리)을 먼저 말씀한 후에, 이에 근거해서 성도들이 해야할 일(윤리)을 말씀하고 있는 것입니다. 그래서 교리와 윤리는 "그러므로"라는 접속사로 연결이 되어 있습니다. 성도의 실천윤리의 동력은 하나님께서 선수적으로 베풀어주신 은혜로부터 나오기 때문입니다. 그러므로 이 "그러므로"를 모른다든가 이에 분명하지 못하다면 인간의 책임, 즉 우리가 어떠한 삶을 살아야만 마땅한가 하는 실천윤리로 나아갈 수가 없는 것입니다. 나아가 보았자 별 반응을 얻지 못하게 될 것이기 때문입니다.

3장은 크게 두 문단(1-17, 18-4:1)으로 나누어 상고하겠습니다. 본

문단에서는 "그리스도인의 삶의 원리"가 어떠해야 하는 가를 말씀하고 있습니다. 그리스도인의 삶은, "위엣 것을 찾으라"(첫째 단원) 합니다. 그리스도인의 삶은, "땅에 있는 지체를 죽이라"(둘째 단원) 합니다. 그리스도인의 삶은, "거룩하고 사랑하신 자처럼 행하라"(셋째 단원) 하십니다. 이렇게 세 단원으로 나누어 상고하겠습니다.

첫째 단원(1-4) 위엣 것을 찾으라
둘째 단원(5-11) 땅에 있는 지체를 죽이라
셋째 단원(12-17) 택하신 거룩한 자처럼 행하라

첫째 단원(1-4) 위엣 것을 찾으라

"그러므로 너희가 그리스도와 함께 다시 살리심을 받았으면 위엣 것을 찾으라 거기는 그리스도께서 하나님 우편에 앉아 계시느니라. 위엣 것을 생각하고 땅엣 것을 생각지 말라"(1-2).

① 교리를 말씀하는 1장의 중심주제가, "그리스도가 누구이신가? 그분이 우리에게 무엇을 해주셨는가?"를 말씀하고 있다면, 윤리 편인 3장에서는, ㉠ "우리는 누구인가? 그렇다면 우리는 ㉡ 어떠한 삶을 살아야만 마땅한가?"를 말씀하고 있는 것입니다. 첫 절을 이 문단의 요절로 택했는데, 비록 한 절에 불과하지만 1-2장에서 말씀한 교리를 함축하고 있는 실천윤리의 강령이라 할 수 있는 중요한 말씀이기 때문입니다.

② "그러므로 너희가 그리스도와 함께 다시 살리심을 받았으면"(1상) 합니다. ㉠ 바울은 윤리의 근거를 "다시 살리심을 받았다"는 이 한 말씀에 두고 있는 것입니다. "그리스도와 함께 살리심을 받았다"

는 말은 그 전에, ㉡ "그리스도와 함께 죽었다"는 "죽음"이 전제되는 말씀입니다. 그러므로 3절에서는 "이는 너희가 죽었다"고 말씀하는 것입니다. 그렇습니다. 우리의 "옛 사람"은 그리스도와 함께 죽었고, 이제는 그리스도와 함께 살리심을 받은 새 사람으로 태어났다는 것이 논거의 핵심입니다. 이점을 갈라디아서에서는, "내가 그리스도와 함께 십자가에 못 박혔나니 그런즉 이제는 내가 산 것이 아니요 오직 내 안에 그리스도께서 사신 것이라"(갈 2:20) 하고 말씀합니다. 그러므로 본 단원의 열쇠가 되는 말이 "함께"에 있다 하겠습니다. 네 절 속에 3번이 나오는데, 의미상으로는 네 번이 됩니다.

③ 바울 사도는 2:12-13절에서, "너희가 그리스도와 <함께> 장사한 바 되고, 그 안에서 <함께> 일으키심을 받았고, 너희를 하나님이 그와 <함께> 살리셨다"고 증거했습니다. 여기에 바울 신학의 진수라 할 수 있는, "그리스도 안에, 그리스도와 함께"라는 연합교리(聯合教理)가 등장하는 것입니다. 그리스도인이란 누구인가? ㉠ 옛 사람은 그리스도와 함께 죽었고 이제, "그리스도와 함께 다시 살리심을 받은 자", 이것이 그리스도인인 우리의 정체라는 것입니다. 이것이 어떻게 가능하여졌는가? ㉡ 하나님께서 우리를 택하시되, "그리스도 안에서 우리를 택하셨다"(엡 1:4)고 말씀합니다. 그러면 어떤 일이 일어나게 되는가? 예수 그리스도께서 십자가에 못 박히셨을 때, "그 안에"서 택함 받은 우리도, "함께 십자가에 못 박히고, 함께 죽고, 함께 장사되었다가, 또한 그와 함께 살아났다"(롬 6:4-8)는 논리가 성립이 되는 것입니다. 그 뿐만이 아니라, "그리스도 예수 안에서 함께 하늘에 앉히시니"(엡 2:6) 하는 놀라운 말씀을 듣게 되는 것입니다. 이보다 영광스럽고도 경이로운 일이란 달리는 없는 것입니다. "주 안에" 있는 자란 주님에게 되어진 일은 그 안에 있는 자신에게도 되어진 일임을 믿

는 자인 것입니다. 이것이 그리스도인의 변화된 신분(身分)입니다.

연합교리의 신비

① 바울은 연합교리를 가리켜, "이 비밀이 크도다"(엡 5:32) 하고 말씀합니다. 그렇다면 바울은 이 큰 비밀, 즉 연합교리를 어떻게 깨닫게 되었을까? 이를 살펴보는 것이 바울 신학을 이해하는데 도움이 될 것입니다. ㉠ "이러므로 사람이 부모를 떠나 그 아내와 합하여 그 둘이 한 육체가 될지니 이 비밀이 크도다 내가 그리스도와 교회에 대하여 말하노라"(엡 5:31-32) 하신 문맥을 통해서 그 답을 구할 수가 있습니다. ㉡ "그 아내와 합하여 둘이 하나가 된다"는 말씀은, 하나님께서 아담에게 하와를 짝지어주시면서 하신 창세기 2:24절의 인용입니다. 바울은 하나님께서 아담의 짝을 지어주신 방법을 통해서 연합교리의 신비를 깨닫게 되었던 것입니다. 하나님은 연합교리의 신비를 계시(啓示)하시기 위해서 하와를 아주 특별한 방법으로 만들어주셨던 것입니다.

② "여호와 하나님이 아담에게서 취하신 그 갈빗대로 여자를 만드시고 그를 아담에게 이끌어 오시니"(창 2:22) 합니다. 하나님은 어찌하여 이 방법을 고안해내셨단 말인가? 하나님은 아담의 배필을 얼마든지 다른 방법으로 만드실 수가 있으셨습니다. 즉 흙으로 지으실 수도 있으셨습니다. 생각건대 이 방법이 가장 손쉬운 방법이었으리라고 여겨집니다. 그런데 만일 그런 방법으로 하셨다면 그들은 남남일 수밖에 없었을 것입니다. 그러므로 하나님은, "하나"에서 "둘"이 되게 하시고, "연합하여 하나"가 되게 하는 방법을 취하셨던 것입니다. 그러므로 하나님은 하와를 지으신 후에, ㉠ "이러므로 남자가 부모를 떠나 그 아내와 연합하여 둘이 한 몸을 이룰지로다"(창 2:24) 하고 선언

하셨습니다. 그러므로 아담과 하와의 관계는 어떤 관계인가? ㉡ "남편과 아내"의 관계일 뿐만이 아니라, "머리와 몸"의 관계라는 것입니다. 왜냐하면 하와는 아담의 몸으로 만드셨기 때문입니다. 이는 떨어질려야 떨어질 수가 없고, 떼어놓을 여야 떼어놓을 수가 없는 연합의 관계라는 말씀입니다. 그러므로 바울은 "자기 아내를 사랑하는 자는 자기를 사랑하는 것이라"(엡 5:28)고 말씀하는 것입니다. 이는 다름 아닌 자기 "몸"을 사랑하는 것이기 때문입니다. 지금 우리는 아담 하와의 이야기를 하고 있는 것이 아닙니다. 그리스도와 교회와의 관계, 곧 그리스도와 나와의 연합의 신비를 말씀하고 있는 것입니다.

③ 하나님께서는 이를 예표로 하여, ㉠ "그리스도와 교회"(엡 5:32)와의 관계, 즉 "신랑과 신부, 머리와 몸"의 연합교리의 신비를 계시하여주셨던 것입니다. 이를 위해서가 아니라면 하나님께서 하와를 지으신 방법에 대해 달리는 설명할 길이 없는 것입니다. 이를 무의미(無意味)한 일로 여길 수가 있단 말인가? 어째서 이 연합교리를 역설하고 있는지 아시겠습니까? ㉡ 제가 깨닫기로는 이 연합교리만큼 그리스도인들에게 풍성한 은혜와 축복과 기쁨과 확신과 감사를 가져다주는 진리가 달리는 없다고 믿기 때문입니다. 이는 가히 사람이 이를 수 없는 영광스러움과, 말로 다할 수 없는 복스러움을 가져다주는 신비 중에 가장 큰 신비인 것입니다. 왜냐하면 이 연합교리는 그리스도의 죽으심이 나의 죽음이 되고, 주님 부활 내 부활, 주님 승천 내 승천, 주님 영광 내 영광이 되기 때문입니다. 성경은 우리가 벌써, "그리스도 예수 안에서 함께 하늘에 앉아"(엡 2:6)있다고 말씀하고 있습니다. 이보다 더 큰 신비와 영광이 무엇이 있겠습니까? 그러므로 이 신비가 받아드려지고 믿어진다면 참으로 복이 있는 자라 할 수가 있습니다. 이는 주님께서 말씀하신 바, "바요나 시몬아 네가 복이 있도다 이를 네

게 알게 한 이는 혈육이 아니요 하늘에 계신 내 아버지 시니라"(마 16:17) 하심이 그에게도 이루어졌기 때문입니다.

④ 이 연합교리와 관련하여 중요한 요점이 있습니다. 그것은, ㉠ "여길지어다"라는 말씀입니다. 이 연합교리는 기사와 이적과 같은 방법으로 주어지는 것이 아닙니다. 그러므로 체험적(體驗的)으로 우리에게 일어나는 일이 아니라 "여김"으로 주어진다는 사실입니다. "이와 같이 너희도 너희 자신을 죄에 대하여는 죽은 자요 그리스도 예수 안에서 하나님을 대하여는 산 자로 여길지어다"(롬 6:11) 하십니다. ㉡ 그렇다고, "여기라"는 말이 덮어놓고 믿어라 는 그런 뜻이 아닙니다. "여긴다"는 말은 로마서의 핵심적인 단어 중 하나입니다. 하나님은 일한 것도 없고 경건치 아니함에도 그의 믿음 하나를 보시고 의롭다고 "여겨주셨다"(롬 4:4-6)고 말씀합니다. 덮어놓고 그렇게 하신 것입니까? 아닙니다. 화목제물로 내어주신 자기 아들의 대속의 죽음에 근거하여, "의롭다고 여겨주신" 것입니다. 그러므로 그리스도인들이, "내가 그리스도와 함께 십자가에 못 박혔나니 그런즉 이제는 내가 산 것이 아니요 내 안에 그리스도께서 사신 것이라"고 여길 수 있는 것은 예수 그리스도께서 나를 위하여 죽으시고 다시 살아나셨다는 확고한 근거에 의해서인 것입니다. 이처럼 우리 옛사람이 그리스도와 함께 죽고 "그리스도와 함께 살리심을 받았으면"(1상),

위엣 것을 찾으라

① "위엣 것을 찾으라 거기는 그리스도께서 하나님 우편에 앉아 계시느니라"(1하) 합니다. 윤리의 근거를 한마디로, ㉠ "그리스도와 함께 살리심을 받았으면"에 두었다면, 그리스도인의 윤리(倫理)의 원리(原理)를 한마디로, ㉡ "위엣 것을 찾으라"고 말씀하는 것입니다. 그

리스도인들의 삶의 원리가 이 한 말씀 속에 다 들어 있다 해도 과언이 아닌 것입니다. "위엣 것을 생각하고 땅엣 것을 생각하지"(2) 않기만 한다면 그에게 더 바랄 것이 무엇이 남았겠습니까? 그리고 ㉢ "위엣 것을 찾으라"는 말씀은 한국교회에게 정신을 차리라고 머리를 강타하는 말씀이라 해도 과언이 아닐 것입니다.

② "위엣 것을 찾으라"는 말씀이 어느 말씀 사이에 들어있는가를 주목하시기를 바랍니다. 앞에는, ㉠ "너희가 그리스도와 함께 다시 살리심을 받았으면"이 있고 뒤에는, ㉡ "거기는 그리스도께서 하나님 우편에 앉아 계시느니라" 한 말씀 사이입니다. 그러므로 "위엣 것을 찾는", 즉 먼저 그 나라와 그의 의를 구하는 삶을 살아가기 위해서는 이 두 말씀을 놓치지를 말아야만 하는 것입니다. 놓치지를 않을 뿐만 이 아니라 적극적으로 이 말씀을 붙잡고 자주 자주 묵상해야만 가능한 것입니다.

③ 이것이 2절에서, "찾으라"는 말 대신에 "위엣 것을 생각하고 땅엣 것을 생각지 말라" 하고, ㉠ "생각"에 호소하고 있는 이유인 것입니다. 생각이 누구에 의하여, 무엇에 지배를 받고 있느냐 이점이 성화의 삶에는 승패를 좌우하게 된다는 말씀입니다. 성경은 말씀합니다. "육신을 좇는 자는 육신의 일을, 영을 좇는 자는 영의 일을 생각하나니 육신의 생각은 사망이요 영의 생각은 생명과 평안이니라"(롬 8:5-6). 육신의 소욕에 의하여 땅엣 것만을 생각한다면 그는 자신의 옛 사람이, "그리스도와 함께 죽었고, 그리스도와 함께 다시 살리심을 받았다"는 진리를 망각하고 있는 것입니다. ㉡ "위엣 것을 생각하라"는 것은 하나님께서 예수 그리스도 안에서 나를 위하여 해주신 일, 즉 1-2장에서 말씀한 바 교리를 시편의 표현대로 한다면 "주야로 묵상"(시 1:2) 하라는 말씀입니다.

하나님 우편에 앉아 계시는 그리스도

① "거기는 그리스도께서 하나님 우편에 앉아 계시느니라"(1하) 합니다. 이는 시편 110편의 반영인데, ㉠ 구약성경의 한 구절을 신약성경에서 가장 많이 인용하고 있는 말씀이 이 구절입니다. 17번 이상이나 됩니다. 주님께서도 인용(마 22:44; 막 12:36; 눅 20:43)하신 말씀이요, 재판석상에서 "내가 그니라 인자가 권능자의 우편에 앉은 것과 하늘 구름을 타고 오는 것을 너희가 보리라"(막 14:62) 하고 증거하신 말씀입니다. 오순절 성령강림 후에 행한 베드로의 설교는 결론에서, ㉡ "다윗은 하늘에 올라가지 못하였으나 친히 말하여 가로되 주께서 내 주에게 말씀하시기를 내가 네 원수로 네 발등상 되게 하기까지 너는 내 우편에 앉았으라 하셨도다 하였으니 그런즉 이스라엘 온 집이 정녕 알지니 너희가 십자가에 못 박은 이 예수를 하나님이 주와 그리스도가 되게 하셨느니라"(행 2:34-36) 하고 힘있게 증거한 말씀입니다.

② "그리스도께서 하나님 우편에 앉아 계신다"는 것은 그의 제자들에게는 가장 큰 안위와 용기를 주는 말씀인 것입니다. ㉠ "죽으실 뿐 아니라 다시 살아나신 이는 그리스도 예수시니 그는 하나님 우편에 계신 자요 우리를 위하여 간구하시는 자시니라"(롬 8:34) 합니다. ㉡ "이제 한 말에 중요한 것은 이러한 대제사장이 우리에게 있는 것이라 그가 하늘에서 위엄의 보좌 우편에 앉으셨느니라"(히 8:1) 합니다. ㉢ "믿음의 주요 또 온전케 하시는 이인 예수를 바라보자 저는 그 앞에 있는 즐거움을 위하여 십자가를 참으사 부끄러움을 개의치 아니하시더니 하나님 보좌 우편에 앉으셨느니라"(히 12:2) 합니다.

③ 반면 그리스도를 배척한 자들에게는 가장 두려운 말씀이 또한 이 말씀인 것입니다. 주님은 대제사장에게, "내가 너희에게 이르노니 이 후에 인자가 권능의 우편에 앉은 것과 하늘 구름을 타고 오는 것을

너희가 보리라"(마 26:64) 하셨습니다. 이 말에 대제사장은 "자기 옷"을 찢었습니다. 베드로의 이 말에 백성들은 "형제들아 우리가 어찌 할꼬"(행 2:37) 하고 가슴을 두드렸습니다. 스데반 집사가 "보라 하늘이 열리고 인자가 하나님 우편에 서신 것을 보노라"(행 7:56) 하자 귀를 막고 이를 갈면서 돌로 쳐죽였습니다.

④ 이렇게 말씀하고 있는 바울의 의중에는 같은 옥중서신인 에베소서에서 말씀한, ㉠ "너희도 그리스도 예수 안에서 함께 하늘에 앉힌 바 되었다"(엡 2:6)는 말씀을 하고 싶은 것입니다. 3절에서 말씀하고 있는 바, ㉡ "너희 생명이 그리스도와 함께 하나님 안에 감취었음이니라"(3)는 말씀은 표현은 달라도 의미는 같은 것입니다. "그리스도와 함께 다시 살리심을 받고, 그리스도와 함께 하늘에 앉힌 바" 된 신분이라면 "위엣 것을 찾으라, 위엣 것을 생각하고 땅엣 것을 생각하지 말라" 하심은 너무나 당연하다 하겠습니다. 그런데 오늘날 이 당연한 권면이 당연한 진리로 실행이 되고 있는가? 여기에 현대교회가 복음 진리에서 벗어나고 있는 괴리현상(乖離現象)이 나타나고 있다 하겠습니다.

⑤ "우리 생명이신 그리스도께서 나타나실 그때에 너희도 그와 함께 영광 중에 나타나리라"(4) 하십니다. 이 말씀의 열쇠는, ㉠ "나타나실 그때에, 나타나리라"는 "나타남"에 있습니다. 현재는 우리의 생명이, "하나님 안에 감취어"(3) 있는 상태입니다. "사랑하는 자들아 우리가 지금은 하나님의 자녀라 장래 어떻게 될 것은 아직 나타나지 아니하였으나 그가 나타내심이 되면 우리가 그와 같을 줄을 아는 것은 그의 계신 그대로 볼 것을 인함이니"(요일 3:2) 합니다. 우리의 현재 모습이 구원의 완성품이 아닙니다. ㉡ "우리가 흙에 속한 자의 형상을 입은 것같이 또한 하늘에 속한 자의 형상을 입게"(고전 15:49) 될 것

입니다. 감추어져 있던 그 생명, 그 영광이 나타날 날이 온다는 말씀입니다. 그러므로 "우리 생명이신 그리스도께서 나타나실 그때에 너희도 그와 함께 영광 중에 나타나리라" 하신 4절 말씀은 본 단원의 결론이요, 또한 구원서정의 종착이기도 한 것입니다. "주를 향하여 이 소망을 가진 자마다"(요일 3:3), "위엣 것을 찾고, 위엣 것을 생각"하며 살아가야 마땅하지 않겠습니까?

둘째 단원(5-11) 땅에 있는 지체를 죽이라

"그러므로 땅에 있는 지체를 죽이라 곧 음란과 부정과 사욕과 악한 정욕과 탐심이니 탐심은 우상숭배니라"(5).

① 본 단원의 중심점은 "땅에 있는 지체를 죽이라(5)는 데 있습니다. 우리 <옛 사람>을 그리스도와 함께 죽게 하심으로 처리해주신 것은 하나님이 해주신 것입니다. 그러나 "땅에 있는 지체를 죽이고, 옛 사람과 그 행위를 벗어 버리라"(9) 하심은 우리가 해야할 일입니다. "죽이라, 버리라"는 것은 소극적이고, 부정적인 측면에서의 권면이요, 그런 후에 다음 단원에서 적극적인 권면, 즉 "긍휼과 자비와 겸손과 온유와 오래 참음을 옷입으라"(12)는 권면을 대하게 됩니다.

② 죽여야할 것들이 무엇인가? "곧 음란과 부정과 사욕과 악한 정욕과 탐심이니" 합니다. 죽여야할 죄목들을 대별하면, "정욕과 물욕"에서 파생되는 죄들임을 보게 됩니다. 이는 시대를 초월하여 모든 인간의 원초적인 죄의 뿌리라 할 수가 있습니다. 이 중에서 새로운 시각으로 주목해야할 점이 "탐심"입니다. 왜냐하면, "탐심은 우상숭배니라"(5) 하고 우상숭배에 대한 신약적인 재해석(再解釋)을 해주고 있기 때문입니다. ㉠ 우리는 "우상"하면 글자 그대로 어떤 형상을 만들어

놓고 섬기는 것을 생각합니다. 그리하여 나는 우상에게 절하지 않았고 섬기지도 않고 있다고 무관한 양 여기고 있습니다. 그런데 이 말씀은 그런 기정(旣定)관념을 깨뜨리는 중대한 재해석인 것입니다. ㉡ 신약적인 우상은 어떤 형상에 있는 것이 아니라 "탐심", 즉 마음 안에 도사리고 있다는 것입니다. 현대교회는 이를 심각하게 고민해야만 합니다. 왜냐하면 구약교회가 멸망당한 주원인(主原因)이 바로 우상숭배에 있었기 때문입니다.

③ 바울에게 있어서 이 "탐심"은, 사울을 바울 되게 한 대 각성(覺醒)을 가져다 준 계명입니다. 그는 고백합니다. ㉠ "곧 율법이 탐내지 말라 하지 아니하였더면 내가 탐심을 알지 못하였으리라"(롬 7:7). 바울이 탐심을 알기 전에는 율법으로 흠이 없노라고 자부하던 사람이었습니다. 그토록 자고하던 그에게 십계명 중 마지막 계명인 탐심이 새롭게 조명(照明)되는 날이 온 것입니다. 아마 다메섹 도상에서 주님의 빛에 비췸을 받은 것이 계기가 되었을 것입니다. 탐심! 탐심! 죄의 좌소(座所)가 마음에 있음을 깨닫게 된 것입니다. 그러자, ㉡ "죄는 살아나고 나는 죽었도다"(롬 7:9) 합니다. 살인하지 않았노라 자부하던 자신이 사람을 얼마나 미워했으며, 간음하지 않았노라 자부하던 자신이 얼마나 누추한 생각을 품었었던가? "내가 원하는 바 선은 하지 아니하고 도리어 원치 아니하는 바 악은 행하는도다", "오호라 나는 곤고한 사람이로다 이 사망의 몸에서 누가 나를 건져내랴"(롬 7:19, 24) 하고 깨어지고 부서지고야 말았던 것입니다.

④ 지금 바울은, "땅에 있는 지체를 죽이라" 하면서 죽여야될, "음란, 부정, 사욕, 악한 정욕, 탐심"(5) 등을 들고 있는 중입니다. 그런데 다른 죄목들은 그냥 지내 치다가 "탐심"에 이르자, "탐심은 우상숭배니라" 하고 해설(解說)을 가(加)하고 있음을 주목해야만 합니다. 어찌

하여 "탐심"을 우상숭배라고 말씀하는가? ㉠ 하나님중심이 아니라 자기중심적이기 때문입니다. 누가복음 12장에 등장하는 부자는 외견상 잘못한 것이 없어 보입니다. 밭의 소출이 풍성하매 창고를 증축해서 쌓아두었을 뿐입니다. 오늘의 관점으로 보면 축복을 받아도 많이 받은 사람으로 여겨질 수가 있습니다. 그런데 하나님은 어찌하여, "어리석은 자여 오늘밤에 네 영혼을 도로 찾으리니 그러면 네 예비한 것이 뉘 것이 되겠느냐"(눅 12:20) 하고 "어리석은 자"라고 말씀하시는가? 그는 말했습니다. "내가 이렇게 하리라 내 곡간, 내 모든 곡식, 또 내가 내 영혼에게 이르되" 하고, 온통 "내가, 내가, 나, 나, 나"하는 자기중심적이었기 때문입니다. 그리고 ㉡ 위엣 것을 생각하는 것이 아니라 땅엣 것만을 생각했기 때문입니다. 위엣 것(영혼)에 대한 관심이 전혀 없었습니다. 결론은 이렇습니다. "자기를 위하여 재물을 쌓아두고 하나님께 대하여 부요치 못한 자가 이와 같으리라"(눅 12:21). 주님의 이 비유는, ㉢ "삼가 모든 탐심을 물리치라"(눅 12:15) 하고, "탐심"에 대한 설명으로 주어진 것임을 유념해야만 합니다. 그리고 바울의 결론은, "이것들을 인하여 하나님의 진노가 임하느니라"(6) 하십니다.

탐심은 우상숭배니라

① 어찌하여 "땅에 있는 지체를 죽여야 하고, 옛 사람과 그 행위를 벗어버려야만" 하는가? 이를 대조적인 기법으로 설득을 하고 있습니다. 7-8절에서는, "전에와, 이제"를 대조해서 설명합니다. ㉠ "너희가 전에는 그 가운데서 행하였으나(7), 이제는 너희가 이 모든 것을 벗어버리라"(8) 합니다. 바울은 "전에와, 이제"에 남다른 감격이 있는 사람입니다. 그에게 해보다 더 밝은 빛이 비췬 것은 "정오"(正午, 행 26:13)였다고 말씀합니다. 주님을 만나기 이전인 오전(午前) 시간과,

주님을 만나고 난 오후(午後) 시간은 너무나 판이하게 바뀐 시간이었던 것입니다. 이는 바울에게만 해당되는 말씀은 아닌 것입니다. 모든 그리스도인들이란, ㉡ "전에와 이제"가 분명히 구분이 되어야만 하는 사람들인 것입니다.

② 9-10절에서는 "옛 사람과 새 사람", "벗어 버리라와 입으라"를 대조해서 설명합니다. ㉠ "옛 사람과 그 행위를 벗어버리고(9), ㉡ "새 사람을 입었으니"(10) 합니다. 여기 유의해야할 점이 있습니다. 바울은 이제까지, "우리 옛 사람이 예수와 함께 십자가에 못 박혔다"(2:12; 3:1; 롬 6:6), 다시 말하면 죽었다고 말씀했습니다. 그런데 "옛 사람을 벗어 버리라" 하심은 무슨 뜻인가? 그렇습니다. 아담 안에 있던 우리의 옛 사람은 그리스도 안에서, 그리스도와 함께 이미 죽은 것이 분명합니다. 그러나 그 "구습"은 남아있다는 것입니다. 그러므로 "죽이라" 하지 않고 "벗어 버리라" 하고 말씀하는 것입니다. 벗어 버리라는 말은 대번에 옷을 연상하게 되고, 옷이란 그 사람의 행위를 상징하는 것입니다. 바울이 서신을 쓸 당시는 신분에 따라 입는 옷이 엄격하게 구별이 되던 시대입니다. 이런 뜻입니다. "너희가 죽기를 무서워하므로 일생에 매여 사탄에게 종노릇하던 때에 입고 있던 의복(행실)을 벗어 버리라. 그것은 하나님의 자녀라는 신분(身分)과, 왕 같은 제사장 지위에는 어울리지 않는 복장이다".

③ 만일 땅에 있는 지체를 죽이지 않으면 어떻게 되는가? 이를 로마서 6:13절을 들어서 설명함이 도움이 될 것입니다. ㉠ "또한 지체를 불의의 병기로 죄에게 드리지 말고 오직 너희 자신을 죽은 자 가운데서 다시 산 자 같이 하나님께 드리며 너희 지체를 의의 병기로 하나님께 드리라" 합니다. 우선적으로 주목하게 되는 것이, "불의의 병기, 의의 병기"라는 말씀입니다. 우리의 지체가 불의의 병기로도, 의의 병기

로도 사용 될 수가 있다는 말씀입니다. 즉 사탄에게 이용을 당하게 되면 불의의 병기가 되고, 하나님께 쓰임을 받게 되면 의의 병기가 된다는 말씀입니다. 이점에서 혼동하지 말아야할 점은, ㉡ "자신은 죽은 자 가운데서 다시 산 자"(13중)임으로 사탄에게 드려서도 안되고, 또한 드릴 수도 없다는 사실입니다. 그러나 "손과 발과 입과 마음과 생각" 등 지체는 사탄에게 이용을 당할 수가 있다는 것입니다.

④ 단순히 이용을 당하는 정도가 아니라, "병기" 즉, 무기라고 말씀합니다. 우리의 지체가 "불의의 병기"로 둔갑을 하게 되면 어찌되는가? 하나님의 나라를 공격하고 파괴하는 사탄의 무기로 악용(惡用)이 된다는 말씀입니다. 얼마나 가공할 만한 사실입니까! 그래서 "죽이라"(5) 하는 것입니다. 그러므로 로마서 6:6절에서는 "죄의 몸을 멸하여"라고 말씀합니다. 사도 바울 자신도 땅에 있는 지체가 머리를 들지 못하도록, "내가 내 몸을 쳐 복종하게"(고전 9:27) 하였다고 말씀합니다.

의의 병기와 불의의 병기

① 그러면 어떻게 죽일 수가 있는가? "영으로써 몸의 행실을 죽이면 살리니"(롬 8:13) 합니다. 첫째는 성령을 힘입음으로만이 가능하다는 말씀입니다. 그렇다고 죽이는 일이 수동적으로 주어진다는 뜻이 아닙니다. 여기에는 훈련이 필요합니다. 소극적으로는, "땅엣 것을 생각하지 말아야" 합니다. 땅에 것에 집착을 하면서 죽일 수는 없는 것입니다. 그리고 적극적으로는, "위엣 것" 즉, 영의 일 하나님이 해주신 일을 자주 자주 묵상함으로 마음과 생각을 빼앗기지 않는 일입니다. 이것이 "땅에 있는 지체를 죽이는" 비결입니다. 그리고 이는 평생을 계속해야할 싸움인 것입니다.

② "벗어 버리라"고만 말씀하지 않습니다. "새 사람을 입었으니"(10상) 합니다. 그러면 "새 사람"은 누구를 닮은 모습이어야 하는가? ㉠ "이는 자기를 창조하신 자의 형상을 좇아"(10중) 합니다. "자기를 창조하신 자의 형상"이란 하나님의 형상(形象)입니다. 이점을 에베소서에서는, "그러므로 사랑을 입은 자녀같이 너희는 하나님을 본받는 자가 되라"(엡 5:1)고 말씀합니다. 그리스도와 성도와의 관계를 부부에 비유함은 둘이 합하여 하나됨의 연합을 나타내기 위해서입니다. 그런데 하나님과 우리와의 관계를 아버지와 자녀와의 관계로 비유함은 <닮음>을 강조하기 위해서인 것입니다. 그러므로 ㉡ "새 사람을 입은 자"란 잃어버렸던 하나님의 형상을 회복해 가는 자들이라는 것입니다. 왜 그래야만 합니까? 그렇지 아니하면 닮지 않음으로 인해서 아버지께 욕을 돌리게 되기 때문입니다.

③ "지식에까지 새롭게 하심을 받는 자니라"(10하) 합니다. 반대로 ㉠ "지식에까지 새롭게 하심을 받지 못한 자"는 어떠한 자들인가? "오늘까지 모세의 글(모세 오경)을 읽을 때에 수건이 오히려 그 마음을 덮었도다" 한 이런 사람들입니다. 이들은 새 언약이라는 새로운 시대에 살고 있으면서도 지식은 옛 언약시대에 머물러 있는 것입니다. "그러나 언제든지 주께로 돌아가면 그 수건이 벗어지리라"(고후 3:15-16) 합니다. 의문(儀文)이라는 수건이 벗어질 때 비로소, "지식에까지 새롭게 하심을 받는 자"가 되는 것입니다. 오늘날도 구약성경을 유대 랍비들처럼 해석하는 사람들이 있습니다. 그리하여 주님께서 친히 말씀하신 바, "너희가 성경에서 영생을 얻는 줄 생각하고 성경(구약)을 상고하거니와 이 성경이 곧 내게 대하여 증거하는 것이로다"(요 5:39) 하신 예수 그리스도를 증거하지를 못하고 있는 것입니다. ㉡ 어찌하여 "지식에까지 새롭게 하심을 받는 자"라고 "지식"(知

識)을 말씀하고 있는가? 이단들이 자신들은 "새로운 지식"을 가진 자들이라고 미혹을 했기 때문입니다. 그리스도인들이야 말로 새로운 지식, 즉 "새 언약"을 받은 자들인 것입니다.

④ 바울은 본 단원을, "거기는 헬라인과 유대인이나 할례당과 무할례당이나 야인이나 스구디아인이나 종이나 자유인이 분별이 있을 수 없나니"(11상) 하는 말씀으로 마치고 있습니다. 즉 인종(人種)이나, 신분(身分)이나, 유 무식이나, 종교의식 등의 분별이 없다는 것입니다. 어디에 이런 곳이 있다는 것입니까? ㉠ "그리스도와 함께 살리심을 받은"(1), 거듭난 새 사람들의 공동체, 즉 교회에는 일체의 차별이 없다는 말씀입니다. 어찌하여 이렇게 말씀하고 있을까요? 이단의 특성 중 하나가, 이간을 붙이고 자신들은 너희와 다르다는 식으로 유혹을 하고 있기 때문입니다. 그러나 ㉡ "오직 그리스도는 만유시오 만유 안에 계시니라"(11하) 합니다. 그렇습니다. "하늘에 있는 것이나 땅에 있는 것이 다 그리스도 안에서 통일되는"(엡 1:10) 날이 올 것입니다. "그러므로 이제부터 너희가 외인도 아니요 손(님)도 아니요 오직 성도들과 동일한 시민이요 권속(가족)이라"(엡 2:19) 말씀합니다. 아무런 차별이 없는 동일한 특권을 누리게 되었다면 그 나라와, 가문의 명예를 손상시키지 않도록 살아가야 할 동일한 책임이 뒤따르게 됨도 명심해야만 합니다.

셋째 단원(12-17) 택하신 거룩한 자처럼 행하라

"그러므로 너희는 하나님의 택하신 거룩하고 사랑하신 자처럼 긍휼과 자비와 겸손과 온유와 오래 참음을 옷 입고"(12).

① 앞 단원에서 벗어버려야 할 것을 말씀한 바울은 본 단원에서는

적극적으로 입어야 할 "옷"(12), 즉 그리스도인들이 구비해야할 덕목들을 말씀합니다. 그런데 바울의 논리에는 빈틈이 없습니다. 덕목들로 직행하고 있는 것이 아니라, 최우선적으로 왜 이런 옷으로 몸단장을 해야만 하는가? 즉 그런 옷을 입어야 하는 나는 도대체 누구인가부터 먼저 말씀합니다. ㉠ "하나님의 택하신" 자이기 때문에, ㉡ "거룩하고", 즉 구별함을 받은 자이기 때문에, ㉢ "사랑하신 자"(12상)이기 때문이라는 것입니다.

② 세 말씀 중 중심은 "하나님의 택하심"에 있습니다. 택하심이란 우리의 구원을 위해서, ㉠ 선수적(先手的)이며 불가항력적인 하나님의 절대주권이 역사하셨음을 나타냅니다. ㉡ 여기에 구원의 절대적인 안전성이 있는 것입니다. 만일 인간이 하나님을 택한 것이라고 말한다면 언제 놓치게 되고, 잃어버리게 될지 불안하기 그지없는 것입니다. 그러므로, ㉢ 하나님의 택하심 속에는 거룩과, 사랑과, 은혜와, "모든 신령한 복"(엡 1:3)이 다 들어 있다 하겠습니다. 이는 인간의 이성으로는 도달할 수 없는 지고지선(至高至善)의 경지인 것입니다.

③ 질문을 드려보겠습니다. 형제의 구원이 언제부터 시작되어서 언제 완성이 되는지 알고 계십니까? 하나님께서 형제를 택하신 시점은 ㉠ 창세 전(엡 1:4)이었다고 말씀합니다. 그리하여 주 예수 그리스도의 날까지 이루실 것을 확신하노라(빌 1:6) 합니다. 형제의 구원은 창세 전에 시작(始作)이 되어서 종말에 완성(完成)이 된다는 말씀입니다. 그 사이에서, "사망이나 생명이나 천사들이나 권세자들이나 현재 일이나 장래 일이나", 이런 일들이 일어날 수가 있습니다. 다시 말하면 우리가 직면할 수 있는 모든 시련이나 고난이 하나님의 "택하심과, 이루심" 사이에 끼어 있다는 말씀입니다. 그러나 "곧 그 뜻대로 부르심을 입은 자들에게는 모든 것이 합력 하여 선을 이루느니라"(롬

8:28, 38), 이것이 도달하게 되는 결론입니다. 이를 믿기에 그리스도인들은 고난 중에서도 낙심하지 않고 인내할 수가 있는 것입니다. 그러므로 "택하심"은 구원확신의 절정입니다.

④ 형제를 택하셔서 그리스도 예수 안에 넣어주신 분은 하나님이셨습니다. 성경은 말씀합니다. ㉠ "너희는 하나님께로부터 나서 그리스도 예수 안에 있고"(고전 1:30). 주님은 말씀하십니다. "세상 중에서 내게 주신 사람들에게 내가 아버지의 이름을 나타내었나이다 저희는 아버지의 것이었는데 내게 주셨으며"(요 17:6). 주님은 아버지께서 자신에게 주신 자들을 구속하시기 위해서 대신 죽으셨던 것입니다. 우리는 이런 말씀들을 너무나 자주, 그리고 쉽게 말하고 듣고 있기 때문에 여기에 담긴 영광스러움에 대해서 너무나 둔감한 듯 합니다. 그리스도인들이란 예수 믿기로 결심한 사람들이 아닙니다. "하나님의 택하심을 받은 자들"이라는 것입니다. 택하셨다는 말은 ㉡ "사랑"하셨다는 말이며, ㉢ "거룩하게" 구별이 되었다는 뜻이기도 합니다. 그러므로 "너희는 하나님의 택하신 거룩하고 사랑하신 자처럼, 옷을 입으라"(12상) 하고 말씀하는 것입니다. 예나 이제나 이러한 자신의 정체성을 망각하고 있는 것이 그리스도인들의 가장 큰 위험이 될 수가 있습니다.

⑤ 이를 알았기에 바울은 고린도전서 6장 한 장에서 6번이나, "알지 못하느냐" 하고 이를 각성시키고 있는 것입니다. 고린도교회가 많은 문제로 어려움을 겪고 있는 원인이 자신의 정체성을 망각한데 있음을 알았기 때문입니다. ㉠ 성도가 세상을 판단할 것을 너희가 알지 못하느냐, ㉡ 우리가 천사를 판단할 것을 너희가 알지 못하느냐, ㉢ 너희 몸이 그리스도의 지체인 줄을 알지 못하느냐, ㉣ 너희 몸은 성령의 전인 줄을 알지 못하느냐(고전 6:2, 3, 15, 19) 합니다.

주께서 너희를 용서하신 것과 같이

① 바울은 "너희는 하나님의 택하신 거룩하고 사랑하신 자"라는 정체성을 상기시킨 후에, ㉠ "긍휼과 자비와 겸손과 온유와 오래 참음을 옷 입고"(12하) 합니다. 이는 다름이 아니라 주님께서 말씀하신 바, "나는 마음이 온유하고 겸손하니"(마 11:29) 하신 그리스도의 마음을 본받음임을 알 수가 있습니다. 그러므로 기독교윤리의 근거란, ㉡ "누가 뉘게 혐의가 있거든 서로 용납하여 피차 용서하되 <주께서 너희를 용서하신 것과 같이> 너희도 그리하고"(13)에 있는 것입니다. 이는 주님께서 비유로 말씀하신 바, 네가 일만 달란트 빚진 것을 탕감을 받았다면, 네게 백 데나리온 빚진 형제를 탕감해주어야(마 18:23) 마땅하다는 원리입니다.

② 그러므로 설교의 강조점을 사람이 행해야할 일보다는, ㉠ 하나님께서 먼저 그리스도를 통하여 행해주신 일, 다시 말하면 나 같은 죄인을 용서해주시고 용납해주시는 것이 어떻게 해서 가능하게 되었는가에 강조점을 두어 이를 먼저, 더 많이 증거해주어야만 하는 것입니다. 왜냐하면 여기에 실천윤리의 근거(根據)가 있으며, 실천할 수 있는 원동력이 여기서 나오기 때문입니다. 그리하여 성도들로 하여금 이를 더 많이 묵상하도록 해주어야만 하는 것입니다. 그렇게 할 때, ㉡ "주께서 너희를 사랑하신 것과 같이, 주께서 너희를 오래 참으신 것과 같이, 주께서 너희를 용납하신 것과 같이, 주께서 너희에게 긍휼과 자비를 베푸신 것과 같이 너희도 그리" 할 수가 있게 된다는 말씀입니다. 이것이 그리스도로 "옷 입게" 해주는 방도인 것입니다. 주님은 말씀하십니다. "너희가 거저 받았으니 거저 주어라"(마 10:8).

③ "모든 것 위에 사랑을 더하라"(14상) 하십니다. "사랑"은 기독교윤리의 결론입니다. ㉠ "이는 온전하게 매는 띠니라"(14하) 합니다.

"띠"라는 표현에서 지금 옷을 입고 있는 장면임을 연상하게 합니다. 띠를 매지 않고는 활동할 수가 없는 것입니다. 사랑이 무엇들을 "매는 띠"란 말인가? 위에서 말씀한 바, ㉡ "긍휼, 자비, 겸손, 온유, 오래 참음" 등을 가리킵니다. 이런 것들로 옷을 입었다하여도 만일 사랑의 띠를 매지를 않는다면 흘러내리고야 말 것입니다. 이런 뜻입니다. "긍휼, 자비, 겸손" 등을 행하되 사랑으로 행하라.

그리스도의 평강

① "그리스도의 평강이 너희 마음을 주장하게 하라 평강을 위하여 너희가 한 몸으로 부르심을 받았나니"(15상) 합니다. 바울은 더 높고, 깊은 경지로 나아가고 있습니다. 신앙에 있어서 가장 깊은 심연(深淵)은 "마음"입니다. 마음이 어떤 상태에 있으며, 그 은밀한 속에서 무슨 일이 벌어지고 있느냐가 문제인 것입니다. 그러므로 하나님은 "만물보다 거짓되고 심히 부패한 것은 마음이라 누가 이를 알리요 마는 나 여호와는 심장을 살피며 폐부를 시험"(렘 17:9-10)하신다고 말씀하는 것입니다. 주의 일을 많이 하고, 많은 덕목들을 갖추었다 하여도 만일 그의 마음에 평강이 없다면 그것은 헛수고일 뿐입니다.

② "그리스도의 평강"이라고 말씀합니다. 그렇습니다. 세상이 주는 평강이 아닙니다. 주님은 고별설교에서 ㉠ "평강을 너희에게 끼치노니 곧 나의 평안을 너희에게 주노라 내가 너희에게 주는 것은 세상이 주는 것 같지 아니하니라"(요 14:27) 하십니다. "세상이 주는 평강, 물질이 주는 평강"은 잠시 보이다가 없어지는 안개와 같은 것들입니다. 그리스도의 평강, ㉡ 그의 십자가의 피로 화평을 이루신 평강, 그의 육체의 죽음으로 말미암아 화목케 해주신 평강이, "너희 마음을 주장하게 하라" 하십니다.

③ "마음"과 생각이, 누구에 의해, 무엇에 의해 지배를 받고 있느냐 하는 점은 겉으로 드러나고 있는 것이 아니기 때문에 소홀히 여기기 쉽습니다. 그러나 모든 근원이 여기에 달려있는, 사활(死活)을 좌우할 만한 문제입니다. 그러므로 성경은, ㉠ "무릇 지킬 만한 것보다 더욱 네 마음을 지키라 생명의 근원이 이에서 남이니라"(잠 4:23) 하고 말씀하는 것입니다. 고요하고 잔잔한 호수에 파문이 일 듯이 우리의 심령이 세상 염려로 요동을 칠 때가 있습니다. 이럴 경우, ㉡ "아무 것도 염려하지 말고 오직 모든 일에 기도와 간구로 너희 구할 것을 감사함으로 하나님께 아뢰라 그리하면 모든 지각에 뛰어난 하나님의 평강이 그리스도 예수 안에서 너희 마음과 생각을 지키시리라"(빌 4:6-7) 하십니다.

여호와여 내 마음이 교만치 아니하고
내 눈이 높지 아니하오며
내가 큰 일과 미치지 못할
기이한 일을 힘쓰지 아니하나이다
실로 내가 내 심령으로 고요하고 평온케 하기를
젖뗀 아이가 그 어미 품에 있음 같게 하였나니
내 중심이 젖뗀 아이와 같도다
이스라엘아 지금부터 영원까지 여호와를 바랄지어다(시 131).

이 시가 다윗의 기도 시(詩)라는데 우리를 더욱 놀라게 합니다. 다윗만큼 큰 일을 수행한자가 누가 또 있겠습니까? 그러나 그러한 업적들이, "고요하고 평온한 마음" 하나만 못하다는 깨달음입니다. 그 누구보다도 "많은 일로 염려하고 분주했을" 법한 다윗이, "내가 내 심령으로 고요하고 평온케 하기를 젖뗀 아이가 그 어미 품에 있음 같게 하였나니" 하고, 이를 사모했다는 말씀을 듣게 될 때 감탄을 금할 수 없게 합니다. 주님께서는 준비하는 일이 많아 마음이 분주한 마르다를 향해, "네가 많은 일로 염려하고 근심하나 그러나 몇 가지만 하든지 혹 한 가지만이라도 족하니라"(눅 10:40-41) 하셨습니다.

감사하는 자가 되라

① "또한 너희는 감사하는 자가 되라"(15하) 하십니다. 그리스도의 평강이 마음을 주장하게 될 때 필연적으로, "또한 감사하는 자가" 될 것입니다. 15-17절을 보십시오. 바울은 권면의 마지막을 "감사하라"는 말씀으로 매듭을 짓고 있습니다. "감사하는 자가 되라"(15), "마음에 감사함으로 하나님을 찬양하고"(16), "그를 힘입어 하나님 아버지께 감사하라"(17) 하십니다. 어떤 사람들이 감사하는 자가 될 수가 있는가?

② "그리스도의 말씀이 너희 속에 풍성히 거하여"(16상) 합니다. 그리스도의 평강이, 그리고 아버지 하나님께 대한 감사가 자동적으로 이루어지는 양 생각하는 분들이 있습니다. ㉠ "기쁨, 평강, 감사" 등은 그렇게 기계적(機械的)으로 주어지는 것이 아닙니다. 그의 속에 풍성히 거하는 ㉡ "말씀이라는 샘"에서 솟아나는 것입니다. 그리스도의 말씀이 그 속에 풍성히 거하는 사람은 어떤 사람인가? 16-17절 말씀과, 에베소서 5:18-20절 말씀을 주의 깊게 대조해보시기를 바랍니다. 바울은 이 두 서신을 같은 시기에, 같은 장소에서 기록하고 있기 때문에 그럴만한 가치가 있는 것입니다.

③ "그리스도의 말씀이 너희 속에 풍성히 거하여 모든 지혜로 피차 가르치며 권면하고 시와 찬미와 신령한 노래를 부르며"(3:16)라는 대

목이 에베소서에서는, ㉠ “술 취하지 말라 이는 방탕한 것이니 오직 성령의 충만을 받으라 시와 찬미와 신령한 노래들로 서로 화답하며” (엡 5:18-19)로 되어 있음을 보게 됩니다. 즉 “그리스도의 말씀이 너희 속에 풍성히 거하여” 라는 대목이, “성령의 충만을 받으라”로 달리 표현이 되어 있는 것입니다. ㉡ “성령 충만”하면 대번에 불을 받는 것인 양 여기는 경향이 있습니다만, 우리가 상고하고 있는 말씀이 실천윤리를 권면하고 있는 문맥임을 유념하시기 바랍니다. “그리스도의 말씀이 너희 속에 풍성히 거하여”, 그의 마음과 생각을 주장하게 될 때 이것이 성령에 의하여 지배를 받는 충만이라는 말씀입니다.

④ 이점을 갈라디아서에서는, ㉠ “너희는 성령을 좇아 행하라 그리하면 육체의 욕심을 이루지 아니하리라 육체의 소욕은 성령을 거스리고 성령의 소욕은 육체를 거스리나니 이 둘이 서로 대적함으로 너희의 원하는 것을 하지 못하게 하려 함이니라”(갈 5:16-17) 말씀합니다. ㉡ 그런데 “말씀”이 그 속에 없다면 “육체의 소욕”에 의하여 지배를 받을 수밖에 없고, 이렇게 행동하게 된다면 술을 입에 한 방울도 대지 않고서도 이것이 “술 취함이요 방탕한” 것입니다.

⑤ “시와 찬미와 신령한 노래를 부르며 마음에 감사함으로 하나님을 찬양하고”(16하) 합니다. 이는 예배장면입니다. 어떤 사람들이 이러한 예배를 드릴 수가 있는가? 말씀이 그 속에 풍성히 거하는 자들이 이를 묵상하면서 부르는 노래요, 찬양이요, 감사요, 신령과 진정으로 드리는 예배입니다.

⑥ “또 무엇을 하든지 말에나 일에나 다 주 예수의 이름으로 하라” (17)고 말씀합니다. 이는 이 문단의 정상입니다. 그리스도인의 첫째되는 삶의 목적이 무엇입니까? “주 예수의 이름”에 있습니다. 바울은 선한 싸움을 싸우는 목적을, ㉠ “주 예수의 이름을 위하여”(롬 1:15)

에 두고 있습니다. 주님은 바울을 부르실 때에, "그가 내 이름을 위하여 해를 얼마나 받아야할 것을 내가 그에게 보이리라"(행 9:16) 하셨습니다. 말씀하신 대로 바울은, "그 이름을 위하여" 이방인들에게 주의 복음을 증거하노라 해를 얼마나 받았던가? 주님의 이름으로 한 일은 비록 냉수 한 그릇을 떠준 것일지라도 그 상을 잃지 아니하리라 하십니다. 성경은 말씀합니다. ㉡ "만일 누가 말하려면 하나님의 말씀을 하는 것같이 하고 누가 봉사하려면 하나님의 공급하시는 힘으로 하는 것같이 하라 이는 범사에 예수 그리스도로 말미암아 하나님이 영광을 받으시게 하려 함이니 그에게 영광과 권능이 세세에 무궁토록 있느니라 아멘"(벧전 4:11).

이것이 "그리스도인의 삶의 원리"입니다. 아무에게나 이렇게 하라고 권면하고 있는 것이 아닙니다. 또한 권면한다고 누구나 이렇게 할 수 있는 것도 아닙니다. 오직 "하나님의 택하신, 거룩하고 사랑하신 자"(12)만이 이렇게 행할 수가 있는 것입니다. "그리스도의 말씀이 너희 속에 풍성히 거하는" 자들만이 "주 예수의 이름"을 위하여 살아갈 수가 있는 것입니다.

골로새서 3:18-4:1의 분석 도표

너희는 주 그리스도를 섬기느니라

주 안에 있는 가정

18-21

(아내들아) 남편에게 복종하라

[이는 주 안에서] 마땅하니라(18)

(남편들아) 아내를 사랑하며

괴롭게 하지 말라(19)

(자녀들아) 모든 일에 부모에게 순종하라

[이는 주 안에서] 기쁘게 하는 것이니라(20)

(아비들아) 너희 자녀를 격노케 말지니

낙심할까 함이라(21)

주께 하듯 하라

3:22-4:1

(종들아) 모든 일에 육신의 상전들에게 순종하되 사람을 기쁘게 하는 자와 같이

[눈가림만 하지말고 오직]

[주를 두려워하여] 성실한 마음으로 하라(22)

[무슨 일을 하든지 마음을 다하여]

[주께 하듯 하고] 사람에게 하듯 하지 말라(23)

[이는 유업의 상을]

[주께 받을 줄 앎이니]

[너희는] → [주 그리스도를 섬기느니라(24)]

[불의를 행하는 자는 불의의 보응을 받으리니]

[주는 외모로] 사람을 취하심이 없느니라(25)

(상전들아) 의와 (공평을) 종들에게 베풀지니

[너희에게도 하늘에] → [(상전이) 계심을 알지어다(4:1)]

3:18-4:1
너희는 주 그리스도를 섬기느니라

23-24 무슨 일을 하든지 마음을 다하여 주께 하듯 하고 사람에게 하듯 하지 말라
이는 유업의 상을 주께 받을 줄 앎이니 너희는 주 그리스도를 섬기느니라

본 문단은 가정과, 사회에 대한 윤리라 할 수가 있습니다. 앞에서는 교회 공동체를 어떻게 섬겨야 할 것인가를 염두에 두고 말씀했습니다. 그러므로 "그리스도의 말씀이 너희 속에 풍성히 거하여 모든 지혜로 피차 가르치며 권면하고 시와 찬미와 신령한 노래를 부르며 마음에 감사함으로 하나님을 찬양하라"(16)고 말씀했던 것입니다.

그런 후에 "가정"(18-21)을 어떻게 섬겨야 하는가? 사회생활(종과 상전)을 어떻게 해나가야 할 것인가를 말씀합니다. 이점에서 놓치지를 말아야할 점은 가정이나 사회윤리도, "그리스도의 말씀이 너희 속에 풍성히 거하여"(16상), 즉 성령의 소욕대로 행할 때만이 감당할 수가 있다는 점입니다.

그러므로 중심점은 도표에서 보시는 바대로, "주 안에서, 주께 하듯 하라"는 데 있습니다. 이점을 놓치게 되면 기독교윤리가 세상 초등학문의 윤리로 변질이 되고 맙니다. "기독교윤리"란 하나님께서 행해주신 교리, 즉 "왜냐하면…그러므로"라는 원리에 입각해서 권면하게 되는 것입니다. 그러므로 바울은 가정윤리와 사회윤리를, 하나님의

창조원리와 구속원리에 의하여 설명을 하고 있음을 대하게 됩니다. 창조하실 때에 어떻게 해주셨는가? 그것이 어째서 파괴되었으며, 이제 재창조(구속)를 통해서 어떻게 회복시켜주셨는가? 그러므로 가정생활이나 사회생활이 바로 예배라는 인식이 있어야만 하는 것입니다. 그러므로 본 문단의 주제가, "너희는 주 그리스도를 섬기느니라"가 될 수가 있습니다. 그리스도인들이 하는 모든 것이 "주 그리스도를 섬기는" 헌신인 것입니다. 이를 두 단원으로 나누어 상고하겠습니다.

첫째 단원(18-21) 주 안에 있는 가정
둘째 단원(3:22-4:1) 주께 하듯 하라

첫째 단원(18-21) 주 안에 있는 가정

"아내들아 남편에게 복종하라 이는 주 안에서 마땅하니라(18).

① 바울은 가정윤리를 부부관계로부터 시작합니다. 어찌하여 부모와 자녀문제로부터 시작하지 않고 있는 것일까요? 이것이 창조원리의 순서이기 때문입니다. 하나님께서는 먼저 부부를 짝지어 주셨습니다. 그들을 통해서 자녀가 태어나게 하시고 자녀 양육을 부탁하셨던 것입니다.

② 기탄 없이 말씀을 드린다면 하나님의 창조사역에 있어서 가장 큰공을 드리신 사역은 아담에게 하와를 짝지어주신 사역이라 할 수가 있습니다. 다른 것은 말씀만으로 가능하였습니다. 또한 아담은 흙으로 지으셔서 생기를 불어넣으심으로 만드셨습니다. 그런데 아담의 신부인 하와는, ㉠ "아담을 깊이 잠들게 하시고, 갈빗대 하나를 취하고 살로 대신 채우시고, 그 갈빗대로 여자를 만드셨다"(창 2:21-22)고 말

씀하고 있기 때문입니다. 왜 이런 방도로 하셨을까요? 이 창조원리를 통해서 구속의 원리를 계시하시기 위해서였던 것입니다. 그러므로 아담에게 신부를 짝지어 주신 이 원리가, ㉡ 그리스도와 교회와의 관계를 가장 적절하게 설명을 해주고 있는 것입니다. 그러니까 하나님의 구속사역에 있어서도 그리스도의 신부를 지으시기 위해서 가장 큰 일을 하셨다는 말씀이 되는 것입니다. 바울은 이 원리에 입각해서 부부관계를 권면하고 있는 것입니다.

③ "아내들아 남편에게 복종하라"(18상) 하십니다. 어찌하여 아내에게 먼저 권면하고 있는 것일까요? 그리고 복종하라 하는가? "이는 아담이 먼저 지음을 받고 이와가 그 후며 아담이 꾀임을 보지 아니하고 여자가 꾀임을 보아 죄에 빠졌음이니라"(딤전 2:13-14)를 생각했기 때문일 것입니다.

④ 아내가 남편에게 복종하는 일이, "이는 주 안에서 마땅하니라"(18하) 합니다. "주 안에서"라는 말을 에베소서에서는 "이는 남편이 아내의 <머리>됨이 그리스도께서 교회의 머리됨과 같음이니 그가 친히 몸의 구주시니라"(엡 5:23)고 설명하고 있습니다. 남편을 아내의 머리로 보고 있다는 것은 가정을 하나의 작은 교회로 보고, 그리스도가 교회의 머리가 되신다는 구속원리에 의하여 권면하고 있음을 나타냅니다. 그렇습니다. 교회가 주일 중심의 교회라면, 가정은 매일 중심의 교회요, 가정은 주님께서 제자들과 그렇게 하심같이 동거 동숙하는 교회인 것입니다. 왜 복종하라는 것입니까? 몸이 머리의 지시에 의해 복종해야만 질서가 유지되기 때문입니다. 그리고 이 원리는 교회가 그리스도에게 복종해야 하는 구속의 원리이기도 한 것입니다.

⑤ "남편들아 아내를 사랑하며 괴롭게 하지 말라"(19) 합니다. 여기에 조화와 균형이 있습니다. "아내들이여 자기 남편에게 복종하라"

한 바울은, ㉠ "남편들아 아내를 사랑하라"고 말씀합니다. 남편에게 아내를 사랑하라 한 "사랑"은 아가페입니다. 그래서 에베소서에서는 "남편들아 아내 사랑하기를 그리스도께서 교회를 사랑하시고 위하여 자신을 주심같이 하라"(엡 5:25)고 말씀하는 것입니다. 아가페 사랑은 선수적이고, 무조건적이요, 희생적인 사랑입니다. 아내가 사랑할 만하니까 사랑하라는 그런 뜻이 아닙니다. 그러므로 아가페 사랑으로 아내를 사랑할 수 있는 것은 그 속에 "그리스도의 말씀이 풍성히 거하는" 그리스도인 뿐입니다. 왜 그렇게 사랑해야만 합니까? 우리의 신랑 되시는 그리스도께서 신부인 나를 그렇게 사랑하셨기 때문입니다. ㉡ "괴롭게 하지 말라"고 말씀합니다. 이는 아내들에게 권면하기를 남편에게 복종하라 했다고 해서 남자가 여자보다 우월하다거나, 남자에게 종속(從屬)됨을 의미하는 것이 아니라는 뜻이 있습니다. 이는 가정이라는 공동체의 역할과 질서를 유지하기 위해서 필요한 것입니다.

⑥ 하나님을 "아버지"(남성)로 부르기를 거부하는 여권운동가 입장에서는 이 성경적인 윤리에 이론을 제기할는지 모르겠습니다. 그렇다면 묻습니다. 그렇게 해서 당신들에게 돌아갈 유익이 무엇인가? 이룩해놓은 업적이 무엇이냐 하고요. 하나님의 창조원리, 구속의 원리를 거부한 결과는, 세 쌍 중 한 쌍이 이혼을 한다는 가정의 파괴만을 초래했음이 현실이 말해주고 있습니다. 왜 그들이 갈라서게 됩니까? "복종과 사랑"을 모르기 때문입니다. 달리 말하면 자기중심적이기 때문입니다. 타락의 본성이란, "자기를 사랑하며 돈을 사랑하며"(딤후 3:2) 한 자기중심, 물질중심이 되고 만 것입니다.

부모와 자녀

"자녀들아 모든 일에 부모에게 순종하라 이는 주 안에서 기쁘게 하는 것이니라"(20).

① 자녀들에게도 같은 원리에 의하여 부모에게 "순종하라"고 말씀합니다. 부모에게 효도하고 순종하라는 것은 다른 종교와 세상윤리에서도 가르치는 것입니다. 그렇다해도 기독교윤리를 이와 동일시해서는 아니 됩니다. 이를 차별화하기 위해서 바울은 "주 안에서"라는 말씀을 첨부하고 있는 것입니다. 에베소서에서도, "자녀들아 너희 부모를 주 안에서 순종하라 이것이 옳으니라"(엡 6:1) 합니다.

② 그렇다면 "주 안에서"가 어떤 의미가 있는가? 성경은 ㉠ "네 부모를 공경하라 그리하면 너의 하나님 나 여호와가 네게 준 땅에서 네 생명이 길리라"(출 20:12) 하십니다. 또 말씀하기를, ㉡ "너는 센 머리 앞에 일어서고 노인의 얼굴을 공경하며 네 하나님을 경외하라 나는 여호와니라"(레 19:32) 하고 말씀합니다. 이 말씀을 음미해보면, "노인 공경과, 하나님 경외"를 한 문장에서 함께 다루고 있음을 보게 됩니다. 창조원리로 보면 부모란 하나님의 대리자로 세우신 자요, 가정의 대표자며, 제사장으로 세움 받은 자인 것입니다. 이것이 타락으로 인하여 역기능적이 된데 문제가 있는 것입니다. 구원이란 파괴된 이 기능들을 다시 회복하는 운동인 것입니다. 그러므로 하나님을 아버지라 부르는 자는 눈에 보이는 아버지에게도 순종하는 자입니다. 부모의 권위를 무시하게 되면 결국 하나님의 권위도 인정하지 않게 된다는 뜻이 이 교훈 속에는 담겨져 있는 것입니다. 그래서 바울은 말세의 징조로, "부모를 거역하며"(딤후 3:2)를 들고 있는 것입니다. 이것이 "주 안에서"라는 말씀 속에 함축되어 있는 뜻입니다.

③ "아비들아 너희 자녀를 격노케 말지니 낙심할까 함이라"(21) 합니다. "격노케 말라"는 뜻은 자식을 소유물처럼 취급하여 난폭하게 대하는 것을 뜻합니다. 그렇게 되면 어린 자식이 "낙심할까 함이라"

합니다. 좀 기이한 표현이라 여길 만 합니다. 그런데 성도들을 실족시키는 것이나 자녀를 낙심시키는 것을 동일한 것으로 보고 있는 것입니다. “낙심”이란 무기력한 인간으로 만든다는 뜻입니다. 무슨 말인가? 하나님은 자기 백성, 자기 군사를 그 가정에 위탁하여 양육하고 훈련시키게 하셨는데 그를 아무 쓸모 없는 무기력한 군사로 만들까 함이라는 그런 뜻입니다.

④ 하나님은 태초에 한 가정을 세우셨습니다. ㉠ 그것은 가정이자 곧 교회였던 것입니다. 사탄은 그 가정을 공격했고, 파괴했습니다. 하나님을 사랑하며 이웃을 사랑하도록 지음 받은 존재가, 형(가인)이 아우를 죽이는 사탄의 도구로 전락하고 말았던 것입니다. ㉡ 언제나 사탄의 공격목표는 가정이자 교회임을 명심해야만 합니다. 그러므로 홍수심판에서 유일하게 남게 된 노아의 여덟 식구를 노아의 개인 가정이 구원을 얻은 양 말해서는 안 됩니다. 그렇게 되면 하나님의 나라건설은 실종(失踪)이 되고 마는 것입니다. 노아의 가정은 지상에 남게 된 유일한 하나님의 교회요, 거룩한 씨가 번성해야할 그루터기였던 것입니다. 그러나 그 후손들은 바벨탑을 쌓으므로 하나님을 대적했습니다.

⑤ 이런 맥락에서 볼 때 하나님께서, “내가…하리라”(창 3:15) 하고 시작하신 구속사역이란 다름이 아닌 회복의 역사인 것입니다. “주 안에서” 부부관계가 회복이 되고, “주 안에서” 부모와 자녀의 관계가 회복이 되고, “주 안에서” 하나님과의 관계를 회복하시려는 회복의 운동인 것입니다. 요셉은 꿈에 보니, 해와 달과 열한 별이 자기에게 절하더이다 하고 말합니다. 아버지가 해라면 어머니는 달이요, 자녀들은 별들이라는 것입니다. 이를 확대하면, 하나님은 해요, 교회는 그 빛을 반사하는 달이요, 성도들은 밤하늘에 반짝 반짝 빛나는 별들과 같은 존재라는 것입니다. 하나님께서는 가정과 교회를 해와 달과 별

들이라는 작은 천체(天體)로 보고계시는 것입니다. 회복 된 가정들이 모여서 교회가 되고, 모였던 교회들은 훈련을 받고 섬기기 위해서 또 다시 가정으로, 직장으로 파송을 받게 되는 것이 하나님의 나라 확장 운동입니다. 그러므로 하나님의 나라는 교회뿐만이 아니라 가정에도 임하여 있어야만 하는 것입니다. 이것이 "주 안에 있는 가정"입니다.

둘째 단원(3:22-4:1) 주께 하듯 하라

"종들아 모든 일에 육신의 상전들에게 순종하되 사람을 기쁘게 하는 자와 같이 눈가림만 하지말고 오직 주를 두려워하여 성실한 마음으로 하라"(22).

① "종들아" 합니다. 여기서 종들이란 당시의 노예들을 가리킵니다. 그러니까 현대교회에는 모든 직장인들에게 적용이 된다 하겠습니다. ㉠ "육신의 상전들에게 순종하라" 합니다. ㉡ "사람을 기쁘게 하는 자와 같이 눈가림만 하지 말라" 합니다. ㉢ "두려워하여 성실한 마음으로 하라" 합니다. 그리스도인들은 어찌하여 육신의 상전들에게, "순종하고, 눈가림을 해서는 안 되고, 두려워하여 성실한 마음"으로 해야만 하는가? 에베소서에서는, "종들아 두려워하고 떨며"(엡 6:5)라고 말씀하고 있습니다. 당시의 노예들은 그렇지 않아도 늘 두려움에 떨고 있던 자들입니다. 그런데 어째서 "두려워하고 떨며"라고 말씀하고 있단 말인가?

② 여기서 말씀하는 두려움은 공포의 두려움을 가리키는 것이 아닙니다. 당시의 노예계급은 가정교육이나 사회교육을 제대로 받지를 못한 자들입니다. 그러한 노예들이 예수 그리스도를 믿음으로 말미암아 하나님의 자녀(子女)들이 되는 특권(特權)을 누리게 된 것입니다.

다시 말하면 하나님께서 양자로 입적시켜주신 것입니다. 그러므로 "두려워 떨며"라는 뜻은 나로 인하여 하나님 아버지의 거룩하신 이름과 가문에 욕을 돌리게 될까보아 이점을 두려워하고 떨라는 말씀입니다.

③ 그러므로 "무슨 일을 하든지 마음을 다하여 주께 하듯 하고 사람에게 하듯 하지 말라"(23) 하는 것입니다. 베드로 사도도 ㉠ "사환들아 범사에 두려워함으로 주인들에게 순복하되 선하고 관용하는 자들에게만 아니라 또한 까다로운 자들에게도 그리하라"(벧전 2:18)고 권면합니다. 어찌하여 그리스도인들은 이렇게 해야만 합니까? ㉡ "너희가 이방인 중에서 행실을 선하게 가져 너희를 악행 한다고 비방하는 자들로 하여금 너희 선한 일을 보고 권고하시는 날에 하나님께 영광을 돌리게 하려 함이라"(벧전 2:12) 합니다. 이러한 마음과 정신으로 육신의 상전들을 섬긴다면 그것은 다름이 아니라 "주께 하듯" 하는 것이지 사람에게 하듯 하는 것은 아닌 것입니다. 그러므로 ㉢ "너희는 주 그리스도를 섬기느니라"(24하) 하는 본 문단의 주제로 귀결이 되는 것입니다. 에베소서에서는, "그리스도의 종들처럼 마음으로 하나님의 뜻을 행하여"(엡 6:6) 하고, 이것이 하나님의 뜻을 행하는 것이라고 말씀하고 있습니다. 반면 이렇게 하려면 다른 사람들보다 얼마나 힘들고 더욱 고달프겠습니까?

④ 이를 아셨기에, "이는 유업의 상을 주께 받을 줄 앎이니"(24상) 하는 것입니다. 다시 말하면, "내 이름과 명예를 위해서 얼마나 수고가 많았느냐", 친히 저희 눈에서 모든 눈물을 씻어주시면서 그 보상(報償)을 주님이 해주시겠다는 말씀인 것입니다. 그러면서 이렇게 격려합니다. "불의를 행하는 자는 불의의 보응을 받으리니 주는 외모로 사람을 취하심이 없느니라"(25).

⑤ 그런 후에, "상전들아" 합니다. 여기서 우선적으로 초대교회의

아름다운 모습을 대하게 되는 것입니다. ㉠ "상전과 노예들"이 함께 모여 다같이 하나님을 "아버지"라 부르면서 함께 찬송하며 기도하면서 예배를 드리고 있는 광경을 생각해보십시오. 이것을 가능케 한 것은, "그는 우리의 화평이신지라 둘로 하나를 만드사 중간에 막힌 담을 헐어"(엡 2:14)버려주셨기 때문입니다. 하나님과 죄인 사이에 막힌 담을 헐어버리셨습니다. 그리고 사람과 사람 사이, 상전과 노예 사이의 담도 헐어버리셨던 것입니다. 그렇습니다. "거기는 헬라인과 유대인이나 할례당이나 무할례당이나 야인이나 스구디아인이나 종이나 자유인이 분별이 있을 수 없나니"(3:11) 합니다. 그러므로 ㉡ "의와 공평을 종들에게 베풀지니"(4:1상) 합니다. 지금의 잣대로 한다면 너무나 당연한 말이지만 2천년 전 당시의 기준으로 한다면, 노예들에게 "의와 공평"으로 대하라는 권면은 가히 혁명적인 말이라 할 수가 있는 것입니다. "의(義)와 공평(公平)"은 다름이 아니라 메시아 왕국의 법(사 9:7)임을 유념해야만 합니다. 그렇다면 "상전"들은 한 교회(노예들)를 담임하고 있는 그리스도의 대리자라는 각성으로 종들을 대하라는 말씀이 되는 것입니다. 왜 이렇게 하여야만 하는가? ㉢ "너희에게도 하늘에 상전이 계시기"(1하) 때문이라는 것입니다. 우리들의 "상전"이 누구이십니까? 그래서 본 문단에서는 그리스도를 다섯 번(22, 23, 24, 25)이나 "주"(主)로 호칭하고 있는 것입니다.

⑥ 본문 말씀에 비춰진 우리의 자화상은 어떠한가를 생각하게 합니다. 자신의 모습, 우리의 가정생활과, 직장생활이 성경 말씀에 비추어 볼 때 너무나 닮지 않았음을 애통해하게 합니다. "너희는 주 그리스도를 섬기느니라", 그러므로 "무슨 일을 하든지 마음을 다하여 주께 하듯 하고 사람에게 하듯 하지 말라"는 말씀을 명심하여, 하나님 아버지께 효도하는, 즉 영광을 돌리는 삶을 살아야만 하겠습니다.

골로새서 4:2-18의 분석 도표

하나님 나라를 위하여 함께 역사하는 자들

기도를 항상 힘쓰라	2-4 기도를 항상 힘쓰고 기도에 감사함으로 깨어 있으라(2) → 또한 우리를 위하여 기도하되 하나님이 전도할 문을 우리에게 열어 주사 그리스도의 비밀을 말하게 하시기를 구하라(3)
불신자에 대한 언행	5-6 외인을 향하여서는 → 지혜로 행하여 세월을 아끼라(5) → 너희 말을 항상 은혜 가운데서 소금으로 고루게 함같이 하라(6)
신실한 동역자들	7-18 두기고가 내 사정을 다 너희에게 알게 하리니 그는 사랑을 받는 형제요 신실한 일꾼이요 주 안에서 함께 된 종이라(7) 오네시모를 함께 보내노니 신실하고 사랑을 받는 형제 그는 너희에게서 온 사람이라(9) 나와 함께 갇힌 아리스다고와 바나바의 생질 마가와(10) 유스도라 하는 예수도 너희에게 문안하니, → 하나님 나라를 위하여 함께 역사하는 자들이니 이런 사람들이 나의 위로가 되었느니라(11) 그리스도 예수의 종인 너희에게서 온 에바브라가 너희에게 문안하니 저가 항상 너희를 위하여 애써 기도하여 너희로 하나님의 모든 뜻 가운데서 완전하고 확신 있게 서기를 구하나니(12) 사랑을 받는 의원 누가와 또 데마가 너희에게 문안하느니라(14) 라오디게아에 있는 형제들과 눔바와 그 여자의 집에 있는 교회에 문안하고(15) 아킵보에게 이르기를 주 안에서 받은 직분을 삼가 이루라고 하라(17)

4:2-18
하나님 나라를 위하여 함께 역사하는 자들

[11] 유스도라 하는 예수도 너희에게 문안하니 저희는 할례당이라 이들만 하나님 나라를 위하여 함께 역사하는 자들이니 이런 사람들이 나의 위로가 되었느니라

4장은 결론부분입니다. 앞에서 "아내들과, 남편들과, 자녀들과, 아비들과, 종들과, 상전들"에게 권면한 바울은, 2-6절을 통해서 공통적인 권면, 즉 기도에 힘쓸 것과, 불신자에게는 어떻게 할 것인가를 권면합니다. 그런 후에 7-18절에서 여러 동역자들을 거명(擧名) 하면서 천거도 하고, 문안을 하므로 서신을 마치고 있습니다. 본 문단의 중심점은 도표에 표시된 대로, "하나님 나라를 위하여 함께 역사하는 자들"(11)에 있다 하겠습니다. 이들을 가리켜 "사랑을 받은 형제요 신실한 일꾼들"(7, 9)이라고 말씀합니다. 오늘날도 "하나님 나라를 위하여 함께 역사하는", 사랑을 받는 형제요 신실한 일꾼들은 있는 것입니다. 이를 세 단원으로 나누어 상고하겠습니다.

첫째 단원(2-4) 기도를 항상 힘쓰라
둘째 단원(5-6) 불신자에 대한 언행
셋째 단원(7-18) 신실한 동역자들

첫째 단원(2-4) 기도를 항상 힘쓰라

"기도를 항상 힘쓰고 기도에 감사함으로 깨어 있으라(2).

① "기도를 항상 힘쓰라" 하십니다. 이는 모두를 향해서 하시는 권면입니다. ㉠ 왜 기도를 항상 힘써야만 하는가? 이를 근원적으로 살펴볼 필요를 느끼게 합니다. 왜냐하면 오늘날 기도에 대한 곡해와 오용이 심각하다고 여겨지기 때문입니다. 기도란 하나님과의 교제(交際)와 교통(交通)의 통로(通路)로 주어진 것입니다. 이 교제의 통로가 아담 하와의 범죄로 말미암아 막히고, 끊어지고 만 것입니다. 이점을 성경은, ㉡ "여호와의 손이 짧아 구원치 못하심도 아니요 귀가 둔하여 듣지 못하심도 아니라 오직 너희 죄악이 너희와 너희 하나님 <사이를 내었고> 너희 죄가 그 얼굴을 <가리워서> 너희를 듣지 않으시게 함이니"(사 59:1-2) 하고 말씀합니다.

② 그런데 하나님과의 교제와 교통이 회복되는 것이 어떻게 가능하여지는가? 이점을 성막 계시를 통하여 예표적으로 분명히 보여주셨습니다. 그 이전에도 기도의 형태가 나타나긴 합니다만 정식으로 계시해주신 것은 성막을 통해서입니다. "거기서 내가 너와 만나고 속죄소 위 곧 증거궤 위에 있는 두 그룹 사이에서 내가 이스라엘 자손을 위하여 네게 명할 모든 일을 네게 이르리라"(출 25:22) 하십니다. 이 말씀이 하나님과의 교제(기도)에 대한 성경적인 첫 정의라 할 수가 있습니다. 기도란 첫째로, ㉠ 하나님과의 만남입니다. 둘째로, ㉡ 하나님의 명하시는 바를 받는 통로입니다. 이처럼 교제가 회복되게 되는 것은, ㉢ 대속의 피로 말미암아 가능하여짐을 명심해야만 합니다. 그래서, 대속의 피가 뿌려지는 "속죄소, 거기서 내가 너와 만나"(출 25:21-22)주시겠다고 말씀하시는 것입니다.

③ 그러므로 신약성경은, ㉠ "형제들아 우리가 예수의 피를 힘입어 성소에 들어갈 담력을 얻었나니 그 길은 우리를 위하여 휘장 가운데로 열어 놓으신 새롭고 산 길이요 휘장은 곧 저의 육체니라" 하고 예수 그리스도의 피로 말미암아 가능하여졌음을 말씀하고 있습니다. 우리가 할 일은, "참마음과 온전한 믿음으로 하나님께 나아가자"(히 10:19-20, 22) 하신 "믿음"입니다. 우리가 구원을 얻었다, 하나님과 화목하게 되었다는 말은 달리 표현하면 하나님과의 교제가 회복되었다는 뜻인 것입니다. ㉡ 이렇게 해서 하나님과의 교제를 회복시켜주셨다면 이를 사모하며 힘을 써야한다는 것은 너무나 당연한 것입니다. 그래서 기도를 호흡에 비유하기도 하는 것입니다. 기도가 끊어졌다는 것은 호흡이 끊어진 것이나 다를 바가 없다는 것입니다. 말씀하는 순서로 보면, 아내와 남편, 자녀와 부모, 종과 상전, 신자와 불신자(5) 간의 관계가 바르게 유지되기 위해서는 최우선적으로 하나님과의 교제가 좁아지거나 막힘이 없이 긴밀하게 유지되어야함이 필수적이라는 뜻이 됩니다.

④ 다음으로 생각하게 되는 것은 무엇을 위해서 "기도를 항상 힘써야" 하는가 하는 점입니다. 이를 본문은 두 가지로 요약해서 말씀하십니다. 첫째가, ㉠ "감사"하기 위해서입니다. 기도란 하나님께 나아가는 행위입니다. 그러므로 기도는 경배요, 찬양이요, 감사인 것입니다. 그리스도인들이란 "감사"할 것밖에는 다른 요구를 할 것이라고는 없는 사람들인 것입니다. 왜 그렇습니까? 성경은 도리어 우리에게 묻고 있습니다. "자기 아들을 아끼지 아니 하시고 우리 모든 사람을 위하여 내어주신 이가 어찌 그 아들과 함께 모든 것을 우리에게 은사로 주지 아니하시겠느뇨"(롬 8:32). 다시 상기시켜드립니다만, 옥중서신인 골로새서가 감사를 얼마나 강조하고 있는가를 보십시오. "너희는 감사

하는 자가 되라, 마음에 감사함으로 하나님을 찬양하고, 그를 힘입어 하나님 아버지께 감사하라(3:15-17) 하십니다. 2:7절에서는 감사를 해도, "감사함을 넘치게 하라" 하십니다. 감사하기 위해서 기도를 항상 힘써야하는 것입니다.

⑤ 둘째로, "기도에, 깨어 있으라" 하신 각성(覺醒) 때문입니다. 일선의 초병(哨兵)들에게는 철칙이 있는데, "졸면 죽는다"는 말입니다. "깨어 있으라" 하심이 그런 뜻입니다. 그러므로 ㉠ "기도"는 하나님의 나라건설을 위하여 선한 싸움을 싸우는 병사들에게 주신 무기(武器)라는 깨달음입니다. 이점이 에베소서에 분명히 나타나있습니다. ㉡ "마귀의 궤계를 능히 대적하기 위하여 하나님의 전신갑주를 입으라" 합니다. 그런 후에 "모든 기도와 간구로 하되 무시로 성령 안에서 기도하고 이를 위하여 <깨어> 구하기를 힘쓰라"(엡 6:11, 18) 하십니다. 무슨 뜻인가? 완전무장을 하고 깨어 경계를 하라는 명령인 것입니다. 그런데 초병이 완전무장을 했다하여도 졸고 있다면 그 무장이 무슨 소용이 있단 말인가? 그러므로 기도는 깨어있는 것입니다. 그리고 다시 강조합니다만 기도는 하나님의 군사들에게 주어진 교신용 무전기와 같은 무기라는 점입니다. 그러므로 긴밀한 교신이 필수적인 것입니다.

기도의 최우선 목적

① 그렇다면 하나님의 나라건설이라는 선한 싸움을 하고 있는 병사들에게 주어진 기도라는 무기를 어떻게 사용해야만 하는가? 한마디로, ㉠ "너희는 먼저 그의 나라와 그의 의를 구하라"(마 6:33) 하신 주님 말씀에 분명히 제시되어 있습니다. 이점을 주님은 잡히시던 날 밤에 제자들에게 하신 다락방 강화를 통해서도 자세히 말씀하셨습니

다. 이 밤에 주님은 제자들에게 기도할 것을 강조(요 14:13-14; 15:16; 16:24) 하셨습니다. ㉡ "지금까지는 너희가 내 이름으로 아무것도 구하지 아니하였으나 구하라"(요 16:24) 하십니다. 제자들은 주님을 모시고 있었던 3년 동안은 기도의 필요성을 별로 느끼지 못했을 성싶습니다. 그러나 이제 주님이 떠나셔야할 때가 이른 것입니다. 그러므로 기도란 주님께서 재림하시기까지 지상에 두고 가신 하나님의 백성들과 하늘에 계신 아버지간에, 사령관과 그의 군사들간의 무전교신이라 할 수가 있는 것입니다. 그렇다면 기도의 우선순위는 분명해지는 것입니다. ㉢ "너희가 내 이름으로 무엇을 구하든지 내가 시행하리니 이는 아버지로 하여금 아들을 인하여 영광을 얻으시게 하려 함이라"(요 14:13-14) 하신 "아버지의 영광"을 위해서 사용하라고 주신 것입니다.

② 그러므로 기도와 간구를 구별해서 생각하야 합니다. 간구가 다분히 개인적인 것이라면, 기도란 공적(公的)인 것입니다. 그렇다면 군사로 모집함을 받은 우리들이 힘써야할 기도는 공적인 기도여야 마땅한 것입니다. "우리 중에 누가 먼저 올라가서 가나안 사람과 싸우리이까"(삿 1:1), "주의 종이 들은 대로 사울이 내려오리이까, 주의 종에게 일러 주옵소서"(삼상 23:11) 하고 물어야 하고, 명하시는 바를 준행해야만 하는 것입니다. 다시 강조합니다만 주님은, ㉠ "먼저 그의 나라와 그의 의"(마 6:33)를 구하라 말씀하십니다. "이는 아버지로 하여금 아들을 인하여 <영광>을 얻으시게 하려 함이라"(요 14:13) 하고 기도의 목적이 "아버지의 영광"에 있음을 말씀하십니다. 또한 "이는 너희로 가서 과실을 맺게 하고 또 너희 과실이 항상 있게 하여 내 이름으로 아버지께 무엇을 구하든지 다 받게 하려 함이라"(요 15:16) 하십니다. ㉡ 기도가 하나님의 "영광과, 과실을 맺게" 하심과 결부되어 있음을 주목해야만 합니다. "무엇을 구하든지"라는 "무엇"이, "영광을 얻

으시게" 라는 말씀에 제한을 받고 있는 것입니다. 다시 말하면 "무엇이든지"라고 해서 덮어놓고 다 주시겠다는 그런 뜻이 아니라, 하나님의 영광을 위한 것이라면 주시겠다는 말씀입니다. 그러므로 기도의 최우선 목적은 "하나님의 나라와, 하나님의 영광"을 위해서 주어졌음을 명심해야만 합니다.

③ 성경적인 예를 하나 들어보겠습니다. 하나님은 에스겔 선지자를 통해서 바벨론에 포로로 잡혀간 자기 백성들을 돌아오게 해주시겠다고 약속하십니다. 그러면서 하신 말씀이, "나 여호와가 말하였으니 이루리라, 그래도 이스라엘 족속이 이와 같이 자기들에게 이루어 주기를 내게 구하여야 할지라"(겔 36:36-37), 즉 기도하라고 말씀하십니다. 이 약속을 붙잡고 그들은 기도했습니다. 무엇이라 구했는가?

여호와여 영광을 우리에게 돌리지 마옵소서
우리에게 돌리지 마옵소서
오직 주의 인자하심과 진실하심을 인하여
주의 이름에 돌리소서
어찌하여 열방으로 저희 하나님이
이제 어디 있느냐 말하게 하리이까(시 115:1-2).

이 시는 바벨론에 포로로 잡혀간 자들의 기도입니다. 기도제목은 어서 돌아가게 해달라는 호소입니다. 그런데 그 동기가 자신들을 위해서가 아니라 주의 영광, 즉 거룩하신 이름을 위하여 돌아가게 해달라는 것입니다. 이것이 "영광을 우리에게 돌리지 마옵소서"의 뜻입니다. 자신들은 고난 당해 마땅하지만, 하나님의 이름이 자신들로 말미암아 모독을 받으시는 이것만은 참을 수가 없다는 것입니다. 왜냐하면 우상을 숭배하는 바벨론 군인들이 자신들의 신이 승리한 양, "네 하나님이 이제 어디 있느냐" 하고 비웃고 조롱하고 있기 때문입니다. 그렇다면 이는 기도이지 간구가 아닌 것입니다. 그런 의미에서 오늘의 기도는 간구에 치우쳐 있다 하겠습니다.

기도와 간구

① 왜 "간구"에 치우치게 되는가? ㉠ 어린아이와 같이 자기 중심적이기 때문입니다. 성도들이 크고 작은 문제에 봉착해있는 것은 사실입니다. 이를 간구하지 말라는 뜻인가? 아닙니다. 성경은 말씀합니다. "아무 것도 염려하지 말고 오직 모든 일에 기도와 간구로 너희 구할 것을 감사함으로 하나님께 아뢰라 그리하면 모든 지각에 뛰어나신 하나님의 평강이 그리스도 예수 안에서 너희 마음과 생각을 지키시리라"(빌 4:6-7) 하십니다. "그리하면", 즉 간구하면 모든 문제가 다 해결 될 것이라 말씀하고 있습니까? 아닙니다. "마음과 생각을 지키시리라" 합니다. 염려로 가득하고 괴로움으로 들끓던 마음에 평강이 찾아오게 된 다는 뜻입니다. 무엇을 의미하느냐 하면, ㉡ "너희 염려를 다 주께 맡겨 버리라 이는 저가 너희를 권고하심이니라"(벧전 5:7) 하신 절대적으로 신뢰하라는 말씀입니다. 이것이 "나의 의뢰한 자를 내가 알고 또한 나의 의탁한 것을 그날까지 저가 능히 지키실 줄을 확신"(딤후 1:12) 하는 자의 심령상태입니다. 그렇습니다. ㉢ "자기 아들을 아끼지 아니하시고 내어주신" 하나님을 믿는다면 모든 염려를 맡겨버릴(의탁) 수가 있지 않겠습니까? 이러한 그리스도인이라면 간구보다는 기도를 우선적으로 더 많이 하게 될 것입니다. 그러므로 그 사람의 신앙의 척도는 기도하는 내용에 달려 있다하여도 과언이 아닌 것입니다.

② 노파심에서 말씀드립니다만, "기도를 항상 힘쓰라" 하니까, ㉠ 기도를 율법적으로 생각해서 부담감을 갖는 분들이 있습니다. 아닙니다. 기도란 은총이요, 특권인 것입니다. 기도행위가 무엇을 뜻하는 것입니까? "은혜의 보좌(寶座) 앞에 담대히 나아갈 것이니라"(히 4:16) 하신, 하나님 보좌 앞에 나아가는 행위입니다. 이것이 아무에게나 주어진단 말입니까? 형제가 청와대를 무상출입 한다고 생각해보십시오. 성경은 "무시로 성령 안에서 기도하라"(엡 6:18), 즉 무시로 하나님 보좌 앞에 나아가라고 말씀합니다. 이는 지상의 그 무엇에도 비할 데가 없는 영광스러움인 것입니다. 어떻게 해서 가능해졌는가? 하나님의 아들이 우리를 위하여 대속적인 죽음을 죽어주셨을 때, 1500년 동안이나 가로막혀있던 휘장은 비로소 열려졌던 것입니다. 그러므로 "우리가 그 안에서 그를 믿음으로 말미암아 담대함과 하나님께 당당히 나아감을 얻느니라"(엡 3:12) 말씀합니다. ㉡ 반면 기도를 공로로 자랑으로 여기는 사람들이 있습니다. "40일 금식기도를 한 사람", 이라는 명함을 내밀려고 합니다. 기도하지 않는다고 다른 사람을 정죄합니다. 이는 몰라도 한참 모르는 사람들입니다. 이는 심하게 말하면 바리새인과 같은 올무에 매여있는 자들입니다.

③ 기도응답에 대해서 한 말씀드려야만 하겠습니다. ㉠ 모든 기도는 들으신 바 되고 응답하신다는 믿음입니다. 하나님의 선하시고 기뻐하시고 온전하신 뜻 안에서 말입니다. 그러니까 ㉡ 무응답으로 여기는 그것도 응답이라는 말씀입니다. 당장 주셔야만 응답은 아닌 것입니다. 나중에 주시겠다 하셔도 응답이요, 그건 안 된다 하셔도 응답인 것입니다. 중요한 것은 하나님의 선하심을 신뢰하고 맡길 수 있는 믿음인 것입니다.

우리를 위하여 기도하라

① "또한 우리를 위하여 기도하되"(3상) 하고 기도를 부탁합니다. 에베소교회에 보낸 서신에서도, "또 나를 위하여 구할 것은"(엡 6:19) 하고 부탁합니다. 데살로니교회에도, "형제들아 우리를 위하여 기도하라, 종말로 형제들아 너희는 우리를 위하여 기도"(살전 5:25; 살후 3:1)해달라고 부탁하고 있습니다. 이를 예사로 볼 것이 아닙니다. 왜냐하면 우리 식으로 보면 거꾸로 되어 있는 감이 들기 때문입니다. 이는 인사치레로 하는 말이 아니라 그들의 기도가 응답된다는 확신이 있기에 부탁하고 있는 것입니다.

② 기도의 제목이 무엇인가? 크게 두 가지입니다. 첫째는, ㉠ "하나님이 전도의 문을 우리에게 열어 주사"(3중) 합니다. 바울은 자신을 사도로 세우셔서 이방인들에게 복음을 전할 수 있게 하신 것이 자신이 잘나서가 아니라 하나님께서 이방인들에게, "전도의 문"(행 14:27)을 열어주셨기 때문임을 믿고 있었던 것입니다. 그러므로 바울은 여러 번 로마에 가고자 하였으나 "지금까지 길이 막혔도다"(롬 1:13) 합니다. 데살로니가서에서도, "한 번 두 번 너희에게 가고자 하였으나 사탄이 우리를 막았도다"(살전 2:18) 말씀하는 것을 보게 됩니다. 복음전도자에게 있어서 "전도의 문"을 열어주시는 것보다 더 귀한 축복은 없는 것입니다. 둘째는, ㉡ "그리스도의 비밀을 말하게 하시기를 구하라" 합니다. 에베소서에서는 좀 더 구체적으로, "내게 말씀을 주사 나로 입을 벌려 복음의 비밀을 담대히 알리게 하옵소서"(엡 6:19) 하고 구해 달라고 부탁합니다. "말씀을 주사, 입을 벌려", 이렇게 말씀하고 있는 바울의 의중에는 하나님께서 에스겔 선지자에게, "인자야 너는 받는 것을 먹으라 너는 이 두루마기를 먹고 가서 이스라엘 족속에게 고하라"(겔 3:1) 하신 말씀을 생각했기 때문일 것입니다.

③ 설교자라면 누구나 열심히 준비하노라 했고 자신을 가지고 강단에 올라섰으나 횡설수설하게 되고 문이 막힌 듯이 답답함을 경험했을 것입니다. 반대로 큰 염려로 임했으나 마치 기름 친 기계가 돌아가듯이 예기치 못한 말씀까지 술술 주어지면서 막혔던 문이 활짝 열려진 듯한 시원함을 맛보았을 것입니다. 이는 저절로 되어지는 것이 아닙니다. 바울은 말씀합니다. ㉠ "너희도 우리를 위하여 간구함으로 도우라 이는 우리가 많은 사람의 기도로 얻은 은사를 인하여 많은 사람도 우리를 위하여 감사하게 하려 함이라"(고후 1:11). 그런 의미에서 예배란, 그리고 설교란, 설교자와 성도들의 공동 사역이라 할 수가 있습니다. 설교자가, ㉡ "내게 말씀을 주사 나로 입을 벌려 복음의 비밀을 담대히 알리게 하옵소서" 하고 얼마나 기도했는가?, 그리고 회중들이 예배를 위해서, 설교자를 위해서 얼마나 간구함으로 도왔는가에 비례한다 하겠습니다. 이러한 설교자를 모신 성도들은 축복 받은 자들입니다. 이러한 성도들을 섬기게 된 목회자는 행복한 자입니다.

④ 그리스도의 대속을 통해서 우리에게 기도의 문을 열어주신 하나님은, 성도들의 기도를 통해서 "감사와 영광"을 받으시기에 너무나 합당하신 분이십니다.

둘째 단원(5-6) 불신자에 대한 언행

"외인을 향하여서는 지혜로 행하여 세월을 아끼라(5).

① "외인"이란 불신자를 가리키는 말입니다. 왜 외인이라고 말씀하고 있는가? "그때에 너희는 그리스도 밖에 있었고 이스라엘 나라 밖의 사람이라 약속의 언약들에 대하여 외인(外人)이요 세상에 소망이 없고 하나님도 없는 자들"(엡 2:12)이기 때문입니다.

② 첫 말씀이, ㉠ "지혜로 행하여"(5상) 합니다. 이런 말이 있습니다. "불신자들의 성경은 신자들이다". 그러므로 지혜롭게 행해야만 하는 것입니다. 그렇지 아니하면 나로 말미암아 그의 구원의 문이 닫힐 수도 있기 때문입니다. 다음으로 ㉡ "세월을 아끼라"(5하) 하십니다. "세월을 아끼라" 말씀하시는데 우선적으로 우리에게 주어진 세월이 얼마나 될 것인가를 생각하게 합니다. 청소년들에게, "36,500원을 준다면 어떻게 사용하겠느냐" 하고 물어봅니다. 왜 하필 36,500원인가? 사람이 100년을 산다고 해도 날 수로 따지면 36500날 밖에는 안되기 때문입니다. 그런데 평균 수명은 70이 좀 넘을 정도이니 여기서 $\frac{1}{3}$ 정도를 공제해야하고, 잠자는 시간을 6시간만 잡는다해도 남은 시간에서 또 $\frac{1}{4}$은 공제를 해야합니다. 그 중에서 하루 세끼 식사하는 시간, 이렇게 저렇게 보내는 시간들을 공제한다고 생각해보십시오. 그리고 이미 살아버린 시간들은 어떻게 할 것입니까? 생각이 여기에 미치게 되면, "지혜로 행해야"할 세월이란 얼마 남지 않았음을 깨닫게 될 것입니다. 그 중에서 어제도 살았고 오늘도 살고 있는 것입니다.

③ "세월을 아끼라"는 말은, 직역을 한다면 시간을 속량하라, 값을 지불하고 기회를 사라는 그런 의미입니다. 이 세상에 태어나 어느 일정 기간을 살아가게 된다는 것은 하나님께로부터 부여받은 바 "기회"의 연속들이라 할 수가 있습니다. 하나님은 누구에게나 균등하게 기회들을 주신 것입니다. 그런데 한 번 가면 다시는 돌아오지 않는 기회들이 우리 앞을 스쳐지나가고 있는 것입니다. 이 기회들을 붙잡지를 못하고 놓치게 되면 허송세월을 하는 삶이 되고 만다는 것이 "세월을 아끼라"는 뜻일 것입니다.

④ 어찌하여 값을 지불하고 기회를 사라 하시는가? 기회를 붙잡기 위해서는 대가를 지불해야만 되기 때문입니다. 봉사할 기회, 영혼 구

원을 위한 기회들을 붙잡으려면 내 사사로운 기회들은 포기할 수 있어야만 하는 것입니다. 그래서 "기회를 사라" 하시는 것입니다. 이상은 불신자들에 대한 신자들의 행동을 권면하는 말씀입니다.

⑤ 둘째로 당부하는 것은, "너희 말을 항상 은혜 가운데서"(6) 하라고 말씀합니다. 어떻게 하는 것이 "은혜롭게" 하는 것인가? 에베소서의 말씀이 도움이 될 것입니다. "무릇 더러운 말은 너희 입밖에도 내지 말고 오직 덕을 세우는 데 소용되는 대로 선한 말을 하여 듣는 자들에게 은혜를 끼치게 하라"(엡 4:29) 하십니다. 이것이 본문에서 "소금으로 고르게 함같이 하라 그리하면 각 사람에게 마땅히 대답할 것을 알리라"(6하)는 의미입니다. 함부로 말하기는 쉽습니다. 그러나 그때마다 "마땅히 대답할 것"을 말한다는 것은 여간 지혜롭게 행하지 않고는 어려운 일입니다. 성경은 말씀하기를, "또 저희가 게으름을 익혀 집집에 돌아다니고 게으를 뿐 아니라 망령된 폄론을 하며 일을 만들며 마땅히 아니할 말을 하나니"(딤전 5:13) 하고 역기능으로 행하는 것을 경계하고 있습니다. 외인에 대하여는 행동은 지혜롭게, 말은 은혜롭게 하라는 언행에 대한 권면입니다.

셋째 단원(7-8) 신실한 동역자들

"두기고가 내 사정을 다 너희에게 알게 하리니 그는 사랑을 받는 형제요 신실한 일꾼이요 주 안에서 함께 된 종이라"(7).

① 본 단원의 중심점은, "하나님 나라를 위하여 함께 역사하는 자들"(11), 즉 동역자들의 역할과 면모를 살펴보는데 있습니다. 여기에 등장하는 인물은 모두 10명입니다. 바울이 이렇게 하고 있는 의도가 무엇일까요? 첫째는, "공교한 말"(2:4)로 성도들을 속이려는 거짓 형

제들을 염두에 두고 한 말씀일 것입니다. 왜냐하면 저들은 "사탄의 일꾼들"(고후 11:15)이요, 이들은 "하나님 나라를 위하여 함께 역사"하는 신실한 일꾼들이기 때문입니다. 바울은 이들을 인정해주고, 천거하고 싶었을 것입니다. 둘째는, 이들의 모습을 통해서 바로 나 자신의 역할은 무엇이며 어떠한 사람이 되어야 마땅한가를 깨닫기를 원하시기 때문일 것입니다.

② 제일 먼저, ㉠ "두기고가 내 사정을 다 너희에게 알게 하리니"(7상) 합니다. 같은 말씀을 에베소서(엡 6:21)에서도 대하게 됩니다. 이로 보건대 두기고는 바울로부터, ㉡ 에베소서, 골로새서, 빌레몬서를 받아 가지고 이를 전달하는 임무를 수행했음을 알게 됩니다. 이는 참으로 중요한 임무라 하지 않을 수 없습니다. 바울 사도는 이 임무를 심사숙고 끝에 두기고에게 맡겨서 에베소교회를 경유하여 골로새교회로 가도록 지시했을 것입니다. 이곳에서만이 아니라 두기고는 주로, ㉡ "보냄을 받는 자", 즉 사신의 역할을 감당하는 것을 보게 됩니다. "두기고는 에베소로 보내었노라"(딤후 4:12) 합니다. "내가 아데마나 두기고를 네게 보내리니"(딛 3:12) 합니다. 바울에게 있어서도 보낼만한 사람은 그다지 많지가 않았을 것입니다. 같은 옥중 서신인 빌립보서에서, "내가 디모데를 속히 너희에게 보내기를 주 안에서 바람은 너희 사정을 앎으로 안위를 받으려 함이니 이는 뜻을 같이하여 너희 사정을 진실히 생각할 자가 이 밖에 내게 없음이라"(빌 2:19-20) 하고 말씀함을 대하게 됩니다. 바울은 로마서의 전달자로 알려진, "겐그레아교회의 일꾼으로 있는 우리 자매 뵈뵈"를 천거하기를, ㉢ "그가 여러 사람과 나의 보호자가 되었음이니라"(롬 16:1-2)고 말씀하고 있습니다. 두기고나 뵈뵈는 바울의 "보호자", 말씀의 보호자 임무를 훌륭하게 수행했다고 말할 수가 있을 것입니다.

③ 그러므로 그를 천거하는 말에는 최대의 신임을 나타내고 있습니다. ㉠ "그는 사랑을 받는 형제요 신실한 일꾼이요 주 안에서 함께 된 종이라"(7하) 합니다. 에베소서에서도, "사랑을 받은 형제요 주 안에서 진실한 일꾼"(엡 6:21)이라고 소개합니다. 두기고는 성도들에게는 사랑 받는 형제요, 주님에게는 신실한 일꾼이요, 바울에게는 주 안에서 함께 된 종, 즉 동역자였던 것입니다. 그러므로 그의 임무는 단순한 우편 배달부 역할이 아니라, ㉡ "내가 저를 특별히 너희에게 보낸 것은 너희로 우리 사정을 알게 하고 너희 마음을 위로하게 하려 함이라"(8)한 바울의 특사였음을 알 수가 있습니다. 에베소서에서도 같은 말씀을 하고 있습니다. 바울은 옥중에서 여러 편의 서신을 기록하였음에도 옥중 사정에 관하여는 일언반구 언급하고 있지 않습니다. 다만 신임하는 두기고를 보내서 알려주면서 위로하고 있는 것입니다. 한마디로 두기고는, "하나님 나라를 위하여 함께 역사하는 자들이니 이런 사람들이 나의 위로가 되었느니라"(11) 한 "위로자"였습니다.

④ "신실하고 사랑을 받는 형제 오네시모를 함께 보내노니"(9상) 합니다. 오네시모에 관하여는 빌레몬서를 통해서 자세히 알 수가 있는데, 그는 골로새교회 성도인 빌레몬의 노예입니다. 그런데 도망을 했다가 옥중에 있는 바울을 만나서 그리스도인이 된 사람입니다. 바울은 그런 오네시모를, "신실하다"고 말씀합니다. "사랑을 받을 자"라고 말씀합니다. 바울은 오네시모의 과거는 잊어버리고 변화된 현재의 모습만을 보고 있는 것입니다. 이것이 주님의 마음이기도 합니다. 그래서 자신과 동격인 "형제"라고 부르고 있는 것입니다. "그는 너희에게서 온 사람이라" 할 뿐, 어두운 과거는 덮어두고 말이 없습니다.

함께 갇힌 자들

① "나와 함께 갇힌 아리스다고와 바나바의 생질 마가와(이 마가에 대하여 너희가 명을 받았으매 그가 이르거든 영접하라)"(10) 합니다. 10-14절을 통해서 바울과 "함께" 있는 사람들의 면모를 대하게 됩니다. 아리스다고, 마가(10), 유스도라 하는 예수(11), 에바브라(12), 누가와 데마(14).

㉠ 아리스다고: 충성스러운 동역자입니다. 바울이 에베소에서 큰 환난을 당할 때도 바울 대신 붙잡혀 곤욕을 치렀고(행 19:29), 그 후 바울이 환난과 결박이 기다리고 있다는 예루살렘으로 갈 때도 동행(행 20:4)을 했으며, 결박당하여 로마로 호송 당할 때에도, "데살로니가 사람 아리스다고도 함께 하니라"(행 27:2) 하고 끝까지 동행했음을 밝히고 있습니다. 본문에서도 그를 가리켜, "나와 함께 갇힌 아리스다고"라고 말씀합니다.

㉡ 마가: 그는 1차 선교여행 때 도중하차한 일 때문에 바울에게 신실하지 못한 자(행 13:13)로 여겨졌으나 바울이 최후 서신에서, "네가 올 때에 마가를 데리고 오라 저가 나의 일에 유익하니라"(딤후 4:11) 할 정도로 신임을 회복하였음을 알게 됩니다. 바울은 그를 골로새로 보내려하면서, "그가 이르거든 영접하라"고 당부합니다.

㉢ 유스도라 하는 예수와, 마가와, 아리스다고, 이 세 사람을 가리켜, "저희는 할례당이라"(11)고 말합니다. 유대인들이라는 뜻입니다. 할례당 중에 기독교로 개종하여 바울을 수종 든 자들이 있었습니다. 그러나 다시 유대교로 돌아갔고, "이들만 하나님 나라를 위하여 함께 역사하는 자들이니 이런 사람들이 나의 위로가 되었느니라"(11)고 말씀합니다.

㉣ 에바브라: "그리스도 예수의 종인 너희에게서 온 에바브라"(12

상)라고 말씀합니다. 1장에서 "사랑하는 에바브라에게 너희가 배웠나니"(1:7) 한 대로 골로새교회는 에바브라에 의하여 설립이 된 것으로 여겨집니다. 그리고 골로새교회의 사정도 그를 통하여 알게 된 것입니다. 그러므로 골로새교회에 대한 에바브라의 사랑도 남다른 데가 있다 하겠습니다. "저가 항상 너희를 위하여 애써 기도"한다고 말씀합니다. "너희로 하나님의 모든 뜻 가운데서 완전하고 확신 있게 서기를 구하나니"(12) 합니다. "그가 너희와 라오디게아에 있는 자들과 히에라볼리에 있는 자들을 위하여 많이 수고하는 것을 내가 증거하노라"(13) 합니다. 지도를 보면 골로새, 라오디게아, 히에라볼리는 삼각 지대를 이루고 있음을 보게 됩니다. 에바브라는 이 삼각 지대를 위해서 해산의 수고를 한 사람으로 여겨집니다.

ⓜ 누가: "사랑 받는 의원 누가"(14)라고 소개합니다. 그는 누가복음과 사도행전의 기록자입니다. 그가 사도행전을 기록하는 중에 바울의 2차 선교여행 때인 드로아 지방에서부터, "우리"(행 16:10)라는 말을 사용하고 있는 것으로 보아 이때부터 바울의 선교여행에 동참한 것으로 여겨집니다. 그 후 고난의 예루살렘 행에도(행 21:1), 로마 행에도 동행(행 27:1)한 참으로 신실하고 사랑을 받을만한 동역자요, 바울의 주치의(主治醫)였습니다.

ⓑ 데마: 그에 대한 아무런 소개가 없습니다. 데마는 골로새서를 기록할 당시에는 바울과 함께 있었으나, "데마는 이 세상을 사랑하여 나를 버리고 데살로니가로 갔고"(딤후 4:10) 한 대로 바울을 떠나고야 말았습니다. 바울을 떠난 자는 데마 한 사람만은 아니었습니다. "내가 처음 (복음)변명할 때에 나와 함께 한 자가 하나도 없고 다 나를 버렸으나 저희에게 허물을 돌리지 않기를 원하노라"(딤후 4:16) 합니다. 이런 배경에서, "이들만 하나님의 나라를 위하여 함께 역사하

는 자들이니 이런 사람들이 나의 위로가 되었느니라"(11) 한 말씀이 더욱 빛을 발하게 되는 것입니다.

㉦ 눔바: "라오디게아에 있는 형제들과 눔바와 그 여자의 집에 있는 교회"(15)라고 말씀합니다. 눔바는 라오디게아교회의 유력한 형제로써 그의 집이 교회 장소로 제공되었음을 알 수가 있습니다. 이처럼 라오디게아교회를 언급하고 있는 것은, "이 편지를 너희에게서 읽은 후에 라오디게아인의 교회에서도 읽게 하라"(16)고 당부하고 있기 때문입니다. 1세기 경까지는 예배당이 아니라 가정교회 형태로 모였음을 알 수가 있습니다. 라오디게아 눔바의 집에 있는 교회, 에베소에 있던, "아굴라와 브리스가와 및 그 집에 있는 교회"(고전 16:19), 골로새의 빌레몬의 집에 있는 교회(몬 1:2), 빌립보의 루디아의 집에서 모인 교회(행 16:40) 등 이들이야말로, "하나님의 나라를 위하여 함께 역사하는" 신실한 자들이었습니다.

㉧ 아킵보: "아킵보에게 이르기를 주 안에서 받은 직분을 삼가 이루라고 하라"(17) 합니다. 빌레몬서에서는, "우리와 함께 군사 된 아킵보"(몬 1:2)라고 말씀합니다. 우리는 바울이 골로새서를 당연히, "너희에게서 온 에바브라"(12) 편에 보낼 것으로 생각했습니다. 그런데 서신을 두기고에게 맡기고 에바브라를 함께 보내지 않고 있는 것을 보게 됩니다. 다른 임무를 위해서였을까요? 그래서 함께 군사 된 아킵보에게 골로새교회를 부탁하고 있는 것으로 여겨집니다.

② 성경에 이름을 남긴 이들은 자기 시대에 바울과 함께, "하나님 나라를 위하여 역사"한 동역자들입니다. 그들은 선한 싸움을 싸우고, 자신들에게 맡겨졌던 구간(區間)을 달리기를 마치고 구속사의 무대를 떠났습니다. 이제 구속사의 무대에는 우리, 곧 형제가 등장해 있는 것입니다. 우리가 당하고 있는 선한 싸움의 목적은 변함이 없이 저들

과 동일합니다. "하나님 나라를 위하여!" 중요한 것은 "내가 선한 싸움을 싸우고 나의 달려갈 길을 마치고 믿음을 지켰으니"(딤후 4:7) 하고 말할 수가 있느냐 하는 점입니다.

③ "나 바울은 친필로 문안하노니" 합니다. 그런 후에, "나의 매인 것을 생각하라"(18) 하고 마지막으로, "매였다"는 한마디를 첨부합니다. 어떤 의도에서 이 말씀을 했을까를 생각하게 합니다. 이 골로새서가 매인 중에 기록한 말씀임을 생각하라. 매인 중에 한 권면이라는 이 진실성을 잊지 말라는 당부가 아니었을까요?

"은혜가 너희에게 있을지어다". 아멘.

빌레몬서

빌레몬서에서 바울은 우리 죄를 대신 회계(會計)하여주신
예수 그리스도의 대리자로 등장하고,
빌레몬은 모든 사람을 품어주어야 하는 교회를 대표하는 자로 등장을 하고,
오네시모는 하나님께로 돌아가야 할 모든 죄인의 대표자로 등장하고 있는 것입니다.
그러므로 바울은 "그리스도 예수를 위하여 갇힌 자"(1, 9)요,
빌레몬은 "사랑을 받는 동역자"(1하)요,
오네시모는 "이제는 나와 네게 유익한 심복"(11-12)이라고 말씀합니다.
이것이 변화된 저들의 신분과 사명인 것입니다.

빌레몬서 파노라마

빌레몬서에는 중요한 세 인물이 등장합니다. 먼저는 빌레몬서의 송신자(送信者)인 바울입니다. 그는 기독교를 박해하다가 주님을 만나 사도가 되어 복음을 증거하던 중 현재 로마옥중에 갇혀있는 몸입니다. 다음은 본 서신의 수신자(受信者)인 빌레몬입니다. 그는 바울을 통해서 그리스도인이 되었고, 현재는 골로새교회 성도로서 노예들을 거느리고 있는 상전입니다. 마지막으로 오네시모입니다. 그는 빌레몬의 노예인데 도망쳐 나와 바울을 만나서 그리스도인이 되었고, 현재는 바울과 함께 로마에 있습니다. 빌레몬서는 바울이 오네시모를 빌레몬에게 돌려보내면서 그를 사랑 받는 형제로 영접해달라고 부탁하는 내용입니다.

여기서 세 가지 물음이 제기될 수가 있습니다. ㉠ 바울은 오네시모를 왜 돌려보내야만 하는가? ㉡ 오네시모는 빌레몬에게 왜 돌아가야만 하는가? ㉢ 빌레몬은 오네시모를 왜 형제로 영접해주어야만 하는가? 이 세 가지 질문에 대한 해답이 빌레몬서의 주제라 할 수가 있습니다.

빌레몬서가 던지는 세 가지 질문

이 난제를 세 사람의 관계성 속에서 풀어나가고 있는 것입니다. 그런데 이 세 사람을 하나로 묶어주고 있는 공통분모(共通分母)와 같은 또 한 분이 등장합니다. 그분은 예수 그리스도이십니다. 모두가 25절밖에 안 되는 짧은 서신에서 모두 11번이나 언급하고 있습니다. 그러므로 본 서의 주인공은 바울이 아닙니다. 빌레몬도, 더욱 오네시모도 아닌 것입니다. 빌레몬서를 통해서도 증거되어야 할 주인공은 바로 예수 그리스도이십니다. 세 사람은 모두가 "그리스도 안에, 주 안에"(8, 16, 20, 23) 있는 사람들입니다. 만일 등장하는 세 사람 중 어느 한 사람이라도 그리스도 예수 안에 있지 않았다면 빌레몬서는 기록되지 않았을 것입니다. 그렇다면 이 세 사람은 "그리스도 예수 안에서" 어떠한 관계여야 하는가? "동역자(1)요, 함께 군사(2)된 자요, 아들(10)이요, 심복(12)이요, 곧 사랑 받는 형제"(16)라고 말씀합니다. 여기에 "거기는 헬라인이나 유대인이나 할례당이나 무할례당이나 야인이나 스구디아인이나 종이나 자유인이 분별이 있을 수 없나니 오직 그리스도는 만유시오 만유 안에 계시니라"(골 3:11) 하고 선언하는 복음의 능력과, 위대함과, 승리가 있는 것입니다.

새로운 발견

이런 관점으로 빌레몬서를 새롭게 바라볼 때에 중요한 요점을 발견하게 되는 것입니다. 빌레몬서에서 바울은 우리 죄를 대신 회계(會計)하여주신 예수 그리스도의 대리자로 등장하고, 빌레몬은 모든 사람을 품어주어야 하는 교회를 대표하는 자로 등장을 하고, 오네시모는 하나님께로 돌아가야 할 모든 죄인의 대표자로 등장하고 있는 것입니다. 그러므로 바울은 "그리스도 예수를 위하여 갇힌 자"(1, 9)요, 빌레몬은 "사랑을 받는 동역자"(1하)요, 오네시모는 "이제는 나와 네게 유익한 심복"(11-12)이라고 말씀합니다. 이것이 변화된 저들의 신분과 사명인 것입니다. 그러므로 바울에게서 그리스도를 볼 수 있어야만 하는 것입니다. 그렇게 될 때 도망쳤다가 회개하고 돌아가고 있는 오네시모의 모습에서 바로 우리 자신의 모습을 보게 되는 것입니다. 그리고 빌레몬을 통해서 누군가를 받아주지 못하고 갈등을 하고 있는 또 다른 나 자신의 모습을 보게 되는 것입니다.

그러므로 본문에서 바울은 오네시모가 저지른 책임을 대신 담당하는 자로 등장합니다. "저가 만일 네게 불의를 하였거나 네게 진 것이 있거든 이것을 내게로 회계(會計)하라 나 바울이 친필로 쓰노니 내가 갚으려니와"(18-19상) 하고 말씀합니다. 대신 담당하는 것만이 아니라 오네시모와 자신을 일체화(一體化), 내지는 동일시하고 있는 것을 보게 됩니다. "그러므로 네가 나를 동무로 알진대 저를 영접하기를 내게 하듯 하고"(17) 합니다. 오네시모를 영접하는 것이 곧 바울 자신을 영접하는 것이라고 말씀합니다.

우리는 한 걸음 더 나아가야만 하는 것입니다. "오네시모를 영접하는 것이 곧 그리스도를 영접하는 것입니다". 그러므로 사형 받아 마땅한 도망친 노예 오네시모를 용서해주는 것만이 아니라, 놀랍게도, "이후로는 종과 같이 아니하고 종에서 뛰어나 곧 사랑 받는 형제로 둘 자라"(16)고 말씀하고 있는 것입니다. 누구의, 무엇으로 말미암아 이러한 혁명적인 변화가 일어나게 되었는가?

우리는 지옥만 면한 것이 아니다

본문에는 “그리스도 안에서”가 두 번(8, 20), “주 안에서”가 두 번(16, 20), “그리스도 예수 안에서”가 한 번(23), 모두 합해서 “엔 그리스도”가 5번이나 등장합니다. “그리스도 안에서”, 다시 말하면 “우리 주 예수 그리스도의 은혜”(25) 안에서 가능하게 되였다는 것입니다. 예수 그리스도의 구속으로 말미암아 수직적인 하나님과의 관계가 화목하게 되었기 때문에, 수평적인 이웃과의 관계도 회복되게 된 것입니다. 그러므로 앞에서도 언급했습니다만 이 짧은 서신에서 그리스도를 11번이나 언급하고 있는 이유가 여기에 있는 것입니다. 여기에 빌레몬서의 중심적인 사상이 있는 것입니다. 바울, 빌레몬, 오네시모의 관계성이 우선이 아닙니다. 하나님과의 관계가 어떤 관계에 있느냐에 우선 순위가 있는 것입니다.

그들은 전에는 남남이었으며 타인이었습니다. 그들 상호간의 관계만이 그러했던 것이 아니라 하나님과의 관계도 분리된 상태에 있었습니다. 성경은 말씀합니다. “그때에 너희는 그리스도 밖에 있었고 이스라엘 나라 밖의 사람이라 약속의 언약들에 대하여 외인이요 세상에서 소망이 없고 하나님도 없는 자”(엡 2:12)였다는 점입니다. 그러했던 그들이 그리스도 예수 안에서 하나님과 화목하게 되므로 그들의 관계성이 새롭게 형성되기에 이른 것입니다. 그런 의미에서 본 서신은 빌레몬 개인에게 보낸 사신이 아닙니다. “네 집에 있는 교회에 편지하노니”(2) 하고 말씀하고 있는 것입니다. 그러니까 빌레몬서도, “성령이 교회들에게 하시는 말씀”(계 2:7)으로 받아야만 하는 것입니다. 하나님과의 관계가 회복된 성도들은 이웃과의 관계성을 어떻게 유지해야만 하는가? 이것이 빌레몬서가 우리에게 던지는 화두입니다.

엔 그리스도

그러므로 빌레몬서의 키워드는 "하나님 우리 아버지와 주 예수 그리스도를 좇아"(3)라는 인사말에서 찾을 수가 있습니다. 예수 그리스도를 좇아, "한 마음과 한 입으로"(롬 15:6) 하나님을 "우리 아버지"라 부르게 되었다면, 우리의 관계성은 분명 사랑 받는 형제들이라는 것입니다. 만일 빌레몬과 오네시모가 이러한 자들이 아니었다면, 그들이 그리스도 안에 있는 자들이 아니라면, 그리하여 하나님의 자녀들이 아니라면, 빌레몬서는 쓰여지지 아니하였을 것이요, 이렇게 부탁하지도 아니했을 것입니다. 바울이 빌레몬에게 "네 자신으로 내게 빚진 것"이 있다고 말씀하는 이유가 여기에 있는 것입니다. 바울 자신도 "헬라인이나 야만인이나 지혜 있는 자나 어리석은 자에게 다 내가 빚진 자"(롬 1:14)라고 고백하고 있는 것입니다. 여기에 모든 그리스도인들의 공통분모가 있는 것입니다. 바울은 빌레몬에게, "주 예수와 및 모든 성도에 대한 사랑과 믿음이 있음을 들었다"(5)고 말씀합니다. 이는 중요한 정의입니다. 에베소 형제들을 향해서도, "너희 믿음과 모든 성도를 향한 사랑을 듣고"(엡 1:15) 감사하기를 마지 아니 한다고 말씀합니다. 골로새 형제들에게도, "이는 그리스도 예수 안에 너희의 믿음과 모든 성도에 대한 사랑을 들음이요"(골 1:4) 합니다. "믿음과 사랑" 이 둘은 그리스도인의 표지, 즉 신분증명서와도 같은 말씀인 것입니다. 왜냐하면 "믿음"은 하나님과의 관계를 나타내고, "사랑"은 형제 상호간의 관계를 이어주는 말씀이기 때문입니다. 그러므로 믿음과 사랑이 없다면 하나님과의 관계성도, 성도와의 관계성도 성립이 되지 않는 것입니다. 바울은 빌레몬에게 "믿음과 사랑"이 있음을 믿기에 오네시모를 돌려보내고 있는 것입니다.

사랑과 믿음이 있음을 들음이요

만일 빌레몬이 "저를 영접하기를 내게 하듯 하라"(17)는 바울의 간구를 거절한다면 그의 믿음은 거짓이요, 만일 "이후로는 종과 같이 아니하고 종에서 뛰어난 곧 사랑 받는 형제로 둘 자라"(16)는 요청을 거절한다면 그의 사랑은 헛것임이 판명이 되고 마는 것입니다. 반면 상전과의 깨어진 관계를 회복시켜주기 위해서 빌레몬에게로 보내는 바울의 의도를, 신변의 위험을 염려하여 오네시모가 거부했다면 그의 "회개"가 거짓 회개임이 입증이 되고 마는 것입니다.

그러므로 빌레몬서에 등장하는 바울의 모습에서 주님의 모습을 볼 수 있게 되는 것이 이 때문입니다. 백전 노장의 존귀한 사도가 도망친 한 노예의 영혼을 위하여 지하 감방의 희미한 불빛 아래서 사슬에 매인 불편한 손에 붓을 들고 중보의 편지를 쓰고 있는 그의 모습에서 영광을 떠나 종의 형체를 입으시고 이 땅에 오사 죽기까지 복종하신 주님을 봅니다. "저가 만일 네게 불의를 하였거나 네게 진 것이 있거든 이것을 내게로 회계하라 나 바울이 친필로 쓰노니 내가 갚으려니와" 하는 말씀에서 "자기를 속전으로"(딤전 2:5-6) 내어주신 우리 주 예수 그리스도의 십자가의 고난을 바라보게 되는 것입니다. "나 바울이 친필로 쓰노니" 합니다. 친필이란 이것이 내 말에 대한 보증서라는 뜻입니다. 형제여, 빌레몬서를 대하면서 나 자신이 하나님의 영광을 도적질해 가지고 도망쳤던 오네시모라는 고백이 있습니까? 그렇다면, 이제 형제가 그리스도의 사랑으로 용서해주고 받아주어야 할 형제에게 있는 오네시모는 누구입니까? "저를 영접하기를 내게 하듯 하라"(17)고 빌레몬서는 지금도 말씀하고 있습니다.

빌레몬서 1:1–14의 분석 도표

오네시모를 위하여 네게 간구하노라

사랑 받는 빌레몬에게

1-3

그리스도 예수를 위하여 갇힌 자 된
바울과 및 형제 디모데는 우리의 →

사랑을 받는 자요 동역자인 빌레몬과(1)
및 자매 압비아와 및
우리와 함께 군사 된 아킵보와
네 집에 있는 교회에게 편지하노니(2)

하나님 우리 아버지와
주 예수 그리스도로 좇아
은혜와 평강이 너희에게 있을지어다(3)

믿음과 사랑이 있음을 들음이라

4-7

내가 항상 내 하나님께 감사하고
기도할 때에 너를 말함은(4)

주 예수와 및 모든 성도에 대한

네 사랑과
믿음이 있음을 들음이니(5) 이로써
네 믿음의 교제가

우리 가운데 있는 선을 알게 하고
그리스도께 미치도록 역사하느니라(6)
↕
성도들의 마음이 너로 말미암아 평안함을 얻었으니
너의 사랑 으로 많은 기쁨과 위로를 얻었노라(7)

오네시모를 돌려보내노니

8-14

이러므로 내가 그리스도 안에서
많은 담력을 가지고 네게 마땅한 일로

명할 수 있으나(8)
↓
사랑을 인하여 도리어 간구하노니
↓

나이 많은 나 바울은 지금 또
예수 그리스도를 위하여 갇힌 자 되어(9)
간힌 중에서 낳은 아들

오네시모를 위하여 네게 간구하노라(10)
↓

저가 전에는 네게 무익하였으나
이제는 나와 네게 유익하므로(11)

네게 저를 돌려보내노니
저는 내 심복이라(12)
↓

저를 내게 머물러 두어
내 복음을 위하여 갇힌 중에서
네 대신 나를 섬기게 하고자 하나(13)

다만 네 승낙이 없이는 내가
아무것도 하기를 원치 아니하노니 이는

너의 선한 일이 억지같이 되지 아니하고
자의로 되게 하려 함이로라(14)

1:1-14
오네시모를 위하여 네게 간구하노라

10 갇힌 중에서 낳은 아들 오네시모를 위하여 네게 간구하노라

빌레몬서를 두 부분(1-14, 15-25)으로 나누어 관찰하고자 합니다. 첫 부분의 주제는 도표에서 보시는 바대로 "오네시모를 위한 간구"입니다. 오네시모는 빌레몬의 노예입니다. 그는 주인의 물건을 훔쳐 가지고 도망을 친 것으로 여겨집니다. 그런 오네시모가 바울을 만나 "갇힌 중에서 낳은 아들"(10), 곧 그리스도인이 된 것입니다. 그렇다면 그것으로 족한 것이 아닌가? 그런데 바울은 이 편지와 함께 오네시모를 빌레몬에게 돌려보내려 하고 있는 것입니다. 이를 통해서 세 가지 질문이 제기될 수가 있습니다. ① 바울은 왜 오네시모를 돌려보내야만 하는가? ② 오네시모는 왜 빌레몬에게로 돌아가야만 하는가? ③ 빌레몬은 왜 오네시모를 사랑 받는 형제로 받아주어야만 하는가? 빌레몬서는 이 세 가지 질문에 대한 해답을 제공해주고자 기록된 것이라 할 수가 있습니다. 바울이 오네시모를 보내야만 한 것은 "의로움"을 위해서였습니다. 또한 빌레몬이 오네시모를 형제로 영접해야함은 "사랑" 때문입니다. 하나님의 <의로우심과 사랑>을 위하여 자기 아들을 십자가에 내어주셔야만 했다는 것, 빌레몬서의 핵심적인 주제가 여기

에 있는 것입니다. 그렇다면 빌레몬서도 복음 이야기인 것입니다. 이를 세 단원으로 나누어 상고하겠습니다.

첫째 단원(1-3) 사랑 받는 빌레몬에게
둘째 단원(4-7) 믿음과 사랑이 있음을 들음이라
셋째 단원(8-14) 오네시모를 돌려보내노니

첫째 단원(1-3) 사랑 받는 빌레몬에게

"그리스도 예수를 위하여 갇힌 자 된 바울과 및 형제 디모데는 우리의 사랑을 받는 자요 동역자인 빌레몬과"(1).

① 빌레몬서는 한마디로 오네시모를 용납해 달라는 바울의 간구입니다. 그런데 문제는 용납만 해주면 목적을 달성하는 그런 결과론적인 메시지가 아니라는데 있습니다. ㉠ 명하여 "억지"(14)로 할 수도 있을 것입니다. ㉡ 바울과의 친분을 생각해서 인정에 호소 할 수도 있을 것입니다. 그러나 빌레몬서를 통해서 말씀하고자 하는 바는 이런 윤리에 있는 것이 아닙니다. ㉢ 어찌하여 사랑 받는 형제로 받아주어야만 하는가 하는 신학적(神學的)인 문제에 있는 것입니다.

② 그러므로 빌레몬서를 바르게 접근하기 위해서는, 등장하는 인물이 누구들인가 하는 정체성으로부터 출발해야만 하는 것입니다. 그리고 이들 상호간의 관계성입니다. 먼저 이 편지(빌레몬서)의 송신자(送信者)인 바울은 누구인가? 첫 말씀이, ㉠ "그리스도 예수를 위하여"(1상)라고 말씀합니다. ㉡ "갇힌 자 된 바울"이라고 소개하고 있습니다. 그리스도의 복음을 증거 하다가 갇힌 자 된, 그가 이 편지의 송신자인 바울의 정체입니다. 그는 본래 그리스도를 대적하던 자였습니

다. 그런 바울이 큰 은혜를 입고 빚진 자되어 그리스도를 위한 복음 증거자가 된 것입니다.

② 그러면 이 편지의 수신인(受信人)인 빌레몬은 누구인가? 바울은 그를, ㉠ "우리의 사랑 받는" 자라고 말씀합니다. ㉡ "동역자 빌레몬"(1하)이라고 부르고 있습니다. 19절에서는, ㉣ "내게 빚진" 자라고 말씀합니다. 빌레몬은 바울을 통하여 "사랑과 복음"을 받았음을 말씀해 주고 있습니다. 그리하여 "동역자"가 되었다는 것입니다. 이는 같은 목적을 위하여 함께 일하는 자라는 뜻입니다. 그러니까 바울만 "그리스도 예수를 위하여 갇힌 자"가 아니라, 빌레몬도 예수 그리스도를 위해서 기꺼이 목숨을 바칠 수 있는 자라는 뜻이 "동역자"라는 말씀 속에는 들어있는 것입니다.

③ "및 자매 압비아와 및 우리와 함께 군사 된 아킵보와 네 집에 있는 교회에게 편지하노니"(2) 합니다. "자매 압비아"는 빌레몬의 아내로 여겨지고, "함께 군사 된 아킵보"는 그의 아들로 여겨집니다. 그를 가리켜 "함께 군사된" 자라고 말씀합니다. 동역자라는 말이 함께 일하는 자를 의미하는 것이라면, "함께 군사 된 자"란 싸움에 동참하고 있는 전우(戰友)라는 뜻입니다. 즉 성령의 검 곧 하나님의 말씀을 가지고 싸우는 복음전도자임을 나타냅니다. 그리고 빌레몬서 하면 개인에게 보낸 사신이라고 생각합니다만, "네 집에 있는 교회에게 편지하노니" 하고 "교회" 공동체에 보내어진 서신임을 말씀합니다.

④ 서신의 내용으로 보면 빌레몬 개인에게 부탁하는 용건이지 "교회에게 편지하노니" 할 이유가 없어 보입니다. 그럼에도 불구하고, ㉠ "동역자, 군사, 교회"라는 말을 사용하면서 이러한 공동체에 보내는 편지임을 밝히고 있는 것은 아주 의도적으로 그렇게 하고 있다고 여겨집니다. 빌레몬이 "동역자, 군사"라는 말과 함께 특히 "교회에게 편

지한다"는 말을 듣게 되었을 때에 무엇을 생각했겠습니까? ㉡ 오네시모의 문제를 개인이 아닌 동역자, 교회라는 관점에서 해결하라는 말씀으로 받았을 것입니다. "교회"라는 말은 머리되시는 분이 그리스도시라는 것(골 1:18)과, 교회는 그의 몸(엡 1:23)이요, 우리는 몸의 지체라는 고백을 상기하게 만듭니다. 그러므로 이 편지를 바울에게서가 아니라, 주 예수 그리스도로부터 받고 있다는 임재를 맛보게 되었을 것입니다. 바울은 노예문제를 다룸에 있어서 당시의 사회규범에 함몰됨이 없이 "교회", 즉 하나님의 나라라는 "공의와 사랑"에서 해답을 구하고 있는 것입니다.

은혜와 평강이 있을지어다

① "하나님 우리 아버지와 주 예수 그리스도를 좇아 은혜와 평강이 너희에게 있을지어다"(3) 합니다. 이 축복의 말씀을 구속사라는 맥락에서 고찰해 보면, 생각같이 단순한 뜻이 아님을 깨닫게 됩니다. 왜냐하면 "은혜와 평강"이라는 복이 하나님께서 제사장들에게 가르쳐주신 축복(祝福) 문(文)에 들어있음을 발견하게 되기 때문입니다. 제사장들은 백성들에게 이렇게 축복하라고 명(민 6:22-27)하십니다. ㉠ "여호와는 그 얼굴로 네게 비취사 은혜 베푸시기를 원하며" 하십니다. "여호와는 그 얼굴을 네게 비취사" 라는 말씀을 주목하시기를 바랍니다. 구약시대란 한마디로 죄로 말미암아 "그 얼굴을 가리우셨던"(사 59:2) 시대입니다. 그런데 예수 그리스도의 구속으로 말미암아 가리웠던 휘장은 찢어졌고, 비로소 그 얼굴을 비취사 은혜 베푸시는 것이 가능하여진 것입니다. 이것이, "그리스도의 영광의 복음의 광채"(고후 4:4)로 비춰진 것입니다. 또 명하시기를, ㉡ "여호와는 그 얼굴을 네게로 향하여 드사 평강주시기를 원하노라" 하라 하십니다. 먼저

"그 얼굴을 비춰주시고, 그 얼굴을 내게로 향하여 드시기만" 한다면, 다시 말하면 여호와의 얼굴을 우리에게서 돌리시지만 않으신다면 우리는 어떠한 처지와 형편에서라도 평강(平康)을 누릴 수가 있는 것입니다. 그러므로 "은혜와 평강"은 구약에서 약속하신 축복이 예수 그리스도로 말미암아 성취(成就)된 복인 것입니다. 이를 알았기에 "주 예수 그리스도를 좇아 은혜와 평강이 너희에게 있을지어다" 하시는 것입니다.

② 바울은 여기서 하나님을 "우리 아버지"라고 부르고 있습니다. 이 "우리" 속에는 누구들이 포함되어 있는가? 바울과 빌레몬은 물론, 압비아, 아킵보, 오네시모, 모두를 의중에 두고 하는 말씀인 것입니다. 그렇다면 이들 상호관계는 어떠한 관계인가를 생각하게 합니다.

둘째 단원(4-7) 믿음과 사랑이 있음을 들음이라

"내가 항상 내 하나님께 감사하고 기도할 때에 너를 말함은"(4).

① 바울이 하고 있는 최우선적인 일이 무엇인가? ㉠ "하나님께 감사"하는 일입니다. 바울은 오네시모의 문제로 직행하고 있지 아니합니다. 무엇에 대한 감사인가? 빌레몬에게, ㉡ "주 예수와 및 모든 성도에 대한 사랑과 믿음이 있음"(5)을 들었기 때문이라고 말씀합니다. 그렇다고 바울은 빌레몬에게 감사하고 있지 아니합니다. 그의 서신 중에서 사람에게 "감사"하고 있는 것을 찾아볼 수가 없습니다. 빌레몬에게 "믿음과 사랑"의 선물을 주신 분은 하나님이십니다. 그러므로 바울 사도는 감사를 하나님께만 드리고 있습니다. "믿음"은 수직적(垂直的)으로 하나님과의 관계요, 사랑은 수평적(水平的)으로 성도와의 유대를 뜻합니다. 그러므로 "믿음과 사랑"은 새의 두 날개와도 같

은 그리스도인 됨의 특성이기도 한 것입니다. 그런데 주목하게 되는 것은 언급하고 있는 순서입니다. 다른 서신에서는, ㉢ "너의 믿음과 모든 성도를 향한 사랑을 나도 듣고"(엡 1:15) 하고 "믿음"을 먼저 언급하고 있습니다. 골로새서에서도 "이는 그리스도 예수 안의 너희의 믿음과 모든 성도에 대한 사랑을 들음이요"(골 1:4) 하고 하나님과의 관계성을 나타내는 "믿음"을 먼저 언급합니다. 그리고 이것은 당연히 그러해야만 하는 것입니다. 그런데 빌레몬서에서는, "사랑과 믿음"이라고 사랑을 먼저 언급하고 있다는 점입니다. 이것은 아주 의도적으로 그렇게 하고 있다고 여겨집니다. 왜냐하면 지금 빌레몬의 "성도 사랑"에 오네시모를 부탁하려는 문맥이기 때문입니다. 이는 바울이 글을 쓸 때에 자구(字句) 하나에까지라도 얼마나 사려 깊게 선택을 했는가를 말씀해주는 대목이라 하겠습니다.

② "이로써 네 믿음의 교제가 우리 가운데 있는 선을 알게 하고 그리스도께 미치도록 역사하느니라"(6) 합니다. "믿음의 교제"라고 말씀합니다. ㉠ 불신자와는 달리 성도의 교제란, "믿음의 교제"입니다. 다시 말하면 인정(人情)적인 교제가 아니라 그리스도 안에서의 교제라는 말씀입니다. 이점을 사도 요한은, "우리의 사귐은 아버지와 그 아들 예수 그리스도와 함께 함이라"(요일 1:3)고 말씀합니다. 이제까지 빌레몬은 많은 믿음의 교제를 나누고 있었습니다. 그리고 믿음의 교제는, ㉡ "선"을 이루기 위한 것이요, 그리고 중요한 것은 그 선(善)이, ㉢ "그리스도께 미치도록 역사"(6하) 한다는데 있는 것입니다. 바울은 오네시모를 빌레몬의 "믿음의 교제"에 부탁을 하려는 것입니다. 이것이 "그리스도께 미치도록" 달리 말하면 "받으실 만한 향기로운 제물"(빌 4:18)이 되기를 바란다는 그런 뜻이 내포되어 있는 것입니다. 그런가 하면,

③ "형제여 성도들의 마음이 너로 말미암아 평안함을 얻었으니"(7상) 합니다. 빌레몬의 선이 "그리스도께 미치도록 역사", 즉 주님만 기쁘시게 해드리는 것이 아니라, "성도들의 마음도 평안함을 얻게" 해주고 있다는 것입니다. 그러므로 바울 자신까지도 "내가 너의 사랑으로 많은 기쁨과 위로를 얻었노라"(7하) 합니다. 이처럼 빌레몬의 믿음의 교제가, "그리스도께 미치게 하고, 성도들의 마음을 평안케 하며, 바울 사도까지도 기쁨과 위로를 얻게" 했다는 것은 빌레몬이 선한 일에 힘썼음을 나타냅니다. 이렇게 봉사할 수 있었던 것은 빌레몬에게 "사랑과 믿음"이 있었기 때문이요, 빌레몬에게 이러한 은사를 베푸신 하나님은 감사를 받으시기에 합당하시다 는 말씀인 것입니다.

셋째 단원(8-14) 오네시모를 돌려보내노니

"이러므로 내가 그리스도 안에서 많은 담력을 가지고 네게 마땅한 일로 명할 수 있으나"(8).

① 드디어 편지의 본론인 오네시모를 부탁한다는 말을 하려고 합니다. 이를 "명(命)할" 것인가? 아니면 "간구 할" 것인가? 바울은 생각했을 것입니다. ㉠ "내가 그리스도 안에서 많은 담력을 가지고 네게 마땅한 일로 명할 수 있으나" 합니다. 그러나 ㉡ "사랑을 인하여 도리어 간구하노니"(9상) 합니다. 명함으로 억지로 오네시모를 받아주는 것과, "사랑을 인하여 자원함으로"(14하) 하는 것과는 차원이 다른 것입니다. 억지로 하는 것이 율법적이라면 사랑으로 하는 것은 복음의 승리이기 때문입니다. 그러므로 "나는 네가 순종함을 확신하므로 네게 썼노니 네가 나의 말보다 더 행할 줄을 아노라"(21) 하고 바울은 복음이 승리하여 영화롭게 되는 것을 보고싶었던 것입니다.

② "나이 많은 나 바울은" 합니다. ㉠ "지금 또 예수 그리스도를 위하여 갇힌 자 되어"(9) 합니다. 바울의 표현을 살펴보면 오네시모의 말을 꺼내는 일을 얼마나 신중하게, 그리고 사려 깊게 말씀하고 있는가를 보게 됩니다. 나이 많다든지, 갇혀있는 몸이라는 말은 하지 않아도 되는 말입니다. 그럼에도 불구하고,

③ "갇힌 중에서 낳은 아들 오네시모를 위하여 네게 간구하노라"(10) 하는 꺼내기 힘든 말을 하기 위해서 하는 말입니다. "오네시모"라는 말을 듣는 순간 빌레몬은 얼굴이 상기되었을 성싶습니다. 그런데 바울은 오네시모를 "갇힌 중에 낳은 아들"이라고 부르고 있지 아니한가? 복음으로 낳은 아들이라는 말씀입니다. 그러니까 바울과 오네시모는 아비와 아들의 관계라는 것입니다. 이를 읽고 있는 빌레몬의 심중에는 "나도 바울과는 아비와 아들의 관계인데" 라는 생각을 하게 되었을 것입니다. 그렇다면 빌레몬과 오네시모는 어떤 관계여야 마땅하단 말인가? 형제인 것입니다.

④ "저가 전에는 네게 무익하였으나 이제는 나와 네게 유익하므로 네게 저를 돌려보내노니"(11-12상) 합니다. 오네시모가 전에는 무가치한 존재였으나 이제는 바울이나 빌레몬 모두에게 없어서는 아니 될 유익한 존재가 되었다는 말씀입니다. 얼마나 유익한 존재인가가? "저는 내 심복이라"(12)는 말씀을 통해서 엿볼 수가 있습니다. "심복"(心腹)이란 직역하면 "가슴과 배"라는 말로 "내장"이라는 뜻입니다. 오네시모를 보내는 것을 바울은 내 심장을 떼어 내는 것 같다고 묘사하고 있는 셈입니다.

⑤ 우리는 좀 더 나아가야만 합니다. 바울이 오네시모를, "심복"이라고 말하는 것은 결코 사사로운 뜻으로 하는 말이 아니기 때문입니다. 바울은 오네시모를 가리켜, ㉠ "갇힌 중에 낳은 아들"이라고 말씀

했는데, 한 걸음 더 나아가, ㉡ "내 심복"이라고 말씀하는 것입니다. 심복이란 대신 죽어줄 수 있는 자를 가리키는 말입니다. 그렇다면 누구를 위해, 무엇을 위한 심복이란 말인가? 이는 분명한 것입니다. ㉢ "그리스도 예수를 위하여"(1, 9), 그의 복음을 위해서인 것입니다. 바울은 오네시모를 복음으로 낳았습니다. 그런데 이제는 그리스도를 위하여 죽을 수 있는 심복, 즉 충신으로 성장을 한 것입니다. 바울에게는 이러한 동역자들이 또 있었습니다. 브리스가와 아굴라입니다. "저희는 내 목숨을 위하여 자기의 목이라도 내어놓았나니"(롬 16:3) 합니다. 이러한 군사 한 명을 얻는다는 것은 얼마나 유익한 일입니까! 그러므로 "이제는 나와 네게 유익하다"고 말씀하는 것입니다.

⑥ "저를 내게 머물러 두어 내 복음을 위하여 갇힌 중에서 네 대신 나를 섬기게 하고자 하나"(13) 합니다. 본 절에서 상술한 바 "심복"의 의미가 더욱 분명히 드러나고 있습니다. 그것은 "내 복음을 위하여"라는 것입니다. 바울은 그러한 심복, 동역자가 절실히 필요했습니다.

무엇보다 우선하고 중요한 것

① "다만 네 승낙이 없이는 내가 아무것도 하기를 원치 아니하노니"(14상) 합니다. 바울은 선결되어야할 문제, 바울을 수종드는 "섬김"보다 중요한 문제가 남았음을 알았던 것입니다. 이를 위해서 돌려보내기로 마음을 먹은 것입니다. 그것이 무엇이겠습니까? ㉠ 오네시모가 그리스도를 통하여 하나님과의 관계가 회복되었음이 분명하다면, 빌레몬과의 관계도 해결되어야함이 마땅하다는 것입니다. 여기에 성경이 말씀하고 있는, ㉡ "속죄제와 속건제"의 의미가 있는 것입니다. "속건제"에는 배상의 의미가 있습니다. 속죄제를 통하여 하나님과의 관계가 회복이 되었다면 이것으로 끝나는 것이 아닙니다. 이웃

에게 손해를 끼친 것도 되돌려 놓아야할 의무가 남은 것입니다. 이점을 사개오의 경우에서 보는 바입니다. 그는 주님을 영접한 후에, "내 소유의 절반을 가난한 자들에게 주겠사오며 만일 뉘 것을 토색한 일이 있으면 사 배나 갚겠나이다"(눅 19:8) 하고 말했던 것입니다. 그래서 "다만 네 승낙이 없이는 내가 아무것도 하기를 원치 아니하노니" 하고 말씀하는 것입니다. 이것이 우선적으로 해결되어야할 문제입니다.

② 여기 구원계획에 있어서 가장 중요한 난제인 "하나님의 의로우심"이 등장하게 되는 것입니다. 오네시모의 문제는 빌레몬과의 문제만이 아니라 여기에는 하나님의 거룩하신 이름이 결부되어 있음을 간과해서는 아니 됩니다. 이점이 본문에 문자적으로는 나타나 있지는 아니합니다만 빌레몬서가 하나님의 말씀이 된 강력한 당위성(當爲性)이 여기에 있는 것입니다. 오네시모는 도망친 노예입니다. 그리고 주인의 물건을 도적질한 자입니다. 이는 당시 법의 심판으로는 변명의 여지가 없는 중죄인인 것입니다. 그런 오네시모를 하나님의 사도요, 그리스도의 종인 바울이 끼고 있다는 것은, 첫째는 빌레몬과의 관계에서, 둘째는 사회 통념으로 볼 때, "하나님 우리 아버지와 주 예수 그리스도"(3)의 거룩하심과 의로우심에 누를 끼치는 일이라 판단하기에 이른 것입니다. 이것이 오네시모에게 간곡한 편지를 들려서 돌려보낼 수밖에 없었던 가장 큰 이유였던 것입니다.

③ 사회정의(社會正義)를 부르짖는 사람들은 빌레몬서가 성경이 될 가치가 있느냐 하고 의문을 제기합니다. 그러면서 바울이 노예제도에 대해서 침묵하고 있다고 비난을 합니다. 오네시모를 돌려보내는 것을 비인도적인 처사라고 말할 것입니다. 그리고 빌레몬은 착취계급으로 탈출한 오네시모는 혁명가로 찬양하고 싶을 것입니다. 그런데 그들의 말에서는 하나님의 거룩하신 이름이나, 명예를 우선시하는 것

을 찾아볼 수가 없는 것입니다. 그러므로 저들은 구속교리에 나타난 하나님의 사랑과 의로우심에 대해서 모르고 있습니다. 그리하여 구속교리를 "도살장의 신학"이라고 비웃는 것입니다.

④ 묻습니다. 하나님께서 나 같은 죄인을 그냥 용서해주시지를 못하고 어찌하여 자기 아들로 대신 정죄하셔야만 하셨습니까? 하나님의 의로우심 때문입니다. 성경은 말씀합니다. "곧 이 때에 자기의 의로우심을 나타내사 자기도 의로우시며 또한 예수 믿는 자를 의롭다 하려 하심이니라"(롬 3:26). 명심하십시오. 하나님의 구원행사가 의로우시기 때문에 진노를 내리시는 하나님의 심판도 의로우신 것입니다. 성경은 말씀합니다. "다만 네 고집과 회개치 아니한 마음을 따라 진노의 날 곧 하나님의 의로우신 판단이 나타나는 그날에 임할 진노를 네게 쌓는도다"(롬 2:5). 바울에게 주어진 하나님의 거룩하시고 의로우신 이름 때문에 오네시모를 돌려보내고 있는 것입니다. 오네시모도 하나님의 거룩하신 이름을 위하여 "죽으면 죽으리라"는 마음으로 돌아가고 있는 것입니다. 우리도 이처럼 하나님의 거룩하신 이름과, 그 나라와 그의 의를 내 유익이나 명예보다 최우선시 하고 있는가?

⑤ 이점에서 바울이 "네 집에 있는 교회에게 편지하노니" 하고 교회에 보낸다고 한 말씀을 상기할 필요가 있습니다. 사람이 살아가는 동안은 여러 가지 부조리한 문제들이 연속적으로 발생할 수밖에는 없습니다 인간이 고안해낸 어떤 제도나 체제로도 이를 근본적으로 해결할 길은 없는 것입니다. 왜냐하면 인간 자체가 "만물보다 거짓 되고 심히 부패"(렘 17:9)한 존재이기 때문입니다. 이럴 경우 교회는 어떻게 대처해야만 하는가? 제도적으로 해결하려하지 않습니다. 혁명적인 방법으로 해결하려 하지 않습니다. 하나님의 의로우심과 사랑으로 구원하려합니다. 여기에 십자가 복음의 승리가 있기 때문입니다.

빌레몬서 1:15-25의 분석 도표

그의 불의를 내게로 회계하라

영접하기를 내게 하듯 하라

15-17

저가 (잠시) [떠나게 된 것은]

이를 인하여 저를 (영원히) [두게 함이니](15)

이후로는 (종과) 같이 아니하고 종에서 뛰어나

[곧 사랑 받는 형제로 둘 자라]

내게 특별히 그러하거든 하물며
육신과 주 안에서 상관된 네게랴(16)

그러므로 네가 나를 동무로 알진대

[저를 영접하기를 내게 하듯 하고(17)]

내가 대신 갚겠노라

18-21

저가 만일 네게 불의를 하였거나
네게 진 것이 있거든

[이것을 내게로 회계하라(18)
나 바울이 친필로 쓰노니 내가 갚으려니와]

너는 이 외에 네 자신으로 내게 빚진 것을
내가 말하지 아니하노라(19)

오 형제여! 나로 주 안에서
너를 인하여 기쁨을 얻게 하고
내 마음이 그리스도 안에서
평안하게 하라(20)

[나는 네가 순종함을 확신하므로 네게 썼노니
네가 나의 말보다 더 행할 줄을 아노라(21)]

너희에게 나아가기를 바라노라

22-25

[오직 너는 나를 위하여 처소를 예비하라]

[너희 기도로 내가 너희에게
나아가게 하여 주시기를 바라노라(22)]

그리스도 예수 안에서
나와 함께 갇힌 자 에바브라와(23)

또한 나의 동역자 마가, 아리스다고,
데마, 누가가 문안하느니라(24)

[우리 주 예수 그리스도의 은혜가
너희 심령과 함께 할지어다(25)]

1:15-25
그의 불의를 내게로 회계하라

[18] 저가 만일 네게 불의를 하였거나 네게 진 것이 있거든 이것을 내게로 회계하라

첫 문단(1-14)에서는, 어찌하여 오네시모를 돌려보내야만 하는가에 중점을 두었다면, 본 문단의 중심점은 오네시모가 범한 죄책을 누가 책임을 질 것인가에 있다 하겠습니다. 바울이 대신 책임을 지겠다고 말씀합니다. 돌려보낼 수밖에 없는 당위성(當爲性)이 하나님의 의로우심과 결부되어 있다면, 대신 책임을 지겠다는 것은 하나님의 사랑과 결부되는 지점인 것입니다. 바울이 오네시모를 사지(死地)로 그냥 내몰고 있는 것이 아닙니다. 그를 대신하여 모든 책임을 대신 지겠다는 각오가 되어 있기에 그를 보내고 있는 것입니다. 하나님께서 자기 아들을 내어주신 십자가 사건은 하나님의 의롭다 하심과, 우리에게 향하신 하나님의 사랑을 동시에 나타내시고 만족히 여기심을 받으신 사건이었음을 명심해야만 하는 것입니다. 여기에 빌레몬서를 통해서 말씀하고자 하는 복음 이야기가 있는 것입니다.

이를 세 단원으로 나누어 상고하겠습니다.

첫째 단원(15-17) 영접하기를 내게 하듯 하라

둘째 단원(18-21) 내가 대신 갚겠노라

셋째 단원(22-25) 너희에게 나아가기를 바라노라

첫째 단원(15-17) 영접하기를 내게 하듯 하라

"저가 잠시 떠나게 된 것은 이를 인하여 저를 영원히 두게 함이니" (15).

① 15절에는 대조가 나타납니다. ㉠ "잠시와 영원", "떠남과 두게 함"이 그것입니다. 11절에서는 "전에와 이제", "무익과 유익"이 대조되어 있습니다. 오네시모가 빌레몬을 떠난, ㉡ "전에" 일어난 그 자체만을 놓고 본다면, 그것은 "무익"한 일이요, 악이라고 말할 수밖에 없을 것입니다. 그런데 "복음"은 그 절망의 지점에서 일을 시작하시는 회복운동인 것입니다. 그것은 ㉢ "잠시" 뿐이라고 말씀합니다. "갇힌 중에 낳은 아들", 즉 복음으로 거듭 난, ㉣ "이제"는 "유익"할 뿐만이 아니라, "이로 인하여 저를 영원히 두게 함이니" 합니다. 여기에 악을 선으로 바꾸시는 하나님의 주권적인 사랑의 승리가 있는 것입니다. "영원히 두게 함이라"고 말씀함을 주목하시기를 바랍니다. 빌레몬의 집에, 노예신분으로 영원히 거한다는 말이 아닙니다. 이렇게 말씀하는 바울의 의중에는 오네시모가 하나님의 자녀로써 아버지 집에 영원히 거하게 될 것을 바라보고 있는 것입니다. "그가 결코 다시 나가지 않게 될 것입니다"(계 3:12).

② 이점에서 요셉이 집을 떠나게 된 일을 생각하게 합니다. 그것은 형들의 사악한 행위였음이 분명합니다. 그런데 합력하여 선을 이루시는 하나님의 주권을 믿는 자는, "한 사람을 앞서 보내셨음이여 요셉이 종으로 팔렸도다 그 발이 착고에 상하며 그 몸이 쇠사슬에 매였으니

곧 여호와의 말씀이 응할 때까지라"(시 105:17-18) 하고 배후에 하나님의 섭리하심이 있었음을 보고 있는 것입니다. 이를 알았기에 요셉은, "당신들은 나를 해하려 하였으나 하나님은 그것을 선으로 바꾸사 오늘과 같이 만민의 생명을 구원하게 하시려 하셨나니"(창 50:20) 하고 진술했던 것입니다.

③ 그러므로 "이후로는 종과 같이 아니하고 종에서 뛰어나 곧 사랑 받는 형제로 둘 자라"(16) 합니다. 이는 당시로는 가히 혁명적인 제언(提言)이라고 밖에는 달리는 말할 수가 없을 것입니다. 잔인한 체형, 사형을 시키지말고 너그럽게 용납해달라는 선이 아니라, ㉠ "사랑 받는", 더 나아가 "형제로 둘 자"라고 말씀하고 있기 때문입니다. 혹 자는 바울이 노예제도 자체를 철폐할 것을 말하지 않고 있다고 해서 그의 윤리를 제국주의적인 윤리라고 비난합니다. 그렇다면 "이후로는 종과 같이 아니하고 종에서 뛰어나 곧 사랑 받는 형제로 둘 자"라는 이 말씀을 무슨 윤리라고 말할 것인가? 성경은, 그리고 복음은 사람이 살아가는 사회윤리(社會倫理)에 대하여 무관심한 것은 아니지만, 인간의 본질적이고 근원적인 실존에 대한 해답을 제시하고 있음을 명심해야만 합니다. 예를 들면, 표면적인 노예제도보다 더욱 비극적인, ㉡ "죽기를 무서워하므로 일생에 매여 종노릇"(히 2:15) 하는 사탄의 속박으로부터 해방시키는 이것이 선결문제라는 점입니다. 그런데 사회정의를 부르짖는 자들은 사탄의 존재를 인정하지 않음으로 성경의 진리를 부정하고 있는 것입니다. 본질적인 이 문제가 해결 될 때에 모든 인간은 차별이 없이, "사랑 받는 형제"가 될 수가 있다는 말씀입니다.

④ "그러므로 네가 나를 동무로 알진대 저를 영접하기를 내게 하듯 하고"(17) 합니다. 바울은 오네시모를 10절에서는, "갇힌 중에 나온 아들"이라 하여 부자지간으로 말하고, 12절에서는 "내 심복"이라 하

여 주종관계(主從關係)로 말하였으나, 본 절에서는, "저를 영접하기를 내게 하듯" 하라고 자신과 오네시모를 동일시(同一視), 내지는 일체화(一體化)시키고 있는 것입니다. 이것이 주님께서 말씀하신 바, "너희를 영접하는 자는 나를 영접하는 것이요"(마 10:40), "여기 내 형제 중에 지극히 작은 자 하나에게 한 것이 곧 내게 한 것이니라"(마 25:40) 하신 일체화입니다.

둘째 단원(18-21) 내가 대신 갚겠노라

"저가 만일 네게 불의를 하였거나 네게 진 것이 있거든 이것을 내게로 회계하라"(18).

① 여기가 빌레몬서의 심장이라고 말할 수가 있습니다. 바울은 빌립보 형제들에게, "내가 예수 그리스도의 심장으로 너희 무리를 어떻게 사모하는지 하나님이 내 증인이시니라"(빌 1:8) 하고 말씀했습니다. 지금 바울은 동일하게 "예수 그리스도의 심장"으로, "이것을 내게로 회계하라 나 바울이 친필로 쓰노니 내가 갚겠다"고 말씀하고 있는 것입니다. 만일 본 서신에서 이 부분이 빠졌다면 바울의 편지는 "소리 나는 구리와 울리는 꽹과리"가 되었을는지 모릅니다.

② 바울은 오네시모의 죄상을, "불의를 하였거나 네게 진 것이 있거든" 하고 두 가지 면으로 말씀하고 있음을 주목해야만 합니다. 죄책에는 민사적인 문제만 있는 것이 아닙니다. 다시 말하면 도적질한 것을 돌려주기만 하면 해결되는 것이 아닙니다. 도망쳤던 오네시모가 돌아가기만 하면, 그리하여 돈을 갚기만 하면 끝나는 것이 아닙니다. 그러므로 이렇게 말씀하고 있는 바울의 심중에는 돈으로 해결해야할 "손해"만을 책임지겠다는 것이 아니라, 그가 저지른 "불의"에 대한 형

벌까지라도 자신이 대신 받겠다는, 직설적으로 말한다면 오네시모가 사형을 당해야한다면 내가 대신 받겠다는 그런 불붙는 심장으로 말씀하고 있는 것입니다. 주님께서 간음 현장에서 잡혀온 여인에게, "나도 너를 정죄하지 아니한다"(요 8:11)고 말씀하실 수가 있으셨던 것은 그녀를 대신하여 정죄를 받으심으로만이 유효(有效)한 말씀이었음을 기억해야할 것입니다.

내게로 회계하라

① 바울은 갚겠다고 말로만 하는 것이 아니라, "나 바울이 친필로 쓰노니"(19) 하고 차용증서를 써주듯이 자신의 필적을 증거로 제시하고 있습니다. 바울이 어찌하여 오네시모가 범한 "불의와, 네게 진 것"을 대신 감당하겠다고 나서는 것일까요? 성경은 이렇게 말씀하고 있습니다. "그가 우리를 위하여 목숨을 버리셨으니 우리가 이로써 사랑을 알고 우리도 형제들을 위하여 목숨을 버리는 것이 마땅하니라, 자녀들아 우리가 말과 혀로만 사랑하지 말고 오직 행함과 진실함으로 하자"(요일 3:16, 18). 이것이 기독교사상이요, 윤리입니다. "이 외에 네 자신으로 내게 빚진 것을 내가 말하지 아니하노라"(19하)는 말씀을 첨부하고 있는 것은, "우리는 다 하나님 앞에서 오네시모"(루터)임을 일깨워주기 위해서인 것입니다.

② "오 형제여! 나로 주 안에서 너를 인하여 기쁨을 얻게 하고 내 마음이 그리스도 안에서 평안하게 하라"(20) 합니다. 편지를 받아 가지고 돌아서 가는 오네시모의 뒷모습을 바라보는 바울의 심정은 어떠했을까? ㉠ "오! 형제여" 합니다. 만감(萬感)이 서려있는 감탄사입니다. ㉡ "기쁨을 얻게 하고, 평안하게 하라" 합니다. 여기 놓치지 말아야할 점은, ㉢ "주 안에서, 그리스도 안에서"라는 말씀입니다. 무슨 뜻

인가? "이러므로 그리스도께서 우리를 받아 하나님께 영광을 돌리심과 같이 너희도 서로 받으라"(롬 15:7)는 의미가 "주 안에서" 라는 말씀 속에 함의되어 있는 것입니다. 나아가 이렇게 하는 것이 곧 주님께 하는 것이요, 곧 주님을 기쁘시게 하는 것이란 말씀입니다. 이제 더 부탁할 무슨 말이 남았겠습니까?

③ "나는 네가 순종함을 확신하므로 네게 썼노니 네가 나의 말보다 더 행할 줄을 아노라"(21) 하고 말씀을 마치고 있습니다. 여기서 주목하게 되는 것이 "간구"(8)한다고 말씀했던 바울이 이 대목에 이르러서는 "네가 순종함을 확신"한다고 "순종" 이라고 말씀하고 있다는 점입니다. 그렇다면 "간구와 순종"은 어떻게 다른 것일까요? 요한복음 앞 부분에서 "나를 믿는 자"라고 말씀하신 주님께서, 마지막 장에 이르러서는 "나를 더 사랑하느냐"(요 21:15) 하고 물으신 그런 차이라 할 수가 있습니다.

④ 그렇다면 이제까지 한 바울의 부탁이 명령이었단 말인가? 그렇습니다. 우리는 빌레몬을 포함하여 모두가 다 예수 그리스도의 종들인 것입니다. 그리고 종에게 하는 "간구"란 없는 것입니다. 다만 "너의 선한 일이 억지같이 되지 않게", 다시 말하면 자발적인 순종을 위해서 간구라는 표현을 사용하고 있을 뿐입니다. 바울은 고린도 형제들에게 구제헌금을 부탁하면서, "이 일에 내가 뜻만 보이노니"(고후 8:10) 하고 말씀하는 것을 보게 됩니다. 이는 저들이 아직 연약하기 때문에, 사랑을 인하여 이렇게 말씀하고 있을 뿐입니다.

⑤ 바울만 그러한 것이 아닙니다. 모든 목회자들도 ㉠ "마땅한 일로 명할 수 있으나" 연약을 인하여 간구하고 있는 것입니다. 그러므로 우리는 이렇게 기도해야 마땅합니다. "종이 여기 있나이다. 명령만 하십시오. 제가 이행하리이다". 순종할 뿐만이 아니라 "말보다 더 행하

는" 자가 되어야 마땅할 것입니다. 주님은 우리 앞에 간구하셔야할 분이 아니십니다. 이행한 후에도 우리는 이렇게 말할 것밖에는 없는 자들입니다. ㉡ "이와 같이 너희도 명령받은 것을 다 행한 후에 이르기를 우리는 무익한 종이라 우리의 하여야 할 일을 한 것 뿐이라 할지니라"(눅 17:10).

셋째 단원(22-25) 너희에게 나아가기를 바라노라

"오직 너는 나를 위하여 처소를 예비하라 너희 기도로 내가 너희에게 나아가게 하여 주시기를 바라노라"(22).

① "오직 너는 나를 위하여 처소를 예비하라" 합니다. 얼른 보면 문맥과는 동떨어진 엉뚱한 부탁처럼 여겨질 수도 있습니다. 그렇지가 않습니다. 이는 본 서신의 주제(主題)와 절묘하게 연계가 되는 말씀인 것입니다. 만에 하나라도 빌레몬이 사도 바울의 간곡한 부탁을 거절한다면, ㉠ "오직 너는 나를 위해서 처소를 예비" 할 수가 있단 말인가? 또한 바울과 속히 만날 수 있게 해달라고, "기도" 할 수가 있단 말인가? 뿐만이 아니라 노 사도의 부탁을 거절한다면, 골로새교회를 방문하는 바울을 그날에 무슨 면목으로 만날 수가 있단 말인가? 이런 뜻에서 22절 말씀은 우리로 하여금 주님께서 말씀하신 바, ㉡ "충성되고 지혜 있는 종이 되어 주인에게 그 집 사람들을 맡아 때를 따라 양식을 나눠줄 자가 누구뇨 주인이 올 때에 그 종의 이렇게 하는 것을 보면 그 종이 복이 있으리로다"(마 24:45-46) 하신 말씀을 상기하게 만듭니다.

② "그리스도 예수 안에서 나와 함께 갇힌 자 에바브라와 또한 나의 동역자 마가, 아리스다고, 데마, 누가가 문안하느니라"(23-24) 합니

다. 빌레몬은 이 장면을 읽으면서 바울과 함께 갇혀있는 이들의 얼굴을 하나 하나 떠올렸을 것이 분명합니다. 그러면서 무엇을 생각했을 것인가?

십자가 군병 되어서 예수를 좇을 때
무서워하는 맘으로 주 모른 체 할까
뭇 성도 피를 흘리며 큰 싸움하는데
나 어찌 편히 누워서 상 받기 바랄까

나의 주 그리스도 나를 속량했으니
나 십자가를 벗은 후 저 면류관 쓰리

이런 상념에 잠겨있지는 않았을까요?

③ 이제 빌레몬서를 마쳐야만 하겠습니다. 빌레몬서를 통해서 무엇을 깨달을 수가 있었습니까? "우리 모두는 주님 앞에 오네시모다"라는 각성입니다. 그리고 교회란 "이 사람을 돌보아 주라 부비가 더 들면 내가 돌아 올 때에 갚으리라"(눅 10:35) 하시면서 강도 만난 자를 부탁하신 "사랑의 품"이라는 깨달음입니다. 그러므로 "내가 받아 주어야할 나의 오네시모는 누구인가"를 생각하게 합니다.

"우리 주 예수 그리스도의 은혜가 너희 심령과 함께 할지어다(25) 아멘.